Le Quartet d'Oxford

Clare Mac Cumhaill   Rachael Wiseman

Le Quartet d'Oxford

Quand Elizabeth Anscombe, Philippa Foot, Mary Midgley et Iris Murdoch réinventaient la philosophie

Traduit de l'anglais (Royaume-Uni)
par Rémi Clot-Goudard et Clotilde Meyer

Préface de Manon Garcia

Flammarion

Ouvrage publié avec le soutien de
l'Institut de philosophie de Grenoble, Université Grenoble Alpes
Paru sous le titre original *Metaphysical Animals : How Four Women Brought Philosophy Back to Life* aux éditions Doubleday

ISBN : 978-2-0814-9032-1

À nos grands-mères, nos mères et nos filles :
Alice, Joan, Rose, Christina, Paula, Lynda, Penelope et Ursula

Préface

Le Quartet d'Oxford est la version la plus aboutie de la biographie croisée d'Iris Murdoch, Elizabeth Anscombe, Philippa Foot et Mary Midgley, que Midgley appela de ses vœux avant de mourir, la dernière des quatre, en 2018. En soi, découvrir la vie et le travail de ces penseuses hors pair est exaltant, mais ce *Quartet* nous offre bien davantage.

Ce livre est pour un lectorat français tout à fait différent de ce qu'il est de l'autre côté de la Manche ou de l'océan : la biographie de ces quatre femmes est clairement conçue par ses autrices comme l'occasion de dresser une contre-histoire de la philosophie anglophone, dans laquelle les figures tutélaires comme Austin, Ayer et Hare apparaissent non plus comme des maîtres mais comme des obstacles, dans laquelle d'autres figures oubliées – Waismann, Winnicott, Fraenkel, dans une moindre mesure Cassirer – surgissent comme des amis, des inspirateurs.

Contre une philosophie faite par des logiciens et des techniciens du langage, on découvre l'influence d'historiens de la philosophie et de spécialistes de l'Antiquité : si ces femmes redécouvrent l'importance d'Aristote, c'est que la formation à Oxford demande une maîtrise parfaite de la culture classique. Pour nous qui ignorons l'essentiel de ce qu'a été le tournant analytique de la philosophie dans les années 1930 et l'influence du cercle de Vienne sur la pensée morale de langue anglaise, c'est l'occasion de découvrir une histoire canonique à travers le récit même qui la remet en question.

Si les plus au fait de l'histoire de la philosophie contemporaine connaissent Wittgenstein et Austin (dont on découvre au passage l'élitisme et le sexisme), les rôles de Bertrand Russell, de G.E. Moore et plus encore de Ayer et de Hare nous sont généralement inconnus. On découvre ainsi aussi bien les enjeux de la méta-éthique analytique (qu'est-ce que cela peut bien vouloir dire que de dire qu'une action est « bonne » ?) que les raisons d'en critiquer la sécheresse. On découvre à la fois comment l'analyse du langage peut permettre à Wittgenstein et Austin de penser le monde et la vie humaine à nouveaux frais et comment l'insistance sur l'utilisation systématique de la logique peut conduire à n'avoir précisément plus grand-chose à dire sur le monde. On découvre aussi bien le système des *tutorials* dans lesquels les étudiant·es d'Oxford reçoivent des cours particuliers de leurs professeurs que celui du séminaire à l'allemande où le professeur fait école et crée un groupe de disciples fidèles.

Cette différence de contexte entre les autrices, qui ont écrit ce livre dans un monde dans lequel ces hommes et leurs méthodes règnent encore en maîtres au point parfois de rendre inaudibles des voix différentes, et les références d'un lectorat français, qui pense souvent au contraire que la bonne philosophie n'est pas faite de syllogismes, qu'elle peut ne pas s'écrire clairement et qu'elle devrait idéalement avoir des choses importantes à dire sur la vie que nous devrions mener, explique que nous soyons peut-être plus disposé·es à suivre ces quatre femmes et à les admirer. Je m'amuse parfois d'entendre des collègues surpris des multiples liaisons d'Iris Murdoch ou de la vie mal rangée d'Anscombe, alors qu'intuitivement j'y vois le signe qu'elles sont bel et bien philosophes ! Je lis dans les passions intellectuelles, amoureuses, amicales de Murdoch, dans son hésitation entre la littérature et la philosophie, dans son désir absolu de goûter la vie et de rendre ce goût par l'écriture autant de points communs avec Simone de Beauvoir (qu'elle n'aimait pourtant pas beaucoup). Je vois dans ces quatre philosophes amies qui discutent au café une version plus sage, mais peut-être intellectuellement plus stimulante et rigoureuse des discussions enflammées de Sartre, Merleau-Ponty et Beauvoir. Je reconnais, dans la lecture forcenée et systématique de Platon, d'Aristote, de Thomas d'Aquin, que font ces quatre femmes, comme un écho à la façon française de philosopher à partir des classiques plutôt qu'à partir d'expériences de pensée. Et paradoxalement, j'en viens aussi à m'intéresser à Ayer, à Hare, à Wittgenstein, à Austin, qu'elles prenaient suffisamment au sérieux pour en faire des adversaires.

Mais le parallèle s'interrompt : aurait-il été possible à un moment de l'histoire de la philosophie française que quatre femmes philosophes deviennent amies, étudient ensemble, couvrent leurs journaux respectifs de l'admiration qu'elles avaient les unes pour les autres et en viennent pour trois d'entre elles à enseigner la philosophie côte à côte ? Pourquoi au fond ce quartet a-t-il existé quand par exemple Beauvoir et Weil, alors même qu'elles ont étudié ensemble, se sont cordialement détestées ?

La thèse de Mary Midgley, sur laquelle repose le livre, est que l'absence des hommes a permis à ces femmes d'étudier la philosophie. Peut-être aussi qu'elle leur a permis de ne pas être (ou du moins pas tout le temps) en compétition pour les séduire ou pour être la seule femme du groupe (comme Beauvoir entourée de Sartre, Nizan, Merleau-Ponty). Peut-être inversement que le sexisme d'un Austin, par exemple, était tel qu'il invitait à la sororité. Il y a sans doute un peu de tout cela et simplement des affinités électives. Mais poser ces questions nous invite aussi à une autre lecture de ce livre et de notre histoire, une lecture féministe.

Le départ des hommes pour la guerre explique sans doute en partie que ces femmes aient pu étudier, aient pu recevoir l'attention des professeurs d'habitude concentrés sur leurs poulains, mais on distingue tant d'autres raisons dans le livre. C'est aussi parce qu'on ne pouvait laisser l'oncle d'Anscombe en présence d'une nourrice qu'elle fut élevée par des précepteurs et donc initiée à la culture classique ; c'est parce qu'elles sont à Oxford (et non à Cambridge, où les femmes ne seront admises à préparer des diplômes qu'après la guerre), qu'elles peuvent véritablement étudier ; c'est parce que, juste avant leur arrivée, Miss Martha Hurst était devenue la deuxième femme philosophe à conserver son poste après son mariage, que de telles possibilités s'offrent à elles. Mais surtout, c'est parce que des femmes juste avant elles se sont battues pour leur rendre le chemin possible : même lorsque Vera Farnell rappelle aux jeunes femmes l'importance d'être habillées modestement, il s'agit de rendre possible leur accès au savoir. Et à cet égard ce livre se lit aussi comme une liste de femmes oubliées : comment a-t-on pu oublier le nom de Susan Stebbing, qui apparemment est la première à apporter les idées du cercle de Vienne à Oxford ? Comment se fait-il que nous ayons effacé tous les noms de ces femmes, jusqu'aux noms des membres du Quartet ? Iris Murdoch est encore considérée outre-Manche comme une de leurs plus grandes romancières, mais comment se fait-il que nous la lisions encore moins que nous ne lisons Beauvoir ? À cet égard, cette biographie croisée s'inscrit dans les efforts féministes contemporains pour essayer de contrer cet oubli inexorable dans lequel tombent les femmes qui pensent après leur mort.

Cela ne veut pas dire pour autant qu'il faudrait les lire *parce qu'*elles sont des femmes ! Et c'est là peut-être le dernier tour de force de ce livre : à bien des moments, on a tendance à oublier que ces quatre-là sont femmes, on les voit « simplement » philosophes, intéressées par la vérité, par la recherche d'une bonne façon de vivre sa vie. Et inversement, on commence à discerner, pour une fois, comment la philosophie des hommes d'Oxford vient précisément de ce que ce sont des hommes. La philosophie du langage ordinaire d'Austin semble indissociable des pratiques de boys clubs qu'il affectionne, la philosophie d'Ayer est aussi péremptoire qu'il est pressé et ambitieux et la philosophie morale de Hare est plus influencée par son expérience de soldat que celle d'Anscombe ne l'est par la maternité. En faisant apparaître les maîtres comme des hommes, ce qu'il y a en elles de femmes devient moins absolument pertinent pour comprendre leur pensée. Ce n'est donc pas une philosophie de femmes qui se fait jour mais plutôt une philosophie de l'humain, qui prend au sérieux le fait que ce sont toujours des êtres de chair et d'histoire qui recherchent la vérité et qui font des choix. C'est là une autre prouesse de ce livre : à travers la biographie de ces femmes s'esquisse une théorie de la vie morale qui est précisément ce qui unit le quartet de penseuses. Ici, comme chez Murdoch, la frontière entre littérature et philosophie s'estompe et les philosophes du quartet, leurs vies et leurs choix, apparaissent précisément comme des humains qui s'efforcent à la vertu qu'elles présentent comme l'unité fondamentale de la philosophie morale.

Manon Garcia

Introduction

L'histoire de la philosophie européenne s'entend d'ordinaire comme l'histoire des idées, des visions, des espoirs et des peurs des hommes. Mais c'est aussi l'histoire des idées, des visions, des espoirs et des peurs d'hommes qui ont – pour la plupart – mené des vies extraordinairement isolées, à l'écart des femmes et des enfants. « Pratiquement tous les grands philosophes européens étaient célibataires », écrivait la philosophe Mary Midgley en 1953 [1], en ouverture d'un script destiné à une émission de radio commandée par la BBC, mais finalement rejeté : l'observation de Mary quant au statut marital des philosophes était, selon le producteur, « une intrusion triviale et déplacée des affaires domestiques dans la vie intellectuelle [2] ». Mary, toutefois, n'en démordait pas : la tradition philosophique occidentale eût été moins marquée par le solipsisme, le scepticisme et l'individualisme si ses auteurs avaient partagé d'intimes liens d'amitié avec leurs conjoints ou leurs amants, avaient porté puis élevé des enfants et avaient mené une existence socialement riche, à la fois remplie et variée.

L'histoire que raconte ce livre, quant à elle, est centrée sur quatre femmes philosophes et leur amitié. Mary Midgley (née Scrutton), Iris Murdoch, Elizabeth Anscombe et Philippa Foot (née Bosanquet) entrèrent dans l'âge adulte au cours de l'une des périodes les plus chaotiques du XXe siècle. Nées au sortir de la Première Guerre mondiale, elles commencèrent leurs études de philosophie à l'université d'Oxford peu après l'entrée des troupes de Hitler en Autriche. En vérité, Mary se trouvait même à Vienne au moment de l'invasion : elle avait entrepris ce voyage visant à améliorer son allemand avant de rejoindre l'université, son professeur lui ayant assuré que les troubles en Europe feraient long feu. Mais lorsqu'elle découvrit à l'entrée des boutiques ce genre d'écriteau : « Si c'est en Allemand que tu entres ici, que ton salut soit "Heil Hitler" [3] », elle décida de rentrer chez elle. La suite des événements allait bouleverser le théâtre de l'humanité – le nazisme, l'Holocauste, la guerre totale, Hiroshima et Nagasaki. Leur génération fut confrontée à des drames et des atrocités à peine imaginables par celles qui l'avaient précédée.

Comme l'a noté Iris Murdoch, les philosophes français et britanniques ont répondu de façon très différente à la réalité post-nazie. En France, l'expérience de l'Occupation a imprégné la philosophie et la littérature d'après-guerre [4]. Alors que Jean-Paul Sartre a exploré les implications morales et politiques de la liberté, tâchant de comprendre si l'authenticité et la sincérité étaient possibles pour qui avait vécu sous Vichy, les Britanniques n'ont pas connu de telle remise en question. Les hommes d'Oxford, une fois libérés de l'effort de guerre, ont retroussé leurs manches et repris leurs travaux là où ils les avaient laissés.

La tâche qu'ils avaient entreprise, avant d'être interrompus par la guerre, était audacieuse : éliminer la discipline connue jusqu'ici sous le nom de « philosophie » pour la remplacer par un nouvel ensemble de méthodes logiques, analytiques et scientifiques baptisées « positivisme logique ». L'enquête métaphysique spéculative – la quête d'une connaissance de la nature humaine, de la moralité, de Dieu, de la réalité, de la vérité et de la beauté – devait céder la place à la clarification logique et à l'analyse linguistique au service de la science. Les seules questions permises étaient celles auxquelles on pouvait répondre par des méthodes empiriques. « Quel est le sens de la vie humaine ? », « Comment devons-nous vivre ? », « Dieu existe-t-il ? », « Le temps est-il réel ? », « Qu'est-ce que la vérité ? », « Qu'est-ce que la beauté ? » : ce genre de questions métaphysiques, outrepassant les limites de ce que nous pouvons mesurer et observer, furent taxées de « non-sens ». Bannie également la vieille image philosophique de l'homme comme créature spirituelle dont la vie est tournée vers Dieu ou vers le Bien, et pour qui la philosophie est l'effort de contempler la structure fondamentale de la réalité. À sa place : une conception des êtres humains comme d'« efficaces machines à calculer [5] », des individus dotés de facultés intellectuelles leur permettant de dépasser leur nature animale désordonnée pour organiser et rationaliser un monde qui, sans cela, resterait brut et informe. On déclara qu'il n'y avait pas de véritables problèmes philosophiques ; les questions qui ne se pouvaient traiter par l'investigation scientifique n'étaient rien d'autre que d'embarrassants sacs de nœuds, des confusions créées par le langage.

Sans cette interruption due à la guerre, Mary, Iris, Elizabeth et Philippa auraient peut-être rejoint les hommes dans leur effort pour faire advenir le meilleur des mondes : le règne d'une philosophie débarrassée de la poésie, du mystère et de la métaphysique. À moins que, plus probablement, une fois leur diplôme obtenu, elles n'eussent laissé la philosophie derrière elles, convaincues, comme le sont encore bien des jeunes femmes aujourd'hui, que cette discipline n'était pas pour elles. Mais les choses en allèrent autrement : les jeunes hommes et les « grands pontes » de la philosophie britannique (Alfred J. Ayer, Gilbert Ryle et John L. Austin) furent déracinés d'Oxford et transplantés à Whitehall, notamment au *War Office*. Nos quatre amies restèrent sur place pour terminer leurs études dans une Oxford plongée dans la tourmente, peuplée de Londoniens évacués et de réfugiés venus d'Europe. Et l'on assista peu à peu à une renaissance de la philosophie. Les vieux métaphysiciens furent à nouveau libres de parler de poésie, de transcendance, de sagesse et de vérité. Les objecteurs de conscience s'interrogeaient : qu'est-ce que Dieu exigeait d'eux ? Quel était leur devoir ? Les universitaires réfugiés, s'exprimant dans une langue qui n'était pas la leur, partagèrent une érudition et un enseignement d'un genre qu'Oxford n'avait jamais connu auparavant. Et les femmes, dans des classes désormais délaissées par tous ces jeunes gens qui aimaient avoir le dernier mot, tournèrent, ensemble, leur attention vers le monde [6]. Elles s'intéressaient à « la réalité qui entoure l'homme – transcendante ou autre », disait Iris [7]. Et elles avaient des questions. Beaucoup de questions.

C'est ainsi que ces quatre femmes forgèrent leur conception de la philosophie : une forme ancestrale d'investigation humaine, nourrie par des millénaires de conversation, et dont la tâche est de nous aider, collectivement, à trouver notre chemin au sein d'une vaste réalité qui nous transcende. Quand les hommes revinrent de la guerre avec leurs méthodes analytiques et leur dédain pour le mystère et la métaphysique, nos quatre amies étaient prêtes à les accueillir d'un seul et même « non ! ».

Quant à nous, coautrices de ce livre, notre conversation philosophique a débuté à l'été 2013. Nous nous sommes rencontrées à Genève, au sein d'un petit groupe de philosophes rassemblés pour tenter de comprendre la nature du rêve. Chacune de nous reconnut en l'autre une philosophe de la même fibre, qui aimait les sujets obscurs, éphémères, marginaux et avait tendance à poser des questions bizarres. Nous découvrîmes bientôt que nous partagions un même désespoir devant l'état de la philosophie académique, une discipline dans laquelle nous nous efforcions toutes deux de nous frayer un chemin. Nous savions que, si nous voulions continuer, il nous faudrait trouver une manière de faire de la philosophie plus engagée, plus créative et plus ouverte. Nous en avions assez d'écouter des hommes parler de livres écrits par des hommes pour des hommes. Et nous voulions faire de la philosophie ensemble, en amies. Nous étions à la recherche d'un exemple inspirant. Puis, le 28 novembre, une lettre a paru dans le *Guardian*, sous le titre « The Golden Age of Female Philosophy » [« L'Âge d'or des femmes philosophes »]. Elle était signée Mary Midgley : nous connaissions son nom, bien que ses œuvres ne fussent pas étudiées à l'université ni commentées dans les grandes revues de la profession. Dans cette lettre, elle traçait les linéaments de l'histoire que vous êtes sur le point de lire. Elle expliquait comment elle et ses amies Iris, Elizabeth et Philippa, avaient réussi à s'épanouir en philosophie, une discipline notoirement inhospitalière aux femmes, parce qu'au moment crucial, les hommes avaient été réquisitionnés [8]. « Le problème, bien entendu, ce ne sont pas les hommes en tant que tels », poursuivait la lettre, « – les hommes ont fait de la philosophie plutôt bonne par le passé. » Façon de suggérer, non sans humour, qu'il était temps de se demander quel genre de philosophie les femmes avaient produit – et produiraient. Voilà qui tombait du ciel : c'était exactement ce que nous avions espéré. Nous sommes bientôt devenues les visiteuses régulières d'une maison de retraite située dans la banlieue de Newcastle, à quelques kilomètres seulement de chez nous, où nous avons mené une conversation soutenue avec Mary Midgley. Enfoncée dans son fauteuil, elle nous parlait des auteurs des livres de sa bibliothèque comme s'ils venaient de quitter la pièce, nous tendait des papiers, des notes, des coupures de journaux qu'elle exhumait de petites piles tapissant les rebords de fenêtres, les meubles et même le tapis de son minuscule salon : Collingwood, Joseph, Price, Wittgenstein, Austin, Ayer, Hare. Elle évoqua ses amies, toutes disparues aujourd'hui : Iris, Philippa et Elizabeth.

Une chose que Mary voulut absolument nous faire comprendre était « ce que ça fait d'être littéralement “en guerre” ». À l'époque, cela faisait dix ans qu'on nous rappelait régulièrement que nous étions en « guerre contre le terrorisme » ; Mary tenait à ce qu'on saisisse bien la différence. *Vous ne faites pas ce que vous feriez en temps normal ; vous n'êtes pas là où vous seriez normalement ; vous êtes envoyé ailleurs, redirigé, restreint. Votre famille et vos amis ont été déplacés eux aussi ; soit ils ont été tués ou blessés soit ils sont en danger. Il est difficile de savoir ce qui se passe ; les journaux ne sont pas fiables, la radio fait de la propagande, le courrier est censuré. La nourriture est rare, l'essence rationnée, les voyages sont limités. Le futur est incertain. Vous avez peur. Il fait sombre* [9]. Elle ne cherchait pas tant, en nous peignant ce tableau, à évoquer les souvenirs d'un passé figé et immuable qu'à raviver pour nous le contexte de la philosophie qu'elle souhaitait nous transmettre. C'est en temps de chaos qu'on a besoin de philosophie, disait-elle : et c'est ainsi qu'elle et ses amies avaient élaboré une théorie de la vie humaine, en fumant pour tromper la faim tandis que, plongées dans le noir à cause du *black-out*, elles entendaient hurler les sirènes des raids aériens.

À l'heure où le monde essaie de se remettre d'une pandémie et s'éveille à la réalité de la crise climatique, il est sans doute temps de s'interroger à nouveau, comme le firent ces femmes après la Seconde Guerre mondiale : quelle sorte d'animal est donc un être humain ? De quoi avons-nous besoin pour bien vivre ? La philosophie a-t-elle une quelconque utilité ?

Après la guerre, de part et d'autre de la Manche, s'est imposée une certaine « image de l'homme » qui domine encore notre imaginaire collectif. Le « héros » de la philosophie moderne, a écrit Iris, est le « rejeton de l'âge de la science ». Il est « libre, indépendant, seul, puissant, rationnel, responsable, courageux, le héros de tant de romans et de livres de philosophie morale [10] ». Mais il est devenu étranger à sa propre nature, au monde naturel qui est son foyer et aux autres êtres humains. Pour nous, aujourd'hui, la solitude et l'aliénation ont pris une tournure particulière. Le développement technologique des dernières décennies crée l'illusion d'un monde entièrement offert à notre regard – en une poignée de secondes, nos ordinateurs nous montrent la surface de Mars, l'intérieur d'un nid de guêpes, les plans d'un réacteur nucléaire. Cependant, face à l'extrême complexité de la vie humaine, nous contentant de plus en plus d'ersatz virtuels de l'amitié, du jeu, de l'amour et du contact humain, nous renonçons collectivement à la tâche qui nous attend. Nous lui préférons des fantasmes dans lesquels quelque génération future, ou bien l'IA, ou encore l'innovation scientifique, se chargera de ce fardeau à notre place. Mais pour reprendre les mots de Mary, « ce qui nous arrive continuera certainement à être déterminé par des choix humains. Même les plus admirables des machines ne sauraient faire de meilleurs choix que les personnes censées les programmer [11] ».

Ce dont nous avons maintenant besoin, c'est d'une autre image de l'être humain, qui nous aide à nous comprendre nous-mêmes et nous montre comment avancer. Nous avons besoin d'identifier les schémas d'action et de pensée qui ont guidé nos vies par le passé et ceux qui les guident aujourd'hui, ainsi que de comprendre en quoi il est possible de les changer et par quels mécanismes. « J'ai placé "les hommes" dans la même liste que "les chats" et "les navets" », écrivait Elizabeth en 1944, pour insister sur l'idée que toute tentative de nous comprendre nous-mêmes devait commencer par le fait que nous sommes des créatures vivantes [12]. Cependant, tandis que nous pouvons étudier la vie des navets et des chats de façon purement objective, de l'extérieur, la vie des êtres humains doit, pour les humains, être étudiée de l'intérieur. Et si la tâche est de découvrir ce que nous sommes, alors c'est une tâche que nous devons poursuivre à plusieurs, comme l'ont fait ces femmes : dans les chambres d'internat et les réfectoires, dans les salons de thé et les salles de séjour, par la poste et dans les pubs, parmi les couches et les bébés. Jardins clos, rivières, galeries d'art, camps de réfugiés et bâtiments bombardés : de cette mosaïque de lieux, elles ont fait leur chez-soi.

Vue par les yeux de ces amies, une tout autre image de la vie humaine se dessine. Notre monde familier se transforme en une riche tapisserie de motifs entrelacés, constellée d'objets culturels à la puissance métaphysique, regorgeant de vie végétale, animale et humaine. Et nous, les individus humains dont les vies aident à créer et à maintenir ces motifs et ces objets, nous nous voyons à nouveau comme le genre d'animal dont l'essence est de s'interroger, de créer et d'aimer. Nous sommes des animaux métaphysiques. Nous fabriquons et partageons des images, des histoires, des mots, des signes et des œuvres d'art qui nous aident à conduire nos vies ensemble. La puissance de ces créations est immense, parce qu'elles nous montrent d'un coup ce qui est et ce qui a été, tout en nous suggérant de nouvelles pistes. Elles nous montrent que ce qui constitue notre passé commun est toujours provisoire ; le passé est maintenu en vie par les témoignages et les efforts de conservation ; en tant que tel, il est changeant, il est aisément éludé ou perdu. Mais parce que le passé est une chose vivante, les découvertes contemporaines peuvent affecter notre histoire. Nous pouvons changer de regard sur notre passé – et nous pouvons réécrire son déroulement tel que nous le comprenons aujourd'hui. Différents passés nous attendent.

Nous avons reconstruit ce passé en assemblant des fragments de lettres, de journaux, de photos, de conversations, de carnets, de souvenirs et de cartes postales, pour créer des tableaux. Ces tableaux forment autant de motifs, reliés par le plus important d'entre eux : le déroulement des fils entrecroisés des vies de quatre femmes absolument remarquables. Nous les rencontrons encore jeunes filles, à l'aube d'une guerre, puis les suivons tandis qu'elles s'efforcent de trouver leur voie dans une période de bouleversement intellectuel et politique. Nous les quittons à la fin de la trentaine, au moment où elles font leur entrée sur la scène du monde, où leurs noms apparaissent dans les journaux et leurs voix à la radio. Chacune d'elles incarne à sa manière l'exemple d'une vie dédiée à la tâche de donner un sens au monde. Chacune a trouvé des solutions différentes aux problèmes pratiques, intellectuels et psychologiques que pose l'activité philosophique quand on est une femme. Et toutes ont puisé de la force dans l'amitié qu'elles se vouaient les unes aux autres.

La vie de ces femmes, en retour, éclaire un contre-récit de la philosophie du XXe siècle. Ses héros ne sont pas Alfred J. Ayer, John L. Austin et Richard M. Hare, mais des personnages que vous ne connaissez sans doute pas : Hugh H. Price, H. W. B. Joseph, Susan Stebbing, R. G. Collingwood, Dorothy Emmet, Mary Glover, Donald MacKinnon et Lotte Labowsky. Ce contre-récit relie la philosophie contemporaine à la grande métaphysique spéculative du XIXe et du début du XXe siècle, aux Idéalistes et aux Réalistes qui s'efforçaient de comprendre la nature de la vérité, de la réalité et du bien, avant que le tournant de l'analyse linguistique ne réduise l'ambition de la philosophie à saisir la signification des mots « vrai », « réel » et « bon ». Il montre que poser des questions métaphysiques et essayer d'y répondre fait naturellement et fondamentalement partie de la vie humaine. Il relie des enquêtes apparemment abstraites et ésotériques aux vraies questions éthiques, pratiques et spirituelles qui se posent avec acuité à chacun d'entre nous au quotidien. On retrouve, traversant cette histoire, les grands arcs historiques de la pensée philosophique occidentale : Platon, Aristote, Thomas d'Aquin ; Descartes, Hume, Kant, Hegel ; Frege, Wittgenstein ; Moore. Et, bien entendu, bouleversant toutes ces vies et ces motifs, le grand chaos du XXe siècle : un chaos de réfugiés et d'exilés, de massacres et de guerres, de mort et de confusion.

Le livre s'ouvre sur une scène qui pose une question philosophique. Nous sommes en 1956 ; Elizabeth Anscombe se tient devant les *dons* * de l'université d'Oxford et déclare que l'ancien président des États-Unis d'Amérique, Harry S. Truman, l'homme qui a ordonné le bombardement d'Hiroshima et de Nagasaki, est coupable de meurtres de masse et ne devrait pas recevoir de diplôme honorifique. À la quasi-unanimité, les *dons* passent outre et célèbrent Truman. Elizabeth est perplexe : que voit-elle qu'ils ne voient pas ? S'ils sont prêts à honorer un homme notoirement responsable du massacre impitoyable de dizaines de milliers d'innocents, dit-elle, alors ils se sont égarés. Ce livre se veut une carte pour retrouver le chemin.

Vous pouvez le lire comme une histoire qui vous aidera à voir votre monde quotidien comme ces femmes le virent : comme quelque chose d'étonnant et de fragile, ayant constamment besoin de soin et d'attention. Ou bien vous pouvez le lire comme un essai philosophique, qui souhaite ramener la philosophie à la vie. Si vous en avez la possibilité, n'hésitez pas à le lire avec des amis.

* Nous avons choisi de ne pas traduire certains termes spécifiques à la culture universitaire d'Oxford, dont on trouvera une définition dans un glossaire en fin de volume (*NdT*).

Personnages

Elizabeth Anscombe

Philippa Foot (née Bosanquet)

Mary Midgley (née Scrutton)

Iris Murdoch

Femmes philosophes

Alice Ambrose
Dorothy Emmet
Mary Glover
Martha Kneale
Margaret Masterman
Susan Stebbing
Mary Warnock (née Wilson)

Autres femmes universitaires

Myra Curtis
Helen Darbishire
Vera Farnell
Barbara Gwyer
Mildred Hartley
Isobel Henderson
Carlotta Labowsky
Lucy Sutherland
Janet Vaughan

Les Idéalistes et le groupe de Boars Hill

E. F. et Winifred Carritt
H. W. B. Joseph
Sandie et Erica Lindsay
Gilbert Murray et Lady Mary
E. J. et Theo Thompson

Les Réalistes

G. E. Moore
H. A. Prichard
W. D. Ross

Les « vétérans » et les objecteurs de conscience

R. G. Collingwood
E. R. Dodds
Peter Geach
Donald MacKinnon
H. H. Price
Victor White
Oscar Wood

Les intellectuels réfugiés

Heinz et Eva Cassirer
Eduard Fraenkel
Fritz Heinemann
Raymond Klibansky
Franz Steiner
Friedrich Waismann
Richard Walzer

Les Wittgensteiniens

Ludwig Wittgenstein
Wasfi Hijab
Georg Kreisel
Rush Rhees
Kanti Shah
Yorick Smythies
John Wisdom

Les existentialistes

Martin Buber
Katharine Farrer
Gabriel Marcel
Jean-Paul Sartre

Les « Métaphysiques »

Ian Crombie
Austin Farrer
Michael Foster
Basil Mitchell
Eric Mascall
Dennis Nineham

Les « jeunes » mobilisés

Les dons

J. L. Austin
A. J. Ayer
Isaiah Berlin
Gilbert Ryle

Les étudiants

Nick Crosbie
Richard Hare
David Hicks
M. R. D. Foot
Geoffrey Midgley
Frank Thompson
Geoffrey Warnock

Le Socratic Club

Stella Aldwinckle
C. S. Lewis

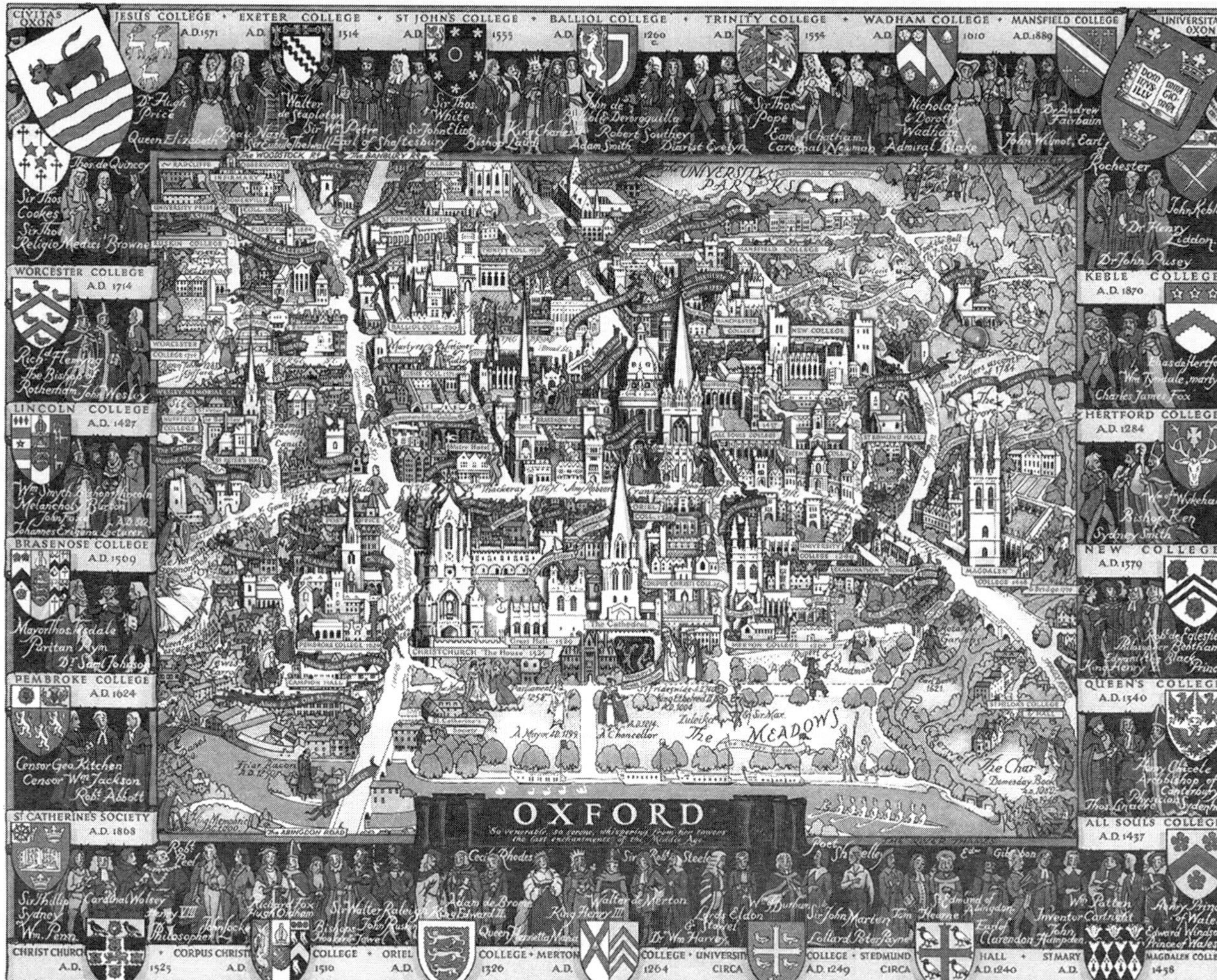
CIVITAS OXON
JESUS COLLEGE A.D. 1571
EXETER COLLEGE A.D. 1314
ST JOHN'S COLLEGE A.D. 1555
BALLIOL COLLEGE A.D. 1260
TRINITY COLLEGE A.D. 1554
WADHAM COLLEGE A.D. 1610
MANSFIELD COLLEGE A.D. 1889
UNIVERSITAS OXON
WORCESTER COLLEGE A.D. 1714
LINCOLN COLLEGE A.D. 1427
BRASENOSE COLLEGE A.D. 1509
PEMBROKE COLLEGE A.D. 1624
ST CATHERINES SOCIETY A.D. 1868
KEBLE COLLEGE A.D. 1870
HERTFORD COLLEGE A.D. 1284
NEW COLLEGE A.D. 1379
QUEEN'S COLLEGE A.D. 1340
ALL SOULS COLLEGE A.D. 1437
CHRIST CHURCH A.D. 1525
CORPUS CHRISTI COLLEGE A.D. 1510
ORIEL COLLEGE A.D. 1326
MERTON COLLEGE A.D. 1264
UNIVERSITY COLLEGE CIRCA A.D. 1249
ST EDMUND HALL CIRCA A.D. 1240
ST MARY MAGDALEN COLLEGE A.D. 1458
UNIVERSITY PARKS
THE MEADOWS
CHRISTCHURCH The House 1525
OXFORD
So venerable, so serene, whispering from her towers the last enchantments of the Middle Age

PROLOGUE

Le diplôme de Mr Truman

Oxford
mai 1956

Elizabeth Anscombe prend position –
Philippa Foot est sur une piste

Elizabeth Anscombe prend position

Juste après le déjeuner, le 1er mai 1956, le tintement de la cloche la plus aiguë de l'église St Mary convoqua les *dons* de l'université d'Oxford à la vénérable Bodleian Library [1], un lieu consacré depuis quatre siècles aux études des hommes et au travail clérical, que l'on disait à présent, d'une façon soudaine et inexplicable, menacé par « les femmes [2] ». Sortant des collèges de St John, de New College et de Worcester, les *dons* firent route vers le sud en descendant la rue St Giles, vers l'ouest par Holywell Street et vers l'est par Broad Street, leurs robes, leurs habits et leurs capuches au vent [3]. Tandis qu'ils se rassemblaient dans la cour devant le bâtiment de la Convocation, les rumeurs circulaient. « Les femmes préparent un coup à la Convocation ; nous devons [...] voter contre elles [4]. »

On savait certaines choses. Le vice-chancelier, Alic Halford Smith, avait proposé au Conseil hebdomadaire de l'université d'Oxford que soit décerné un diplôme honorifique à l'ancien président des États-Unis Harry S. Truman [5]. La tradition voulait que la nomination soit approuvée par la Convocation (l'organe dirigeant composé de tous les docteurs et maîtres de l'université) et que le diplôme soit remis le mois suivant lors de l'antique cérémonie de l'*Encaenia*. Oui, mais... C'est ici que les faits s'arrêtaient et que commençaient les rumeurs, glanées par bribes. La nomination, disait-on, allait être contestée par « les femmes ».

Les *dons* de St John étaient arrivés avec un seul impératif : « Voter contre elles [6] ». Maintenant, ils s'agitaient en essayant de découvrir de quelles femmes il s'agissait. Sans surprise, on trouvait Somerville au centre de l'affaire. Somerville l'impie, un collège pour les « têtes » (ou, disaient certains, pour les « monstres [7] »). À All Souls, c'est un sentiment d'injustice qui avait frappé les consciences : pour sûr, on « *aurait tort de chercher à PUNIR Mr Truman !* » ; « Attendez, vous ne pouvez pas tenir un homme pour responsable seulement parce que "sa signature se trouve en bas de l'ordre". » Aux tables de New College, lors du dîner, on avait convenu que, bien que « l'action » ait été une « erreur », ce n'était qu'« un accident, pour ainsi dire, dans une carrière » [8]. Pourtant, se disaient certains, on n'avait pas retenu grand-chose d'autre de la carrière de Mr Truman. En entendant son nom, on ne pouvait s'empêcher de poursuivre en soi-même : « Hiroshima, Nagasaki ».

À présent, à l'intérieur du bâtiment de la Convocation, les *dons* entraient en file indienne dans la chambre – une salle de tribunal médiévale plutôt disposée à la manière d'une Chambre des Communes en miniature. Tous les regards scrutaient les bancs près de l'entrée (que les femmes avaient l'habitude d'occuper) à la recherche de la fauteuse de troubles. Elle était là, assise, sereine et silencieuse : Miss Elizabeth Anscombe.

Dans les coulisses, les *proctors* et les *wardens*, les *deans* et les *censors* étaient ébranlés. Avait-elle « monté un parti » ? Elle disait que non, mais pouvait-on lui faire confiance [9] ? Les responsables universitaires avaient secrètement consulté les textes réglementaires et examiné les précédents, car la procédure pour traiter de telles protestations était inconnue ; personne ne parvenait à se souvenir d'une circonstance semblable par le passé. Le vice-chancelier Alic Halford Smith était sur le point de prendre sa retraite ; il avait demandé à son remplaçant, John Masterman, de présider la réunion [10]. Masterman découvrait seulement les ficelles du métier et, tandis qu'il se préparait à prendre place tout en ajustant la capuche de sa robe, il avait encore des doutes sur la procédure à suivre. L'ordre du jour était chargé : il fallait discuter du statut du Nouveau Testament en grec dans le cadre du diplôme de théologie. Le Conseil hebdomadaire était impatient de faire passer sa proposition d'honorer Truman, déjà reportée d'un an, et voilà qu'intervenait cette « Miss Anscombe », comme un grain de sable menaçant de venir gripper la machine [11]. Elle avait créé davantage de confusion encore en demandant la permission de s'adresser à l'assemblée en anglais plutôt qu'en latin (en dépit du fait qu'elle maîtrisait le latin à la perfection [12]).

La priorité de Masterman était que l'« on fasse aussi peu de vagues que possible [13] ». Les journalistes rôdaient alentour, avides de scoops. Aucun doute, une « scène » se préparait. Quant aux *proctors*, ils voyaient depuis longtemps Miss Anscombe comme une épine dans leur pied. Elle était connue pour se présenter à ses enseignements en pantalon, une tenue interdite aux femmes selon les statuts de l'université. Ce fut un grand soulagement pour tout le monde lorsqu'elle se leva de son siège et qu'on put apercevoir, sous sa robe académique, une jupe et des collants couvrant ses jambes [14].

Un drôle de silence s'abattit sur l'assemblée lorsque Miss Anscombe se dirigea vers le pupitre ; amusés ou ironiques, les commentaires étouffés cessèrent tout à fait lorsqu'elle se mit à parler. Son apparence un peu quelconque (les cheveux longs et dénoués, le visage dénué de maquillage, des vêtements informes) était éclipsée par la beauté de sa voix grave et sonore. « Je suis déterminée à m'opposer à la proposition de conférer à Mr Truman un diplôme honorifique, ici à Oxford [15]. » Elle était nerveuse, mais son discours était clair et posé.

« Certes, un diplôme honorifique ne vient pas récompenser le mérite : il vient récompenser, pour ainsi dire, le fait d'être une personne très distinguée et il serait stupide de se demander si un candidat mérite d'être aussi distingué qu'il l'est. C'est pourquoi, de façon générale, la question de savoir si tel ou tel doit recevoir un diplôme honorifique est dépourvue d'intérêt. » La tension se relâcha probablement dans l'assemblée lorsqu'elle prononça ces mots apparemment anodins. « Il est peu probable qu'une personne très distinguée soit un criminel notoire », poursuivit-elle, « et s'il s'avérait qu'elle fût un criminel non notoire, il serait inapproprié, je crois, d'aborder le sujet. » Sans doute quelques membres de l'assemblée se laissèrent-ils aller à partager son sourire. « Ce n'est que dans le cas plutôt rare [*murmures dans la salle*] dans lequel un homme est notoirement connu pour une action, au vu de laquelle l'honorer n'est qu'une flagornerie, que la question peut avoir le moindre intérêt. » Ses mots, leur portée, firent mouche.

Tandis que Miss Anscombe poursuivait son discours, les *dons* assemblés suivaient son argumentation avec peine. Elle ne contestait pas le fait que l'action de Truman « avait très certainement sauvé un nombre considérable de vies ». Ni qu'elle avait écarté une terrible perspective : « De très nombreux soldats des deux bords auraient été tués ; les Japonais [...] auraient massacré les prisonniers de guerre ; et leur population civile aurait été décimée par les bombardements "ordinaires". » Elle pensait que le pacifisme « est une doctrine fausse ». Elle n'était pas contre la peine de mort. Et pourtant, elle insistait : l'action de Truman « est un meurtre » ; il a « deux massacres » à son actif.

Par moments, elle semblait insulter outrageusement l'ancien chef d'État : « Une personne tout à fait médiocre peut faire des choses spectaculairement mauvaises sans pour autant devenir par-là quelqu'un d'admirable » ; « Chaque imbécile peut être aussi fripon qu'il l'entend » ; « Vous ne pouvez pas être bon ou faire un quelconque bien là où vous vous montrez stupide » [16]. Elle le compara aux plus grands criminels de l'Histoire : « Si vous lui conférez cet honneur, quel Néron, quel Gengis Khan, quel Hitler ou quel Staline ne seront pas honorés à l'avenir [17] ? » À un moment donné, elle utilisa le terme « boucher [18] ».

La fureur de John Masterman allait croissant tandis que « le membre féminin » de l'assemblée prononçait son « discours intempestif ». Parcourant la chambre du regard, il se sentit confiant dans l'issue du vote : « les femmes » seraient vaincues. Mais comment traiter cela avec le moins de vagues possible ? La presse « ne [manquerait] pas de s'emparer de l'incident », et lui et Oxford seraient alors coupables d'un « acte de discourtoisie » à l'encontre du président Truman, censé être un invité d'honneur. Masterman n'excluait pas d'ajourner l'assemblée avant que l'on appelle au vote [19].

Miss Anscombe entama la conclusion de son intervention. « Les protestations de gens sans pouvoir sont une perte de temps », dit-elle. Elle continuait à parler avec calme et lenteur. « Je ne profite pas de cette occasion pour faire là un "geste de protestation" contre les bombes atomiques ; je m'oppose catégoriquement à *notre* action de rendre honneur à Mr Truman, car la louange et la flatterie ne sont pas sans nous faire partager la culpabilité d'une mauvaise action » [20]. Il y eut un silence pendant qu'elle retournait à sa place. « Pas un murmure, pas un bruissement, pas un froncement de sourcil [21]. »

Il revint à l'historien Alan Bullock, en tant que membre du Conseil hebdomadaire, de parler en faveur de la nomination. L'assemblée réunie semblait tout à fait imperturbable [22] ; quand bien même, la voix virile de Bullock et son accent du Yorkshire auraient eu un effet rassurant. « Nous n'approuvons pas l'action », dit-il, son « nous » réunissant les hommes de l'austère comité qui l'entouraient, rétablissant un ordre confortable. « Non, nous pensons qu'il s'agissait d'une erreur [23]. » Néanmoins, poursuivit-il, il y a de nombreuses circonstances atténuantes : « Mr Truman n'a pas fabriqué les bombes de ses propres mains ni n'a décidé seul de les larguer sans procéder à des consultations. » Bullock parlait avec l'autorité de l'historien : il avait écrit récemment la première biographie de Hitler [24]. Non, Truman « était seulement responsable de la décision ». Ce n'était que « la signature au bas de l'ordre » qui lui incombait [25]. L'action de Mr Truman, semblait-il suggérer, n'était qu'une histoire de paperasse à remplir. Bullock conclut – il fit bref – qu'« une action de ce genre n'est après tout qu'un épisode, un accident pour ainsi dire, dans une carrière. Mr Truman a fait de bonnes choses [26] ».

En fin de compte, malgré ses réticences, Masterman fit son devoir. Il proposa la motion à la chambre en disant : « *Placet ne vobis, Domini Doctores ? Placet ne vobis, Magistri ?* » Si quelqu'un avait crié « *Non placet* », il aurait été obligé de procéder à un vote formel, mais à son grand soulagement, il n'y eut aucun cri – du moins, il n'en voulut entendre aucun. Miss Anscombe et les soutiens qu'elle aurait pu compter devaient ignorer la procédure, pensa-t-il, soulagé. Après une ou deux secondes de silence, il enregistra le décret comme étant adopté à l'unanimité [27].

Une fois la réunion terminée, les témoins se sentaient un peu confus quant à ce qui s'était passé au juste. Miss Anscombe était-elle une pacifiste masquée ? S'agissait-il d'une sorte de protestation catholique romaine ? Quelle sorte d'absurdité « moralisatrice » était-ce là [28] ? « Les femmes » avaient-elles lancé toute cette affaire à des fins encore inconnues ? La « femme intempestive » ne comprenait-elle pas que les Japonais étaient prêts à se battre jusqu'au bout [29] ? Certains étaient convaincus que Miss Anscombe se trouvait tout à fait seule, mais d'autres étaient sûrs d'avoir entendu ou vu des témoignages de soutien. Miss Hubbard (cette femme vaguement disgracieuse), du collège St Anne, n'avait-elle pas levé la main ? Et Mrs Foot, de Somerville : certains juraient l'avoir entendue proférer un son [30]. « Une opposante isolée », pouvait-on lire en titre du *Manchester Guardian* le lendemain – en dépit de tous les efforts de Masterman, la presse avait finalement mis la main sur l'affaire [31]. Il n'y eut pas d'autre opposition, disait l'article ; mais la semaine suivante, parut une tribune libre, signée d'un certain M. R. D. Foot, qui soutenait le contraire [32]. Miss Anscombe n'avait pas été seule. Quelques voix, commodément ignorées par Masterman, avaient dit : « *Non placet* », insistait l'article.

La nouvelle de la « campagne solitaire » de la philosophe franchit l'Atlantique jusqu'aux pages du *New York Times*, décidant un journaliste à demander à Harry Truman ce qu'il pensait de l'intervention de Miss Anscombe. Truman répondit : « J'ai pris cette décision sur la base des faits tels qu'ils étaient à l'époque et si j'avais à le refaire, je le referais sans hésiter [33]. » Pourtant, à la veille de la conférence de Potsdam, face à la « ruine absolue de Berlin conquise », il notait dans l'intimité de son journal : « J'ai pensé à Carthage, Baalbek, Jérusalem, Rome, Atlantis, Pékin [...] à Scipion, Ramsès II [...] à Sherman, Gengis Khan [...] Je crains que les machines ne soient en avance de quelques siècles sur la morale ; et lorsque la morale rattrapera son retard, rien de cela n'aura plus aucun sens »[34].

Le 20 juin, l'incident de la Convocation n'était plus guère qu'un souvenir quand Mr et Mrs Truman furent fêtés avec des pêches et du champagne à la Founder's Library de New College. À la suite de quoi, Truman, resplendissant dans sa robe écarlate et son bonnet de velours noir, se dirigea vers le Sheldonian Theatre de Christopher Wren pour la cérémonie de remise du diplôme, en présence de mille deux cents personnes. Les applaudissements fusèrent pendant trois minutes lorsque le comte d'Halifax, le chancelier de l'université, eut proclamé « *Harricum Truman, Doctoris in Iure Civili* » (docteur en droit civil). Les six cloches de St Mary retentirent.

Ce soir-là, Truman prit place à la *high table* du collège de Christ Church pour l'annuel dîner officiel appelé « *Gaudy* » (une affaire exclusivement masculine, ainsi nommée d'après le mot latin *gaudium*, qui signifie « joie »), un chapelet d'évêques, de chevaliers et de *lords*, d'ambassadeurs et de comtes à ses côtés. Les convives festoyèrent avec sept plats : *Pâté Maison, Tortue claire, Escalopes de Saumon Granville, Mousse de Caneton Aylesbury, Selle d'Agneau, Coupe Hélène,* suivis de *Pailles au Parmesan* [35]. En provenance des celliers, des bouteilles de *Sercial Madeira, Bernkasteler Lay 1953, Château Certan de May, Louis Roederer N. V., Cockburn 1935 et Segonzac Fine Champagne 1924*[36]. Plus tard, tandis qu'il traversait la cour pour gagner la sortie, de jeunes étudiants l'interpellèrent depuis leurs fenêtres : « Te laisse pas faire, *Harricum*[37] ! »

Philippa Foot est sur une piste

Dix-sept mois plus tard, en octobre 1957, tout Somerville fut atteint par la grippe. Philippa Foot, la lectrice de philosophie du collège, se mit au lit chez elle au 16 Park Town, une bouillotte, une pile de mouchoirs et une boîte de chocolats fins (qui faisaient partie de son régime alimentaire de base) à portée de main [38]. Elle avait l'habitude de travailler sous un édredon, car elle avait passé la plus grande partie de sa dernière année d'*undergraduate*, encore Miss Bosanquet, confinée dans son lit à cause d'une maladie infantile chronique. Elle s'attelait maintenant à l'écriture d'une lettre très importante [39]. « Chère Janet », commença-t-elle.

La destinataire était Mrs Janet Vaughan, hématologue, la principale de Somerville. La semaine où le président Truman avait été informé de l'existence de la bombe atomique [40], Janet Vaughan s'efforçait, selon ses propres termes, de « faire de la science en enfer ». Elle avait été envoyée par le Conseil de la recherche médicale au camp de concentration de Bergen-Belsen, récemment libéré, afin de donner des conseils sur la meilleure façon de réalimenter des gens sur le point de mourir de faim [41]. Elle était désormais rentrée à Oxford pour étudier les effets des radiations sur le squelette humain. Elle serait bientôt reconnue comme une autorité mondiale [42].

« Lorsque la grippe sera tombée », écrivit Philippa, « pourrai-je m'entretenir avec vous de l'avenir d'Elizabeth Anscombe ? » Elle s'efforçait de rendre lisible son écriture en pattes de mouche, mais la maladie et les oreillers ne l'y aidaient guère. Elle se sentait assez faible. Elle poursuivit néanmoins. Miss Anscombe a besoin de travail et « Somerville est de toute évidence l'endroit qui lui convient ». Elle est probablement, « à l'heure actuelle, la meilleure philosophe de l'université à tous égards (même si elle n'est pas la meilleure logicienne). Je doute qu'on trouve mieux dans le pays – à l'exception de Russell et de G. E. Moore, qui ne travaillent plus. Il n'y a jamais eu de femme capable de faire de la philosophie comme elle en est capable. »

La bourse dont Elizabeth bénéficiait alors à Somerville était sur le point d'arriver à son terme. Avec Isobel Anderson, qui occupait la chaire d'histoire ancienne au collège, Philippa avait réfléchi à un arrangement qui permettrait de garder Elizabeth à Somerville malgré l'absence de poste vacant et du manque d'argent pour en financer un nouveau. Elle redressa ses coussins avant d'exposer son idée.

« Il semble n'y avoir qu'une seule conclusion à tirer de cela : soit nous parvenons à diviser le poste, soit je devrai démissionner. Mais je ne veux pas démissionner. Je n'ai jamais si peu voulu démissionner que maintenant, où je suis convaincue de m'être engagée dans une voie fructueuse en philosophie morale. » Quel que soit mon attachement pour Somerville, poursuivit-elle, « s'il n'y a aucune autre issue je devrai démissionner, parce que continuer à maintenir Elizabeth à l'écart est propre à vous faire perdre toute estime de vous-même. »

La lettre se poursuivait, dix pages en tout, au fil des efforts de Philippa pour se faire entendre à travers la brume de sa maladie. « Qu'une chose soit bien claire : je ne fais pas cela pour rendre service à Elizabeth. Je tiens personnellement à ce qu'elle reste à Somerville [...] Elle m'a toujours aidée dans mes travaux de philosophie et, si je suis sur une piste en éthique, je souhaite plus que jamais qu'elle soit là [43]. »

À l'heure où cette lettre était écrite, Elizabeth et Philippa avaient passé la moitié de leur vie à grandir ensemble en philosophie, aux côtés d'Iris Murdoch et de Mary Midgley. Au cours de la décennie qui s'était écoulée depuis que le président Truman avait apposé sa signature et déclenché « une pluie de ruines » sur Hiroshima et Nagasaki [44], elles avaient travaillé ensemble à s'engager « dans une voie fructueuse en philosophie morale ». Leurs conversations dans les cafés, les chambres, les salons, les pubs, les salles de cours et les amphithéâtres, par terre, sur des chaises et des divans, à bicyclette, les avaient à présent ramenées au point de départ. En philosophie, « on doit repartir de zéro », avait dit Elizabeth à Iris après la guerre, « – et il faut beaucoup, beaucoup de temps pour atteindre le zéro [45] ».

Les événements du 1er mai 1956 confirmèrent ce qu'elles avaient découvert : que la philosophie morale aussi devait repartir de zéro. Elle doit partir de bien plus loin que de questions telles que : « Comment déterminer la bonne chose à faire d'un point de vue moral ? », « Quels principes moraux dois-je suivre ? » ou encore : « Quelles conséquences d'une action faut-il préférer d'un point de vue moral ? » Elizabeth l'avait bien vu :

le concept de *meurtre* avait subi une telle défiguration qu'il était possible à une salle remplie de théologiens, de philosophes et d'historiens – des hommes et des femmes instruits dans l'humanisme, à l'université d'Oxford – d'honorer un homme qui avait ordonné deux des plus grands massacres de l'Histoire. Il leur était possible de se vêtir un matin de leurs plus beaux atours académiques et d'aller boire du champagne avec lui sur la pelouse d'un collège.

Les hommes et les femmes qui étaient entrés dans la grande salle ce jour-là avaient été témoins des mêmes événements qu'Elizabeth, mais ils n'avaient pas vu ce qu'elle avait vu. Contrairement à elle, ils n'avaient pu réunir dans un même cadre ce qu'avait fait Truman – un minuscule acte physique, une plume sur du papier – et les scènes formidables et terrifiantes rapportées plus tard dans les journaux : 80 000 ou 140 000 ou 200 000 morts. Ils n'avaient pas su comprendre Miss Anscombe ni sa protestation. À leurs yeux, elle était « grossière », « moralisatrice », « naïve », « pacifiste », « catholique », « femme ». Truman, au contraire, était « courageux », « résolu », « digne d'un homme d'État ». Dix ans avaient passé, le brouillard de la guerre s'était dissipé, et pourtant…

*

Quand des actions humaines ont lieu à une grande échelle, quand les gens font des choix dans des circonstances troublées et difficiles, nous ne pouvons plus considérer certaines choses comme allant de soi : il n'est plus certain que nous parvenions à voir clairement ce qui est fait ou à en comprendre aisément la signification. Quand l'arrière-plan de nos vies change, nos mots peuvent cesser de fonctionner comme ils le faisaient jusque-là et la possibilité de se voir et de se comprendre les uns les autres, celle de voir et de comprendre le monde peuvent se perdre. Parfois, alors même que le moment est crucial, ce qu'une autre personne est en train de faire (ce que *nous* sommes en train de faire) peut s'avérer obscur. C'est alors que la philosophie prend tout son sens.

CHAPITRE PREMIER

À l'épreuve

Oxford
octobre 1938-septembre 1939

Miss Mary Scrutton et Miss Iris Murdoch de Somerville College – Miss Elizabeth Anscombe de St Hugh's College – Mary et Iris rejoignent la scène politique ; découverte de Boars Hill – La classe *Agamemnon* – Une révolution en philosophie : Freddie Ayer déclare la guerre à la métaphysique et à l'éthique – Un dernier mot des Idéalistes

Miss Mary Scrutton et Miss Iris Murdoch de Somerville College

Dans sa jeunesse, Mary Scrutton fit une étrange expérience : une vision de purs *sense data*, de pures données des sens – qu'elle évoque en ces termes : « J'étais penchée sur l'eau de mon bain, que j'agitais avant d'y entrer, lorsque j'ai senti quelque chose heurter ma tête, et le monde devant moi s'est soudain transformé en une myriade de triangles blancs. » Sous ses yeux fascinés, ces triangles se mirent à bouger et leurs bords à bleuir. Enfin, les choses se recomposèrent lentement. Les taches blanches n'étaient pas de minuscules objets sensoriels, des fragments d'expérience privée, mais de petits morceaux de plâtre tombés du plafond qui se brisaient doucement lorsqu'ils rencontraient sa tête dans leur chute. Plus tard, en entamant ses études de philosophie, elle se rappela cette scène, où elle avait fait l'expérience de la pure couleur et de la pure forme. « Se pourrait-il que le monde stable des bains et des plafonds ne soit qu'un assemblage de fragments éphémères ? », se demanda-t-elle. Les bains et les plafonds ne sont-ils rien d'autre que des constellations d'apparences [1] ? Ces pensées que Mary nourrissait avaient déjà agité dans l'Antiquité l'esprit du philosophe Protagoras sur une île de la mer Égée, quatre cent cinquante ans avant notre ère.

À présent, en cet automne doux et légèrement venteux de 1938, elle se trouvait à Oxford, route de Woodstock, devant l'entrée de Somerville College, le dos offert à la lumière rase du matin, une paire de lunettes rondes perchée sur son nez. Tandis qu'elle passait le porche, ses jeunes années se détachaient d'elle en silence : les murs du jardin de sa maison d'enfance, un presbytère situé à Greenford, dans le Middlesex, avec ses noisetiers et ses houx[2] ; sa chambre d'adolescente, débordant de livres, dans la nouvelle demeure de Kingston-upon-Thames ; elle et sa mère, Lesley, souriant dans leurs robes chinoises assorties[3] ; un teckel boudiné gémissant près du gramophone[4] ; la voiture de son père, dont on gardait la manivelle de démarrage non pas sous le capot, mais près du siège avant, pour éviter, s'il pleuvait, d'avoir à faire le tour de la voiture avant d'y grimper une fois le moteur en route[5]. S'il lui arrivait de temps en temps d'avoir les cheveux coiffés en rouleaux comme une adulte, elle les portait le plus souvent tressés, à la manière d'une cheftaine scoute[6]. Enfant, elle préférait collectionner les tritons plutôt que les poupées, dont elle s'effrayait de retrouver les mêmes boucles empesées sur la tête de femmes en chair et en os. Elle s'opposa vigoureusement à sa mère, qui voulait donner à ses cheveux une forme de vague Marcel – « Ils sont bien trop raides. Ce n'est pas possible[7]. » Mesurant près d'un mètre quatre-vingts, elle ne voyait pas comment être « délicate ». Ses lacets étaient souvent défaits, cassés ou remplacés par de la ficelle[8]. Elle avait plus de chances de trouver dans sa poche un stylo à plume qui fuyait qu'un gant, un mouchoir ou tout autre accessoire féminin. Mary tirait une certaine fierté de sa capacité (qu'elle conserva) à être vaguement exaspérante pour ses pairs et ses aînés. Une lettre de son père lui avait indiqué la voie à suivre : « L'important est d'avoir l'esprit clair et de REFUSER D'ACCEPTER DES PRÉSUPPOSÉS DÉPASSÉS. Représente-toi l'humanité telle qu'elle devrait être et réfléchis bien au chemin qui y mène[9]. »

Au moment où Mary se présentait à la loge de Somerville, le Premier ministre Neville Chamberlain déclarait « la paix pour notre temps » ; pourtant, déjà, on creusait des tranchées dans les parcs de Londres. De toute évidence, l'Europe se dirigeait inexorablement vers une seconde guerre mondiale. Bien des jeunes gens qui se trouvaient comme Mary aux portes des collèges d'Oxford et au seuil de la vie adulte s'attendaient à ne pas terminer leurs études.

Si tout s'était passé comme prévu, Mary serait arrivée fraîchement de Vienne à Somerville, parlant couramment allemand, riche de références à la culture et à l'art viennois dont elle aurait orné sa conversation. Mais son aventure autrichienne avait tourné court : elle était arrivée dans la capitale deux semaines avant que le pays ne perde son indépendance. Le professeur de Mary, Jean Rowntree (la petite-fille du quaker philanthrope Joseph Rowntree), avait assuré à ses parents inquiets que son séjour était sans risques et que les éventuels dangers liés au fascisme seraient compensés par ses progrès en allemand [10]. Jean avait passé un semestre sabbatique à Vienne, en 1935, pour travailler aux côtés d'autres quakers et aider des civils en fuite avant de se rendre à Prague pour faire de même ; aussi en savait-elle davantage que la plupart des gens sur la situation en Europe [11]. Cependant, le 12 mars, Mary vit par la fenêtre les nazis défiler dans la ville tandis qu'attachées aux lampadaires de la Ringstrasse, leurs bannières rouges ornées du svastika claquaient au vent. De jeunes Allemandes blondes et radieuses distribuaient des fleurs tandis qu'on saccageait les magasins juifs et qu'on raflait leurs propriétaires. Ainsi le professeur Jerusalem, l'hôte de Mary, qui était juif, se fit-il arrêter ; Mary se fraya un chemin parmi les débris de verre jusqu'à la file d'attente fébrile qui patientait devant la maison des quakers, dans l'espoir que la Société des Amis lui vienne en aide. Mais ils ne pouvaient rien – le professeur Jerusalem était citoyen autrichien – et elle pleura tout au long de l'entretien [12].

Mary rentra en Angleterre avant la fin du mois ; ses hôtes, heureusement, la suivirent de peu. À sa libération, le professeur Jerusalem, sa femme et leur fille de quatorze ans parvinrent à fuir l'Autriche pour rejoindre Mary et sa famille. Ils restèrent chez les Scrutton jusqu'au mois d'avril, date à laquelle ils reçurent des laissez-passer pour gagner la Palestine et y entamer une nouvelle vie [13].

Mary avait obtenu une bourse Deakin (50 livres par an, pendant trois ans[14]) après avoir passé l'examen d'entrée de Somerville à l'automne 1937 – une tentative affolée dont elle n'attendait rien d'autre qu'un échec retentissant. Elle sortait de Downe House, un établissement qui avait vu le jour dans la maison de Charles Darwin avant de déménager aux Cloîtres, un lieu qui accueillait auparavant une communauté religieuse dans le Berkshire. La fondatrice et directrice de l'établissement, Olive Willis, s'était inspirée du philosophe pragmatiste américain John Dewey[15]. Selon ce dernier, la tâche fondamentale d'un éducateur était d'organiser les expériences de ses élèves, en cultivant chez eux des impressions qui « demeurer[aient] fécondes et créatrices dans l[eurs] expériences ultérieures[16] ». Au fur et à mesure que l'enfant grandit, « ses expériences vitales d'espace et de durée se trouvent également dilatées[17] », expliquait-il, aussi l'école doit-elle viser à accumuler chez l'enfant suffisamment d'expériences pour lui permettre de faire son chemin dans cet avenir en expansion avec une curiosité bien tempérée[18]. Olive Willis favorisait les relations non autoritaires entre les enseignantes et les élèves. Les jeunes et leurs aînées devaient être de vraies amies[19], et la réforme douce. Mary avait été ravie d'être élue déléguée de classe, jusqu'à ce qu'elle découvre que cet honneur faisait partie d'un plan, « pour que Scrutton soit plus ordonnée » : la perte d'une bicyclette, d'un étui d'instrument, de trois porte-mines, d'une raquette de badminton et du Livre des Juges avait décidé ses camarades de classe à passer à l'action[20]. À Downe, il n'y avait pas de prix, pas de *Head Girl* ni de *houses*. Les classements et les compétitions n'avaient pas fait partie de la scolarité de Mary. Mais en dépit de ses doutes sur son examen d'entrée à Somerville, son épreuve générale avait fait grande impression.

À la demande du collège, Mary avait, l'année précédente, pris des leçons particulières de latin et de grec avec Mrs Zvegintzov (ex-Miss Diana Lucas), une femme grande et imposante, elle-même ancienne de Somerville, qui avait épousé un fils d'émigrés russes et vers qui le collège dirigeait régulièrement des étudiantes potentielles[21]. Les méthodes de Mrs Z. étaient sévères et atypiques. Prudence Smith, une autre étudiante de Somerville qu'on lui avait envoyée, se plaignait d'elle en ces termes auprès de son petit ami : « Elle me suggère très sérieusement de me plonger dans un bain froid pour réciter mes déclinaisons et mes conjugaisons. » Malgré le scepticisme de Prue, cette méthode inhabituelle se montra si efficace qu'elle craignait, sa dernière heure venue, de voir défiler dans sa tête les « Modes et Temps du grec ancien » de Goodwin[22]. Mrs Z. était effarée par l'ignorance de Mary – comme elle le fut ensuite par sa réussite. « Eh bien, ma foi », dit-elle en apprenant que Mary avait obtenu une bourse pour Somerville, « je préfère perdre ma réputation de prophète que ma réputation de répétitrice[23]. »

Mrs Z. avait une autre élève cette année-là, sur laquelle elle aurait volontiers misé : Miss Iris Murdoch. On a pu dire d'Iris qu'elle était « une fille pauvre ayant simplement réussi à intégrer une école de riches[24] ». Fille unique d'immigrants irlandais protestants, elle était née le 15 juillet 1919 au 59 Blessington Street, à Dublin, dans une demeure géorgienne délabrée, sur la rive nord de la Liffey. Plus tard dans l'année, sa famille avait traversé la mer d'Irlande pour s'installer à Londres, dans le contexte des troubles qui aboutirent à la partition effective de l'Irlande en 1921. À en croire Iris, son père était venu en Angleterre pour tenter sa chance, mais ses parents ne s'assimilèrent pas, nouant peu d'amitiés, sinon aucune, dans cette banlieue de l'ouest de Londres. Quand Hugues Murdoch mourut après quarante-cinq années passées en Angleterre, seules six personnes assistèrent à ses funérailles[25].

En 1932, à l'âge de douze ans, Iris décrocha l'une des deux premières bourses ouvertes à Badminton, un lycée de filles sélectif de la banlieue de Bristol. Miss Colebrook, la secrétaire de l'établissement, écrivit aux parents de la jeune fille, ravis, que l'annonce de l'octroi de la bourse avait paru dans le *Times*, le *Manchester Guardian* et la presse locale : « Voilà qui s'annonce très bien[26]. » La principale de Badminton, Miss Beatrice May Baker (alias *BMB*) était une femme progressiste, aux convictions internationalistes – on disait aux élèves entre les deux guerres : « Ne comptez pas avoir de la confiture pour le thé alors que les petits Allemands ont faim [27]. » En arrivant là-bas, Iris eut beaucoup de mal à s'adapter. Elle pleura tellement au cours des premières semaines que l'une des élèves plus âgées créa la Société pour la prévention de la cruauté contre Iris (la SPCI), dont la seule activité était de faire preuve de gentillesse à son égard [28]. BMB envoya Iris « travailler au jardin sous la houlette de la jardinière en chef », dans l'espoir que cette atmosphère « moins agitée » l'apaiserait. On trouvait ainsi la jeune Iris dans la serre, vêtue de la robe fauve et de la veste en laine qui constituaient l'uniforme de l'établissement, en train de « repiquer des semis tranquillement et avec application [29] ».

Les efforts combinés de BMB et de la SPCI finirent par payer ; bientôt Iris « s'arrêta de pleurer et se mit à écrire de brillants essais, vifs et pleins d'imagination », d'après une camarade de classe [30]. Au fur et à mesure des progrès d'Iris, BMB en fit sa favorite et souvent, on voyait cet étrange duo dans le salon de BMB, plongé dans une intense discussion philosophique [31]. Les filles plus jeunes garderont d'Iris le souvenir d'une bonne joueuse de hockey et d'une déléguée très appréciée, notoirement « très intelligente [32] ». « Iris est une jeune fille remarquable, qui a déjà une philosophie de la vie », confia BMB aux filles de la promotion suivante [33]. Iris « était l'une des personnes les plus gentilles que j'aie jamais rencontrées », se rappellera sa professeure de latin, Miss Jeffery [34]. En 1938, Iris se vit décerner une bourse de mérite de 40 livres par an par Somerville College.

Il est possible que Mary ait croisé Iris chez Mrs Z. cet été-là, tout en traînant ses affaires derrière elle, les lacets défaits, la tête bourdonnant de déclinaisons grecques. Mais ce n'est qu'une fois entrées à Somerville qu'elles firent vraiment connaissance. Avec sa frange droite et sa robe bavaroise traditionnelle, Iris arborait désormais un air artiste, elle était pleine d'assurance et se sentit immédiatement à l'aise dans son nouvel habitat et son nouveau rôle – rien de comparable à la nostalgie qui l'avait frappée à Badminton [35]. Bien que Mary fût de loin la plus grande des deux, lorsque des gens les voyaient traverser ensemble la pelouse de Somerville College, c'est d'Iris qu'ils se souvenaient : ses « cheveux de paille » et son air déterminé attiraient l'attention[36]. « On dirait un petit taureau ! », observa la mère d'une amie[37]. Carol Stewart, une camarade de classe, trouvait pour sa part qu'Iris avait un côté « aborigène » : « simplicité, naïveté, puissance et immensité[38] ». Sur la photo de promotion de cette année-là, Mary, vêtue d'un ensemble de laine sombre, est assise au premier rang, l'air gauche (quatrième en partant de la gauche) ; Iris, dans un corsage de coton léger, se tient debout derrière (deuxième rang, quatrième en partant de la droite).

Cette année-là, quarante-trois étudiantes entrèrent à Somerville et, au grand étonnement de Mrs Z., Iris et Mary furent les deux seules à s'inscrire en *Honour Moderations and Literae Humaniores*[39]. Mieux connu sous le nom de *Mods and Greats*, ce diplôme en quatre ans se composait de deux parties. Les *Mods* occuperaient cinq trimestres couronnés par une série de douze examens de trois heures répartis sur sept jours consécutifs. On attendait des candidates qu'elles soient capables de traduire des passages de poésie et de prose grecques et latines qu'elles n'avaient pas étudiés en classe avec une aisance sans faille. Si elles réussissaient cette première épreuve, elles passeraient aux sept trimestres de *Greats*, qui comprenaient l'étude de l'histoire, de l'archéologie, de l'art et de la philosophie grecs et romains[40]. Elles s'initieraient à la philosophie moderne jusqu'à Kant et au-delà (y compris Hegel et Marx), ainsi qu'à la logique, à l'éthique et à la philosophie politique. Mais la majeure partie de leurs études serait consacrée à la philosophie ancienne, ainsi qu'à sa réception par les penseurs chrétiens au cours du Moyen Âge. *La République* de Platon et l'*Éthique à Nicomaque* d'Aristote, qu'elles liraient en grec, seraient leur plat de résistance. Au cours de leur première année de *Greats*, Iris et Mary auraient le choix entre quatorze cours magistraux consacrés à des œuvres datant de plus de deux mille ans.

Mais tout cela était encore à venir, en cet instant du premier semestre où Mary se tenait assise en tailleur sur le plancher de la chambre d'Iris, tandis que cette dernière, allongée sur son lit, au milieu de livres et de fleurs, écrivait une lettre enthousiaste à une camarade de lycée. Elle était ravie que les *dons* l'appellent « Miss Murdoch » ; au lycée, elle n'avait jamais été qu'« Iris[41] ». Ce changement de nom signifiait un changement d'état. Iris avait une chambre lumineuse dans « l'Est », le nouveau bâtiment frontal de Somerville, tandis que celle de Mary était sombre et se situait à l'autre extrémité de l'ancien bâtiment, « l'Ouest »[42]. Quiconque avait un peu d'argent allait immédiatement s'acheter un siège confortable pour sa chambre ; depuis la fenêtre de celle d'Iris, au premier étage, qui surplombait le passage voûté et donnait sur la petite cour de l'entrée, une véritable parade de fauteuils traversait ainsi la pelouse, passant les portes dans un sens et dans l'autre, pendant que les nouvelles *undergraduates* s'installaient[43]. Iris avait préféré se contenter d'un coussin à rayures turquoise de style art déco[44].

Mary et elle furent bientôt convoquées avec les autres nouvelles venues (débutantes en zoologie, en linguistique, en mathématiques et en histoire) dans la *Junior Common Room* par la tutrice de français de Somerville, Vera Farnell. S'exprimant en tant que *dean*, celle-ci les avertit que le moindre faux pas, la moindre infraction au règlement ou le moindre scandale non seulement leur causerait du tort à elles-mêmes, mais en causerait aussi aux futures générations de femmes aspirant à étudier. Elle leur dit avec gravité : « Comprenez bien qu'il vous faut ici prendre garde à votre conduite. Ce n'est pas une plaisanterie : les femmes sont encore à l'épreuve dans cette université. Vous vous dites peut-être qu'une petite incartade de votre part n'aurait aucune conséquence, mais je peux vous garantir que si [45]. » Quelques mois à peine après cet accueil, elle surveillait de près la « tenue académique » de Miss Scrutton (les vêtements préconisés sous la longue robe noire universitaire [46]).

Mary trouva un avertissement dans son casier [47].

> Chère Miss Scrutton,
>
> Je dois attirer votre attention sur le fait que, selon le règlement, les pantalons ne sont pas admis comme élément de la tenue académique des femmes.
>
> Sincèrement vôtre,
>
> Vera Farnell

Miss Scrutton n'était pas la première *undergraduate* à essuyer un rappel à l'ordre vestimentaire de la part de Miss Farnell. Quand elle-même était étudiante, Vera avait transmis un message de la principale de l'époque, Emily Penrose, à sa camarade (la future romancière) Dorothy Sayers : porter des pendants d'oreilles représentant « des perroquets rouge et vert dans des cages dorées » constituait « un comportement et une tenue inutilement, sinon outrageusement, ostentatoires » [48].

Vera Farnell parlait d'expérience lorsqu'elle leur communiqua cet avertissement. Elle était arrivée à Somerville pour apprendre les langues modernes en 1911, soit presque une décennie avant qu'on n'autorise les femmes à passer des diplômes. La bataille avait été durement gagnée et nombreux étaient encore ceux qui, au sein de la société, n'étaient pas convaincus, y compris parmi les femmes. Qui pouvait dire quelles nouvelles formes de vie féminine allaient se dessiner entre les murs de ces collèges de femmes, avec quelles conséquences sur le monde extérieur ? En 1926, la comtesse Bathurst (qui, ancienne propriétaire du *Morning Post*, un journal antisémite de droite, militait contre le vote des femmes [49]) se désolait en ces termes : « Je suis d'avis que les femmes ont complètement gâté Oxford en l'état et que construire davantage de collèges pour femmes entraînerait sa ruine. J'ai un fils là-bas, et il est obligé d'assister aux cours magistraux de trois *dons* qui sont des dames. J'estime que c'est ridicule – humiliant. Je regrette que nous n'ayons pas envoyé notre fils à Cambridge, où l'atmosphère est encore virile [50]. » En 1897, à Cambridge, une consultation sur la reconnaissance des diplômes féminins s'était terminée en émeute, au cours de laquelle de jeunes étudiants avaient brûlé des effigies d'Anne Clough (la première principale de Newnham College) et de la spécialiste de lettres classiques Katharine Jex-Blake (la nièce de Sophia Jex-Blake, première femme titulaire d'un doctorat en Écosse) enfourchant des bicyclettes [51]. La question n'avait pas été reposée ensuite et il faudrait attendre 1948 pour que les femmes puissent obtenir des diplômes à Cambridge. À Oxford, les femmes furent jugées responsables de la mauvaise habitude prise par les hommes de boire du café le matin ; depuis les années 1920, les salons de thé proposaient ce que le vice-chancelier Lewis Farnell (l'oncle paternel de Vera Farnell) appelait « une nourriture inutile et peu virile [52] ». Toute l'atmosphère « *s'efféminait* [53] ».

La situation des femmes d'Oxford avait connu des progrès considérables dans la décennie qui précéda l'arrivée de Mary et d'Iris. Jusqu'en 1925, les jeunes femmes devaient être accompagnées de chaperons où qu'elles aillent, y compris à des conférences. Vera Farnell se souvenait qu'à l'époque où elle faisait ses études, « presque tous les lecteurs insistaient pour que les deux ou trois femmes de leur auditoire soient chaperonnées, afin de parer à tout malaise, crise ou autre tracas féminin qui ne manquerait pas de les embarrasser [54] ». Moyennant de modestes

« frais de chaperonnage », des femmes plus âgées étaient ainsi admises dans les amphithéâtres, où elles tricotaient pendant le cours d'« Histoire de l'idéalisme britannique depuis 1863 [55] ». Iris et Mary, en revanche, étaient libres d'assister à leurs conférences sans chaperon et même d'accepter l'invitation de jeunes hommes à venir visiter leur chambre, toutes seules, pour partager un *cinnamon toast* [56]. En retour, les jeunes gens étaient autorisés à entrer dans le collège le samedi pour le thé. Miss Martha Hurst venait tout juste de devenir la seconde femme philosophe à conserver son poste (à Lady Margaret Hall) après s'être mariée et être devenue Mrs Kneale. Pourtant, quand un mystérieux questionnaire parvint à quelques-unes des jeunes femmes qui se trouvaient en première année avec Iris et Mary (« Visez-vous le mariage ou une carrière ? »), une sorte de panique s'empara du réfectoire de Somerville. « L'ennui, bien entendu, était que nous ne voulions pas affronter cette question », se souvint plus tard Mary. Le sentiment général était que « l'institution essayait, en quelque sorte, de leur arracher leurs secrets [57] ». « En quoi est-ce que ça les regarde ? », demanda à Mary l'une des filles concernées, indignée mais aussi un peu flattée d'être interrogée. Mary, qui n'avait pas reçu le sondage, se sentit exclue : au fond d'elle, elle avait peur de ne jamais être aimée, à cause de son apparence et de son esprit vif [58]. Était-ce pour cette raison qu'on n'avait même pas daigné l'interroger ? En fin de compte, il s'avéra que le sondage était l'œuvre d'une étudiante, la jeune (Miss) Peter Ady. Elle-même choisirait de faire carrière et deviendrait une brillante économiste, et peut-être savait-elle déjà que le mariage ne serait pas pour elle : nous la retrouverons bientôt échangeant des baisers passionnés avec Iris sur la banquette arrière d'une voiture.

Si Mary, pour sa part, espérait bien avoir *l'argent du beurre et le beurre* [59], Iris semblait sûre de ses priorités. « Je *rêve* de me marier, je ferais *n'importe quoi* pour être mariée », déclara-t-elle à la fin de leur première année, tandis qu'en ce début d'été elles remontaient en barque la rivière Cherwell jusqu'au pub Victoria Arms. Mary laissait ses doigts effleurer la surface de l'eau tandis que l'une des sœurs Williams-Ellis (Charlotte ou Susie) propulsait l'embarcation, qui dépassa une famille de poules d'eau voguant à la queue leu leu. « Mais tu as eu six demandes, rien que ce trimestre ! », cria l'une des sœurs, faisant sans doute momentanément tanguer la barque. « Oh, ça ne compte pas », répliqua Iris [60].

Parmi les quatre collèges pour femmes d'Oxford – tous d'obédience anglicane à l'exception de Somerville –, chacun avait sa réputation : Lady Margaret Hall (pour les jeunes filles riches), St Hilda (pour les jeunes filles pauvres), St Hugh (pour les jeunes filles pieuses), Somerville (pour les jeunes filles intelligentes). Ou comme le disait le proverbe : « LMH pour les demoiselles, St Hilda pour l'amusette, St Hugh pour la religion et Somerville pour les têtes [61]. » Les collèges d'hommes avaient aussi leur réputation : Christ Church (prestigieux et libéral), Keble (les prêtres chétifs), Magdalen (les intellectuels progressistes), Trinity (les costauds ou les sportifs), Balliol (les égalitaristes, à la tête bien faite et à l'influence mondiale), Wadham (les spirituels), New College (pour les plus sincèrement rationnels [62]). Les nuances se faisaient plus fines au niveau des cuisines : venaison à Magdalen, gibier à plumes à Christ Church, fondues à Balliol, crabe et soupe de lièvre à Merton [63]. Les collèges différaient également en matière de finances. Bien que Somerville fût plus riche que les autres collèges pour femmes, St John, qui était de tous le plus aisé, était jusqu'à cent fois mieux doté [64]. Les collèges pour femmes restaient relativement pauvres du fait de la Règle de limitation de l'université, qui exigeait un rapport de cinq nouveaux étudiants pour une nouvelle étudiante, et plafonnait ainsi leur revenu, privant de nombreuses jeunes filles de l'opportunité d'une place et garantissant que ni la venaison ni le crabe n'apparaissent au menu [65].

Les collèges les plus pauvres comptaient moins de membres, aussi les collèges pour femmes mettaient-ils régulièrement en commun leurs étudiantes de premier cycle. Une étudiante de St Hugh pouvait se rendre à Somerville pour son tutorat d'histoire. À l'occasion, les jeunes filles recevaient également des séances de tutorat assurées par des *dons* venant des collèges de garçons. Mais on prenait des précautions. Les tuteurs devaient en général se rendre dans les collèges pour femmes afin d'y officier plutôt que d'enseigner dans leurs appartements. En 1921, Margery Fry, qui était alors la principale de Somerville, accorda à un jeune philosophe du nom de John Mabbott l'autorisation spéciale d'accueillir les jeunes filles du collège à St John. Cela faisait cinq ans qu'il les encadrait « sans catastrophe » : « Comment dire... vous n'avez pas été contraint d'épouser l'une d'elles, n'est-ce pas ? », clarifia-t-elle [66]. Ses craintes d'une « catastrophe » n'étaient pas infondées. Bien des femmes de *dons* désormais vouées à servir des petits fours sur des assiettes cannelées dans les salons du nord d'Oxford étaient d'anciennes élèves de leur mari, largement plus âgé. Alice Cameron, *undergraduate* avant la Première Guerre mondiale, attribuait généreusement la prédilection qu'avaient les *dons* pour leurs étudiantes à « l'esprit chevaleresque, presque romantique » avec lequel les jeunes hommes considéraient les collèges de femmes encore tout récents [67]. Mais vers la fin des années 1930, quand Mary et Iris fréquentaient l'université, les collèges de femmes avaient atteint leur maturité, et pourtant « l'esprit romantique » prévalait encore. Au cours de son premier trimestre de *Greats*, Jean Coutts (une philosophe prometteuse, entrée à Somerville un an avant Mary et Iris) choisit le cours peu fréquenté de John L. Austin sur Aristote. Quatre jours après la première séance, elle reçut un mouchoir visiblement neuf de la part de son tuteur, accompagné d'un petit mot :

18 juin 40

Chère Miss Coutts,

Je me demande s'il s'agit de votre mouchoir. Je l'ai trouvé sur mon canapé vendredi dernier. Sauf que votre nom n'est pas dessus. C'est un peu confus, dans l'expression.

Sincèrement vôtre,

John Austin [68]

Jean ne reçut pas moins de trois demandes en mariage de son tuteur au cours des six mois suivants, avant de finir par accepter.

Grâce à une autorisation spéciale des instances de Somerville, elle fut mariée avant ses examens finaux qu'elle passa enceinte de son premier enfant.

L'adolescence de Mary et d'Iris avait eu pour toile de fond l'angoisse que suscitait l'avenir de l'Europe et de l'Empire. Une fois à Oxford, par conséquent, toutes deux étaient prêtes à prendre part aux discussions politiques qui formeraient la trame de leur amitié toute neuve à Somerville.

Enfant, Mary avait eu librement accès aux opinions progressistes les plus récentes. Elle considérait la vie politique comme allant de soi, « aussi inévitable que le temps qu'il fait [69] ». Les exemplaires du *New Statesman* faisaient partie du décor du presbytère, au même titre que le papier peint qui recouvrait les murs. À son arrivée à Downe House, elle s'était distinguée par un poème, aujourd'hui perdu, sur la clause de culpabilité de la guerre que comportait le traité de Versailles. Olive Willis, enchantée, l'avait publié dans le journal du lycée. (Mary conserverait par la suite son sens de la formule et des images inédites.)

« Nous sommes toutes de gauche, ici, vous savez », rappelait BMB aux futures enseignantes de Badminton [70]. L'année avant qu'Iris n'intègre son établissement, BMB expliquait à un journaliste : « Notre objectif est d'inculquer un idéal de service [...] Un lycée ne peut plus être une petite communauté fermée sur elle-même [...]. Il devrait être ouvert sur le monde extérieur, si l'on veut que les jeunes filles affrontent les problèmes du monde moderne avec courage et raison [71]. » Lorsque le club d'argumentation du lycée examina l'idée selon laquelle « la place d'une femme est au foyer », elle fut unanimement rejetée par douze voix – dont celle d'Iris [72]. Adolescente, Iris était membre de la branche junior de la Société des Nations ; à ce titre, elle passa dix jours à Genève, à l'école d'été de la Société (aux côtés de six autres élèves), où elle se baigna dans le lac Léman et admira le téléphone privé qui trônait dans sa chambre d'hôtel agrémentée d'un balcon, un luxe incroyable pour une simple élève [73]. La Société occupait une grande place dans l'imaginaire politique de BMB, au point qu'elle tenta un jour de se déguiser en Société des Nations pour la fête costumée du lycée à Noël [74]. Malheureusement, aucune photo n'a été conservée.

Iris remporta deux années de suite un concours d'essais organisé par la Société des Nations. Son premier essai, qui portait sur le choix entre démocratie et dictature, en lien avec la guerre d'Espagne, lui valut un prix de 2 livres, 12 shillings et 6 pence. Le texte commençait ainsi : « On nous dit que le monde de demain sera le nôtre et que nous en ferons ce que nous voudrons. Mais ce monde sera extraordinairement complexe et la question est de savoir : qu'allons-nous en faire [75] ? » Le second essai, intitulé « Si j'étais ministre des Affaires étrangères », soutenait que si les pays fascistes persévéraient dans leur expansionnisme, il faudrait les amener à changer d'attitude par la menace de sanctions sévères. Si leur seul intérêt économique pouvait les persuader de rejoindre la communauté démocratique, « le monde serait pacifié et rassuré, et la menace de la guerre s'évanouirait petit à petit [76] ». Voilà qui en dit long sur la confiance naïve d'Iris. La Société des Nations avait détourné les yeux quand Hitler et Mussolini s'étaient alliés pour venir en aide à Francisco Franco et aux nationalistes, tandis que l'Union soviétique accordait son soutien aux Républicains. Pour beaucoup, au Royaume-Uni, le conflit espagnol était un affrontement à feu et à sang de deux idéologies. Quelque 2 500 volontaires britanniques et irlandais, souvent guère plus âgés que Mary et Iris, s'en furent prendre part aux combats ; un cinquième ne revint pas. Deux des fils du philosophe socialiste Edgar Frederick Carritt (connu pour avoir donné à l'université d'Oxford les premières conférences sur l'esthétique et le matérialisme dialectique) rejoignirent les Brigades internationales ; un seul rentra [77].

Iris était aussi impatiente et tourmentée que Mary était pragmatique et attentive et elle endossa dès lors le rôle de l'étudiante adulte. Elle devint bientôt déléguée de première année au Comité de la *Junior Common Room* et membre du bureau de deux journaux universitaires, le *Cherwell* et *l'Oxford Forward.* Dans une lettre adressée au journal du lycée de Badminton, elle décrit un « tourbillon d'essais et de proses et de campagnes et de comités et de fêtes au *sherry* et de débats politiques et esthétiques [78] ». Elle craignait beaucoup de ne pas être là s'*il se passait quelque chose* ; aussi sa vie sociale suivait-elle un rythme frénétique. En contradiction flagrante avec le règlement du collège, elle but son premier verre d'alcool au pub le Royal Oak, juste en face de Somerville, en compagnie de la « très fringante » Carol Stewart, qu'elle admirait parce qu'elle tenait « plus de l'animal de la jungle » que toute autre de ses camarades (y compris Mary Scrutton [79]). Carol leur commanda des cocktails, des *gimlets* [80]. Elles n'étaient pas les seules à se livrer à ce genre d'escapades. En dépit de l'avertissement de Miss Farnell, Mary apercevait de temps en temps, la nuit, depuis sa chambre dans le bâtiment Ouest, des jeunes filles qui faisaient le mur du côté de Walton Street. De tels écarts étaient souvent accueillis avec tolérance – la seule punition infligée à une Somervillienne prise en défaut fut un bain, de peur qu'elle ne prît froid [81]. Mais on ne badinait pas avec certaines règles, surtout quand elles contribuaient à la vie communautaire du collège. À St Hugh, un kilomètre plus loin sur Banbury Road, Miss Elizabeth Anscombe dut être rappelée à l'ordre après avoir manqué le dîner trois fois en une semaine sans permission. La principale, Miss Barbara Gwyer, lui demanda pour se racheter d'être présente à cinq dîners la semaine suivante et de la prévenir à l'avance de ses futures absences. « Ne puis-je pas le faire sur le moment ? La plupart du temps, quand je sors, c'est à l'invitation inopinée d'une personne que je rencontre », implora Elizabeth. « Ne me dites pas, Miss Anscombe, que vous vous laissez dériver sur les vagues des circonstances », lui répondit Miss Gwyer [82].

Iris, quant à elle, exhibait au réfectoire sa propre tendance à se laisser dériver. À la *high table*, on voyait en général Vera Farnell en grande discussion avec la principale Helen Darbishire (elles étaient très amies et emménagèrent ensemble plus tard) ; Mildred Hartley, la spécialiste de lettres classiques, discutait sans doute avec Isobel Henderson, la séduisante tutrice d'histoire ancienne, ou avec l'historienne Lucy Sutherland. Les étudiantes de troisième année étaient assises aux trois longues tables disposées près des fenêtres, celles de deuxième année aux tables du milieu et celles de première année aux tables les plus proches du passe-plat. C'était ainsi qu'un coup d'œil superficiel comprenait habituellement les choses. Mais si l'on examinait la situation de manière plus attentive et critique, une autre organisation prévalait. Les tables de devant – celles qui se trouvaient les plus proches des *dons* – étaient occupées par des jeunes filles anxieuses, vêtues essentiellement de bleu marine et de beige, qui arrivaient en troupe de la bibliothèque à l'heure des repas et repartaient de même à la fin. On les appelait parfois les « petits lapins ». Les tables du fond, hors de portée du champ de vision immédiat de Miss Farnell, « abritaient une faune hétéroclite, essentiellement composée de belles filles aux longs cheveux et aux yeux de biche, habillées de façons variées mais toujours intrigantes, qui arrivaient souvent en retard aux repas ». C'était là que venaient s'asseoir : la princesse Natalya Galitzine, qui faussa compagnie à ses camarades dès le premier trimestre pour se marier[83] ; Léonie Marsh, une communiste flamboyante, très portée sur la mode – elle s'habillait « comme une bolchevik [...] d'une chaude chemise de laine, d'une jupe de serge bleue, d'une ceinture rouge, de sandales et de moufles rouges », et sa chevelure était comme « une crinière de lionne, noire et provocante[84] » ; Lucy Klatschko, une belle Somervillienne de dernière année, mi-lettone mi-juive, qui se fit une fois attraper en train d'escalader le mur du collège – elle entra plus tard dans les ordres et devint une grande amie d'Iris[85] ; Anne Cloake, qui aimait choquer – elle déclara plus tard avoir appris à Iris « les choses de la vie[86] » ; et Zuzanna Przeworska, une jeune étudiante polonaise membre du Parti communiste. Et « au milieu, les choses étaient plutôt médiocres[87] ». Les petits lapins, les médiocres, les belles : ou, pour le dire avec les mots d'Iris, « les raseuses, les mièvres et les sauvages[88] ».

Mary s'asseyait en général aux tables du milieu, à côté de Charlotte, l'étudiante en zoologie de la promenade en barque (quand elle était petite, Charlotte avait un jour demandé à sa mère : « À quoi servent les oiseaux[89] ? »), et de Greta Myers, qui incita Mary à s'intéresser à certaines questions de biologie. Avertie des choses du monde, Greta lui conseilla aussi de cesser de

se coiffer comme une cheftaine scoute et de faire quelque chose pour ses chaussures [90]. Iris, qui avait toutes sortes d'amies sans nécessairement vouloir les présenter les unes aux autres, changeait régulièrement de table, mais on la trouvait le plus souvent au milieu, avec Mary [91].

C'est dans ce réfectoire qu'elles feraient ensemble la connaissance de notre troisième héroïne, Miss Elizabeth Anscombe, de St Hugh – mais le moment n'était pas encore venu.

Miss Elizabeth Anscombe de St Hugh's College

Miss Elizabeth Anscombe avait remporté la bourse Clara Evelyn Mordan pour St Hugh's College à l'été 1937, dotée d'un pécule de 60 livres [92]. Clara Mordan, partisane du vote et de l'éducation des femmes, avait instauré la bourse en 1897 en l'assortissant d'une unique condition : que sa titulaire « n'accomplisse ni ne soit le témoin d'aucune expérimentation ou démonstration conduite sur un animal vivant durant le temps dont elle en bénéficie [93] ». Elizabeth était arrivée à Oxford pour étudier les *Mods and Greats* un an avant Iris et Mary et deux ans avant la guerre. À la fin de son second semestre, la tutrice de lettres classiques de St Hugh, Dorothea Gray, notait que « la logique et l'humour » étaient « les vertus éminentes de Miss Anscombe [94] ».

La Sydenham School, à Lewisham, avait salué avec tristesse le départ de sa talentueuse élève. La secrétaire de la Société politique de l'établissement rapportait en ces termes une « simulation de procès », qui avait eu lieu au cours du dernier trimestre d'Elizabeth :

> Les principaux honneurs du succès de la réunion reviennent à Elizabeth Anscombe, qui non seulement a planifié l'ensemble du procès d'une manière absolument admirable, mais a également joué son rôle de juge à la perfection. Elle avait exactement l'air qui convenait, faisant des commentaires secs aux moments opportuns (ajoutant ainsi beaucoup de drôlerie à la procédure), et elle en a donné un résumé magistral et plein d'esprit. Nous étions très tristes de dire au revoir à Elizabeth à la fin du trimestre ; elle a toujours été l'une des membres les plus enthousiastes de la Société politique et s'est toujours montrée désireuse de prendre part à ses activités et à faire de chacune de ses réunions une réussite [95].

Elizabeth n'eut aucunement besoin d'être envoyée à Mrs Z. « Nous adressons toutes nos félicitations à Elizabeth Anscombe pour ses succès insignes, après qu'elle a remporté trois des prix décernés par le *trust* », déclara le magazine de son lycée en 1935. « Le prix George Hallam en grec, catégorie senior ; le prix Mary Gurney en latin, catégorie senior ; et également le prix de l'essai du Jubilé des maîtresses assistantes [96]. » Elizabeth avait appris le grec dès sa prime enfance auprès de sa mère, Gertrude Thomas, aux côtés de ses frères jumeaux plus âgés, John et Tom. Ce fut sous la tutelle maternelle qu'ils eurent tous les trois leur premier contact avec Platon [97]. De façon exceptionnelle, Gertrude avait elle-même été instruite à domicile par des tuteurs – ses parents eurent recours à cet arrangement après s'être rendu compte qu'ils étaient incapables de protéger tout un chapelet de gouvernantes des attentions ardentes de son oncle. Ainsi, au lieu d'apprendre le français et la couture, elle apprit le latin et le grec, et poursuivit l'étude des lettres classiques à l'université, à Aberystwyth, avant de devenir directrice d'établissement secondaire. Elle n'abandonna sa carrière qu'après son mariage, à près de trente-neuf ans. Quand Elizabeth entra à la Sydenham School, Gertrude insista pour qu'elle poursuive l'apprentissage du grec : son intention, confia-t-elle à Miss Edith Turner, la directrice, était de faire entrer sa fille à l'université [98].

St Hugh (pour la religion) était situé dans un beau jardin de sept hectares. Au printemps et en été, les jeunes filles avaient l'habitude de sillonner la grande pelouse, de se prélasser sur des tapis ou à l'occasion sur des chaises longues, où elles lisaient en buvant du café noir. C'était un cadre propice pour Miss Anscombe, que l'on peut voir debout à droite sur la photo ci-contre.

Miss Gwyer, la principale, croyait fermement que le collège avait été « appelé à l'existence par Dieu [99] ». En réalité, il avait été l'œuvre de Dame Elizabeth Wordsworth. En 1886, Wordsworth (qui, passant outre la déclaration de son frère, selon laquelle éduquer les femmes était « une abomination », était devenue principale) supervisa l'extension de LMH qui déboucha sur la création de cette nouvelle institution destinée à accueillir les jeunes filles provenant de « foyers plus modestes », essentiellement les filles de pasteur [100]. St Hugh's Hall, qui devint plus tard St Hugh's College, obtint rapidement la réputation d'être l'endroit par excellence où se formaient les directrices d'établissement secondaire [101].

Tandis que Miss Gwyer dirigeait le collège, le magnifique jardin était le domaine de Miss Annie Rogers, la première tutrice d'Oxford, également chroniqueuse du combat des femmes pour devenir des membres à part entière de l'université [102]. Née en 1857 (elle compta parmi les fameux enfants photographiés par

Lewis Carroll [103]), Annie Rogers connaissait bien cette lutte. À dix-sept ans, arrivée en tête des examens du comté (les *Senior Locals*), elle s'était vu offrir une bourse de mérite à Worcester College et à Balliol. Les professeurs n'avaient pas imaginé que de telles notes pussent être celles d'une étudiante ; l'offre fut retirée lorsque « A.M.A.H. Rogers » s'avéra être « Annie ». (Balliol la consola en la gratifiant de quatre volumes d'Homère [104].) Quand Annie Rogers prit sa retraite de tutrice de lettres classiques en 1921, St Hugh créa pour elle la fonction de *Custos Hortulorum*, « gardienne des jardins ». Les comptes-rendus des premières réunions de son comité de jardinage reflètent l'incitation des pouvoirs publics après la Première Guerre mondiale à faire pousser davantage de comestibles : on planta des pommes de terre, de la rhubarbe, des pruniers et des pommiers, ainsi que différents types de groseillers. Mais Miss Rogers se montrait surtout éminemment experte dans la culture des plantes à fleurs, auxquelles le jardin de St Hugh convenait parfaitement. La passiflore, le myrte, le néflier du Japon et le grenadier s'épanouissaient à l'abri du fronton du bâtiment principal tourné vers le sud. Les fougères prospéraient dans l'ombre de la combe. Sur la terrasse, elle choisissait les plantes pour leur couleur : on y trouvait des hélianthèmes, des phlox alpestres et des saxifrages en abondance [105]. On la voyait souvent dans le coin des herbacées, installée sur un tabouret pliant, en train de s'occuper des plantes, coiffée d'un vieux chapeau de velours noir, fidèle à la coutume désuète de ne jamais paraître en public tête nue, fût-ce dans le jardin.

Elizabeth arriva à Oxford en ayant déjà accompli de « vigoureux » efforts en philosophie. Ce n'étaient pas les dialogues de Platon choisis par sa mère qui avaient retenu sa curiosité, mais un volume sur la *Théologie naturelle*, d'un jésuite du XIXe siècle. Vers ses treize ans, les écrits religieux de G. K. Chesterton l'avaient éloignée de l'anglicanisme de sa famille pour la rapprocher de la foi catholique [106]. Insensible aux efforts de ses parents pour l'empêcher de se convertir, l'adolescente se plongea avec enthousiasme dans toute une série de lectures, au cours desquelles elle tomba sur le texte du jésuite. Elle le dévora, page après page – mais il y avait deux choses qui la tracassaient. La première était l'idée que Dieu savait ce qu'une personne aurait fait si sa mort avait eu lieu à un autre moment [107]. Mais à quoi donc pouvait renvoyer l'expression « ce qui se serait produit si elle n'était pas morte » ? S'agissait-il de faits qui pouvaient être connus, par exemple, le fait que sa grand-mère aurait été enterrée à Beguildy si elle n'était pas morte en Russie ?

Le second embarras l'amena à philosopher par elle-même. Le livre contenait ce qui se voulait une preuve du principe selon lequel tout événement a une cause. Elizabeth pensa déceler une erreur dans le raisonnement et se mit au travail pour la corriger. Elle s'y essaya de diverses manières, griffonnant de nouvelles versions, pour constater chaque fois que le même défaut réapparaissait sous des formes différentes. Sans relâche, elle déchirait ses tentatives et recommençait. Inspirée peut-être par le portrait que donne Platon de son maître Socrate, elle se tourna vers les autres pour les assaillir de questions. « *Pourquoi*, si un événement avait lieu, seriez-vous sûr qu'il a une cause [108] ? » *Pourquoi ? Pourquoi ? Pourquoi ?* Personne n'avait de réponse satisfaisante, mais elle persévérait. Au bout de deux ou trois ans d'efforts, elle avait produit « cinq versions d'une soi-disant preuve », qui toutes étaient « coupables de la même erreur, bien que chaque fois elle ait été plus habilement dissimulée [109] » – et ce, tout en consacrant son énergie de lycéenne aux activités de la Société politique et son temps libre à une longue guerre fratricide (et meurtrière par moments) contre les Jumeaux. (Elle confesserait plus tard à Mary s'être un jour accroupie dans leur tente de jeu armée d'un bâton, décidée à leur faire la peau dès qu'ils pointeraient le nez [110].)

Une fois à Oxford, Elizabeth entreprit d'officialiser sa conversion. Elle se présenta avec ses interrogations à un prêtre dominicain, le père Richard Kehoe. Tout en souriant de ses difficultés précoces, il la comprenait : elle avait mis le doigt sur un conflit doctrinal brûlant entre les Dominicains et les Jésuites. Mais il lui assura qu'elle n'avait pas besoin de croire à ces choses pour être catholique. Et c'est ainsi qu'elle mit un terme à une longue lignée d'épouses et de filles de vicaires anglicans pour se convertir au catholicisme romain. Miss Anscombe fut reçue au sein de l'Église le jour de Pâques 1938, quelques mois avant qu'Iris et Mary n'arrivent à Oxford [111]. L'église de St Aloysius, dont elles pouvaient voir et entendre sonner le clocher jaune depuis leurs chambres de Somerville, serait son lieu de culte pour le restant des années que couvre ce récit. C'est ici qu'on la trouvait à l'heure des matines.

En 1938, Elizabeth prit des séances de tutorat avec la *don* de philosophie qui s'était mariée, Martha Kneale. L'apparition nouvelle, quoique isolée, d'une « Mrs » sur les listes de philosophie, avait sans doute été un motif de réconfort pour Miss Anscombe qui, avant qu'Iris n'ait reçu l'une de ses (six) demandes en mariage, avait accepté la première et s'était fiancée. Quelques mois seulement avant de rejoindre formellement l'Église catholique, elle avait assisté à la procession de Corpus Christi au prieuré de Begbroke, un petit village situé à huit kilomètres au nord-ouest d'Oxford. L'office d'action de grâces célébra la présence réelle du corps, du sang, de l'âme et de la divinité de Jésus-Christ ; à la fin de la sainte messe, les frères servites, vêtus de gris sombre, traversèrent l'église dans un nuage d'encens et de latin, portant le Sacrement jusqu'à l'autel. C'est en cette occasion qu'elle rencontra Peter Geach, lui aussi converti au catholicisme, philosophe à Balliol, de trois ans son aîné.

L'enfance malheureuse de Peter tenait à la fois de celles d'Oliver Twist et de John Stuart Mill. Sa mère, Eleonora Sgonina, fille d'immigrants polonais, avait étudié la littérature à l'université de Cambridge [112]. C'est là qu'elle avait rencontré son père, George Hender Geach. Après leur mariage, elle le suivit à Lahore, au Peundjab, où il devait enseigner la philosophie pour le Service d'éducation indien. Mais leur mariage était malheureux, et, lorsqu'elle se rendit en Angleterre en 1916 pour donner naissance à Peter, elle revint à ses études plutôt qu'à son mari. Elle passa trois semestres à Somerville, où Dorothy Sayers fut sa tutrice, et commença à publier de la poésie [113]. Peter passa sa petite enfance à Cardiff avec ses grand-parents polonais, tandis qu'Eleonora poursuivait ses études et éditait le volume *Oxford Poetry 1918* (en collaboration avec Dorothy Sayers et Thomas Wade Earp).

En 1920, la vie de Peter connut un changement brutal. George, toujours à Lahore, obtint une ordonnance du tribunal pour faire de Peter un pupille de Miss Tarr, une femme âgée qui avait été autrefois sa propre tutrice. Peter fut ainsi arraché à sa mère, à qui il ne parla jamais plus, et envoyé à l'internat. Quatre ans plus tard, son père revint de Lahore et, ne parvenant pas à obtenir de poste à l'université en Angleterre, il entreprit de faire l'école à son fils. George avait étudié les sciences morales à Cambridge si bien qu'à treize ans à peine, Peter maîtrisait la *Logique formelle* de Neville Keynes, avait étudié les *Principia Mathematica* de Russell et Whitehead et dressé la liste des erreurs de logique que contenaient les *Dialogues* de Berkeley, *L'Utilitarisme* de Mill et *Some Dogmas of Religion* de McTaggart [114].

Peter échappa à l'entraînement sans répit que lui infligeait son père en partant pour Oxford en 1934. George aurait de loin préféré que son enfant soit formé à Cambridge – « Ce qu'ils appellent logique à Oxford, Peter, n'est qu'une fumisterie [115] » – mais des considérations financières s'y opposaient. Même avec une bourse de Balliol, George n'avait pas les moyens de payer le restant des frais de scolarité de Peter. Après un an ou deux, le collège accepta de le prendre totalement en charge, à une seule condition, ahurissante : que Peter suive le conseil de son psychiatre et accepte de ne jamais revoir son père [116]. Ce qu'il fit. Orphelin de fait à dix-huit ans, il se convertit au catholicisme romain.

Aux dires de Peter, sa renaissance religieuse l'avait laissé « amoureux de l'amour » et désespérément désireux de rencontrer « une fille à aimer, à courtiser et à épouser [117] ». Apercevant une jeune femme après l'office à Begbroke, la prenant pour une autre, il la demanda en mariage [118]. Le récit d'Elizabeth est différent. D'après ses souvenirs, Peter s'est approché d'elle après la procession et, tout en commençant à lui masser l'épaule, lui a dit : « Miss Anscombe, j'aime votre esprit [119]. » Peut-être le mélange d'encens et d'élévation spirituelle a-t-il obscurci leur mémoire ; mais comme aucun des deux récits n'est particulièrement convaincant, il s'agit plus probablement de plaisanteries entre philosophes qui s'intéressaient tous deux à la notion d'identité personnelle. Selon la version choisie, Elizabeth répondit soit « oui », soit « et moi le vôtre ». Et la voilà bientôt étudiant Thomas d'Aquin et la nouvelle logique de Gottlob Frege avec son fiancé. Ils lurent ensemble le *Tractatus logico-philosophicus* de Ludwig Wittgenstein. Ce livre court mais difficile, écrit dans les tranchées pendant la Première Guerre mondiale, contenait la première tentative de Wittgenstein pour tracer les limites de la pensée via une description de la structure du langage. « Elizabeth a beaucoup appris de moi en philosophie », se vantera plus tard Peter, « je voyais bien qu'elle était douée dans ce domaine [120]. »

Mary et Iris rejoignent la scène politique ; découverte de Boars Hill

Iris connaissait le grec mieux que Mary, mais leur niveau était bien loin derrière celui des garçons des *public schools*, les internats d'élite, avec lesquelles elles se retrouvaient désormais : quel que fût le temps passé dans le salon de Mrs Z., leur préparation ne pouvait rivaliser avec une éducation masculine organisée autour de la maîtrise précoce du grec et du latin. C'est pourquoi, leurs valises à peine défaites, elles se lancèrent ensemble dans « une course désespérée pour rattraper leur retard [121] ». Si Mildred Hartley, leur exigeante tutrice à Somerville, jugeait leurs lacunes un obstacle de taille, elle était déterminée à ce que ses étudiantes fissent aussi bien que les hommes et fussent évaluées exactement selon les mêmes critères. La détresse où les plongea sa vision de l'égalité les rapprocha l'une de l'autre – Mrs Hartley ne semblait pas avoir conscience du fait que, dans cette course d'obstacles, ceux qu'elles devaient franchir étaient « grotesquement plus hauts » que ceux des hommes. Sur ses instructions, elles choisirent « compositions grecque et latine en vers et en prose [122] », un choix masochiste qui leur interdit l'accès à toute autre lecture enrichissante. Mildred exigeait l'excellence parce qu'elle aimait le grec et elle était heureuse de participer à cette course avec elles. Elle ne se formalisait pas de l'accoutrement assez atypique d'Iris (« elle donnait toujours l'impression d'être déguisée »), qu'éclipsait son énergie extraordinaire : « Elle ne savait pas ce qu'était la paresse », se souviendra Mildred [123]. C'était là un éloge insigne de la part d'une femme au dynamisme remarquable, qui ne s'autorisait aucun repos avant la fin du trimestre, où elle enfilait un pantalon et s'armait d'un roman policier dans une main, de sa pipe dans l'autre [124].

Dans la chambre ensoleillée d'Iris, les nouvelles amies bataillaient ensemble avec le grec en vers et en prose, rendant chaque semaine des tonnes d'exercices médiocres truffés d'erreurs. Mais en 1938, l'appel urgent de la scène politique ne pouvait plus être ignoré et toutes deux furent prises du désir frénétique d'y participer : la composition de grec pouvait attendre, l'engagement politique non. L'opinion publique britannique s'était amèrement divisée quand le Premier ministre, Neville Chamberlain, avait déclaré « la paix pour notre temps » à son retour de Munich en septembre 1938. La Somervillienne Beatrix Walsh se rappelait « le grand geste par lequel il brandit le papier encore chaud de la main de Herr Hitler », qui fit de Chamberlain un sauveur aux yeux de certains, mais un traître pour d'autres [125]. Pour bien des réfugiés européens qui battaient le pavé des villes britanniques, la trahison était terrible. Le spécialiste de Kant Heinz Cassirer, qui avait quitté l'Allemagne pour rejoindre l'Angleterre avec son père Ernst, frappa quelques jours plus tard à la porte de Mildred Hartley. Il avait entendu dire que l'on pouvait compter sur l'amitié et la solidarité des femmes de Somerville, et venait pour s'assurer qu'il avait effectivement autour de lui des gens décidés à s'opposer fermement à la menace nazie [126].

Un mois après Munich, la ville d'Oxford eut l'occasion de prendre position contre la politique de Chamberlain à la faveur d'une élection partielle. Roy Harrod, un économiste de Christ Church, publia dans l'*Oxford Mail* une lettre ouverte aux candidats du Parti travailliste et des Libéraux : étaient-ils disposés à se retirer au profit d'un candidat indépendant défendant une position d'anti-apaisement ? Neuf jours seulement avant le vote, les deux partis trouvèrent un accord [127]. Deux *dons* d'Oxford entrèrent en campagne pour le siège vacant. En faveur de l'apaisement, il y avait le candidat conservateur Quintin Hogg, membre de All Souls. En face, un spécialiste de philosophie politique, *Master* de Balliol College : Sandie (A. D.) Lindsay.

Mary et Iris rejoignirent la chaîne des étudiants de premier cycle qui garnissaient des enveloppes au quartier général de campagne de Lindsay, installé à la hâte dans une salle en face de

St Peter's Hall [128]. Mary « délivrait des plis et notait des adresses sur des enveloppes [129] ». À leurs côtés se trouvait Isobel Anderson, la brillante tutrice d'histoire antique auprès de qui Iris, Mary et Elizabeth allaient toutes étudier : elles parcourraient alors les pamphlets de la Ligue socialiste qui jonchaient les appartements de cet « animal résolument politique », tout en essayant de suivre son effort inédit, obscur mais ingénieux, de reconstitution de la politique romaine à partir de sources primaires [130]. Lorsque Franco arriva au pouvoir, Isobel, « une hispanophile passionnée, jura de ne jamais remettre le pied en Espagne tant qu'il ne serait pas tombé [131] ». En dehors de la politique et des séances de tutorat, « la musique, les courses, la poésie, le cricket et la Méditerranée occupaient une place centrale dans sa vie [132] ». Toujours gaie, elle aimait amuser la galerie ; une photo souvenir la montre vêtue de sa robe de soirée, d'une étole de fourrure et de longs gants blancs montant jusqu'aux coudes couverts de bracelets de diamants, en train de plonger un énorme couteau dans un poulet en croûte [133]. Par ailleurs, un épisode tragique ajoutait à son charme. Miss Munro, de son nom de jeune fille, était devenue la première femme élue à un poste universitaire tout en étant fiancée. Le mariage eut lieu à Oxford en juin 1933 ; la fille de son ancien tuteur, le philosophe Robin G. Collingwood, était sa demoiselle d'honneur [134]. Les nouveaux époux partirent en lune de miel en Italie mais Isobel revint seule, veuve de Mr Henderson, son mari Charles ayant succombé à une crise cardiaque lors d'une visite au sanctuaire de Monte Sant'Angelo [135].

Les soutiens de Lindsay étaient de toutes obédiences, allant des communistes et des travaillistes en passant par les libéraux jusqu'à des conservateurs dissidents. Harold Macmillan, député conservateur de Stockton, se rallia à Sandie Lindsay lors d'un meeting qui eut lieu à la mairie. Le zoologiste d'Oxford Solly Zuckerman tendit le combiné du téléphone vers son ami Randolph Churchill qui entendit tonner la voix de son père Winston : « LINDSAY DOIT PASSER [136]. » Ted Heath (le futur Premier ministre conservateur) fit le tour d'Oxford à vélo pour faire campagne avec Denis Healey, qui était de gauche. Les deux hommes avaient Lindsay pour tuteur, et l'on avait autant de chance de trouver dans la poche de leur veste un exemplaire de Søren Kierkegaard ou du mystique Piotr Upensky que de John Locke [137]. Même les anarchistes d'Oxford promirent leur non-soutien au *Master* de Balliol :

> Cher Monsieur,
>
> Les anarchistes de l'université estiment qu'il est impossible de soutenir votre campagne parlementaire. En fait, nous sommes en train de préparer une campagne contre le vote à toute élection quelle qu'elle soit. Cependant, comme vous avez l'intention de vous opposer à Chamberlain, nous souhaitons vous faire savoir que nous n'essaierons de dissuader d'aller voter que les partisans de Q. Hogg [138].

Lindsay aurait reçu des télégrammes de Staline [139], alertèrent les partisans de Hogg. Mais pour bien des jeunes femmes de Somerville qui distribuaient les pamphlets de Lindsay dans les boîtes aux lettres le long d'Iffley Road, ce ne fut là qu'un encouragement supplémentaire.

Iris et Mary rejoignirent toutes les deux le Labour Club, le club travailliste de l'université, dont on disait qu'il comptait les « filles les plus engagées » (en 1936, elles avaient été tout un groupe à brûler leurs bas de soie pour protester contre l'agression de la Chine par le Japon [140]). Elles étaient quelques-unes à risquer le courroux de Miss Farnell en portant du rouge à lèvres assorti à leur engagement politique. On rapporte que certains hommes ne s'étaient rapprochés du club qu'en vue de « s'allonger avec des femmes », ce qui explique sans doute que parmi les adhérents figuraient deux membres du comité du Conservative Club, le club des conservateurs. Toutefois, la vraie question, pour les membres, n'était pas : « Jusqu'où iras-tu ? », mais : « Jusqu'où iras-tu à gauche ? » Jusqu'au rose travailliste ou bien, comme Iris et Léonie Marsh, jusqu'au rouge vif du Parti communiste ? « La première chose que j'ai faite en arrivant à Oxford fut de rejoindre le PC », se remémora Iris, bien des années plus tard [141]. (Ce n'était pas tout à fait vrai : elle se rendit d'abord à St Aloysius, l'église au clocher jaune, croisant peut-être Elizabeth sur son chemin. Elle frappa à la porte, mais personne ne vint ouvrir [142].)

La lettre qu'Iris adressa à une amie de Badminton, Ann Leech, au cours de son second trimestre à Somerville offre un aperçu de son fanatisme juvénile. « Je remercie Dieu d'avoir le Parti pour diriger et discipliner mon idéalisme qui auparavant était vague et inefficace », expliquait-elle. « Je sens maintenant que je fais quelque chose de bien et que la vie a un but et que l'histoire de la civilisation n'est pas seulement une série intéressante de désordres incohérents, mais un développement intelligible vers le stade le plus élevé de la société, l'État soviétique mondial. » Pour mieux prévenir les inquiétudes d'Ann quant aux effusions de sang, elle se montrait rassurante : « Une révolution bolchevique n'est pas un défoulement émotionnel où l'on jette des bombes au hasard – c'est une affaire scientifique, soigneusement planifiée, qui se produit au moment où il n'y a plus en face qu'une poignée d'hommes, avec qui il faut traiter par la violence [143]. » Comme elle attendait ce jour glorieux et décisif, elle se rendit « avec quelques sympathiques rouges d'Oxford » au Festival de musique pour le peuple au Royal Albert Hall. Elle se leva quand on joua l'hymne national espagnol, et le doyen de Canterbury, en habits rouges, exalta la « plénitude de la vie en Union soviétique [144] ».

Mary, sentant peut-être que même « une poignée » de morts violentes serait déjà trop, resta rose. Les volumes du *Left Book Club* sur les tables d'appoint dans la maison de ses parents jetaient sur l'Union soviétique une lumière ambivalente. Des histoires circulaient sur les procès de Moscou et, tandis que l'intellectuelle socialiste Beatrice Webb « se réjouissait que Staline ait "coupé le bois mort [145]" », beaucoup étaient désabusés. En avril 1937, John Dewey – le philosophe qui avait inspiré à Olive Willis sa vision pédagogique pour Downe House – conduisit une délégation pour s'entretenir avec Trotsky exilé à Mexico. Le rapport de quatre cents pages produit par la commission Dewey révéla ses conclusions dans son titre : *Non coupable* [146]. Les procès de Moscou, conclut Dewey, étaient des « mascarades ». La désillusion fut amère chez les Scrutton.

Les années passant, Mary eut de plus en plus de mal à donner un sens à l'attachement fervent de son amie pour le Parti communiste. Lorsque le Club travailliste étudiant se scinda et que les modérés dissidents formèrent le Club des démocrates socialistes (DSC), Mary et Iris se trouvèrent dans des camps opposés. Mary se surprit elle-même à prononcer un « discours enflammé » lors de la première réunion du DSC et fut élue à son comité directeur ; Iris jouait un rôle équivalent dans le Club travailliste, qui penchait vers le marxisme [147]. L'enthousiasme politique d'Iris était irrépressible et, comme elle le fit savoir à Mary, il surpassait de loin son intérêt pour la philosophie.

À Oxford, la couleur dominante, du moins en dehors des *Junior Common Rooms*, était celle de Mary : rose plutôt que rouge. Mary composa un poème pour Iris après que son amie, lors d'un défilé du 1er Mai, fut accueillie à coups de tomates lancées par un prolétariat local apparemment ingrat :

Où est Iris Murdoch ? Dis-moi où ! Dis-moi où !
Elle est partie aider les ouvriers à protester !
Dans ses cheveux les fruits d'aristocratassous
Du prolétariat ne peuvent la sevrer.
La jeunesse dorée crie dans les Hautes Sphères
Et là, les Bullingdon vont réclamant sa tête,
Pourtant, auréolée de points d'or et de sang,
La voilà redevable,
Enfin montrée sous son vrai jour comme une Rouge [148] !

Pour l'élection partielle, cependant, tout le monde à gauche, rouges et roses, jeunes et vieux, firent front derrière Lindsay. Isaiah Berlin, un philosophe membre d'All Souls, recouvrait les vignettes collées sur les voitures en soutien à Hogg par d'autres qui célébraient Lindsay [149]. Maurice Bowra, le *Warden* (plein d'esprit) de Wadham's College, qui en temps normal déplorait le fait que tous les jeunes gens s'intéressent à la politique (« Où sont les esthètes d'antan [150] ? ») prêta main-forte à la campagne. J. L. Austin, le séducteur au mouchoir, inventa le slogan non officiel de la campagne : « Voter Hogg, c'est voter Hitler », et suivit Hogg à la trace de meeting en meeting pour l'interpeller.

« Hogg avait l'esprit vif », se souvint E. R. Dodds, qui occupait la chaire *Regius* de grec, « mais Austin encore plus. Ses réparties fusaient comme des coups d'estoc ; il manquait rarement une occasion de faire mouche et lui-même n'en laissait jamais à son adversaire [151]. »

Le vote eut lieu le 27 octobre. Lindsay avait arrêté sa campagne plus tôt : il était révolté par le slogan d'Austin. Hogg sortit vainqueur avec une faible avance, la majorité Tory habituelle ayant été réduite de moitié. Les résultats furent proclamés depuis le balcon de l'hôtel de ville [152].

Hogg : 15 797 voix
Lindsay : 12 363 voix

Pendant ces neuf jours de campagne, toute l'énergie de la jeunesse avait conflué vers Sandie Lindsay, cinquante-neuf ans. Lequel s'était installé dans une enclave peuplée d'internationalistes de haute volée, d'idéalistes, de socialistes fabiens, de communistes versificateurs et de poètes lauréats : le hameau de Boars Hill, juché au sommet de l'une des Cumnor Hills, au sud-ouest d'Oxford. Dans *Brideshead Revisited*, du conservateur Evelyn Waugh, Charles Ryder s'entend donner ce bref conseil par son cousin Jasper : « Ne t'approche pas de Boars Hill [153]. » Mary, Iris et Philippa allaient toutes en être des visiteuses régulières.

Au centre de ce petit monde se trouvaient le spécialiste de lettres classiques Gilbert Murray et sa femme Lady Mary Murray. Le numéro de téléphone de leur maison, Yatscombe, était *Boars Hill* 1 [154]. Tout près, à portée de voix, dans l'immense presbytère de Heath Barrows, vivaient le philosophe socialiste Edgar Frederick Carritt (qui fut le tuteur de Lindsay), sa femme Winifred et leurs nombreux enfants. Des allées de gravier, bordées par des haies de buis taillé, menaient à une pelouse de croquet, un verger, un court de tennis herbeux, un enclos et un modeste bosquet [155]. Bien qu'Edgar (à la différence de Winifred) ne fût pas communiste, il donna des conférences sur le matérialisme dialectique pendant la seconde moitié des années 1930 ; ses classes étaient remplies d'étudiants de premier cycle et l'on vendait des exemplaires du *Labour Monthly* dans la cour [156]. À

Scar Top, au milieu de deux hectares et demi de terrain, vivait l'écrivain indianiste Edward (E. J.) Thompson, sa femme Theo et leurs fils Frank et Edward (E. P.). Au moment de l'élection partielle, on pouvait voir Theo tourner dans Oxford, une affichette « Sauvez la Tchécoslovaquie ! » collée à la voiture familiale, jusqu'à se faire arrêter par la police [157]. Lorsque Gandhi visita Oxford en 1931, on le conduisit en haut de la colline chez les Thompson, où Lindsay (qui considérait Gandhi comme un saint) anima une discussion informelle sur l'indépendance de l'Inde. (La philosophe Dorothy Emmet, dont Lindsay avait été le tuteur, était allée chercher Gandhi à la gare d'Oxford dans sa vieille Austin Baby décapotable [158].) Le poète lauréat Robert Bridges, dont la fille Margaret avait épousé le philosophe H. W. B. Joseph, spécialiste de Platon, logeait à Chilswell House. La fille de Margaret, la poétesse Elizabeth Daryush, vivait à Stockwell. Les imaginations fertiles de ces romantiques et idéalistes de Boars Hill et de leurs amis avaient contribué à la création de la Société des Nations, de l'Oxford Committee for Famine Relief (Oxfam) et de la Société pour la protection de la science et de l'enseignement (un conseil fondé par William Beveridge pour aider les savants à échapper au régime nazi).

Par ailleurs, Murray et Lindsay, entre autres, avaient été des alliés cruciaux dans le combat pour l'éducation des femmes. La mère de Lindsay, Anna Dunlop, qui, dans les années 1880, avait contribué à fonder le *Scottish Council for Women's Trades*, le Conseil écossais pour les métiers féminins, avait été l'une des premières femmes à étudier à l'université d'Édimbourg. Elle remporta le premier prix de philosophie morale et de physique expérimentale. Lorsque Emily Penrose quitta son poste de principale de Somerville pour prendre sa retraite en 1923, Gilbert Murray et Sandie Lindsay prirent place à ses côtés lors du dîner officiel. Par la suite, les deux hommes continuèrent à soutenir le collège : Murray était l'ami et le mentor de la nouvelle principale, Helen Darbishire, et de l'historienne Isobel Henderson. Lindsay, quant à lui, épousa l'intense et poétique Erica Violet Storr, de Somerville, qui s'avéra au demeurant peu faite pour le rôle de femme de *Master* : quand l'équipe de rameurs de Balliol se présenta chez eux pour festoyer, elle les coinça pour leur lire des extraits des *Voyages dans le désert d'Arabie* de Charles Montagu Doughty [159].

Lindsay dit un jour en plaisantant : « Je suis conservateur, libéral et socialiste [160] » – une identité forgée sur le champ de bataille d'Ypres, dans les villes des Midlands où il avait donné des séances de tutorats aux mineurs ou encore à Glasgow, où, enfant, il était réveillé par les coups de marteau provenant des chantiers navals sur la Clyde. Mais, si cette vision parlait à beaucoup de gens dans la Grande-Bretagne de l'entre-deux-guerres – la haine de la compétition, la foi dans la communauté nationale, l'unité d'une Église établie, un État actif et un système d'éducation nationale [161] – les *dons* plus jeunes et les étudiants de premier cycle la trouvaient désuète. Au bas de la colline, dans le labyrinthe des petites rues, des piaules d'étudiants et des pubs enfumés d'Oxford, la description que Lindsay donnait de lui-même ne voulait rien dire. « Étant par nature un rêveur réactionnaire et fidèle partisan de l'aristocratie, il s'est bercé d'illusions tout comme il a bercé d'illusions ses amis, qui ont vu en lui un idéaliste, radical et collectiviste », lisait-on dans le magazine étudiant *Isis* [162].

Le mot *teenager* n'avait pas encore été inventé, mais on avait vu et on allait voir des jeunes partout dans Oxford, plongés dans des activités typiques de jeunes [163]. Les disques de Duke Ellington tournaient dans les chambres d'étudiants, le blues de Bessie Smith sortait par intermittence des fenêtres des collèges, dont la plupart comptaient d'ailleurs un orchestre de jazz. Le groupe de dixieland *The Bandits* jouait pour des publics de rouges, noyés dans la fumée [164]. Maurice Bowra accueillait un club exclusif à sa table de Wadham, où il buvait et dînait avec la crème des jeunes talents (uniquement masculins ou presque). À sa table, les conversations se devaient d'être divertissantes. Le commérage relevait du grand art. Les commentaires qui n'étaient que méchants sans être drôles étaient ignorés, tout comme les blagues qui choquaient sans brio. En revanche, les bons mots cruels et pleins d'esprit étaient admis. « Le *Master* de Balliol College a été malade, mais malheureusement il va mieux [165]. »

Lindsay n'envoyait pas les jeunes hommes de Balliol au cours de Bowra. Lorsque Gilbert Murray mena campagne pour dissuader les étudiants de premier cycle d'acquérir une voiture, dont les banquettes arrière étaient un lieu naturel de fornication, Bowra le mit en échec [166]. Pour la nouvelle génération des étudiants et des *dons* plus jeunes, il était absolument hors de question de se voir borné par des règles, aussi bien intentionnées fussent-elles, tout comme étaient inacceptables les relents d'impérialisme qui s'attachaient à l'internationalisme de Lindsay. Les *teens* aspiraient à une vision du monde moins corsetée, mettant l'accent sur la liberté et l'individualité.

La classe Agamemnon

Tout en mettant sous pli des tracts aux côtés de Mary et d'Iris, Isobel Henderson réfléchissait à une stratégie pour leurs études. Les exercices de traduction des *Mods* que choisissait Mildred Hartley avaient peu pour susciter l'enthousiasme d'une classiciste en herbe. César ou Cicéron éaient rarement retenus ; Mildred leur préférait des textes propres à éprouver la sagacité de ses élèves. Lewis Carroll était l'un de ses auteurs favoris ; le passage dans lequel le Chat du Cheshire disparaît, ne laissant derrière lui que son sourire, s'avérait quasiment impossible à rendre en grec. « L'intérêt de cette histoire de sourire du Cheshire, ou de ce "rictus" comme l'appelle Carroll, un mot plus dur que "sourire", c'est qu'il n'y a aucun nom équivalent en grec ; il faut prendre un participe du verbe, un participe adjectivé accolé à un nom ; aussi comprenez-vous tout de suite la difficulté à traiter d'un sourire qui demeure après que le chat a disparu », se plaignait une étudiante, Prue Smith [167]. C'est ainsi que, quittant les murs de leur collège, Iris et Mary éprouvèrent pour la première fois le pouvoir et le magnétisme – le pur frisson – de l'érudition, lorsque Isobel Henderson les envoya à Corpus Christi College rejoindre la classe *Agamemnon* d'Eduard Fraenkel.

L'enseignement du professeur Eduard Fraenkel était sans égal parmi les spécialistes de lettres classiques vivants et sa dévotion quasi religieuse à son travail était légendaire dans toute l'Europe[168]. Pourtant, comme les autres savants juifs de sa génération, il avait été forcé de quitter son poste à l'université en 1933, lorsque les nazis avaient promulgué la loi sur la restauration de la fonction publique[169]. Martin Heidegger, alors installé comme recteur, présida le renvoi de Fraenkel de sa chaire à l'université de Fribourg[170]. Avec l'aide de la Société pour la protection de la science et de l'enseignement, cette perte pour Fribourg fut un gain pour Oxford. Le professeur *Regius* de grec, E. R. Dodds, en témoigna : « Je ne connais personne qui ne soit plus digne d'être sauvé du point de vue de l'érudition[171]. »

Sans doute était-ce le cœur battant que Mary et Iris pénétrèrent dans l'ancien cloître de Corpus Christi tandis que les mots d'Isobel Henderson résonnaient à leurs oreilles – « grand privilège », « distingué », « sérieux ». « C'est toujours un tort de manquer d'élan », dirait-elle à ses étudiantes en guise d'encouragement à surmonter toute timidité[172]. Elle les avait également mises en garde : Fraenkel va « probablement vous tripoter un peu, mais ne vous en faites pas[173] ». Réajustant leurs robes académiques, elles poussèrent la petite porte du XVIe siècle qui menait à la pièce visiblement ancienne (plafond bas, longues fenêtres de style Tudor, grande table occupant son centre) pour rejoindre une équipe variable d'une vingtaine d'érudits (*dons* et étudiants) qui travaillaient, vers à vers, sur le drame d'Eschyle. Le cours ayant commencé avant leur arrivée, Mary et Iris prirent le chantier en cours de route, au vers 83 (« La chose en est là où elle est maintenant. Elle finira selon son destin » : ainsi se lamente le Chœur, qui attend des nouvelles de la lointaine guerre de Troie[174]). Pendant deux heures, de 17 heures à 19 heures chaque semaine, la classe avançait laborieusement dans la traduction, Fraenkel présidant la séance au bout de la table[175]. Le format – la tradition allemande du *Seminar* – était nouveau à Oxford, jusque-là accoutumé aux cours magistraux et aux séances de tutorat (un étudiant ou deux face à un tuteur du collège [176]). La condition stricte pour y participer : ne jamais manquer aucune séance [177].

Mary était grisée de « se sentir partie prenante d'un grand effort intemporel ». L'ambition de Fraenkel était de comprendre ce qu'Eschyle avait écrit et voulu dire, les mots qu'il avait tracés plus de vingt-quatre siècles auparavant. Seul l'effort humain ininterrompu de préservation, copie, protection et reproduction du texte sur des papyrus, des parchemins et du papier avait permis d'enjamber l'immense distance temporelle et culturelle qui séparait le passé et le présent. Fraenkel étudiait la texture de différentes copies, passant au crible les idiosyncrasies et les corruptions introduites par la transcription répétée, remontant les strates du temps l'une après l'autre. Le travail demandait la connaissance d'une myriade de petits faits reliés les uns aux autres : comment les œuvres étaient-elles produites, où étaient-elles copiées, quelles étaient les habitudes et les idiosyncrasies des hommes qui les fabriquaient ? Et puis il y avait les faits qui n'avaient laissé de trace que dans le texte : une erreur de transcription pouvait laisser voir la main d'un « moine fatigué » qui « écrivait à la fin de sa journée ». Une fois qu'il avait enlevé les couches d'erreurs et d'accidents accumulés, Fraenkel prononçait à haute voix le texte ainsi établi ; Mary fut éblouie lorsqu'elle se rendit compte que les vers étaient écrits pour être dits [178].

Le statut de réfugié qui était celui de Fraenkel infléchit son jugement sur l'exilée Cassandre, une prêtresse troyenne retenue captive par Agamemnon : « le caractère misérable de sa situation est aggravé par l'environnement étranger, auquel contribue le fait qu'elle ne maîtrise pas la langue, comme on peut le supposer, au moins pour un temps », en viendra-t-il à écrire [179]. Ruth von Velson, la femme d'Eduard (qui avait abandonné sa carrière académique en philologie classique après son mariage) était la seule de la famille qui savait parler anglais lorsque le couple et leurs cinq enfants arrivèrent en Angleterre en 1934 [180]. Le *German Jewish Aid Committee*, le Comité d'aide aux juifs allemands, craignant des réactions hostiles aux Allemands au sein de l'opinion publique britannique, donna quelques conseils aux réfugiés comme Ruth et Eduard Fraenkel : « Mettez rapidement à profit votre temps libre pour apprendre la langue anglaise et sa prononciation correcte. Évitez de parler allemand dans les rues, dans les transports publics ainsi que dans les lieux publics tels que les restaurants. Parlez un anglais hésitant plutôt qu'un allemand courant – et *ne parlez pas trop fort.* Ne lisez pas de journaux allemands en public [181]. »

Pour les étudiants de premier cycle, dont certains étaient encore adolescents, la dimension mondiale du théâtre des opérations sur laquelle leur futur allait se jouer donnait de la gravité et du pathos à cette histoire du retour d'un guerrier. Iris en rendrait compte plus tard dans son poème *Agamemnon Class, 1939* [*La Classe Agamemnon, 1939*] :

> Pressentions-nous la guerre ? De quoi avions-nous peur ?
> Du feu dévastateur d'un vif premier amour
> Ou qu'éclate au grand jour
> Notre incapacité à réciter par cœur
> L'Aoriste d'un verbe familier.

Les *dons* plus âgés, bien trop jeunes pour combattre lors de la Première Guerre et trop vieux pour combattre dans celle qui s'annonçait, faisaient de leur mieux pour aider leurs jeunes camarades de classe à traduire. Le chœur d'Eschyle regrette son âge avancé : « Mais nous, les insolvables avec notre chair d'autrefois, laissés là quand se faisait le recours, nous restons, guidant avec nos bâtons une force d'enfant [182]. » La seule chose qu'il puisse faire, c'est de porter témoignage, tandis qu'à Troie toute « la jeunesse de la Grèce » tombe et que l'ordre des générations s'en trouve bouleversé [183].

> Entre le vers quatre-vingt-trois et le vers mille
> Notre innocence nous sembla
> Perdue, notre jeunesse détruite,
> Dans cet air pellucide impitoyable,
> Les conséquences vécues avant les causes,
> Condensées par l'effroi en une lueur glaçante,
> Un si étrange alliage de soleil et de pluie [184].

Iris fut « tripotée » par Fraenkel (elle assura que ça ne l'avait pas gênée), mais non Mary, trop occupée à tomber amoureuse du paisible et charmant Nick Crosbie. Pendant ce temps, Kenneth Kirk, l'ami de Nick, s'extasiait devant Mary et Noel Martin ne venait que pour avoir l'occasion de contempler Iris [185]. Pour Frank Thompson, Iris, la fille à la robe verte, était « la fille de ses rêves » – « une communiste irlandaise poétique qui étudie les *Honour Mods* », écrivit-il à ses parents à Boars Hill ; « je la vénère [186] ». Michael Foot, futur spécialiste d'histoire militaire, ami de lycée de Frank à Winchester, était amoureux de Léonie Marsh, mais, reconnaîtra-t-il, plus tard, « pratiquement tous ceux qui côtoyaient Iris craquaient pour elle [187] ». Iris supplia Frank de rejoindre le Parti communiste. Il lui fit des avances à mots couverts [188] : « Viens pour le thé dans deux jours et convertis-moi. » Ainsi fit-elle – et ainsi fut fait.

Une révolution en philosophie : Freddie Ayer déclare la guerre à la métaphysique et à l'éthique

Des générations d'étudiants en *Greats* passés par Oxford ont reçu un enseignement de métaphysique spéculative – qui concerne les tentatives des philosophes pour construire des théories au sujet de la nature de la réalité au seul moyen de la raison – à côté de leur régime ordinaire constitué de (beaucoup, beaucoup, beaucoup de) Platon et d'Aristote. Un étudiant de premier cycle des années 1900, une fois remis du choc de voir des femmes sans chaperon et sans chapeau, se serait senti à l'aise aux côtés d'Elizabeth Anscombe durant ses cours magistraux sur les Anciens lors de sa première année de *Greats* – *La République* de Platon et sa théorie des Idées ; les deux *Éthiques* d'Aristote et son traité sur l'âme, le *De Anima*. En revanche, il aurait été complètement perdu dans les cours de H. A. Prichard sur « L'idée d'obligation morale » ou dans ceux de W. D. Ross sur « la philosophie morale ». Au cours du premier tiers du XXe siècle, l'orthodoxie philosophique avait connu un changement spectaculaire, qui se reflétait dans le programme des enseignements figurant dans la *Gazette* de l'université d'Oxford. Alors qu'Elizabeth entamait sa formation, la lutte pour le pouvoir battait son plein.

Au début du siècle, les métaphysiciens idéalistes occupaient le devant de la scène (ou du moins le pupitre) à Oxford : Green, Bradley, Bosanquet, Muirhead, Collingwood, Mure. Ces hommes tiraient leur inspiration du philosophe allemand G. W. F. Hegel, qui à leurs yeux offrait une vision métaphysique vraie de la réalité comme étant un tout unifié, doté d'un ordre rationnel ou « idéal ». Cet ordre, insistaient-ils, est constitué dans et par la conscience et il relie entre eux tous les sujets et toutes les choses – le connaissant et le connu réunis en un Absolu unique qui embrasse tout. La tâche de la philosophie était de parvenir à la connaissance de l'Absolu. Cette tâche devait être accomplie, quoique de façon partielle et inadéquate, par la transcendance de soi ; par elle, la structure du tout (dont faisait partie le philosophe se transcendant lui-même) serait révélée. La connaissance humaine, soutenaient les Idéalistes, ne s'épuise pas dans la seule appréhension par les sens de choses individuelles séparées telles que les tables et les montagnes, mais progresse vers une vision unificatrice : la reconnaissance de l'Absolu. La poésie, l'art, la religion, la compréhension historique jouent un rôle crucial dans l'accomplissement de cette tâche, tandis que celui des méthodes scientifiques et empiriques d'observation et de mesure ne peut qu'être réduit. La fin ultime de l'enquête philosophique, proclamaient les Idéalistes depuis leur estrade au début des années 1900, est d'instituer l'harmonie entre la vie et le monde. La philosophie contribue à la façon dont les choses doivent être, à faire de l'Idéal une réalité [189].

Juste avant la Première Guerre mondiale, les Idéalistes avaient fait l'objet d'attaques de la part des Réalistes, qui voulaient garder les pieds sur terre. Inspirés par les philosophes de Cambridge Bertrand Russell et George (G. E.) Moore, et travaillant à partir du manifeste que publia ce dernier en 1903, « The Refutation of Idealism [190] » (« La Réfutation de l'Idéalisme »), les Réalistes insistaient sur l'idée que, contrairement à ce qu'affirmaient les Idéalistes, le connaissant est distinct du connu. Il n'y a pas d'interconnexion entre le monde et l'esprit, pas d'Absolu qui embrasse tout. La tâche de la philosophie n'est pas si différente de celle de la science : elle est de découvrir et de décrire une réalité tout à fait indépendante. La connaissance allait être construite fragment par fragment, pièce par pièce. L'observation allait remplacer la spéculation ; et l'esprit réaliste viendrait remplacer l'esprit romantique.

À leurs pupitres, tout au long des années 1920 et 1930, les philosophes d'Oxford Harold (H. A.) Prichard (petite silhouette fine, aux cheveux blancs épars et à l'épaisse moustache noire, à la voix aiguë et nasillarde) et David (W. D.) Ross (plus jeune de quelques années, il était chauve, glabre, et avait un fort accent écossais) exposèrent une éthique « intuitionniste », qui s'inscrivait dans ce cadre réaliste. Les êtres humains possèdent une faculté d'intuition morale, expliquaient-ils, qui s'apparente à la vision ordinaire mais qui est spécialement ajustée aux traits moraux de la réalité. C'est au moyen de cette faculté plutôt que par la transcendance de soi que la réalité morale pouvait être appréhendée. Pour un étudiant de premier cycle des années 1900, cette idée – que la connaissance morale pouvait être comprise en quelque sorte sur le modèle de la connaissance par observation du savant – aurait été choquante.

Le Réaliste originel G. E. Moore avait fait battre les cœurs du groupe de Bloomsbury en comptant la propriété « être bon » parmi l'ameublement du monde. Lorsqu'il démonta l'Absolu, il préserva l'autonomie et la pureté du Bien en insistant sur l'existence d'un clivage fondamental au sein de la réalité entre les faits, naturels, et les valeurs, non naturelles. Le bien (la propriété d'être bon) existe, insistait-il, même si ce n'est pas une « propriété naturelle » et qu'elle ne peut pas être réduite à (ni même comprise en termes de) quoi que ce soit qui relève du domaine de la psychologie ou de celui des sciences naturelles [191]. Cependant, la réalité est pleine d'une multitude de choses dotées de valeur que nous reconnaissons comme telles au travers des expériences qu'elles nous font vivre – les plaisirs des relations humaines, l'affection et l'amour des personnes, l'appréciation de ce qui est beau dans l'art et dans la nature. Le devoir de chaque personne, affirmait Moore, consiste à accroître le total de valeur dans le monde en créant des objets qui donnent naissance à de telles expériences.

Bien que Prichard et Ross fussent comme Moore des Réalistes, ils rejetaient sa conception de la relation entre le devoir et la valeur. En philosophie morale, expliquait Prichard depuis son pupitre, on avait régulièrement eu tendance à répondre à la question : « Pourquoi devrais-je accomplir mon devoir ? » en disant : « Parce que c'est bien. » L'étape suivante était alors de montrer que faire son devoir est bon soit parce que cela profite à soi-même (c'est bon pour soi), soit parce que les actes effectués par devoir sont bons en eux-mêmes. Mais, disait Prichard, si la raison de faire votre devoir est que cela vous profite, alors la moralité se réduit à l'intérêt égoïste. Et bien qu'il puisse être vrai que les actes effectués par devoir soient bons, ils le sont parce qu'ils sont l'accomplissement du devoir, et non l'inverse (comme le pensait Moore à tort). Selon Prichard, les efforts déployés par les philosophes de la morale pour donner un sens à l'idée de « bonne action » indépendamment de celle de devoir en faisant appel à des notions qu'Aristote avait mises en exergue, comme celles de « vertu » et de « caractère », ne faisait que rendre les choses plus confuses. Ma motivation n'a tout simplement rien à voir avec la question de savoir si ce que je fais est juste.

Le célèbre article de Prichard, « Does Moral Philosophy Rest on a Mistake ? » (« La philosophie morale repose-t-elle sur une erreur ? ») dressait un parallèle entre la recherche d'une théorie du devoir en philosophie morale et la célèbre tentative de Descartes pour se prouver à lui-même qu'il avait une connaissance du monde extérieur. Nous éprouvons parfois la pointe du doute sceptique (que sais-je réellement ?) et nous nous demandons parfois si nous ne nous montrons pas stupides d'accomplir sans broncher nos devoirs un peu fastidieux (pourquoi devrais-je faire mon devoir ?). Mais dans les deux cas, soutenait Prichard, la recherche d'une théorie propre à nous rassurer est malavisée. Lorsque les devoirs entrent en conflit et que je suis vraiment dans le doute quant à ce que je dois faire – dois-je rendre le livre à la bibliothèque ou bien tenir la promesse que j'ai faite à un ami de lui venir en aide ? – une théorie ou une preuve ne me seront d'aucun secours. Prichard terminait son article de 1912 en disant que « le seul remède se trouve dans le fait d'être effectivement plongé dans une situation qui engendre l'obligation [...] et de laisser ensuite nos capacités de réflexion morale faire leur travail [192] ». Autrement dit, je dois me fier à l'intuition morale.

L'intuitionnisme moral de Prichard et Ross laissait leurs étudiants au désespoir. « Prichard et Ross semblaient vivre dans un monde de certitudes morales qui avait cessé d'être le nôtre », se plaignait la philosophe Dorothy Emmet, qui était arrivée à Lady Margaret Hall et assistait (chaperonnée) à leurs cours au sortir de la Première Guerre. « Ils étaient tout à fait certains de savoir quelles sortes d'actes étaient justes et lesquelles ne l'étaient pas. » Mais elle n'était convaincue ni par leur confiance dans l'idée que leurs « capacités morales » seraient toujours à même de délivrer un verdict sur ce qui était juste ni par la division tranchée qu'ils faisaient entre le juste et le bien. « Je désirais un arrière-plan à l'éthique, dans lequel ce qui était juste avait une certaine relation à ce qui était bien. Cela voulait dire une référence aux genres de relations humaines et de manières de vivre que nous pensions être bonnes [193]. » Plus tard, elle fournirait dans ses livres cette profondeur et cet arrière-plan. Lorsque Iris prit place dans la salle de cours pour écouter David Ross, sa réaction fit écho à celle de Dorothy : « de "l'éthique" creuse, stupide, insipide », se plaignit-elle dans une lettre à une amie d'Oxford [194].

La lutte pour le pouvoir à Oxford entra dans sa phase finale au moment où Elizabeth présidait le faux procès à Sydenham. À la grande surprise de Ross et de Prichard, ils furent pris pour cibles tout autant que leurs opposants.

En 1933, lors d'une conférence publique, un jeune inconnu aux cheveux noirs gominés, vêtu d'une chemise de couleur vive, se leva au milieu d'une foule de *dons* grisonnants. Les « plus vieux furent abasourdis et scandalisés » lorsque sortit de sa bouche une déclaration de guerre. « Vous êtes tous condamnés », proclama-t-il, à une « disparition prochaine ». Le processus par lequel les Réalistes et les Idéalistes allaient être balayés de la surface de la terre avait été inexorablement mis en branle, expliqua-t-il. « Les armées de Cambridge et de Vienne sont déjà sur vous [195] ! » Ce jeune homme était Freddie (A. J.) Ayer, un chercheur de vingt-six ans, rattaché à Christ Church. Son vieux tuteur, Michael Foster, le trouvait inapte à enseigner aux jeunes [196], mais le *warden* de Wadham, Maurice Bowra, à la table duquel Freddie avait fait ses classes, le considérait comme un « jeune génie [197] ».

Pendant que Réalistes et Idéalistes s'écharpaient à Oxford et à Cambridge, un cercle d'intellectuels se réunissait dans les cafés de Vienne pour discuter de l'avenir de la philosophie dans le sillage de l'effondrement de l'empire austro-hongrois [198]. Leur figure de proue, Moritz Schlick, occupait la chaire de philosophie naturelle à l'université de Vienne, un poste spécialement créé pour le génial touche-à-tout Ernst Mach, dont l'empirisme, comme le pensait désormais Schlick, pouvait sauver la démocratie et l'humanisme. Les révolutions qu'avait connues la géométrie au cours du XIXe avaient pulvérisé l'idée du philosophe des Lumières Emmanuel Kant selon laquelle l'espace euclidien est la forme de toute expérience possible et, avec elle, l'idée d'une sorte de connaissance *a priori* qui ne serait pas dérivée de l'expérience ni acquise à partir d'elle. Mach intervint en proposant une autre option : il n'est pas nécessaire de supposer quoi que ce soit que l'expérience sensorielle ne puisse confirmer ou prédire. D'un point de vue politique, le rejet par Mach de l'*a priori* était une leçon anti-autoritaire qui pouvait être appliquée dans les faits autant à la théorie sociale et à l'économie qu'à la psychologie. La « psycho-physique » de Mach allait, pensait-il, ouvrir la voie à la possibilité d'attribuer la sensation à la matière et d'expliquer les phénomènes mentaux en continuité avec ceux du monde physique. Oxford allait attendre 1935 pour avoir son Institut de psychologie expérimentale (fondé après qu'Anna Watts eut fait un don de 10 000 livres dans ce but), mais c'était au cours des années 1870 que Mach développa les concepts qui allaient rendre possibles les expérimentations de l'Institut [199].

Mary passa sûrement devant le buste de Mach au cours de l'été 1938, un marbre blanc posé sur un bloc de granite rose, lorsqu'elle coupa à travers le Rathauspark (elle faillit être en retard) pour se rendre à une représentation de l'opéra de Smetana, *La Fiancée vendue* (« ce spectacle m'a détournée de l'opéra pour un long moment [200] »). À cette date, Moritz Schlick était mort (assassiné par un ancien étudiant) et presque tous les membres du Cercle de Vienne encore en vie avaient perdu leur poste à l'université ou bien, sans illusion sur l'avenir, les avaient abandonnés avant d'émigrer. Nous retrouverons bientôt l'un d'entre eux, Friedrich Waismann, dans les salles de cours d'Oxford et de Cambridge.

La guerre fut déclarée par Freddie Ayer, mais l'invitation lancée aux « armées de Vienne » à joindre leurs forces aux Réalistes de Cambridge avait initialement été le fait de Susan Stebbing, la première femme à obtenir le titre universitaire de professeur de philosophie en Grande-Bretagne. Stebbing avait rencontré Schlick en Angleterre en 1930 et elle vit immédiatement comment le positivisme logique (le tournant viennois vers la science, la mesure et l'observation) pouvait répondre au besoin de clarté en philosophie, un sujet dont elle discutait régulièrement avec G. E. Moore, son ami et ancien mentor. Elle reconnut le potentiel qu'avait « l'analyse » de révéler la structure cachée du langage et du monde. L'analyse, songea-t-elle, pourrait être appliquée aux faits (aussi bien qu'aux énoncés) pour mettre au jour les briques fondamentales de notre expérience quotidienne. Et elle y vit un but qui dépassait les salles de cours de philosophie. Si l'on pouvait apprendre à l'ensemble de la population à poser la question : « Qu'est-ce que cela signifie ? » quand elle faisait face à de la propagande politique, de la publicité ou du journalisme, et si l'on pouvait lui montrer comment y répondre en décomposant les énoncés et les arguments en leurs éléments de base, il en ressortirait un public mieux informé et politiquement plus sagace. Pendant ce temps, G. E. Moore, qui, dans la foulée de « La Réfutation de l'Idéalisme », poursuivait ses assauts contre toute forme d'ésotérisme, taraudait les étudiants, les conférenciers tout comme ses collègues en leur assénant régulièrement sa question fétiche : « Que DIABLE voulez-vous dire par là [201] ? » Initialement dirigée contre les Idéalistes (dont les affirmations sur « l'Absolu » étaient certes obscures), cette question récurrente, formulée en tapant du poing sur la table ou en déchirant des articles, avait contribué à produire un tournant méthodologique à Cambridge (tout comme les efforts moins iconoclastes de Stebbing). Pressés par les interpellations provocantes et insistantes de Moore et par le plaidoyer prudent de Stebbing, les philosophes de Cambridge à la fin des années 1920 ne se demandaient plus : « Qu'est-ce que le Bien ? » mais : « Que signifie le mot "bien" ? »

Stebbing aperçut dans le travail des logiciens de Vienne une méthode pour répondre à de telles questions. En 1933, elle donna une conférence à la British Academy intitulée « Logical Positivism and Analysis » (« Le positivisme logique et l'analyse »), dans laquelle elle montrait comment les méthodes d'analyse logique du Cercle de Vienne, avec leur insistance sur l'observation, pouvaient contribuer à la recherche de la clarté. Elle aida à fonder *Analysis*, un journal dédié à la philosophie « analytique », dans lequel publièrent Schlick et son cercle d'associés. En 1936, Ernest Nagel, le philosophe des sciences américain d'origine slovaque, signa une « évaluation de la philosophie analytique en Europe », basée sur une étude d'une année, dans laquelle il décrivait à ses lecteurs américains les liens méthodologiques et doctrinaux qui existaient déjà entre les « philosophies professées à Cambridge, Vienne, Prague, Varsovie et Lwow [202] ». « Une énergie incroyable a été déployée par Miss Stebbing », remarqua Nagel [203]. Ce que relevèrent également ses collègues : « J'ai toujours souhaité qu'elle puisse écrire un livre, ou du moins un article, libérée de la pression de ses autres obligations ou de l'engagement à le faire dans un certain délai », se lamentait l'un d'eux. « Mais non – il y avait toujours quelque chose, si ce n'était pas une réunion de comité c'était un taxi pour l'Irlande, et alors, sa valise dans la main, un chapeau instable sur la tête, elle partait [204]. »

Une bonne part de l'énergie de Stebbing fut consacrée à la création d'une communauté de savants, mais elle travailla aussi à expliquer les nouvelles méthodes logiques à un large public. Son livre *A Modern Introduction to Logic* (1930) fut le premier manuel de logique moderne – présentant les techniques que les positivistes logiques employaient pour analyser des propositions. « La logique, dans le sens le plus courant et le plus large du terme, s'intéresse à la pensée réflexive[205] », écrit-elle pour commencer. Penser logiquement, c'est simplement penser clairement et à dessein. Mais « récemment, on a reconnu qu'il y avait une science de la logique pure qui ne s'intéresse à rien d'autre qu'à la forme ». Ce sens étroit, technique, du mot « logique », expliquait-elle, concerne la structure générale et abstraite du raisonnement. Examinons l'argument suivant : « Si tous les politiciens sont inconséquents et si Baldwin est un politicien, alors Baldwin est inconséquent. » Les prémisses et la conclusion peuvent être vraies ou fausses, non pertinentes ou scandaleuses, mais ces qualités n'intéressent pas le logicien moderne, car il ne s'intéresse qu'à la forme de l'argument. « L'idéal du logicien est la complète généralité [et] il atteint cet idéal en rendant ses assertions complètement formelles » au moyen de l'emploi de ses nouveaux outils, les « constantes » et les « variables ». Il remplace « Baldwin » par b, « inconséquent » par β et « politicien » par α, de façon à obtenir : « Si tous les α sont β et si b est un α, alors b est un β ». Ensuite, « tous les », « si… alors » et « et » peuvent également être remplacés par des symboles : $\forall$, $\rightarrow$, $\wedge$. Le logicien n'a pas besoin d'observer le monde, ni le comportement de Baldwin ou des autres politiciens, pour saisir la validité logique de la suite de symboles : $(\forall x\ (\alpha x \rightarrow \beta x) \wedge \alpha b) \rightarrow \beta b$.

Pendant que la bataille de l'élection partielle faisait rage à Oxford, Stebbing publia *Thinking to Some Purpose*, qui visait à transmettre la puissance et l'importance de la pensée logique (au sens le plus large du terme) à un pays au bord de la guerre, ainsi qu'à protéger les lecteurs des dangers de la manipulation. La propagande, par exemple, reposait souvent sur des formes de « pensée en boîte » qui, bien que facile à digérer, manquait des vitamines essentielles pour nourrir l'esprit [206]. Dans des expressions telles que « pacifiste trouillard », « capitaliste plein aux as » ou « chrétien chiffe molle », « l'épithète a été jointe au nom qu'elle qualifie de telle sorte qu'il devient psychologiquement impossible de penser, par exemple, à un chrétien indépendamment d'une chiffe molle ». Pour briser l'emprise de ces clichés, de ces formes de pensée « en boîte », il faut « un réexamen des faits [207] ».

Lorsque la chaire de Moore devint vacante en 1939, Susan Stebbing présenta sa candidature. « Bien entendu, tout le monde pense que vous êtes la bonne personne pour succéder à Moore », lui dit Gilbert Ryle, un ami, *Student* (membre senior) de Christ Church, « sauf que vous êtes une femme [208]. » La chaire revint à Ludwig Wittgenstein.

En 1933, Gilbert Ryle envoya son jeune étudiant de tutorat, Freddie Ayer, d'abord à Cambridge (où il rencontra Stebbing et Wittgenstein), puis à Vienne pour y passer quelques mois. Sa nouvelle femme, Renée Orde-Lees, l'accompagna. Très cultivée, issue du couvent (d'où elle avait été expulsée), elle était coiffée d'un élégant carré court, était chaussée de bottes d'intérieur et tenait en laisse un chat persan ; elle « ressemblait aussi peu aux femmes d'Oxford que lui aux hommes d'Oxford [209] ». Habituellement, les hommes raccompagnaient les femmes chez elles à la nuit (le couvre-feu des collèges d'hommes était en conséquence plus tardif que celui des collèges de femmes), mais chez les Ayer, Renée reconduisait Freddie à moto, tandis que son mari lisait et écrivait dans le side-car [210].

Pendant que Renée faisait le tour des cinémas, des dancings et des musées de la ville, Freddie assistait aux rencontres du Cercle de Vienne. À l'époque, l'exégèse du *Tractatus logico-philosophicus* [211] de Wittgenstein était leur préoccupation centrale. « Tout ce qui peut être proprement pensé, peut être pensé clairement. Tout ce qui peut être dit, peut être dit clairement », écrit Wittgenstein. « Sur ce dont on ne peut parler, il faut garder le silence [212]. » « On traite Wittgenstein ici comme un second Pythagore », écrivit Freddie Ayer à Gilbert Ryle, « et Waismann est le grand prêtre de ce culte[213]. » Ayer ne pouvait comprendre grand-chose de ce qui se disait – son allemand était trop pauvre pour assimiler le flot de paroles – mais il lui fallut peu de temps pour se convaincre qu'il savait tout ce qu'il y avait à savoir. « Dans l'ensemble, j'ai tiré bien peu de choses d'eux tous », écrivit-il. « Je pense qu'avec votre aide, j'ai déjà tiré de Wittgenstein tout ce qu'il a à nous offrir, à savoir la juste attitude à l'égard de la philosophie, le sens de ce qui est ou n'est pas un véritable problème philosophique[214]. »

Les deux idées qu'Ayer avaient tirées de Ryle et des conversations à demi comprises de Vienne étaient celle de l'analyse logique et celle de l'empirisme : les propositions ordinaires pouvaient être formalisées et clarifiées au moyen du nouveau symbolisme, puis testées une par une en faisant appel à l'expérience. Toute proposition qui résistait à cette analyse et à cette méthode de mise à l'épreuve échouait à exprimer une pensée. Dans son enthousiasme pour les nouvelles méthodes logiques, Ayer fit la proposition suivante : que l'analyse soit poussée jusqu'à atteindre une description en termes de « contenus sensoriels » : « L'énoncé "Je suis maintenant assis devant une table" peut en principe être traduit en un énoncé qui ne mentionne pas les tables, mais seulement des contenus sensoriels », expliquait-il[215]. La logique moderne conduisit ainsi Ayer à défendre une version linguistique d'une conception ancienne, connue sous le nom de *phénoménalisme* : dire quelque chose au sujet des tables est en réalité dire quelque chose au sujet des expériences sensorielles. Une analyse de : « Je suis maintenant assis devant une table » n'engage pas le philosophe circonspect à admettre l'existence des tables ; « Les tables sont des constructions logiques à partir des contenus sensoriels[216]. »

De retour en Angleterre, Ayer s'enferma dans une chambre située au-dessus d'un marchand de tabac sur Foubert Place dans le quartier de Soho, à Londres, et se mit au travail, penché sur sa machine à écrire. L'usage qu'il comptait faire de la synthèse entre Cambridge et Vienne était bien différent de celui de Stebbing. Il allait mettre à profit sa puissance destructrice pour « mener une campagne » contre ses tuteurs collet monté, les vieux Victoriens[217]. L'organicisme ésotérique des Idéalistes, leur sommation à chacun de se fondre dans le tout, ne viendrait plus brimer l'individualité ! Enfin, la jeunesse pourrait se libérer des exigences de l'obligation et du devoir imposées par les Réalistes ! Il transforma le texte dense et subtil du *Tractatus* en un manifeste contre les théories métaphysiques spéculatives (celles des Idéalistes comme celles des Réalistes).

Les premiers à tomber sous les coups des marteaux de la machine à écrire d'Ayer furent les Idéalistes. Quelles observations possibles pouvaient donc vérifier des propositions telles que : « l'Absolu entre dans l'évolution et le progrès, mais s'en montre lui-même incapable[218] » ? Absolument aucune ! La proposition est dénuée de sens et ceux qui la prononcent ne font que proférer un non-sens. Des siècles de spéculation métaphysique sur la nature de l'univers furent jetés à la corbeille. Ce fut ensuite le tour de l'affirmation des Réalistes selon laquelle les énoncés moraux, qu'ils disaient être connus par intuition, étaient pourvus de sens. Or, quelle observation possible pouvait vérifier : « On doit venir en aide à son prochain » ?

Dans la vision qu'avait Ayer de la philosophie, la seule chose qui demeurait était une *technique*. Les philosophes analysent les propositions et les scientifiques les vérifient. La conception que partageaient Stebbing et Moore de la logique moderne comme ouvrant de nouvelles perspectives d'ordre métaphysique avait disparu. Disparue aussi la conviction de Stebbing qu'un grand public éduqué par l'analyse linguistique serait plus à même de résister à la propagande et de comprendre le monde autour de lui. Ayer réorienta les méthodes de l'analyse d'une façon qui rendait le monde ordinaire étranger et impénétrable. La nouvelle logique, avec son répertoire d'outils formels, pouvait être employée pour construire des modèles obscurs du monde, dont la structure serait découverte par la manipulation et le mouvement d'un calcul, par de nouveaux symboles, qui ne figuraient pas sur les touches du clavier d'Ayer et obéissaient aux lois de la logique : $\exists x\ ((Kx \wedge \forall y(Ky \rightarrow y=x)) \wedge Bx)$. Tout ce qui ne peut être exprimé dans le cadre du système est déclaré « Non-sens ! » Tout ce qui ne peut être vérifié par l'observation, « Non-sens ! »

Au bout du compte, seuls les poètes échappèrent au massacre. Ayer leur accorde grâce au motif que les poètes, à la différence des métaphysiciens, ne prétendent pas à la vérité ou à la connaissance[219]. Ils disent des absurdités en toute connaissance de cause.

Le « critère de vérification » d'Ayer eut « un effet violent sur l'éthique », écrirait plus tard Iris[220]. En mélangeant les méthodes du Cercle de Vienne avec la tradition empiriste britannique, Ayer avait créé une potion mortelle : « Un pur herbicide[221] », selon Mary. Au XVIIIe siècle, David Hume avait employé la méthode empiriste – refusant de déduire des énoncés de valeur à partir d'énoncés de fait – pour critiquer la moralité chrétienne répressive de l'Église calviniste d'Écosse[222]. Son attaque visait le dogme et la mystification ; il refusait d'admettre que la manière dont les choses *doivent être* puisse être inférée de la manière dont les choses *sont* ; l'attaque d'Ayer visait sans discrimination l'idée même de philosophie morale[223].

Bien que les Idéalistes et les Réalistes fussent en désaccord sur la structure de la réalité, ils n'avaient jamais douté que les jugements moraux tels que : « L'amitié est une bonne chose » ou : « Il est mal de voler » ont un sens. Ils n'avaient jamais douté que les êtres humains sont doués de la capacité de découvrir la vérité morale et qu'une telle découverte revêt une importance profonde pour la vie humaine. Ils s'accordaient sur l'idée que la réalité débordait ce qui pouvait être mesuré ou observé par les sciences de la nature. Désormais, Ayer déclarait que puisque parler de bien et de mal, de bon et de mauvais, de justice et de vertu ne trouvait pas d'équivalent dans le langage des sciences empiriques, parler ainsi était dépourvu de sens. Il n'y avait rien à découvrir qui soit profond, transcendant ou important. Chercher péniblement, sa vie durant, à contempler le but de la vie humaine et ses devoirs, tâche à laquelle se vouait la philosophie, et s'efforcer de vivre en accord avec ces découvertes, tout cela était vain. Les « propriétés non naturelles » de Moore comme les « intuitions » de Ross et Prichard ne valaient pas plus que l'Absolu des Idéalistes. Vu par Ayer, le « subjectivisme moral » – la conception philosophique selon laquelle la moralité n'est pas objective – réduisait les prétendus « jugements » moraux à l'expression de préférences personnelles, guère plus que des cris d'émotion, comme acclamer ou huer. Par conséquent, la tâche de la philosophie morale doit être strictement bornée si l'on ne veut pas que les philosophes tombent dans le piège du discours dépourvu de sens ou des accès d'émotion embarrassants pour leurs lecteurs. « Un traité d'éthique strictement philosophique », prescrivait Ayer – enfermé dans sa chambre, tapant les mots avec deux doigts[224] – « se devrait par conséquent de ne prononcer aucun jugement éthique[225]. » Le monde transcendant et mystérieux qui inspire le doute et le désespoir, la poésie et l'art, était annihilé en une dernière fioriture mal tapée.

L'ouvrage d'Ayer, *Language, Truth and Logic* fut une bombe à neuf shillings. « Et ensuite ? », demanda un ami. « Il n'y a rien ensuite », répondit Freddie, « la philosophie est arrivée à son terme. Finie[226]. »

En dépit de sa popularité auprès du grand public, le manifeste destructeur d'Ayer à Oxford ne fut d'abord discuté sérieusement que par un tout petit cercle d'hommes parmi ses contemporains, qui se forma au cours de l'été 1936 et se réunit dans les appartements d'Isaiah Berlin à All Souls. Ils s'étaient baptisés eux-mêmes *The Brethren*, les Frères : A. J. Ayer, J. L. Austin, Isaiah Berlin, Stuart Hampshire, Tony Woozley, Donald MacNabb et Donald MacKinnon. Leurs réunions étaient intenses, tumultueuses, acharnées ; leurs débats semblaient une partie « de chasse à courre[227] ». Ils se délectaient de jeter à la corbeille toute œuvre qui échouait à satisfaire leurs critères de précision et de rigueur positiviste. « Non-sens » était utilisé comme une arme mortelle. Il ne fallut guère de temps pour que les Frères figurent avec de nouveaux sujets sur les listes de *lectures* à l'université. Entre 1936 et 1939, « Phénoménalisme », « Problèmes de théorie de la connaissance », « Propositions et événements », « Énoncés et induction » firent leur première apparition, aux côtés de « L'idée d'obligation morale » de Prichard et de « La nature et l'esprit » de Collingwood.

L'un des Frères, toutefois, Donald MacKinnon, était troublé par la situation. Jeune homme au physique imposant, MacKinnon attirait les épithètes animalières. Tête d'ours ; pattes de lion ; œil d'aigle. Son parler s'apparentait à un grognement écossais. Ceux qui assistaient à ses cours sur « La possibilité de la métaphysique » au cours de l'hiver 1939, le voyant faire les cent pas comme une créature en cage, comprirent combien il était déstabilisé par la mission de détruire la philosophie que poursuivait son ami. Donald était un esprit profondément religieux, et il ne lui échappait pas que la tentative de Freddie Ayer de liquider la métaphysique mettait en péril l'âme même de l'animal humain. « *L'élimination de la métaphysique est avant toute autre chose un assaut contre l'homme au profit d'une méthode*[228]. » Elle prépare l'homme à sa « subordination » au progrès de la science empirique[229]. À l'orée d'une guerre mondiale entièrement mécanisée, MacKinnon craignait les implications éthiques et religieuses d'une telle subordination.

Tandis que le mince filet des réfugiés juifs allemands qui arrivaient dans les rues d'Oxford se transformait en un flux soutenu, le cri de guerre d'Ayer commença à gagner les *Junior Common Rooms* comme les salles de classe[230]. Au seuil de Somerville, Mary et Iris se retrouvaient au beau milieu d'« une génération d'*undergraduates* [...] grisés de découvrir que tout ce qu'ils avaient à faire s'ils voulaient réfuter quelque doctrine gênante était de dire d'une voix forte et assurée : "Je ne comprends tout simplement pas cela" ou : "Mais qu'est-ce que ça peut bien vouloir dire[231] ?" » Le genre de curiosité et d'étonnement qui avait mené Mary, Iris et Elizabeth à la philosophie se retrouvait estampillé signe de naïveté embarrassante. « Je ne comprends pas cela » n'était plus désormais le début d'une discussion philosophique, mais sa fin. La certitude mystérieuse des Idéalistes et des Réalistes que bien des questions importantes de la vie humaine tombaient hors de l'apanage des sciences empiriques était vue comme un dogmatisme désuet. Des milliers d'années d'effort humain à scruter le sens de la vie humaine et de l'éthique se voyaient réduites à un long épisode de bavardage dépourvu de sens. Que cette déclaration ait été faite à un moment de l'histoire du monde où penser sérieusement la vie éthique était une nécessité si criante, la rendait plus inquiétante encore aux yeux des vieux universitaires dont Ayer avait annoncé l'extinction.

On entendit le Réaliste Prichard (âgé de soixante-huit ans) et le spécialiste de Platon H. W. B. Joseph (soixante-douze ans) se plaindre, à la librairie Blackwell, que le livre d'Ayer ait trouvé un éditeur [232]. Le humien H. H. Price (trente-huit ans), plus conciliant que d'autres, accorda qu'Ayer était « un jeune homme pressé [233] ». Pour Gilbert Murray (soixante-dix ans), Ayer manquait de révérence [234]. Le père Martin d'Arcy (quarante-huit ans), célèbre prêtre et philosophe de l'amour, qualifia Ayer d'« homme le plus dangereux d'Oxford [235] » avant de rédiger une recension accablante, dans laquelle il remerciait M. Ayer « de nous montrer combien les philosophes modernes peuvent bricoler et s'amuser pendant que le monde s'embrase [236] ». Après quoi, il jeta son exemplaire au feu [237]. L'hégélien G. R. G. Mure (quarante-trois ans) enrageait du fait qu'entre les mains d'Ayer, la « naïveté » de la tradition empiriste britannique se trouvait « réduite à l'absurdité [238] ». Le jeune Peter (P. F.) Strawson, arrivé à Oxford en 1937, lut le livre « d'une seule traite, assis » dans le jardin de St Peter's Hall, mais lorsque l'un des étudiants de Sandie Lindsay l'apporta à une séance de tutorat, le vieil homme jeta l'exemplaire par la fenêtre [239].

Un dernier mot des Idéalistes

Pendant que Mary et Iris préparaient des envois sous pli avec Isobel Henderson pour la campagne de Lindsay, inconscientes du tournant que le monde philosophique prenait autour d'elles, le *Waynflete Professor*, l'Idéaliste Robin (R. G.) Collingwood (qui avait été le tuteur d'Isobel), très malade, était à bord de l'*Alcinous*, quelque part dans l'océan Indien, en route pour Java. Il avait récemment souffert d'une attaque et espérait que le voyage sur le cargo néerlandais lui serait bénéfique. Dans un bureau en plein air, aménagé pour lui par le capitaine, il rédigeait *An Essay on Metaphysics* (« Essai sur la métaphysique [240] »).

« L'importance du travail de M. Ayer [...] réside dans le fait que non seulement il a commis une erreur, mais qu'il l'a réfutée », écrivit-il non sans malice. « L'erreur prend ici une forme exacerbée menant à un suicide public, à l'instar du scorpion qui, encerclé par le feu, en vient selon la légende à se piquer lui-même. » Ayer déclare que « toute proposition qui ne peut être vérifiée en faisant appel à des faits observés est une pseudo-proposition » ; et de cela, il tire la conclusion que, puisque les propositions métaphysiques sont des « pseudo-propositions », elles sont par conséquent des non-sens [241]. Mais, écrit Collingwood, la métaphysique ne s'exprime pas *via* ce qu'Ayer appelle des « propositions » – des énoncés entièrement analysés qui peuvent être vérifiés individuellement. La métaphysique est une tentative de comprendre l'arrière-plan transcendant de la vie humaine, sur le fond duquel les propositions individuelles peuvent être vérifiées par l'observation et l'investigation scientifique.

« J'écris ces mots assis sur le pont d'un navire » ; sa plume noircit la page. « Je lève les yeux et vois une corde – une ligne, devrais-je dire en mer – étirée plus ou moins horizontalement au-dessus de moi. Je me trouve en train de penser : "C'est une corde à linge". » Mais cette proposition solitaire, « C'est une corde à linge », ne peut pas être vérifiée par l'observation. Un examen minutieux de la corde, une investigation scientifique de ses parties, ne peut pas révéler sa vérité, parce que « C'est une corde à linge » signifie, pour une part : « On l'a mise là pour suspendre la lessive [242]. » Et cela situe d'un coup l'objet sur le fond d'un vaste arrière-plan de vie et d'histoire humaine, rationnellement structuré – un arrière-plan qui contient des vêtements, des bains et du savon, des règles d'hygiène et des normes de goût, des idées touchant la propreté, l'odeur et la beauté, et des raisons, des motifs et des désirs. Cet arrière-plan transcendant, la réalité qui nous entoure, est le sujet même de la métaphysique ; et sans elle, les propositions favorites d'Ayer sont laissées, comme la corde à linge, suspendues en l'air. Collingwood voyait dans la déclaration suicidaire d'Ayer une sentence de mort qui condamnait tout autant le positivisme logique que le Réalisme.

Avant de prendre la mer, à la veille de l'élection partielle, Collingwood avait écrit une brève lettre à son vieil ami Lindsay – ils avaient eu tous deux pour tuteur le philosophe socialiste de Boars Hill, Edgar Frederick Carritt. Lindsay lui-même avait essayé modestement de défendre les Idéalistes dans son discours présidentiel à l'Aristotelian Society en 1924, « What Does the Mind Construct ? » (« Que construit l'esprit ? »). Notre monde, dit-il, est rempli d'*entia rationis*, d'êtres de raison : des artefacts tels que les cartes, les modèles, les images, les arrangements de symboles sur du papier, les successions de sons dans le langage parlé. Nous sommes des créatures qui fabriquons des choses pour servir nos buts de connaissance et ces créations font « autant partie du monde physique que les choses qu'elles représentent[243] ». Un Réalisme qui insiste sur l'idée que le connaissant est distinct du connu, et que la réalité et l'esprit n'ont aucune structure en commun, ne peut pas être correct.

« Mon cher Lindsay », écrivit Collingwood, « je pars demain pour l'Orient, mais je ne peux le faire sans t'envoyer d'abord tous mes vœux pour le succès de ta candidature. Je ne crois pas que le pays ait jamais traversé, dans toute son histoire, une crise plus grave que celle dans laquelle il se trouve maintenant plongé[244]. »

CHAPITRE 2

Apprendre en temps de guerre

Oxford
septembre 1939-juin 1942

La guerre éclate et les jeunes hommes partent – Miss Philippa Bosanquet arrive à Somerville – Le pacifisme ; Elizabeth écrit son premier pamphlet – Les quatre amies se rencontrent – Un vieil homme : H. H. Price sur Hume – Un réfugié : Heinz Cassirer sur Kant – Une femme : Mary Glover sur Platon – Un objecteur de conscience : Donald MacKinnon et l'animal métaphysique – Nos quatre philosophes démodées obtiennent toutes une mention très bien

La guerre éclate et les jeunes hommes partent

Le 1er septembre 1939, Iris Murdoch était allongée dans un pré, dans une ferme du Gloucestershire. Elle était l'hôte du Brüderhof, une communauté chrétienne pacifiste qui s'était fait expulser de l'Allemagne nazie. C'était la dernière étape de sa tournée d'été avec les Magpie Players, une troupe d'étudiants d'Oxford qui parcourait le sud de l'Angleterre pour y jouer des ballades et de petites pièces comiques en vue de récolter de l'argent pour le Fonds d'aide aux réfugiés de l'université [1]. Ce matin-là, juste avant le lever du soleil, la première bombe larguée par la Luftwaffe avait traversé une basse couche de nuages avant de tomber sur Varsovie. Neville Chamberlain avait estimé que la Tchécoslovaquie était « un pays éloigné dont la plupart des Anglais, selon lui, ne saurait probablement pas épeler le nom » ; mais, observa Mary, ils savaient certainement écrire celui de la Pologne [2]. La déclaration de guerre fit des 70 000 Allemands et Autrichiens qui vivaient en Grande-Bretagne, y compris ceux du Brüderhof, des « étrangers ennemis ». Les tribunaux d'internement imposeraient une typologie plus précise : (A) à interner ; (B) à soumettre à restrictions sans interner ; (C) à ne pas soumettre à restrictions ni interner [3]. Les Magpie abandonnèrent leurs costumes et leur décor pour rentrer à Oxford. Assise à l'arrière d'une voiture de sport jaune, Iris longeait les collines du

Berkshire ; « des nuages gris-bleu et des bandes de ciel vertes et roses enveloppaient l'horizon » : elle trouvait cela « profondément enivrant »[4].

Elle revint à Oxford bronzée, revigorée et contente d'avoir levé des fonds cruellement nécessaires aux réfugiés européens, toujours plus nombreux en ville. Mary, quant à elle, revint pâle et abattue, doutant d'avoir accompli quoi que ce soit d'utile. Elle s'était portée volontaire pour rejoindre une section oubliée du Parti travailliste, où elle avait passé l'été à s'acquitter tant bien que mal de la mission qu'on lui avait confiée : découvrir les desseins de la Cinquième Colonne. Loin de conduire des opérations clandestines ou d'aller confronter les suspects dans les pubs de Westminster (ce qu'Iris aurait fait), elle traita cette mission comme une vaste enquête historique et passa l'été dans un recoin obscur de la bibliothèque du British Museum, ensevelie sous de vieux exemplaires du *Times*[5].

*

En ce trimestre d'automne 1939, on comptait près de 1 000 hommes de moins dans les résidences des collèges[6]. Furent d'abord appelés les hommes âgés de vingt et vingt et un ans. Les jumeaux Anscombe et Hugh, le frère de Mary, comptaient parmi les conscrits, aux côtés de ces jeunes gens qui voyaient dans l'empirisme destructeur et l'agressivité obtuse d'Ayer un modèle de raffinement philosophique. Le *Joint Recruiting Board* (le comité de recrutement d'Oxford, installé dans le bâtiment Clarendon, sur Broad Street) invita par ailleurs tous les moins de vingt-cinq ans, qu'ils soient étudiants de premier cycle ou doctorants, à se porter volontaires. Sur 3 000 hommes aptes au service, 2 362 se présentèrent[7]. Certains escomptaient peut-être bénéficier ainsi de meilleures perspectives d'emploi après la guerre – c'est le calcul que fait le personnage du maître d'école dans le premier roman de Philip Larkin, *Jill.* Mais la plupart avaient surtout des pères et des grands-pères qui avaient servi lors de la Première Guerre mondiale ; à leurs yeux, c'était un devoir de laisser leur robe académique au vestiaire. Sachant que la paix promise par Neville Chamberlain était vaine, beaucoup avaient rejoint un corps de volontaires au cours de l'hiver précédent, parmi lesquels Frank Thompson et Michael Foot. Le père de Michael, le brigadier Richard Foot, avait convoqué son fils face aux prodromes de la guerre. Il n'aimait pas ce qu'il lisait dans les journaux : une autre guerre approchait, Michael ne ferait-il pas mieux d'y prendre part activement [8] ?

Avant que les garçons ne partent, Iris entreprit de réunir « l'héritage littéraire de tous ses amis » : plaisanterie ou ambition juvénile, elle déclara qu'elle allait « se faire beaucoup d'argent avec cette petite anthologie lorsque la guerre serait terminée ». Le projet suscita un enthousiasme mitigé. Noel Eldridge (qu'Iris avait rencontré au cours de ses activités journalistiques estudiantines) dit à sa mère : « J'ai refusé de lui donner quoi que ce soit pour le moment, car j'attends un paiement en nature ! », tout en faisant néanmoins l'éloge du bon sens de « la Murdoch » [9]. Michael Foot, en un geste digne de la jeunesse bohème, fit solennellement d'Iris son exécutrice littéraire [10].

Frank Thompson, qui était un linguiste de talent, fut recruté au sein de Phantom, un régiment secret destiné à coordonner les activités de renseignement entre les forces alliées. Ses membres tenaient plus du cambrioleur que du soldat ; les deux camps les traiteraient en conséquence [11]. Les Alliés les considéraient avec suspicion, car ils opéraient en coulisses dans le théâtre de la guerre, en dehors des chaînes ordinaires de commandement. Et en cas de capture par l'ennemi, ils étaient quasiment certains d'être exécutés. Frank quitta Oxford amoureux d'Iris, sa « Sibylle aux cheveux verts » : « Je tiens beaucoup à cette épithète. Grâce à elle, j'ai l'impression d'avoir capturé ta personnalité. Un beau vert, cela dit – pas ton truc préraphaëlite macabre. Une chevelure qui se déploie naturellement en magnifiques nattes de trèfles tressés. Voilà ton moi matérialisé en une chevelure [12]. » Avant son départ, sans doute allèrent-ils visiter Boars Hill ensemble, grimpant par les sentiers à travers champs et passant les échaliers, parmi les vaches et les chevaux. Il écrivit un sonnet, « À Iruschka, alors que vient la guerre [13] » :

Si mon nom figurait parmi les morts, dis-toi :
J'ai perdu un ami, mi-homme, mi-enfant,
Qui aurait pu gagner, par un sort plus clément,
En harmonie, en force, un cœur de bon aloi.
Grossier et volubile, à l'esprit tortueux
Bouillonnant d'idéaux, lumière et vérité,
Vaine a été son aide – âpre fatalité
Qui, plus douce, aurait pu le rendre vertueux.
Il pensait qu'il t'aimait. Aurait-il mérité
Un éloge si grand, lui qui ne sut que choir,
Le corps criblé de plomb brûlant, échouant à voir
Dans le feu du canon l'éclat de sa fierté ?
J'ai perdu un ami, dis-toi – et oublie-moi.
De plus forts, de plus vrais te donneront leur foi [14].

Après son départ, il resta pour Iris ce personnage « mi-homme, mi-enfant ». Depuis Oxford, elle écrivait à son « Frank, chéri » (« brave et bien-aimé », « impétueux et noble chevalier »), lui parlant d'une ville aussi éloignée qu'un rêve [15]. Ensemble, sur le papier, ils tissèrent un conte de fées inspiré par l'idéalisme romantique de 1939 qui les mettait en scène en amants archétypaux dans une tragédie épique à la forme changeante, alternativement grecque, arthurienne et shakespearienne.

Nick Crosbie rejoignit la marine. « Je me suis beaucoup éloigné d'Oxford et de la vie que l'on y mène », écrivit-il à Mary depuis le *St Vincent*, le vaisseau qui servait de base d'entraînement, mouillant le long de la côte sud de l'Angleterre. « C'est incroyable de voir combien l'organisme humain s'adapte [...]. Encore plus incroyable la façon dont nous nous sommes habitués à transformer la nuit en jour [16]. »

Les étudiants qui arrivaient juste à Oxford furent autorisés à reporter leur appel afin de terminer des cours, au demeurant allégés. Les « Dix-huit » et les « Dix-neuf » débarquèrent, défirent leurs valises et enfilèrent leurs robes académiques, mais à peine un ou deux ans plus tard, ils partiraient à leur tour. Iris et Mary, engagées dans un cursus de quatre ans, eurent dès lors l'impression étrange qu'elles-mêmes étaient plus vieilles que leur âge.

« Oxford n'est pas ce que l'on peut appeler une ville du front – mais à sa manière lente et contemplative, elle est en train de changer, au diapason d'un monde qui change. Les étudiants sont tous plus jeunes – traversant à toute allure, s'ils sont des hommes, des cours d'une année, incomplets et mal ficelés », expliquait Iris dans le journal du lycée de Badminton : « L'université est un étrange interlude entre le lycée et la guerre [17]. » Quant à C. S. Lewis (qui eut aussi pour tuteur E. F. Carritt, de Boars Hill), il répondait aux peurs et aux doutes des étudiants enrôlés depuis sa chaire : « Si les hommes avaient attendu d'être en sûreté pour chercher la vérité et la beauté, cette recherche n'aurait jamais commencé. C'est une erreur de comparer la guerre et la "vie normale" », leur dit-il. Les êtres humains « démontrent des théorèmes mathématiques dans des villes assiégées, ils développent des raisonnements métaphysiques dans des cellules de condamnés à mort, ils font des mots d'esprit en montant à l'échafaud, ils débattent du dernier poème en vogue au pied des remparts de Québec et ils se peignent les cheveux aux Thermopyles. Ce n'est pas du panache ; c'est notre nature [18]. »

Si quelques jeunes étudiantes rejoignirent également l'armée, on ne les y encourageait pas. Mary fut choquée d'apprendre d'Iris qu'une camarade de Somerville « jetait l'éponge, c'est-à-dire quittait Oxford pour servir son pays ». Aux yeux d'Iris, c'était là « pure folie [19] ». On leur avait dit « très vite, dès le début de la guerre, que les femmes se rendraient assurément plus utiles en terminant leurs études qu'en s'enrôlant sur-le-champ [20] ». Helen Darbishire, la principale de Somerville, voulait que ses étudiantes fassent preuve d'utilité sans attendre : elle invita les tutrices et les étudiantes de premier cycle à la rejoindre dans son salon afin de tricoter des carrés de laine qui, une fois assemblés, formeraient de chaudes couvertures à l'intention des soldats. Elle s'exaspérait de voir les choses informes qui sortaient des aiguilles de son amie Vera Farnell : Vera était une excellente doyenne, mais elle « ne valait pas un caramel en tricot [21] ». Avant peu, Helen lui avait confisqué ses aiguilles et assigné pour tâche de lire à voix haute des pages de Henry James afin de soutenir le moral des tricoteuses [22].

Si, dans les collèges de filles, on pouvait toujours différencier les raseuses, les mièvres et les sauvages du réfectoire de Somerville par la couleur et la coupe de leurs vêtements (beige et bleu marine, rouge, fourrure et soie), Iris se plaignait de voir « chaque mois, des fournées d'homme se fondre dans le kaki [23] ». « Je poursuis mon travail dans une Oxford éteinte, déliquescente, obsédée par la guerre et hantée par les réfugiés, une Oxford qui ne m'aime pas », écrivit-elle à David Hicks, un ami d'Oxford, de trois ans son aîné, parti en Égypte avec le British Council. « Tout le monde est plus jeune et bien plus hystérique [24]. » Même les garçons au côté desquels elles avaient étudié ne semblaient pas vieillir dans sa mémoire : « Cela devient vraiment difficile de penser à toi comme à une entité indépendante à trois dimensions qui se développe parallèlement à moi dans le temps [25]. » L'existence de ces amis commençait à prendre un tour fantastique. « Je t'imagine toujours sur un fond de mille kilomètres de ciel – l'individu que j'ai connu dans la chambre à Merton ne te ressemble plus du tout », dit-elle à Paddy O'Regan, un admirateur qui avait rejoint les forces aériennes [26]. Elle soutenait ses camarades en tournant en dérision les actualités. Parfois elle évoquait franchement leurs peurs. « Ta lettre était triste – je suis tellement désolé que tu te sentes si mal » ; « C'est un sentiment infernal » ; « On ne peut pas vraiment échapper à ce genre de malheur dans un fichu monde comme le nôtre » ; « Que les dieux soient avec toi et t'envoient des jours plus radieux [27]. »

Miss Philippa Bosanquet arrive à Somerville

Ce fut dans cet étrange théâtre qu'entra en scène Miss Philippa Bosanquet. À son tour de se présenter, hésitante, devant les portes du collège de Somerville. Elle portait des gants et une ceinture : ses vêtements élégants, ses manières raffinées lui conféraient une aura qui la faisait paraître inaccessible. Son expression avait quelque chose de matois [28]. Au cours de sa vie, les gens eurent souvent l'impression qu'elle était froide et distante ; mais elle souffrait en réalité d'un double handicap : elle était atteinte de prosopagnosie (l'incapacité à reconnaître les visages) et elle était sourde d'une oreille[29]. Au demeurant, elle était passée maître dans l'art de se placer du « bon » côté.

Ayant elle-même peine à y croire (« C'était vraiment fou »), Miss Bosanquet allait suivre le cursus sans grec ancien de *Philosophy, Politics and Economics* ou « *Modern Greats* », selon l'appellation courante[30]. Il avait été mis en place en 1920, non sans débat : si l'on avait soutenu ce diplôme comme « une facilité offerte au candidat plus faible[31] », il fallut bien reconnaître que le « candidat plus faible » était souvent une candidate. PPE était un choix naturel pour une jeune femme comme Philippa, qui, bien que n'ayant pas étudié le grec (« Je ne connaissais pas l'alphabet grec, pas même les premières lettres[32] »), souhaitait se tourner vers « quelque chose de théorique[33] ». Le cursus devait transmettre « la rigueur intellectuelle de la philosophie » combinée à une formation en histoire et en économie qui prépareraient les étudiants « aux affaires, au service de l'État ou à la vie publique[34] ». En 1936, Helen Darbishire et les autres principales des collèges pour femmes avaient écrit à l'éditeur du *Times* afin de protester contre l'exclusion des femmes des services consulaires et diplomatiques. Leurs étudiantes de PPE comptaient parmi « les plus capables » à l'université et leurs intérêts les portaient naturellement aux affaires internationales. L'État avait besoin « des meilleurs cerveaux de la nation » sans restriction, « pour quelque motif que ce soit[35] ».

Philippa avait grandi dans un milieu social bien supérieur à celui de Mary, d'Iris ou d'Elizabeth. Elle était la petite-fille de l'ancien président des États-Unis Grover Cleveland ; sa mère Esther fut le premier bébé (le seul à ce jour) né à la Maison-Blanche. En Suisse, au cours de l'été 1915, soit un an après ses « débuts » à New York et un scandale vite oublié – des rumeurs de fiançailles rapidement démenties –, Esther avait rencontré le capitaine Bosanquet, membre des Coldstream Guards, le célèbre régiment d'infanterie de l'armée britannique[36]. Ils se marièrent à l'abbaye de Westminster avant de s'installer à Kirkleatham Old Hall, un manoir de seize chambres régnant sur un domaine de quinze hectares en pleine campagne du Yorkshire [37]. Là, Philippa et sa sœur Marion chevauchèrent avec la Zetland Hunt [38].

À huit ans à peine, on la laissait monter à cheval toute seule par tous les temps, un fait qui la troubla plus tard dans sa vie (« Personne ne semble avoir jamais pensé à demander : "Est-ce que cette enfant sait monter à cheval ?"… Mais à quoi Maman pouvait-elle donc bien penser toute la journée [39] ? ») Lorsqu'elle contracta une tuberculose abdominale vers l'âge de huit ans, il lui fut préconisé de dormir sur un balcon pendant un an, y compris l'hiver, pourtant rude dans le nord du Yorkshire [40] ! Elle ne l'apprit que plus tard, mais la tuberculose la rendit stérile [41]. Philippa et Marion cherchaient auprès de leur nounou l'attention dont les enfants ont besoin pour s'épanouir. (« Un tel manque de sollicitude me rendit […] anxieuse à jamais [42]. »)

Philippa avait son propre terme pour évoquer l'irrationalité particulière de la vie à laquelle son éducation l'avait préparée : elle était « décervelante [43] ». Elle comprenait par exemple des

interdits absurdes, tels que ne pas apparaître au rez-de-chaussée en vêtements de nuit, ne pas porter de perles avant le milieu de la journée et ne rien boire qui ait une couleur sombre – à l'exception du sherry [44]. Oloroso, Fino, Manzanilla, Amontillado. Elle savait que « si vous vous appeliez "Lady Mary" quelque chose, vous deviez être quelqu'un de terriblement important, bien plus que si l'on vous appelait "Lady Murray" ». (« Je détestais cela, cette sorte de savoir ; mais rien à faire, je le sais [45]. »)

Si, d'instinct, elle évoluait aisément parmi les classes supérieures, sans doute était-elle moins bien préparée à parler de politique, de philosophie ou d'économie. Le discours des jeunes femmes des classes aisées, entre les deux guerres, était soigneusement borné et contrôlé ; exprimer une opinion sur la Société des Nations, le traité de Versailles ou la Prescience divine, par exemple, était tout à fait inadmissible. On attendait des débutantes qu'elles « soutiennent la conversation » de jeunes gens qui offraient un bon parti, sans pour autant « acquérir la réputation d'être intelligente » – une réputation qui ruinait toute perspective de mariage. La duchesse de Westminster donnait ce conseil : « Si vous ne savez que dire, il y a deux bons sujets de conversation : les fantômes et la famille royale [46]. » La moindre trace d'érudition pouvait s'avérer fatale. Porter des lunettes était une vraie catastrophe. Hormis un bref passage par le lycée St George, à Ascot, Philippa fut instruite par des gouvernantes qui, à la différence des tuteurs choisis par la mère d'Elizabeth, la laissèrent tout à fait ignorante sur la question de savoir si les Romains venaient avant ou après les Grecs [47]. « Je n'ai reçu aucune instruction », insisterait plus tard Philippa [48].

En grandissant, elle fut de plus en plus convaincue que les normes qui avaient gouverné son enfance n'étaient pas de celles qui animent un jardinier bienveillant, soucieux de créer un environnement protecteur et nourricier, mais qu'elles avaient plutôt été nocives, en tout cas peu propices à son épanouissement. Son éducation ne lui avait pas laissé de séquelles évidentes (enfin, hormis la surdité partielle qui résulta d'une opération ratée sur la table de la cuisine et les problèmes de santé que la turberculose engendra sur le long terme), mais elle lui avait appris à compter sur elle-même d'une façon peu commune et l'avait rendue « pathologiquement discrète ». Pour Iris, elle était « moralement coriace », et pourtant « subtile » – un « sphinx » [49]. Toute sa vie durant, Philippa allait revenir encore et encore à l'idée de bonheur, comme une interrogation inlassable sur son enfance à Kirkleatham. Le bonheur était-il un sentiment ou bien était-ce le nom que nous donnons à une vie bien vécue ? Une personne pouvait-elle se sentir heureuse alors que sa vie n'est pas une vie heureuse ? Une personne pouvait-elle vivre des choses telles que la possibilité du bonheur lui échappe définitivement ? Elle se poserait encore ces questions dans les années 1980 [50].

Quand Philippa obtint une place à Somerville, Esther, le bébé de la Maison-Blanche, eut besoin d'être consolée : « Ne t'en fais pas, chérie : elle *n'a pas l'air* intelligente [51] ! » Ce genre de jugement dépréciateur, qui devait être la toile de fond de l'enfance de Philippa, avait certainement rejailli sur l'image qu'elle avait d'elle-même. Dans les entretiens qu'elle donna plus tard, un même refrain revenait sans cesse : « Je ne suis pas vraiment intelligente ; assez intuitive, mais pas très intelligente [52]. » Elle s'attendait à tout moment à être « renvoyée de Somerville pour incompétence en philosophie [53] ».

À dix-neuf ans, elle se trouvait en pleine révolte contre son éducation. Bien qu'elle ne fût pas membre du Parti communiste, elle était « très à gauche » et avait choisi le collège après avoir entendu dire que Lady Margaret Hall (pour les filles riches) était « socialement acceptable, mais pas Somerville ». « Alors j'ai dit : "Somerville, pour moi, s'il vous plaît" [54]. » Après avoir suivi un cours par correspondance, elle fit un séjour à Oxford durant lequel elle ne quitta pas sa chambre, où elle reçut des cours particuliers [55]. Mildred Hartley, qui encadrait Iris et Mary dans leur cursus de *Mods* en tant que tutrice de lettres classiques, « tâchait, contre toute attente » d'enseigner au même moment à Miss Bosanquet « suffisamment de latin pour passer le premier examen public d'entrée en PPE [56] ». Alors que, de son propre aveu, Philippa « n'était pas faite pour les mathématiques [57] », elle allait batailler pour terminer en deux semestres des cours préparatoires en logique et en mathématiques en vue des examens finaux de « Méthodes statistiques » et de « Principes d'économie ». En politique, elle se frotterait à l'« Histoire politique de 1871 à 1914 » et aux « Institutions politiques ». Pour les étudiants de PPE, la philosophie commençait au XVIIe siècle, avec Descartes [58].

En ce jour du mois d'octobre 1939 où elle se tenait sur Woodstock Road, son masque à gaz à la ceinture, l'estomac noué à l'idée lancinante qu'on lui avait offert cette place par erreur, faisant face aux visages indistincts dispersés sur les pelouses du collège, on l'imaginerait volontiers assez désemparée. Mais il n'en était rien. Elle était farouchement déterminée à recevoir une éducation, à rattraper une enfance faite de conversations « décervelantes » sur la famille royale. Un bonheur profond semblait enfin en vue. Alors que Somerville, comme le reste d'Oxford, se transformait autour d'elle, elle se sentit peut-être, pour la première fois, tout à fait à sa place.

Cela ne faisait aucun doute : Oxford était en guerre. Les cours carrées des collèges n'offraient plus aux intellectuels de refuge loin des aléas de la vie ordinaire : leurs jardins désormais fourmillaient d'hommes en uniforme ; des tentes d'hôpital et des réservoirs d'eau avaient été installés sur les pelouses ; on allait bientôt « creuser pour la victoire » et multiplier les potagers au milieu des parterres de fleurs taillées. Dans *l'Oxford Magazine*, on pouvait lire des annonces qu'on n'aurait jamais imaginées auparavant. Il fallait donner son sang à la nouvelle Bodleian Library – « peu importe que le donneur ait eu la malaria [59] ». Des « guetteurs » étaient entraînés à repérer les raids aériens en plein jour pour donner l'alerte. Le travail ne devait pas être interrompu par les sirènes, mais les cours et autres rendez-vous qui supposaient de passer d'un bâtiment à un autre étaient suspendus jusqu'à la fin du signal [60]. Des lieux voués ordinairement à des entreprises savantes changeaient de fonction pour être mis au service de la guerre. À la Bodleian, les érudits en tweed penchés sur les précieux manuscrits laissèrent place à de hauts fonctionnaires gominés qui, parachutés de Whitehall, produisaient à la chaîne courriers administratifs et autres notes du Cabinet, ainsi qu'à des volontaires de la Croix-Rouge chargés de sélectionner des livres pour la bibliothèque des prisonniers [61]. Le « département du renseignement » du *Foreign Office* emménagea à Balliol (le collège de la matière grise) tandis que le ministère des Transports dînait de soupe de lièvre à Merton. Depuis St John (le collège le plus riche), le ministère de l'Alimentation régulait le prix des denrées [62].

Les collèges de femmes ne firent pas exception à ce chambardement. St Hugh fut converti en hôpital et la magnifique pelouse de Miss Roger fut bientôt couverte de constructions en briques destinées à abriter différents services.

Une partie de Somerville fut réquisitionnée pour accueillir les services de l'infirmerie Radcliffe [63] et, pendant un temps, on craignit que les cent cinquante étudiantes de premier cycle ne soient transférées à New College pour former un « groupe mixte ». Helen Darbishire finit par trouver une solution moins dérangeante au problème posé par l'arrivée des lits d'hôpital : Mary ainsi que trente autres étudiantes logées au bâtiment Ouest durent laisser la place aux infirmières et déménager à Lady Margaret Hall, un lieu bien plus majestueux et bucolique [64]. Aux portes de Somerville, Philippa voyait ainsi entrer des patients, des lits et du matériel médical, tandis qu'en sortaient des fauteuils, des livres de bibliothèque et des étudiantes.

Les immenses jardins de Lady Margaret Hall descendaient jusqu'à la rive ouest de la Cherwell. En deux occasions où elle n'était pas rentrée à l'heure du couvre-feu, Mary, plutôt que de faire le mur, traversa High Bridge pour rejoindre la rive est, se glissa dans l'eau trouble et revint à la nage : « Juste pour ne pas faire comme tout le monde [65]. » En été, elle nageait dans la rivière chaque matin avant le petit déjeuner. Remontant la pelouse en dégoulinant pour aller manger un œuf à la coque, il se peut qu'elle ait un jour aperçu Elisabeth Blochmann, anciennement professeur de pédagogie sociale et théorique à l'Académie de l'éducation à Halle an der Saale, qui bataillait vaillamment avec les abeilles du collège [66]. Experte sur la question de l'éducation des femmes et ancienne amante de Martin Heidegger, Blochmann (dont le nom figurait sur le « Livre noir » de Hitler) était arrivée à Oxford presque en même temps qu'Eduard Fraenkel ; pour contribuer à l'effort de guerre, elle avait pris en charge les ruches du collège. (« L'entreprise fut un désastre ; les abeilles et leur gardienne se détestaient mutuellement et Miss Deneke [la tutrice d'allemand], couverte d'un masque à gaz et d'un voile, devait venir à sa rescousse lorsque les piqûres devenaient intolérables [67]. »)

Pendant ce temps, Iris, Jean Coutts et deux autres filles furent relogées au 43, Park Town [68] – une maison d'angle avec un grand hêtre pourpre situé en amont de la rivière, à quelques centaines de mètres à peine de Lady Margaret Hall. Le petit groupe était content d'échapper au réfectoire du collège, du moins le soir, même s'il se réunissait toujours à Somerville à l'heure du déjeuner pour mastiquer ce que les cuisinières à la peine trouvaient à préparer. Les plats devenaient de plus en plus chiches et inventifs à mesure que le rationnement se faisait plus strict au cours de la guerre. Le beurre, le sucre, le bacon, le jambon, le fromage, la confiture, le sirop, le thé et la margarine, tous ces produits seraient bientôt soumis aux coupons [69]. La lumière électrique aussi venait à manquer. Lorsque la guerre éclata, il fut décrété que toute l'île de Grande-Bretagne devait être invisible la nuit depuis le ciel. Les fenêtres des collèges furent recouvertes de panneaux de tissu occultant. Les voitures et les bus, roulant tous feux éteints, étaient devenus indiscernables. Une limite de 20 mph (30 kilomètres/heure) avait été instaurée, mais les conducteurs devaient deviner leur vitesse car ils ne pouvaient lire leur compteur dans le noir [70]. Autant dire qu'un chauffeur avait peu de chance de repérer un piéton qui se serait aventuré hors du trottoir. De temps en temps, une fleur synthétique lumineuse faisait son apparition dans les ténèbres, attachée à un col, un manteau ou un chien ; ces fleurs, tout comme les brassards, les cannes et les chapeaux fluorescents se firent peu à peu une place dans la garde-robe de guerre. Le *Daily Telegraph* suggéra à ses lecteurs de transporter dans leurs bras un pékinois blanc. La stratégie du *black-out* engendra d'autres dangers encore [71]. « Que peut-on faire pour protéger les jeunes gens, non seulement de la menace des bombes, mais des sollicitations que leur adressent les prostituées dans l'obscurité ? », demanda le *Master* de Pembroke College au Conseil de l'université en 1939 [72]. La pleine lune qui venait se refléter dans les rigoles boueuses d'Oxford le rassurait peut-être un peu : alors le sens de la vue venait brièvement remplacer le toucher et l'ouïe grâce auxquels, autrement, les étudiants indociles tâtonnaient pour rentrer, filant furtivement de portes non éclairées en murs invisibles.

Le pacifisme. Elizabeth écrit son premier pamphlet

Après sa brève apparition dans l'élection partielle comme leader de la jeunesse, Sandie Lindsay était revenu pendant la guerre à un rôle plus naturel, celui de président du Comité général de recrutement d'Oxford. Les jeunes étudiants, rouges et roses, qui un jour avaient fait campagne en sa faveur se présentaient désormais devant lui comme de potentiels soldats [73].

Pour une minorité assez importante d'étudiants et de *dons*, la question de savoir s'il fallait se battre était plus crispante que nous ne pourrions l'imaginer au vu de ce que nous savons aujourd'hui sur le régime de Hitler. Il n'y avait pas que les quakers qui tenaient le pacifisme pour une doctrine fondamentale du christianisme ; c'était le cas aussi de bien des membres de l'Église d'Angleterre. Hugh, le frère de Mary, s'était ainsi disputé avec ses amis pendant au moins un an avant de rejoindre les rangs de l'armée [74]. Richard Hare peinait également à se décider.

Richard était arrivé en même temps qu'Elizabeth pour étudier les *Mods and Greats* [75]. Nombre de ses amis, anglicans comme lui, étaient pacifistes. Il se donna vingt-quatre heures pour se confronter au dilemme, en espérant que l'intuition morale, dans laquelle les Réalistes Ross et Prichard avaient placé tant de confiance, vînt lui révéler où se trouvait son devoir ; mais en fin de compte, sa décision ressembla plutôt à un pari : il irait se battre [76].

Peter Geach, le fiancé d'Elizabeth, allait être convoqué devant le Comité de recrutement pour exposer son cas de conscience.

Elizabeth et lui étaient tous deux membres de Pax, un mouvement catholique convers en faveur de la paix (mais non pacifiste) créé en 1936. Ils assistaient aux séminaires et aux conférences hébergés à Blackfriars, sur St Giles' Street (le lieu de vie d'une communauté de frères dominicains dont le vêtement était noir, qui étaient arrivés à Oxford environ sept cents ans plus tôt). Là, ils entendirent des théologiens débattre de la conception catholique des conditions de la guerre juste, telles qu'elles étaient exposées dans les écrits de saint Thomas d'Aquin [77]. Elizabeth suivait en outre des séances de tutorat sur l'Aquinate avec Victor White, un homme extraordinairement passionné qui était l'assistant du rédacteur en chef du journal interne des dominicains.

Selon Thomas d'Aquin, pour qu'une guerre soit juste, il faut que sept conditions soient satisfaites. Quatre concernent les circonstances dans lesquelles il est juste de *faire la guerre* ; trois

demandent s'il est juste de mener *telle guerre particulière*. Une fois que la guerre fut déclarée, Elizabeth adopta cet « air de juge » qui l'avait animée tout au long du procès fictif à Sydenham. En collaboration avec Norman Daniel (un étudiant d'histoire appelé à devenir un spécialiste de l'islam), elle s'attela à l'écriture d'un bref pamphlet examinant le caractère juste ou non de la guerre. Elizabeth en rédigea la première partie. Ils le firent imprimer et le vendirent pour 6 pence dans des librairies d'Oxford et de Londres.

Même un lecteur désinvolte aurait été frappé par le ton insurrectionnel adopté dès la première phrase par Elizabeth : « À l'heure actuelle, les autorités réclament le droit de contrôler non seulement la politique de la nation, mais aussi les actions de chaque individu en son sein ; et cette revendication rencontre les faveurs d'une grande partie de la population, ainsi que d'un climat particulièrement dramatique. »

Elizabeth prévient le lecteur : les émotions ne doivent pas « rendre les hommes sourds à leur devoir d'examiner soigneusement, avant d'agir, la justice des choses qu'ils se proposent de faire [78] ».

Pour les catholiques, à la suite de Thomas d'Aquin, une guerre particulière n'est juste que si les intentions du gouvernement sont justes, les moyens envisagés moralement acceptables et l'issue susceptible d'être, tout compte fait, bonne plutôt que mauvaise. Or, insistait-elle, la guerre que Chamberlain avait déclarée ne satisfaisait aucune de ces conditions. Les intentions du gouvernement n'étaient pas justes parce qu'elles étaient « sans bornes » : « Ils n'ont pas dit : "Lorsque justice sera faite sur les points A, B et C, alors nous cesserons de combattre" », mais ils ont « parlé de "balayer tout ce dont l'hitlérisme est le nom" et de "construire un nouvel ordre en Europe [79]" ». Sur les moyens, elle remarquait que le gouvernement ne s'était nullement engagé à ce que les civils allemands ne soient pas bombardés, affamés ou soumis à de terribles représailles. Au contraire, il avait promis qu'il ne ferait rien de cela à moins que les Allemands ne se risquent eux-mêmes à de telles mesures contre les civils britanniques. Quant à l'issue du conflit, rien pour Anscombe n'assurait qu'il en résulterait plus de bien que de mal. Elle prédit « des pertes humaines, la restriction des libertés civiles, la destruction de la propriété, l'affaiblissement de la culture, l'obscurcissement du jugement par la passion et l'intérêt, l'oubli de la vérité et de la charité [80] ». Alors qu'elle travaillait à ce pamphlet, son père, Allen Wells Anscombe, mourut brutalement et de façon inattendue, à seulement cinquante-huit ans [81].

Malgré une brève existence, le pamphlet connut un certain retentissement. En mai 1940, quelques mois seulement après son apparition dans les librairies, il attira l'attention de l'archevêque catholique romain de Birmingham, Thomas Leighton Williams. Ce dernier écrivit au prieur de Blackfriars : les auteurs « n'avaient aucun droit de se revendiquer du catholicisme sans avoir reçu d'*imprimatur* ». Ils furent contraints de retirer tous les exemplaires non vendus – non sans juger cette demande « injuste et excessive [82] », mais l'autorité de l'archevêque catholique était incontournable.

Lorsque Peter Geach fut convoqué devant le Comité de recrutement de Lindsay pour expliquer son objection à rejoindre les rangs de l'armée, peut-être reprit-il l'argument d'Elizabeth. Mais il se peut aussi qu'il ait refusé de se battre pour le roi et la patrie au motif plutôt surprenant qu'il ne reconnaissait pas comme roi le monarque anglais George VI. En 1937, au beau milieu d'une crise institutionnelle causée par l'abdication d'Edward VIII (dans le but d'épouser l'Américaine divorcée Wallis Simpson), Peter « les joues roses » avait commis un crime de haute trahison en se réclamant d'un nouveau roi [83]. Non pas l'héritier reconnu, Albert, le frère d'Edward (le roi George VI), mais l'ancien prince héritier Rupprecht de Bavière. À une petite troupe de « rebelles jacobites » rassemblés au mémorial des Martyrs, juste devant Balliol College, Peter déclara que l'Allemand de soixante-sept ans était le roi légitime d'Angleterre et le descendant direct du roi décapité Charles Ier. « Nous mettons nos espoirs dans la restauration d'une véritable monarchie, dotée du même pouvoir que celui que possédaient les Stuart avant 1688 », dit Peter à un journaliste, qui avait peine à croire que la manifestation n'était pas un genre de canular sophistiqué. Dans l'intervalle des cinq mois qui séparèrent l'abdication d'Edward du couronnement d'un nouveau roi, Peter fit mine de fomenter une rébellion armée depuis ses appartements à Trinity College. Le *Daily Boston Globe* imprima son avertissement : « Je crains qu'une certaine violence ne soit nécessaire – bien que beaucoup puisse être fait par la propagande. Si le roi ne peut être restauré sans effusion de sang, alors que le sang soit versé [84]. »

Quels qu'aient été ses arguments devant le Comité de recrutement, Peter allait passer les années de guerre comme bûcheron dans la production de bois, l'une des industries les plus touchées par la soudaine absence des hommes. Son unité d'objecteurs de conscience travaillerait aux côtés de prisonniers de guerre, de personnes déplacées et, plus tard, de « bûcheronnes ». Avec des prisonniers Peter apprit l'italien, lisant Dante dans le texte. Il apprit le polonais, la langue de sa mère, auprès de Casimir Lewy, qui serait plus tard l'exécuteur littéraire de G. E. Moore [85].

Les quatre amies se rencontrent

Ainsi peuplée de garçons trop jeunes, d'hommes trop vieux et d'universitaires réfugiés dont le nombre allait croissant, la vie à Oxford restait rythmée par la succession des trois trimestres de cours (Michaelmas, Hilary, Trinity) et par les changements de saison. Le mois de janvier 1940, qui vit Mary et Iris entamer leur dernier trimestre de *Mods*, fut le plus froid depuis 1895. La Tamise gela sur huit kilomètres et des orages de glace dévastèrent les provinces, brisant les câbles et les poteaux télégraphiques. Des branches d'arbre cassaient ; les oiseaux, dont les ailes étaient couvertes de glace, ne pouvaient plus voler [86]. Port Meadow, le terrain des anciens communs qui se trouvait à un kilomètre au nord-ouest de Somerville, fut inondé et gela ; tout Oxford fut pris dans la glace – c'étaient désormais des patineurs plutôt que des nageurs qui traversaient la rivière Isis. Mary, plus à l'aise dans l'eau que dessus, se brisa la cheville et se foula méchamment le poignet droit. Elle gribouilla une note tout juste lisible à l'attention d'Eduard Fraenkel, s'excusant de ne pouvoir venir à la classe

Agamemnon[87]. « La neige fondue et le brouillard d'Oxford » étaient ses ennemis ce trimestre, qu'elle passa à chantonner les déclinaisons grecques dans sa chambre « misérablement froide » et à « béquiller ici et là, la jambe dans le plâtre[88] ».

Le temps ne s'était « pas adouci le moins du monde » quand, au mois de mars, Iris et Mary descendirent Park Road à bicyclette jusqu'à la Divinity School, serrant contre elles des bouillottes chaudes, pour aller passer leurs examens. Dans ce lieu exceptionnel et magnifique pour passer des épreuves, Mary levait les yeux vers le plafond voûté en quête d'inspiration, sa bouillotte maintenant froide comme la pierre sur les genoux[89].

Elles réussirent toutes les deux. Mention bien. Leur succès fut mis au crédit de Mildred Hartley. En route pour les *Greats*.

« Quand j'étudiais la philosophie », se rappela Mary des dizaines d'années plus tard, « les hommes étaient tous partis à la guerre à l'exception de quelques-uns, et il y avait autant de femmes que d'hommes dans les cours où je suis allée. Et un grand nombre d'entre eux étaient plutôt inoffensifs. » Plus du quart des membres seniors de l'université étaient absents lorsque la guerre entra dans sa deuxième année. Pour reprendre les mots de Mary, les hommes qui restaient étaient tous « soit des objecteurs de conscience, soit des infirmes, soit des ordinands[90] ». Le jeune révolutionnaire Freddie Ayer avait rejoint son ancien tuteur Gilbert Ryle au centre d'entraînement de Sandown Park dans le Surrey. En novembre 1940, J. L. Austin partit suivre une formation à l'École du renseignement militaire à Matlock, dans le Derbyshire[91]. Bientôt, « Woozley », « Hampshire », « Ayer » et « Austin » ne furent plus que des noms dans l'*Oxford Magazine*. Les Frères et leur « Je ne comprends pas ! » qui tuait tout dialogue disparurent des salles de cours ; et tandis que la « logique moderne » demeurait au programme, enseignée par Friedrich Waismann, un professeur réfugié, toute autre trace de l'herbicide d'Ayer – de « Phénoménalisme » à « Énoncés et induction » – disparut avec eux.

Maintenant que les jeunes *dons* avaient été appelés, les plus âgés, ceux qu'Ayer s'était donné pour mission de réduire au silence, avaient enfin la possibilité de reprendre la parole. Une poignée d'articles, apparus dans des journaux savants, plaidèrent en faveur d'un retour à « la tradition classique en philosophie ». Selon cette tradition, « la philosophie se donne pour objet, ou du moins le devrait, la conduite de la vie humaine dans son ensemble », écrivit par exemple Cyril Joad, un philosophe politique de cinquante et un ans, avant de critiquer ceux dont « la préoccupation [...] est l'analyse philosophique de la signification des énoncés [92] ». « La clarté ne suffit pas » devint le slogan officieux de la contre-attaque. Dorothy Emmet, une ancienne étudiante de Sandie Lindsay, entreprit un livre sur la nature de la pensée métaphysique [93]. La société avait besoin d'une « *Weltanschauung*, une perspective unifiée sur le monde » : nous ne devons pas « nous laisser emporter par notre zèle à "corseter le langage" », soutint le philosophe humien H. H. Price [94]. Reprenant leurs anciennes notes de cours, les Réalistes et les Idéalistes furent à nouveau libres de spéculer depuis l'estrade – parmi eux, William Adair Pickard-Cambridge, Edgar Carritt et Leslie Walker, qui avaient tous une soixantaine d'années. William George de Burgh (né en 1866), titulaire émérite de la chaire de philosophie à Reading et ancien étudiant de Merton College, fut rappelé de sa retraite pour enseigner. Tout au long de la guerre, le père Martin d'Arcy, qui avait qualifié Ayer d'« homme le plus dangereux d'Oxford » et avait voué aux flammes *Language, Truth and Logic*, fit cours sans interruption sur l'éthique d'Aristote.

Que Mary emploie le terme « classe » illustre le fait que le séminaire à l'allemande avait désormais sa place aux côtés des séances de tutorat et des cours. Dans le sillage d'Eduard Fraenkel, des savants en provenance de toute l'Europe s'étaient frayés un chemin jusqu'aux quartiers du nord de la ville et s'étaient glissés dans les listes de *lectures* de l'*Oxford Gazette*. « À en croire les langues qu'on entendait parler autour de soi », on se serait cru « dans un vieux quartier de Vienne ou quelque ville universitaire d'Europe centrale », remarqua l'historien A. L. Rowse [95]. On disait parfois qu'il fallait parler allemand pour s'en sortir dans le nord d'Oxford [96]. En réalité, la communauté des savants réfugiés était très disparate ; ils parlaient une grande variété de langues, ils provenaient de différents centres urbains et ils avaient des convictions politiques et religieuses diverses. Certains étaient des juifs pratiquants, mais la plupart étaient laïques et nombreux étaient ceux qui s'étaient convertis au christianisme [97]. Beaucoup comptaient parmi les plus prestigieux savants européens. Tandis qu'avant-guerre, Oxford était une ville assoupie sur le plan académique [98], elle était désormais un repaire de géants universitaires venus de toute l'Europe, « de vieux juifs allemands aux yeux de faune et de savants d'Europe centrale aux cheveux longs et aux phrases plus longues encore », comme l'observa Iris [99]. Mrs Loisel Palm, une réfugiée venue des Sudètes, ouvrit bientôt un *Delikatessen* au marché couvert pour répondre aux habitudes alimentaires de ce petit monde : saucisses diverses et variées, ou encore choucroute maison [100].

En parcourant les pages de leur *Gazette* en ce début de *Trinity Term* 1940, Mary et Iris auraient pu avoir un bel aperçu des universités allemandes avant Hitler, cela sans quitter le demi-hectare qui sépare New College de Corpus Christi. Le samedi, à 10 heures, Fritz Heinemann, de Francfort (encore un autre dont le nom figurait sur le « Livre noir » de Hitler) faisait cours sur « Philosophie et science [101] ». Le lundi, rejoindraient-elles M. F. Waismann (un ancien membre du Cercle de Vienne) pour la « Philosophie des mathématiques » ou bien Raymond Klibansky, de Heidelberg (également sur le « Livre noir ») pour une introduction informelle à la « Philosophie médiévale » ? Les mercredis et vendredis, Heinz Cassirer, de Hambourg, proposait un séminaire à midi sur les « Problèmes généraux de philosophie morale ». Le jeudi, c'était Kurt Koffka, de Berlin, qui organisait une classe sur la psychologie de la forme, qu'il avait développée avec Max Wertheimer et Wolfgang Köhler. Le vendredi, quelque chose de tout à fait nouveau à Oxford : un autre Berlinois, Richard Walzer, intervenait sur « Le platonisme en éthique islamique ».

Mary et Iris rencontrèrent Elizabeth au cours de ce premier trimestre de *Greats*, Trinity 1940, lors d'un déjeuner frugal à Somerville. Elizabeth était en train de manger avec son amie

Jean Coutts (la colocataire d'Iris), tout récemment nommée présidente de la Jowett Society, le club de philosophie des étudiants d'Oxford [102]. Mary fut frappée par la belle voix calme d'Elizabeth, tandis que les quatre philosophes néophytes discutaient des Formes platoniciennes – des objets étranges et apparemment détachés de ce monde, immuables et éternels, hors de l'espace et du temps, tout à fait séparés de la réalité des réfugiés, du rationnement et des alertes aériennes. Mary se trouva en accord avec Platon. Peut-être était-elle séduite par la solution élégante qu'offraient les Formes à l'énigme protagoréenne qu'elle avait rencontrée dans son bain. S'il existe un royaume de Formes, alors un individu n'a pas à construire le monde matériel à partir de fragments de *sense data* privés. Au contraire, notre âme s'élève jusqu'à quelque chose d'objectif et de commun qui explique les rapports de similitude et de différence, telle que la forme de la *Blancheur*. De même, il doit y avoir la *Bonté* en soi et l'*Homme*, pensait Mary, derrière les nombreuses instances particulières de bonté et d'hommes, des Formes qui les lient et leur donnent leur nature essentielle. Mais Elizabeth la talonna : quelle sorte de « derrière-té » est-ce là ? Que peut signifier une phrase comme « La Bonté existe et se trouve là » [103] ? Quand le déjeuner fut terminé, elles gagnèrent toutes les quatre la chambre de Jean et passèrent l'après-midi à creuser ces questions [104]. « Cette femme vaut la peine d'être connue », songea Mary en écoutant Elizabeth [105].

La discussion, désormais amorcée, se poursuivait le soir dans leurs logements, appartement ou chambre de collège, parfois autour d'un plateau réunissant de façon aléatoire du pain, des oranges et des sardines [106]. Il leur arrivait de se rencontrer par hasard en ville dans la queue d'un restaurant, du salon de thé Lyons ou du Taj Mahal. Ces files d'attente étaient longues en temps de guerre et « faisaient parfois naître beaucoup de ressentiment [107] ». Plus chanceux étaient ceux qui se levaient tôt et pédalaient jusqu'à l'usine de gâteaux à Summertown ; « le gâteau céleste » était une récompense plus que convenable pour tout étudiant de Platon qui en avait assez des sardines. Elizabeth prenait parfois les choses en main – au sens propre : Mary s'alarma un jour de la voir prendre deux œufs au lieu d'un, comme c'était la règle au déjeuner [108].

Philippa et Mary devinrent également amies ce trimestre-là, en se retrouvant à fréquenter les même cours – que Philippa venait de rejoindre, en compagnie de deux autres « personnes charmantes et enjouées [109] ». Chaque membre du trio en vint petit à petit à se distinguer en propre. Il y avait d'abord Daphne Vandepeer, venue étudier PPE comme Philippa. La deuxième était l'étudiante de lettres classiques Ruth Collingwood, la fille du philosophe R. G. Collingwood (qui avait été la demoiselle d'honneur d'Isobel Henderson, la tutrice d'histoire). Celui-ci était rentré de Jakarta et faisait cours sur « Nature et esprit » le mardi et le jeudi au Bâtiment des examens. Mary trouvait que Philippa, « la plus grande et la plus belle », était « la plus enrichissante » des trois [110] et elle décida bientôt de gagner son amitié. Elles commencèrent à se voir régulièrement [111]. Philippa craignait un peu Mary, de peur que son amie si érudite ne découvre l'étendue de son ignorance et ne la repousse. En retour, Mary éprouvait beaucoup d'admiration pour elle : « Philippa me paraissait un peu redoutable – j'avais le sentiment que ses exigences devaient être très élevées ; pouvais-je espérer me montrer à la hauteur [112] ? » Quand Mary rendit visite à Philippa chez elle lors d'une période de vacances, l'atmosphère de la grande salle à manger de Kirkleatham la stupéfia. Dans le monde de Philippa, « les filles n'allaient tout simplement pas à l'université [113] ». Mais dans la famille de Mary, les filles y allaient, tout simplement. La marraine de Mary, Bessie Callender, avait fait partie de l'une des premières vagues de filles à suivre un cursus à l'université de Durham en 1894. La sœur de sa mère, sa tante Jane, avait étudié l'histoire à Girton College, à Cambridge [114]. Et tandis que l'enfance progressiste de Mary avait été nourrie d'amitiés intergénérationnelles et de liens d'affection noués sans considération d'âge ou de hiérarchie, Philippa faisait partie de ces innombrables enfants des classes aisées qu'on présentait à leurs parents à l'heure du thé, lavés et peignés, pour une heure tout au plus. Les sentiments parentaux ne s'exprimaient que dans le cadre strict de ce moment ritualisé, et ce en des formules convenues.

La première pensée philosophique qui vint à Philippa enfant fut la suivante : « Quand une adulte utilisait les mots "Si j'étais toi", je me demandais comment nous pourrions remarquer la différence si elle était vraiment moi [115] ! »

Comme pour toutes les grandes histoires d'amour, on trouve des récits différents de la manière dont l'amitié entre Iris et Philippa commença. Selon l'une des versions qu'en a donné Iris, elles firent connaissance dès l'arrivée de Philippa ou presque, si bien qu'au moment où Iris passait ses examens de *Mods*, assise près de Mary dans la grande salle à manger glaciale de Divinity, sa réalité avait déjà été recomposée par la présence de la coriace et subtile Miss Bosanquet. Iris se souvint de « la joie qu'[elle] trouvai[t] auprès d'elle, si brillante, si belle. Nous parlions de philosophie, de tout [116] ». C'est un autre récit qu'en a donné Philippa. Le plus ancien souvenir qu'elle gardait d'Iris remontait au moment où celle-ci s'était portée candidate à la présidence du Comité de la Junior Common Room de Somerville. Philippa vota pour une autre candidate : bien qu'elle fût « très à gauche », elle trouvait les communistes assommants et craignait qu'Iris ne convoque plus de réunions que nécessaire. Iris ne remporta pas l'élection – il semble que son charme n'ait pas été absolument irrésistible, après tout [117]. Selon une troisième version, leur rencontre n'eut pas lieu avant la toute fin de leur vie à Oxford – dans des circonstances sur lesquelles nous reviendrons. Un mélange des trois récits paraît assez probable : elles se croisèrent tout à fait normalement au milieu d'amies communes et aux tables de réfectoire ; mais la rencontre déterminante vint plus tard et jette une lumière rétrospective sur ce qui avait eu lieu auparavant, le nimbant d'un sens spécial.

Le début de l'amitié philosophique qui unit Philippa, Mary, Iris et Elizabeth coïncida avec la fin de ce qu'on appelle la « drôle de guerre » et le début d'une période inquiétante et déstabilisante de trente mois durant lesquels l'angoisse quotidienne de tout un chacun (absence de l'être aimé parti au front, raréfaction de la nourriture, bombardements, évacuations) se mêlait à la perspective omniprésente bien qu'inimaginable de l'invasion et de la défaite. Le 10 mai 1940, les troupes allemandes envahirent la Belgique et entamèrent une percée sanglante et apparemment irrépressible vers l'ouest et le sud. Avant la fin du *Trinity Term*, les combats à l'ouest de l'Europe étaient terminés : la Belgique, les Pays-Bas, le Luxembourg et la France s'étaient rendus aux nazis. Le *Manchester Guardian* présenta l'évacuation des 340 000 soldats britanniques depuis Dunkerque comme un miracle, mais maintenant que les armées allemandes se trouvaient à moins de trente kilomètres de la côte sud de l'Angleterre, on préparait l'opinion publique britannique à l'éventualité d'une invasion.

La ligne politique tout comme l'attitude des Britanniques à l'égard des « étrangers ennemis » changèrent brutalement. Les voisins qui avaient un accent étranger et ceux qui se montraient négligents dans l'application du *black-out* devinrent suspects d'appartenir à la cinquième colonne. Au début de la guerre, Fritz Heinemann, Lorenzo Minio-Paluello, Friedrich Waismann, Heinz Cassirer et Richard Walzer avaient été classés (C), « à ne pas soumettre à restrictions ni interner ». Néanmoins ils furent tous arrêtés [118]. Sur ordre du gouvernement, les cloches des églises furent réduites au silence : elles ne devaient être actionnées que pour signaler une invasion. Les civils scrutaient les nuages, s'attendant à voir tomber du ciel des troupes parachutistes allemandes déguisées en livreurs de lait ou en nonnes.

En septembre, la côte sud de l'Angleterre vit plutôt le ciel se remplir d'avions ; la campagne de bombardements de la Luftwaffe commençait. À Oxford, les rues se remplirent de gens évacués de Londres et de Birmingham. Le philosophe platonicien H. W. B. Joseph, qui siégeait au comité d'évacuation de la ville, témoigna dans son journal de la difficulté à trouver des logements pour tous ceux qui arrivaient de la capitale ; durant le premier mois du Blitz, la population d'Oxford augmenta de près de 15 000 personnes [119]. L'on vit arriver les enfants et les professeurs de dix-neuf écoles de Londres [120]. Les évacués « officiels » (estimés à 7 500 personnes) furent rejoints par « ceux qui s'étaient évacués eux-mêmes [121] ». Un cinéma désaffecté servit de cantonnement provisoire tandis que les collèges étaient transformés en véritables camps. La seconde cour carrée de University College se retrouva ainsi « festonnée de couches de bébés » et sa grande salle à manger XVIIe siècle « résonn[ait] des pleurs d'enfants affamés » [122]. Le parler *cockney* se mêlait à l'anglais hésitant des réfugiés allemands. « La ville est pleine d'évacués, de hauts fonctionnaires et d'étrangers amicaux », écrivait Iris pour le journal du lycée de Badminton [123]. S'adressant à son ami Paddy O'Regan, à qui elle avait succédé comme trésorière du Club irlandais d'Oxford, elle était moins prosaïque : « L'est de Londres et l'est de l'Europe jouent des coudes pour leur *Lebensraum* sur les trottoirs de High Street et de Corn Street. Un millier de gens dorment et vivent dans des conditions inimaginables au cinéma Majestic. » Des abris en briques surgirent aux quatre coins de la ville. « Les choses évoluent ici d'une façon assez confuse » [124].

Le Blitz allait laisser Oxford indemne. « Hitler se garde Oxford pour lui », prévint Helen Darbishire. « Il veut la voir comme elle a toujours été quand il viendra chercher son diplôme honorifique [125]. »

Un vieil homme : H. H. Price sur Hume

Mary avait trouvé Elizabeth patiente et généreuse quand elle était venue déjeuner à Somerville, mais d'autres avaient plus de mal avec son caractère opiniâtre. Une autre Mary, Mary Wilson (avec qui nous ferons mieux connaissance plus tard), pouvait tout à fait s'absorber dans sa lecture de Hume ou de Kant à la bibliothèque, mais elle était heureuse de se changer les idées quand elle retrouvait des amis pour prendre part à des jeux, discuter ou écouter de la musique. Or, lorsqu'elle sortait avec Elizabeth, il n'y avait pas moyen d'y couper. « Quelle question te tracasse *vraiment* ? », lui demandait Elizabeth avec insistance. Mary Wilson s'efforçait de feindre une cause de souci, trop intimidée pour avouer que le problème de la causation ne l'empêchait pas de dormir [126]. Elizabeth, en revanche, vivait réellement les problèmes philosophiques, comme s'ils s'emparaient d'elle, et tourmentait ses amies sans relâche. Ses visites régulières aux dominicains des Blackfriars donnaient à ces problèmes une urgence personnelle et religieuse.

Alors qu'elle était encore en train d'étudier les *Mods*, Elizabeth avait commencé à suivre les cours de H. H. Price sur le grand philosophe écossais des Lumières, David Hume. Président de la Société pour la recherche psychique, H. H. Price était un homme un peu candide, qui ressemblait à une chouette. Il évitait les tavernes bruyantes d'Oxford, préférant rester chez lui avec sa sœur, où il aimait à se coucher tôt avec un chocolat – une boisson considérée à l'époque comme plutôt féminine, et qu'il prenait à tort pour un sédatif [127]. Price était tout le contraire d'un « jeune homme pressé » – la description qu'il avait appliquée à Ayer. Il avait connu la Première Guerre mondiale, mais il était trop vieux désormais pour être à nouveau menacé de conscription.

Elizabeth lut l'ouvrage de Price, *Hume's Theory of the External World* [La théorie du monde extérieur de Hume], de la première à la dernière phrase [128], et le Hume qu'elle trouva dans ces pages avait bien peu à voir avec le précurseur de l'analyse qu'avait dépeint Ayer, dans sa détermination à attaquer la métaphysique et à démolir la philosophie [129]. Le Hume de Price était fasciné par la richesse de nos idées quand on les compare à ce qui nous est donné dans l'expérience, et tout son génie (aux yeux de Price) avait consisté à tenter de combler le fossé entre les deux par une théorie du fonctionnement de l'esprit humain. « De tous les gens que j'ai entendus à Oxford, [Price] fut celui qui força mon respect ; celui qui à mon avis valait la peine d'être écouté », dit Elizabeth [130]. Au trimestre de printemps 1940, Mary et Iris se joignirent à elle pour écouter H. H. Price faire cours à New College sur « Quelques difficultés dans la théorie de la connaissance de Hume ».

Price commença par une question : pourquoi croyons-nous à l'existence continuée et indépendante des objets ? « Poser ce genre de questions difficiles, déclara-t-il solennellement aux étudiants, pourrait bien être la tâche principale d'un philosophe [131] ». Il les prépara à la réponse héroïque mais tortueuse de Hume avec un exemple de son cru. « Je vois un chat noir dans un coin de la pièce. Je me tourne vers le *Times* pour lire quelques instants ; puis je lève de nouveau les yeux et je vois un chat noir dans le coin opposé de la pièce, tandis que le premier coin est vide. » Mon expérience du chat est brisée ou fragmentaire. Je vois le chat à un moment (*a*) ; puis je le vois plus tard à un autre endroit (*d*). Dans l'intervalle, aux temps (*b*) et (*c*), j'étais en train de lire le journal. Mais me vient-il à l'idée que le chat a disparu pendant que j'étais en train de lire le journal, puis est réapparu à l'autre bout de la pièce juste au moment où je levais les yeux ? Non ! Alors, qu'est-ce qui explique ma croyance qu'un chat à l'existence continue a traversé continûment la pièce pendant que je lisais mon journal [132] ? Il affermissait ses étudiants en vue de la proposition étonnante de Hume. Eh bien, j'ai déjà vu des chats noirs traverser des pièces (et des routes et des jardins) auparavant. Dans ces cas, mon expérience du chat n'a pas pris la forme d'une série lacunaire ou fragmentée (*a…d*), mais d'une série continue (*a, b, c, d*). Quand notre expérience est fragmentaire, Hume dit que notre imagination remplit les blancs de la série avec des souvenirs de séries continues antérieures. Et c'est en comblant les lacunes avec des souvenirs d'expériences passées que nous en venons à croire à l'existence continuée des choses qui ne tombent pas sous nos sens.

H. H. Price pensait que l'idée de Hume pouvait être prolongée. Le même mécanisme qui explique notre croyance dans l'existence du chat non observé pouvait expliquer notre croyance en des événements très éloignés dans l'espace et le temps. Quand un porteur délivre une lettre, je n'observe pas le déplacement de la lettre ni l'homme qui monte les escaliers jusqu'à la porte, dit Price (délaissant ses propres exemples pour reprendre directement ceux du *Traité de la nature humaine* de Hume). Mais « l'expérience antérieure me dit que les lettres ne peuvent passer d'un lieu à un autre qu'en passant par des lieux intermédiaires et seulement lorsqu'il y a "des postes et des transports" pour les acheminer [133]. »

Enfin, Price s'attaqua frontalement au maître. David Hume avait mis en doute la capacité de l'imagination à construire un édifice aussi vaste que le Monde Extérieur uniquement en rassemblant des impressions fragmentaires disparates [134]. Mais Price (dont l'imagination était vaste) renversa le scepticisme de Hume. Nous pouvons savoir qu'il y a une réalité transcendante, un monde au-delà de notre expérience immédiate, précisément *à cause de* la nature lacunaire, fragmentée de nos expériences, expliqua-t-il. Sans interruptions, lacunes ou obstacles (les journaux, les siestes, les portes fermées, les yeux clos), nous n'aurions pas du tout l'idée d'un monde inobservé. Nous n'avons pas besoin (comme le craignait Hume) de traverser le voile de l'expérience afin de connaître la réalité qui se trouve au-delà. Au contraire, notre expérience lacunaire nous montre qu'il y a plus que ce que voient nos yeux ; le monde lui-même nous fournit tout ce dont nous avons besoin pour ravauder le voile. La seule « derrière-té » qui se présente est la derrière-té ordinaire, au sens littéral : le chat derrière le journal, le facteur derrière la porte [135].

Elizabeth trouvait les conférences de Price « extrêmement pertinentes ». Mais si Mary ou Iris avaient jeté un coup d'œil dans sa direction, elles n'auraient pas vu de plaisir ni d'agrément dans son attitude. Pendant qu'elle était assise à écouter Price, elle déchiquetait le bord de sa robe académique [136]. Ensuite, elle rejoignait le café Cadena d'Oxford, où elle s'asseyait, ses cheveux noirs rejetés en arrière, le regard fixé sur la tasse de café et le paquet de cigarettes posés sur la table devant elle. Dans sa tête, comme un mantra : « Mais que vois-je vraiment ? Comment puis-je dire que je vois ici quelque chose de plus qu'une étendue jaune [137] ? » Et l'arrière des choses [138] ? (Le dos du paquet de cigarettes sur la table, le chat derrière le canapé, le porteur derrière la porte, tous inobservables.) Ou bien (la tête plongée dans les mains, regardant à travers ses doigts comme à travers une grille) : est-ce que je vois le paquet en entier quand je vois sa surface ? La puissance de concentration d'Elizabeth, sa capacité à faire abstraction de tout désordre, bruit ou réclamation autour d'elle, allaient devenir légendaires. Le monde extérieur à son champ d'observation venait à peine effleurer sa conscience, tandis que des serveuses nettoyaient la table et que des clients se raclaient la gorge, impatients que cette étrange fille en pantalon libère la table.

Ce qui captivait la jeune Elizabeth n'étaient pas les réponses de Price (ni celles de Hume), mais les questions qu'il posait et la curieuse manière qu'il avait de les aborder. Loin de chercher à bannir le mystère et la spéculation, il s'y confrontait directement. À un certain moment, au début des années 1950, il pousserait sa curiosité jusqu'à un point extrême, en prenant volontairement de la mescaline dans l'espoir de voir par lui-même de purs *sense data*. Le docteur John Smythies, de la Société pour la recherche psychique, lui administra quatre dixièmes de gramme ; à minuit, Price eut une hallucination visuelle [139]. Il vit une grande pile de feuilles semblables à des feuilles de houx sur son dessus-de-lit ; chaque feuille ainsi que la pile dans son ensemble apparaissait nettement en trois dimensions et solide. « Si l'on croyait que le monde avait été créé par un Être Suprême entièrement bon qui aime toute chose, c'est à cela que les choses devraient ressembler », pensa-t-il. « Peut-être est-ce ainsi que le monde est effectivement », bien que dans notre état de conscience ordinaire nous ne puissions pas le voir comme cela [140].

Mary et Iris, tout comme Elizabeth, étaient probablement elles aussi plongées dans leurs pensées pendant le cours. Sans doute Mary se rappelait-elle les petits morceaux de plâtre dans le bain de Downe House. Comme Price, elle croyait aux *sense data* : « Les apparences font partie du monde ; elles apparaissent effectivement. Je les ai vues », songeait-elle tranquillement en elle-même [141]. Mary n'avait pas besoin de mescaline. À côté d'elle, Iris n'accrochait pas beaucoup avec Hume. Mais elle était frappée par la quantité de vie féline qu'il y avait dans le monde phénoménal de Price. « Je fais actuellement la connaissance (de façon tout à fait académique) du professeur Price de ton collège », écrivit-elle à Frank Thompson. « Comme tu le sais, je suppose, c'est un féliniste, comme toi. Ses lectures et ses livres regorgent de chats – des chats qui sont observés dans un coin de la pièce puis traversent la pièce sans être observés jusqu'à l'autre coin, des chats qui se tiennent derrière le canapé avec leur queue qui dépasse, des chats dont on sait positivement qu'ils aiment le lait et d'autres chats dont l'appétit pour le lait n'est que pure induction. Des chats en général… [142] » Elle aurait été ravie d'apprendre que Price croyait que « les chats sont sensibles aux influences surnaturelles, tout comme les chevaux [143] ».

Quand Iris écrivit à Mary à l'été 1940, son indifférence à l'égard de Hume était criante. Non, elle n'a pas le livre de Price sur Hume, lui dit-elle, « mais quand on en aura besoin, on sifflera ». Du fait des pénuries de papier, les livres étaient rares – il était courant de voir un étudiant attendre debout à côté d'un autre qui se dépêchait de terminer un essai avant de lui tendre le précieux objet. Iris avait été amenée à lire dans des caves et des abris antiaériens. Elle logeait avec ses parents au 9 Waller Avenue, à Blackpool, au nord-ouest de l'Angleterre, où ils avaient été évacués après que leur maison de Chiswick avait été endommagée par une bombe. Iris remercie Mary, « ma chérie », de lui avoir envoyé son « Paton [144] » – probablement l'ouvrage de 1936 de H. J. Paton, *Kant's Metaphysics of Experience*. Néanmoins, expliquait-elle à Mary, elle ne savait pas si elle aurait le temps de le lire. Elle était occupée à vendre le *Daily Worker* sur la jetée, à Blackpool [145].

Un réfugié : Heinz Cassirer sur Kant

Lorsque Richard Walzer, Fritz Heinemann, Friedrich Waismann, Lorenzo Minio-Paluello et Heinz Cassirer furent arrêtés et internés avec bien d'autres savants parmi les plus brillants d'Europe, leurs femmes et leurs enfants se retrouvèrent seuls, apeurés et désespérés. Iris était troublée : « Cela me rend folle de penser à ces hommes et ces femmes, qui ont fait plus pour l'humanité que je ne le ferai jamais, et qui endurent cette souffrance morale. Ceux qui servent dans les forces armées savent au moins plus ou moins ce qui se passe et la plupart d'entre eux ont le sentiment de défendre quelque chose qu'ils aiment – mais se retrouver emprisonné, physiquement et moralement, à un moment comme celui-ci – et ce, en particulier pour des gens qui ont combattu le fascisme toute leur vie [146]. » Lady Edith Ross (l'épouse du philosophe Réaliste David Ross) siégeait au Comité des réfugiés d'Oxford, une organisation pilotée par des femmes, qui contribua grandement à soutenir les familles réfugiées, en les aidant à payer des frais de scolarité, en leur procurant les lettres de références nécessaires à la recherche d'emploi [147]. Les Ross hébergeaient les Minio-Paluello lorsque Lorenzo (qui enseignait sur Aristote et la philosophie médiévale) fut embarqué par la police dans un camion devant sa femme, Magda, folle d'inquiétude. Quand Heinz Cassirer fut arrêté, la tutrice de lettres classiques Mildred Hartley et une autre Somervillienne se relayèrent pour passer la nuit chez les Cassirer, au 19 Carlton Road, prêtes à emmener leur fille de huit ans Irène à Somerville College si d'aventure les soldats revenaient chercher Eva, sa femme. Une nuit, Eva alluma quelques instants la lumière pour réconforter Irene sans avoir vérifié au préalable que les rideaux du *black-out* avaient bien été tirés ; un voisin anonyme appela la police pour dire qu'une femme allemande envoyait des signaux à l'ennemi. La visite du commissaire en chef ne fit qu'accroître l'anxiété [148].

La participation de Mildred à ce tour de garde dit assez les liens d'affection et d'amitié qui avaient été tissés entre la famille Cassirer et Somerville au cours de l'année précédente. Lotte Labowsky, l'amie de Heinz originaire de Hambourg, également réfugiée, était la bibliothécaire de Somerville. Formée à l'étude des lettres classiques, Lotte avait fui l'Allemagne avec sa mère et ses sœurs pour arriver sans un sou à Oxford avant la guerre. Sa mère prenait d'autres réfugiés en pension si bien que leur maison de Summertown devint un haut lieu de culture et de conversation allemandes. Les efforts déployés par Helen Derbishire, la principale de Somerville, pour lever des fonds permit au collège d'offrir au Dr Labowsky une bourse de recherche honoraire et un titre de membre invité de la Senior Common Room, qui lui ouvrait le droit de prendre des repas gratuitement [149]. Elle rejoignit d'autres réfugiées qui étaient aussi les hôtes de Somerville : Margarete Bieber, Käthe Bosse, Elise Baumgartel et Leonie Zuntz [150]. Cet accueil amical convainquit Heinz Cassirer que lui aussi pourrait trouver à Somerville un refuge bienveillant [151]. Mildred Hartley rendait régulièrement visite aux Cassirer, prenant place dans le salon au milieu de l'austère mobilier allemand pour lire des passages de la série de polars humoristiques très oxonienne d'A. P. Herbert, *Misleading Cases* [152].

Mildred dormit à Carlton Road pendant cinq bons mois. Alors que la décision du gouvernement d'interner les étrangers ennemis avait initialement reçu un soutien important, mêlé d'antisémitisme et de xénophobie, l'attitude de l'opinion publique changea du tout au tout après qu'un paquebot transportant des réfugiés italiens et allemands au Canada fut coulé par un sous-marin allemand en juillet 1940. Plus de 800 personnes moururent noyées [153]. En septembre 1940, tandis que commençaient la nouvelle année universitaire et le Blitz, nombre des plus grands esprits d'Europe avait été relâchés. Alors seulement Mildred retourna dormir chez elle.

Ce fut donc ainsi qu'un savant réfugié, Heinz Cassirer, rentré d'un camp de prisonniers sur l'île de Man, enseigna Kant à Mary, Philippa et Iris au cours du trimestre Hilary 1941 [154]. « Nous avons survolé bon nombre de problèmes importants », se souvint Mary, mais au moins elles avaient eu un aperçu de « la manière dont ils étaient tous reliés [155] ». Si le Paton de Mary était resté sur le plancher d'Iris sans avoir été ouvert, et si elles n'avaient toujours pas pu se procurer le livre de Price, il se peut qu'elles aient trouvé le survol un peu déconcertant. Allons y voir de plus près.

La philosophie empiriste de David Hume traversa la Manche, par « la poste et les bateaux », puis chemina jusqu'à tomber entre les mains d'Immanuel Kant à Königsberg. Les mots de l'Écossais sonnèrent comme un réveil, selon Immanuel ; ils le tirèrent de son sommeil dogmatique [156]. La thèse sceptique de Hume, celle que H. H. Price allait expliquer à Elizabeth près de deux siècles plus tard, voulait que notre expérience du monde extérieur soit constituée d'impressions fragmentaires tissées ensemble par l'imagination. Selon cette conception, la causalité ne fait pas partie du monde : elle n'est qu'une question d'habitude, l'habitude de constater que ceci a coutume de venir après cela. Cette théorie empêchait Immanuel de dormir. Il ne pouvait admettre l'idée du philosophe écossais, que le rapport de causalité se résume à la succession de telle et telle chose par le passé. Il trouvait cette idée intolérable ; la causation n'est pas un « bâtard de l'imagination », se plaignait-il [157]. Il se donna pour mission de redonner à la causation sa place véritable : celle non pas d'un fruit de l'imagination mais, grâce à l'opération de l'entendement humain, d'un concept objectif de plein droit [158].

Sa solution était élégante. La causation n'est pas un ruban imaginaire qui relie une expérience à une autre ; au contraire, l'expérience humaine est déjà structurée par le concept de causalité. Notre entendement applique le concept de cause aux sensations pour former le monde tel que nous le connaissons. Nous ne pouvons pas sortir de notre expérience pour savoir à quoi ressemble le monde indépendamment de cette interaction entre concepts et sensations ; le monde dont nous faisons l'expérience est, pour des créatures comme nous, tout ce que nous pouvons connaître. Cela n'a aucun sens de demander à quoi ressemblent les choses au-delà de notre expérience. C'est l'une des leçons de sa première Critique : la *Critique de la raison pure.*

La seconde, la *Critique de la raison pratique*, indique une exception possible à cette restriction : la moralité. Au cœur de la moralité, dit Kant, se trouve une loi morale qu'il appelle l'*impératif catégorique.* Cette loi nous dit : « Agis de telle sorte que la maxime de ta volonté puisse en même temps toujours valoir comme principe d'une législation universelle [159]. » Elle est un écho distant de la Règle d'or du christianisme : « Fais aux autres ce que tu voudrais qu'ils te fassent. » Ce qu'il y a de profondément mystérieux, aux yeux de Kant, c'est que nous reconnaissons parfois que nous devons faire quelque chose qui va à l'encontre de nos désirs. Lorsque nous voyons que nous *devons* faire quelque chose, nous jugeons par-là que nous *pouvons* le faire. Cela nous révèle notre liberté, notre place en dehors du jeu des causes et des effets qui gouvernent nos sensations et nos désirs. Si nous reconnaissons l'autorité de la loi morale sur nous, pense Kant, elle lèvera en nous un profond sentiment de respect (*Achtung*) – et cette reconnaissance nous permet d'obtenir un aperçu de notre propre nature particulière. Nous sommes des êtres finis et, comme les lettres, les chats et les boules de billard, nous appartenons au monde des causes et des effets. Le mouvement de nos corps, comme celui des boules de billard, est déterminé par les lois de la causation. Et pourtant, nous appartenons aussi au monde de la liberté ; nous pouvons faire des choix à notre guise, notre volonté est libre.

Ce survol « ressemblait à un parcours cahoteux », se souvint Mary [160]. Pour Iris, c'était « un mystère total [161] ». Néanmoins, un petit fragment de pensée issu de la troisième *Critique* de Kant semble avoir attiré son attention. Elle le recopia à la main sur la page de garde de son exemplaire du livre de Cassirer, *A Commentary on Kant's Critique of Judgment*, paru en 1938 : « On ne peut guère concevoir un sentiment du sublime de la nature sans y joindre une disposition de l'esprit semblable à celle où il se trouve vis-à-vis du sentiment moral [162]. » Dans la *Critique de la faculté de juger*, à ce qu'elle comprend, Kant relie l'*Achtung* au sentiment d'émerveillement que fait naître en nous l'immense étendue des cieux étoilés.

Cassirer assurait ses séances de tutorat dans son salon de Carlton Road, là où Mildred Hartley faisait lecture des *Misleading Cases*. Une fois la classe terminée et la majesté de l'idéalisme transcendantal de Kant mise de côté, Irène faisait parfois une apparition dans l'encadrure de la porte. En tant que fille unique, censée avoir un goût pour les choses de l'esprit, elle ne se liait pas facilement aux autres enfants. Elle voyait les jeunes femmes que son père suivait en tutorat comme des amies [163]. Heinz Cassirer était ébloui par Philippa, qu'il considérait comme la personne la plus douée en philosophie au sein de la jeune génération. Elle fut accueillie un temps par la famille lorsqu'une récidive de sa tuberculose infantile lui rendit difficile la vie au collège [164]. Elle offrit à Irène un exemplaire d'*Animal Farm*, de George Orwell, à sa sortie en 1945. Plus tard, Iris recommanda Badminton comme un établissement approprié à la jeune fille (où elle alla effectivement) [165]. Sur la liste des choses à faire qu'Iris dressa en 1947, on trouve l'entrée suivante : « Se pencher sérieusement sur la Crit. de la Raison Prat. [166] ».

Une femme : Mary Glover sur Platon

Alors qu'Elizabeth commençait à se préparer à ses examens de *Greats* (qui devaient avoir lieu au trimestre de Trinity 1941), elle se tourna vers Miss Glover, la tutrice de philosophie de St Hugh, qui avait été l'une des étudiantes de Sandie Lindsay [167]. Pendant la plus grande partie des années 1930, Mary Glover était une « Miss » isolée au milieu des noms d'hommes qui dominaient les pages de l'*Oxford Gazette*. Professeure brillante et passionnée, Miss Glover était une belle femme, ancienne étudiante de Somerville, qui avait excellé en *Mods and Greats*. Elle riait volontiers et avait le « don de l'originalité ». « Vous ne saviez jamais ce qu'elle allait dire », se rappelle sa nièce [168]. Jardinière de talent – un trait par lequel se distinguaient souvent les professeurs de St Hugh – aimant les grands espaces, elle organisait des pique-niques pour ses étudiantes dans les collines du Berkshire « comme remède à toutes sortes de surmenage ou de soucis [169] ».

L'influence de Miss Glover apparaît dans le fait qu'Elizabeth négligeait toutes les parties du programme qui ne l'intéressaient pas. Mary Glover, en effet, encourageait ses étudiantes à suivre des cours sans lien direct avec les examens et à se laisser guider par l'intérêt plutôt que par le programme (une leçon à laquelle elle ajoutait un conseil pour réussir à l'examen : gardez pour la fin la question où vous êtes le plus à l'aise [170]). Ce fut Mary Glover qui permit à Elizabeth de recevoir des leçons de philosophie du dominicain Victor White à Blackfriars – un arrangement totalement inédit (cette étude « spéciale » n'interférerait pas avec son travail ordinaire, assurait Miss Glover [171]). Quand Elizabeth devint professeur à son tour, elle reconduisit les leçons de Mary Glover dans son propre enseignement – ses étudiantes s'habituèrent à des séances de tutorat fascinantes et redoutables portant sur des sujets sans lien d'aucune sorte avec les examens finaux qu'elles devaient passer. Une anecdote amusante datant des années 1960 : Miss Anscombe essaya un jour de se rattraper auprès d'une jeune fille en l'envoyant prendre des cours supplémentaires auprès de son mari, Peter Geach ; l'étudiante à bout de nerfs fut trop terrifiée pour dire que lui aussi l'avait entretenue de textes qui ne feraient nullement partie de l'examen [172].

Un an après qu'Elizabeth fut arrivée à St Hugh's College, l'article de Mary Glover « Obligation and Value » parut dans la prestigieuse revue *Ethics* [173]. Glover y entreprenait, de façon modeste mais franche, de plaider en faveur de la philosophie morale, du genre de celle que H. A. Prichard avait baptisée « erreur » et dont Freddie Ayer avait déclaré la mort. L'article de Glover commence ainsi : « Sous la pression de l'expérience du monde concret, de nouveaux concepts sont formés. » La morale, soutient-elle, a besoin d'un renouvellement semblable. « Il est devenu courant de supposer que soit la catégorie de l'obligation, soit la catégorie du bien interprété comme l'objet du désir est la notion dernière irréductible en termes de laquelle nous devons comprendre la vie morale. » Or, ajoute-t-elle, ce ne sont pas les bons termes. Au lieu de cela, nous devrions chercher à nous raccorder au langage moral de Platon et d'Aristote, pour parler non pas de devoir et de désir, mais de motif et de caractère moral [174].

Dans son article, Mary Glover visait à réintroduire l'arrière-plan de la vie humaine que H. A. Prichard avait escamoté, en repensant la nature et l'identité de l'action humaine. Les actions humaines, dit-elle, « se distinguent les unes des autres par leur motif et par leur intention [175] ». Elle s'appuie ici sur le travail du platonicien H. W. B. Joseph, qui se consacrait désormais à chercher des lits pour les évacués.

« Un homme qui aime les huîtres pourrait manger la pleine assiette qu'on lui apporte par amour de leur goût ; un homme qui les déteste pourrait les manger afin d'éviter de heurter les sentiments de son hôte ; un homme qui les déteste ou s'y montre indifférent pourrait le faire afin d'empêcher son voisin, dont il sait qu'il aime les huîtres mais qu'il exècre, d'avoir deux parts », avait écrit Joseph. « Je pense qu'il s'agit là de trois actes différents, dont l'un est moralement bon ou bien gentil, l'autre moralement mauvais ou malveillant, et le dernier indifférent [176]. »

« Des actes différents, qui ont des motifs différents, peuvent se traduire par les mêmes mouvements des corps », dit Joseph, mais les mouvements des corps « ne sont pas les actes [177] ». Joseph utilisait l'expression « fragments de vie » pour désigner les actes humains. Les mouvements des corps sont des événements physiques, sujets aux forces qui gouvernent le monde physique, qui peuvent faire l'objet d'une explication causale mécaniste. « Une interprétation intégralement physique de ce que nous appelons les actions des hommes ou des autres animaux soutiendrait que les états conscients de désir [...] sont sans pertinence ; on pourrait donner un compte rendu adéquat des changements qui se produisent en n'importe quel processus accompli par des muscles animaux sans faire aucunement référence à ces états. » Un psychologue féru de psychophysique, dans la veine de Mach, pourrait même trouver une place dans une explication physique pour « des états conscients de désir, d'aversion, de peur, de plaisir, de douleur et pour toute forme de pensée et d'imagination [178] ». Mais des « fragments de vie », dit Joseph – comme l'acte de manger des huîtres, qu'il soit innocent, fraternel ou malveillant – échapperont à l'examen approfondi de l'homme de science. Ils appartiennent à un autre schéma d'explication, un schéma qui parle d'intention et de but, de motif et de caractère. Les fragments de vie ne sont pas les maillons indépendants d'une chaîne causale (comme le sont les mouvements des corps), mais ils ont une identité en tant qu'ils sont des parties au sein d'un tout. L'unité, l'harmonie et la beauté de ce tout constituent le bien de la vie humaine. Ce qui anime la vie éthique plutôt que la vie physique, c'est la conscience de l'ensemble d'une « forme de vie globale », et c'est cette idée, plutôt que l'obéissance aveugle à un ensemble de règles ou de principes, qui se trouve au cœur des jugements que nous portons sur des actes particuliers [179].

Sans doute Elizabeth répéta-t-elle les mots de Miss Glover à Iris, Mary et Philippa dans la salle à manger de Somerville : « La moralité a une référence transcendante. » Quelque chose « de plus que nos propres buts est impliqué, aussi exaltés soient-ils », à savoir, « un standard objectif que nous pouvons découvrir petit à petit, mais qui n'est pas notre création [180] ». L'état d'esprit ou l'attitude qui rendrait possible un tel progrès s'appelle « la révérence » ou « l'amour ». L'amour peut nous motiver d'une façon qui inclut le désir mais non l'intérêt égoïste. « Dans un sens très difficile à exprimer et particulièrement sans métaphore, nous avons conscience de valeurs transcendantes, la vérité, la beauté et le bien ; nous avons conscience que nos vies peuvent d'une certaine façon incarner quelque chose de ces valeurs et que c'est en cela que réside cette gloire majeure. » Comme ce bien transcendant est proche du Bien de Platon ! « La métaphysique de toutes ces questions est très difficile », avertit Miss Glover, et « l'importance suprême de Platon est qu'il a compris qu'il devait y avoir une telle métaphysique [181]. » Iris n'était pas impressionnée – elle n'avait pas encore appris à aimer Platon. Mais plus tard, lorsqu'un journaliste l'interrogea sur ce qui les intéressait, elle et ses amies, pendant la guerre, elle lui répondit : elles étaient toutes intéressées par « la réalité qui entoure l'homme – transcendante ou autre [182] ».

Tout au long des années qu'Elizabeth passa à St Hugh, Mary Glover garda un œil sur la moins conventionnelle de ses étudiantes, tandis qu'elle errait dans Oxford en quête de toute idée susceptible de retenir son intérêt. Les tutrices envoyaient des rapports à Mary Glover, qui allaient de « pour le moins paresseuse [183] » à « un esprit vraiment puissant [184] » ; Mary Glover les rangeait, l'un après l'autre, dans une mince chemise en carton. « Le principal obstacle [pour Miss Anscombe] est sa réticence à accorder l'attention nécessaire aux philosophes qui la rebutent », se plaignit le retraité de soixante-treize ans, William George de Burgh [185]. Donald MacKinnon, qui encadrait le tutorat sur Platon, remarqua qu'elle avait un « esprit très vif et très clair », promettant « un travail d'excellente qualité » [186]. Ce n'était pas le cas d'Isobel Henderson, qui lui enseignait l'histoire ancienne. « Elle sait vraiment peu de choses et elle est incapable d'utiliser ne serait-ce que les livres du programme avec une quelconque autonomie, se désespérait-elle. J'aime lui enseigner, mais je ne peux pas dire que cela ait été un franc succès [187]. » Quant à Mary Glover elle-même, elle trouvait les essais d'Elizabeth sur Aristote « un peu légers », mais elle se montrait généralement bienveillante : « Miss Anscombe aime les systèmes, observait-elle, et l'*Éthique à Nicomaque* n'est pas écrite de façon systématique [188]. »

À l'approche des examens, Elizabeth fit un effort pour bien faire. « Elle a commencé trop tard », se lamenta Isobel Henderson. La veille de son examen final de théorie politique, Elizabeth se présenta chez Mary Scrutton, expliquant « gentiment de sa belle voix calme » qu'elle commençait tout juste à se plonger dans les livres au programme. « Une partie de l'affaire est plutôt intéressante, à vrai dire », confia-t-elle. « Mais il y a une chose que je ne comprends pas. Si j'ai bien suivi, cet homme », dit-elle en brandissant le *Léviathan* de Hobbes, « est simplement en train de dire que l'on ne doit pas se révolter si l'on n'en a pas les moyens. Est-ce que c'est cela qu'il veut dire ? » C'était une objection courante, la rassura Mary, au demeurant plutôt surprise du manque de préparation de son amie [189].

Le refus d'Elizabeth de participer à quoi que ce soit qui ne l'intéressait pas ne laissa d'autre choix à ses examinateurs que de la convoquer à un examen oral (ou *viva*). Elizabeth obtint une mention très bien grâce au soutien de ses examinateurs de philosophie, en dépit de son échec spectaculaire en histoire romaine. L'anecdote est célèbre : lorsqu'on lui demanda, lors de son oral, « Miss Anscombe, y a-t-il *un quelconque fait* touchant l'histoire de Rome sur lequel vous souhaiteriez faire quelques commentaires ? », la savante catholique répondit : « Non », avec un « mouvement contrit de la tête [190] ».

Pour de nombreux hommes dans l'histoire que nous racontons, un tel résultat menait tout droit à un poste à l'université ; Ayer, par exemple, se vit offrir un poste de professeur avant même d'avoir terminé son diplôme, et ce en dépit de l'objection de Michael Foster qui le trouvait inapte à enseigner aux jeunes étudiants. Mais les collèges de femmes, étant moins nombreux, plus petits et plus pauvres, ne pouvaient pas facilement accueillir toutes leurs excellentes étudiantes. Aussi Elizabeth commença-t-elle à la place un travail de second cycle sur Aristote et Thomas d'Aquin, le sujet de son étude « spéciale » à Blackfriars, mais sous la direction désormais du grand prêtre de Wittgenstein, Friedrich Waismann. Son mémoire était provisoirement intitulé : « Une enquête sur certains problèmes d'identité et de différence numériques et (de façon subordonnée) d'extension et d'espace, avec un examen des solutions proposées par la tradition philosophique aristotélicienne, à la lumière de la méthode logique et épistémologique [191]. » Elle avait obtenu une bourse d'études Gilchrist, ouverte à ceux qui « avaient accumulé suffisamment de fonds pour préparer un diplôme ou suivre un cours de l'enseignement supérieur mais qui, de façon inattendue, se trouvaient face à des difficultés financières qui en compromettaient la réalisation ». Il est probable que la mort soudaine et précoce de son père en

1939 aggrava des difficultés financières qu'elle subissait déjà, comme tout le monde, du fait de la guerre.

Le vendredi 26 décembre 1941, sous un ciel gris, Elizabeth épousa Peter Geach dans l'oratoire néoclassique de Brompton, dans l'ouest de Londres [192]. Ses frères l'avaient exhortée à rompre ses fiançailles au motif que Peter était « ridicule », mais elle passa outre leurs avertissements [193]. Bien qu'elle fût désormais Mrs Geach, Elizabeth serait toujours connue comme Miss Anscombe, et insisterait pour qu'on la nomme ainsi. Son certificat de mariage la protégeait d'un nouvel acte de conscription, passé un mois. L'Acte de service national (nº 2) s'appliquait aux femmes non mariées qui avaient entre vingt et trente ans. Le recrutement de femmes sur la base du volontariat ne s'était pas avéré suffisant pour répondre aux besoins insatiables du War Office ; le gouvernement fut donc poussé à provoquer le nécessaire « élan public » et à recruter par contrainte. Agnes Hardie, députée travailliste de Glasgow Springburn, n'était pas la seule à penser que la guerre était un « travail d'homme » : « Je suis autant féministe qu'une autre », soutint-elle, mais « je dis qu'ils n'ont aucunement le droit d'appeler les femmes sous les drapeaux [194]. » La nécessité fit taire les scrupules.

Être la femme de Peter Geach, cependant, n'était pas de tout repos. Alors qu'il refusait de rejoindre l'armée britannique, ce dernier en effet était déterminé à se battre pour la Pologne. Ses premières tentatives pour rejoindre l'armée polonaise avaient échoué et, au moment où il épousait Elizabeth, Peter faisait des démarches pour devenir citoyen polonais [195]. Isobel Henderson prévint Elizabeth qu'« elle allait devenir russe après la guerre » si Peter réussissait, ce qui l'avait « un peu refroidie », comme le rapporta Isobel à Mary, « bien qu'elle ait affiché une indifférence totale à l'égard de la nationalité [196] ».

Un objecteur de conscience : Donald MacKinnon et l'animal métaphysique

Avant que Mary, Iris et Philippa n'entament les deux derniers trimestres de leur premier cycle, les États-Unis sous la présidence de Franklin D. Roosevelt étaient entrés en guerre, à la suite de l'attaque japonaise de Pearl Harbor. Le rationnement des vêtements était en vigueur et la vague kaki, ou du moins des tenues de travail, avait englouti les trois tables de la salle à manger de Somerville. Chez Boots, le rayon maquillage était presque vide ; le rouge à lèvres et le fard étaient quasiment impossibles à trouver. En l'absence des jeunes *dons* et des jeunes étudiants, devenus « aussi rares que des papillons en mars [197] », les invitations à partager un *cinnamon toast* devenaient aussi une denrée rare. Pourtant, lorsque Mary eut la surprise de dénicher un nouveau modèle de brosse à ongles à la pharmacie (à 9 *shillings*, du vol !), elle s'offrit la dernière en rayon, « transportée par cette magnifique occasion [198] ».

Chaque semaine, Mary, Iris et Philippa traversaient à tour de rôle les routes de Woodstock et de Banbury pour se diriger vers les arches néogothiques de Keble (qui accueillait désormais le personnel du secrétariat du MI5 [199]). Tout comme Elizabeth avant elles, elles allaient là-bas suivre chacune à son tour le tutorat de l'objecteur de conscience Donald MacKinnon – l'un des rares jeunes hommes encore présents en ville.

Anglican, membre dévoué de la Haute Église, MacKinnon avait forgé ses convictions pacifistes lors de la guerre d'Espagne et les avait consolidées au cours de l'été 1938, en partie au fil de discussions avec les membres de Pax, le groupe auquel Elizabeth appartenait. Mais, au fur et à mesure du conflit contre Hitler, MacKinnon se mit à douter de sa position. Être un témoin du Christ était-il vraiment compatible avec l'objection de conscience, étant donné l'agression de Hitler et ses intentions affichées ? Un sentiment de culpabilité l'accablait à l'idée qu'il ne souffrait pas alors que d'autres souffraient. « Je suis entraîné [...] là où mes compagnons souffrent et parfois je pense que je ne pourrai pas me tenir à l'écart plus longtemps », avait-il écrit à un ami en juillet 1940 [200]. Lorsqu'il voulut enfin s'engager, il fut réformé pour raisons médicales – à cause de son asthme [201]. Lois Dryer, qu'il avait épousée en 1939, était ébranlée par ses hésitations ; son pacifisme à elle était un pacifisme absolu ou

« simple », qui excluait toute guerre [202]. Elle avait été l'étudiante la plus en vue à Édimbourg en 1936-1937, lorsque Donald y donnait des cours, mais à Oxford elle se voyait snobée et exclue par l'épithète que les étudiants de Donald lui accolaient : « l'épouse [203] ». S'efforçant de reprendre pied, elle enseignait l'anglais écrit à Heinz Cassirer et à Friedrich Waismann. « Dans le fond, elle pense que j'ai dérapé », confia MacKinnon à son ami [204]. Il dormait dans son logement au collège [205].

Âgé d'à peine quelques années de plus que ses étudiants, Donald MacKinnon avait coiffé au poteau pour le poste de Keble un jeune philosophe prometteur, (Hebert) Paul Grice, qui serait plus tard l'auteur de travaux fondamentaux en philosophie du langage. H. H. Price écrivit une lettre de référence commune pour les deux candidats. Grice était « clairement, à sa façon, le meilleur des deux ». MacKinnon possédait « moins d'aplomb et de sens commun » et il était probable que « certains de ses élèves le considèrent comme un personnage plutôt étrange ». Cependant, MacKinnon était susceptible d'« aller plus loin, au bout du compte ». En outre, l'orientation de ses intérêts était « très inhabituelle » et suffisait même à le rendre « remarquable » : dévoué aux idéaux et aux méthodes de l'analyse logique, aussi versé dans la logique symbolique que pouvait l'être un non-mathématicien, il était néanmoins vivement intéressé par des problèmes d'ordre religieux. « Je ne vois aucun autre philosophe dans ce pays – ni même à l'étranger – qui possède, à l'heure actuelle, cette combinaison précise de compétences et d'intérêts », concluait Price [206]. (Ce dernier avait lu un essai d'Elizabeth sur la causalité, écrit pendant les vacances de 1939, et il « l'avait trouvé bon [207] », mais il ne pouvait savoir qu'elle partageait déjà les intérêts « très inhabituels » de MacKinnon.) Ce mélange donnait l'impression d'être plutôt instable. « Il est constamment à la limite de la crise de nerfs », observa Iris [208].

L'avoir pour tuteur fut « un coup de chance extraordinaire », se dit Mary, « sans lequel j'aurais très bien pu m'éloigner complètement de la philosophie académique [209] ». Alors que Sandie Lindsay avait jeté *Language, Truth and Logic* par la fenêtre, Donald MacKinnon, qui fut lui-même un temps membre des

Frères, le fourra sans attendre entre les mains de ses étudiants. Bien qu'il rejetât l'assurance « tout à fait mielleuse » avec laquelle Freddie Ayer affirmait que « vous n'avez pas à vous inquiéter, car rien de ceci ne veut dire quoi que ce soit », il voulait que ses étudiants découvrent par eux-mêmes le mensonge dans tout cela[210]. Par son tempérament, MacKinnon était à l'opposé d'Ayer (qui s'entraînait alors avec les *Welsh Guards*, dormant dans des baraquements[211]). Il s'inquiétait beaucoup de ces questions et pensait qu'« il y avait beaucoup de sens dans chaque chose ». Il cherchait toujours l'angle à partir duquel on pouvait voir le sens dans les choses. « Il faisait beaucoup de Kant, et parlait aussi des Idéalistes comme Bradley que les autres ne lisaient pas, et de Wittgenstein, il s'intéressait aussi à Wittgenstein, voyez-vous, alors que les autres non », se souvint Mary. « Alors nous avons continué avec notre philosophie et nous nous sommes bien amusées[212]. » À la grande inquiétude de Lois, Iris le vénérait. Elle écrivit au « brave et bien-aimé » Frank Thompson en janvier 1942 : « Il inspire une dévotion pure[213]. » C'est un « joyau ». Philippa alla certainement le plus loin des trois, lorsqu'elle dit : « Personne ne m'a influencée davantage [...]. Il m'a *créée*[214]. » Suivons-la tandis qu'elle traverse la cour carrée sous les yeux des secrétaires du MI5 pour comprendre comment.

C'est en empruntant un passage sombre que l'on accède au bureau de Donald MacKinnon à Keble : une pièce aux murs blancs, entièrement nue, à l'exception de deux fauteuils usés et, au centre, d'une table où s'amoncellent des piles de papier et de livres de Kant[215]. Des notes de cours sont griffonnées au dos d'enveloppes[216]. Philippa prend place dans le moins abîmé des deux fauteuils[217]. Vêtu d'un bleu de chauffe (il était fier de sa manière d'entretenir le feu), MacKinnon est allongé par terre. (Une dizaine d'années plus tard, il arriverait à Iris d'imiter ces séances de tutorat « sur le dos » quand elle-même serait tutrice à St Anne's College[218].) Tandis que Philippa (tout comme Elizabeth, Mary et Iris) tire de sa sacoche les essais de philosophie qu'elle vient de rédiger, MacKinnon expose l'arrière-plan qui doit permettre à l'étudiante de voir et de comprendre *Language, Truth and Logic*.

Le positivisme logique, commence MacKinnon, se présente comme une thèse au sujet de la logique et de la signification, mais il contient implicitement une dangereuse « doctrine de l'homme [219] ». Alors que l'empirisme logique prudent du Cercle de Vienne se voulait démocratique et entendait placer la connaissance hors de portée des griffes du mythe, de la superstition et des préjugés, le manifeste d'Ayer extrait de cette source une vision des êtres humains qui les réduit à des « machines à calculer efficaces [220] ». Ayer fait de la rationalité humaine une affaire de manipulation de symboles plutôt que l'exercice de capacités qui, si on les utilise judicieusement, apportent une compréhension authentique. Sous la menace de cette nouvelle arme, l'hostile « je ne comprends pas », explique MacKinnon, l'animal humain est « subordonné à la science » et forcé de renoncer, non seulement à sa moralité, mais à sa curiosité naturelle, qui est son essence même. « Je ne nierai pas que, de plus en plus, je me suis moi-même trouvé contraint d'adopter, pour fondement du jugement éthique, l'idée d'une norme de l'humanité qui soit de cet ordre », avait dit MacKinnon à un public de théologiens en janvier 1941. Développer cela serait, reconnut-il, une tâche d'une « difficulté redoutable [221] ».

S'étant relevé, il esquisse pour Philippa sa vision de la philosophie. Le philosophe doit apprendre à penser de manière historique, lui dit Donald MacKinnon – le souvenir de sa propre rencontre en tant qu'étudiant avec la philosophie de l'histoire de R. G. Collingwood était encore tout frais [222]. Nos investigations ne sont coupées ni de l'histoire ni de nous-mêmes. Les causes historiques dirigent l'attention intellectuelle humaine dans une certaine direction [223] ; chaque philosophe doit se demander à quel point sa situation historique et sa condition déterminent son entreprise et les principes qui sous-tendent sa démarche [224]. La philosophie, poursuit-il, est une expression et un indice de la dignité humaine. L'être humain est un animal et sa nature – son essence – s'exprime dans sa curiosité et son imagination. Les animaux humains parlent et posent des questions sur le bien, le beau, la signification et la vérité. Même les membres les plus juvéniles de l'espèce le font. Les enfants sont naturellement curieux : « Si tu étais moi, comment le saurions-nous ? », pensait Philippa. « Est-ce que les bains et les plafonds ne sont rien d'autre que des constellations d'apparences ? », se demandait Mary. « Pourquoi ? », demandait Elizabeth. Retirez aux animaux humains la capacité et l'occasion de poser des questions métaphysiques, comme le fait le totalitarisme – que reste-t-il alors ? demande MacKinnon. Le cynisme, le scepticisme, la peur. Rien d'autre que sa bestialité. (Marquant une pause, il tourne sa tête d'ours vers Philippa, laissant germer cette pensée.)

Les êtres humains sont des *animaux métaphysiques*, avance-t-il, encore peu sûr lui-même de ce que cela signifie [225]. Les animaux métaphysiques ont besoin de parler de ce qui est transcendant, de l'esprit humain et de l'infini. Mais Ayer a décrété que cette sorte de discours était dépourvue de sens. Comment y échapper ? Peut-être en utilisant les concepts de façon analogique, suggère MacKinnon, s'inspirant du travail des théologiens catholiques. Thomas d'Aquin a soutenu qu'il était possible aux êtres humains de parler des attributs de Dieu et de les comprendre au moyen d'analogies. Nous savons ce que c'est pour un être humain d'être bon, ou de créer, ou d'être sage. Nous parlons de la bonté de Dieu, de Sa création, de Sa sagesse par analogie, en transposant à propos de l'infini des concepts qui ont leur usage dans le royaume humain fini [226]. « Pouvons-nous accepter cette construction logique ? », demande-t-il en se laissant tomber dans l'autre fauteuil.

Mais voilà que le kantien en lui élève des objections. Quand les êtres humains se hasardent à parler de Dieu, de la liberté ou de l'immortalité, ils essaient d'enjamber, par des mots humains, un gouffre infranchissable. La meilleure chose que nous puissions espérer, c'est que nos mots réussissent en quelque façon à saisir le sens de notre monde [227]. Nous savons que par « liberté », nous entendons quelque chose de plus que « la différence entre l'action spontanée et l'action contrainte » ; néanmoins, nos mots ne peuvent pas vraiment « saisir » ce que nous savons [228]. Pour autant, nous ne devons pas renoncer. L'emploi analogique d'un mot est un acte créatif, une façon d'appeler l'autre à voir une connexion cachée, à saisir un indice, à accepter un nouvel emploi du langage. Freddie Ayer avait accordé sa clémence aux poètes, les sauvant du feu, au motif qu'ils n'avaient aucune prétention à la vérité. Mais MacKinnon voulait faire du métaphysicien un poète, dans l'idée que le recours poétique au paradoxe, à la parabole et à la métaphore nous permet de « saisir le sens d'un monde » qui ne peut pas être directement compris [229]. (Là, Miss Bosanquet est captivée – elle s'agrippe au fauteuil, déstabilisée.) « Il est impossible de distiller l'essence de la philosophie morale [230] », dit MacKinnon, l'heure de tutorat touchant à sa fin. « Il existe un point de contact subtil entre contribuer aux débats de ceux qui sont engagés sur des questions pratiques et mettre au clair l'ordre logique des catégories de l'univers moral [231]. »

Miss Bosanquet se lève, un peu étourdie, son tuteur et elle tous deux épuisés et perplexes, mais euphoriques. Elle traverse la cour pour gagner la sortie, repassant devant les secrétaires du MI5. Donald, pendant ce temps, emprunte la ruelle qui le conduit directement de Keble College jusqu'au pub le Lamb and Flag. Le « *Lamb* », l'agneau, est l'*Agnus Dei* de l'Apocalypse de Jean. Le barman le connaît bien : un double whisky pour MacKinnon [232].

Nos quatre philosophes démodées obtiennent toutes une mention très bien

Le cursus de Philippa, PPE, s'étalait sur trois ans, là où celui de Mary et d'Iris durait quatre ans ; ce qui signifiait qu'au printemps 1942, les trois amies voyaient s'approcher ensemble leurs examens finaux. Leur étrange formation auprès de professeurs âgés, de réfugiés, de femmes et d'objecteurs de conscience allait bientôt toucher à sa fin. En ce dernier trimestre, Philippa et Mary tombèrent toutes les deux assez gravement malades. On diagnostiquerait plus tard à Mary un syndrome de l'intestin irritable, une affection qui toute sa vie l'affaiblirait à la moindre occasion de stress [233]. Donald MacKinnon et Isobel Henderson lui laissèrent des mots dans son casier pour la rassurer (« Navré d'apprendre que vous n'allez pas bien » ; « Je vous accorderai autant de temps que vous pourrez le supporter » ; « Les idées sont plus importantes que le savoir – et vous avez toujours eu des idées ! » [234]) Pendant ce temps, Philippa était clouée au lit. La tuberculose abdominale de son enfance qui l'avait empêchée de vivre au collège récidivait avec une rare violence. Elle était corsetée dans du plâtre de Paris, installée au 2 Bradmore Road avec son amie et camarade de Somerville Anne Cobbe [235]. La mère d'Anne trouva un arrangement avec MacKinnon et le tuteur d'économie, Thomas Balogh, pour qu'ils viennent lui donner des leçons à son chevet.

Donald MacKinnon laissa entendre à Iris que Philippa apprécierait une visite amicale [236]. Philippa se trouva donc bientôt face à face avec la « communiste pénible ». Iris se tenait devant son lit, un bouquet tremblant de fleurs sauvages à la main. « Avant tout, il y avait de la magie chez Iris », se rappellera Philippa [237]. Iris se souvient de la joie avec laquelle elle la trouva ce jour-là, sa meilleure amie de toujours – c'est le troisième récit du début de leur amitié. L'on verra plus d'une fois Iris avec des fleurs dans notre livre. La première question philosophique qu'elle se posa, à l'âge de six ans, fut celle-ci : « *Le perce-neige a la tête penchée. Pourquoi* ? » « Pourquoi, en effet ! », songeait-elle, adulte. « Une question qui donne à réfléchir, une bonne introduction à un monde plein de mystères [238]. »

*

Les résultats des examens que passaient les femmes furent publiés à part jusqu'à 1952 [239]. « J'obtiendrai avec un peu de chance une mention bien quelque part (mon tuteur de philosophie [MacKinnon] s'attend à ce que j'aie une mention très bien, mais il se fait des illusions de toute façon). Et ensuite ? Dieu seul le sait », avait écrit Iris à une amie [240]. Mais les noms d'Iris et de Mary figuraient tous deux dans la même colonne : mention très bien. Philippa aussi en obtint une. Le temps du mois de juin avait été secourable – plus besoin de bouillotte désormais. À la différence d'Iris, cependant, Mary avait enduré un oral atroce de trois heures à l'Ashmolean avant que sa note ne soit confirmée. Elle blâma Elizabeth : « Ces examinateurs de *Greats* avaient eu pas mal de difficultés récemment à noter des étudiantes dont le travail était excellent dans une matière et notoirement exécrable dans une autre. » Après « le cas particulièrement mauvais » d'Elizabeth l'année précédente, Mary se demandait si les autorités n'avaient pas durci les règles [241]. Son devoir d'histoire romaine s'était avéré un point de friction. Mais en l'occurrence, son oral donna toute satisfaction aux examinateurs, qui lui attribuèrent la mention très bien – « de la pure amphétamine », observa joyeusement Isobel Henderson [242]. Sa réussite était « magnifique », dit Donald MacKinnon, surtout compte tenu de son état de santé [243]. Les résultats parvinrent aux Scrutton sur une carte postale [244]. Pour les remercier de leur aide, Mary offrit à Donald un bon d'achat de livres [245] et, à Isobel, un exemplaire joliment relié de *The Dunciad*, la geste héroï-comique d'Alexander Pope – ce qui était tout à fait pour plaire à Isobel, dont le goût de l'allusion et de l'euphémisme pleins d'esprit faisait écho au sien [246]. « Mary et toi avez donné de si merveilleux exemples de l'Esprit triomphant de la Matière », écrivit Iris à Philippa. « Maintenant, tu n'as rien à craindre et tu peux plonger dans un coma plein de rêves et laisser ce dos au repos. Et *ne lis pas* Virginia Woolf [247]. »

Aux yeux d'Isobel, Iris et Mary étaient deux « piles électriques » et « deux des personnes les moins ennuyeuses » qu'elle connût [248]. Elle voulait célébrer leur succès en grande pompe par un dîner de fête. « Je propose de vous conduire, vous, Iris, J. B. Trend et A. L. Rowse à Bablock Hythe » (un petit hameau à huit kilomètres en longeant la rivière [249]).

Au bac, tu rencontras les cavaliers d'Oxford,
Joyeux, rentrant chez eux par une nuit d'été
Franchissant la Tamise éphèbe à Bablock Hythe,
Dans la fraîcheur de l'eau laissant traîner tes doigts
Que venait enlacer la corde de la barque [250].

Tandis que la soirée s'étirait, les sages éminences échangeaient leurs points de vue. Les jeunes diplômées écoutaient attentivement. La longue série de bracelets glissés sur les gants de soirée d'Isobel frissonnait. Mary luttait pour ne pas bâiller [251].

Plus tard, se dirigeant vers Somerville en descendant St Giles' Street illuminée par la lune, Mary se tourna vers Iris et lui demanda : « Alors, qu'est-ce que tu en penses ? Avons-nous appris quelque chose de nouveau ce soir ? » « Oh oui, je crois », répondit Iris, les yeux rivés sur la lune gigantesque. « Je crois bien… *Trend est un homme bon et Rowse un homme mauvais.* » Toutes deux éclatèrent de rire à ce jugement exact mais « si ridiculement démodé ». N'avaient-elles pas lu *Language, Truth and Logic* et appris que de tels jugements étaient des non-sens ? « Trend, *hourra* ! Rowse, *bouh* ! », aurait dû dire Iris. Les rares passants les considéraient avec effarement et les chats s'enfuyaient, tandis qu'elles sentaient naître en elles, pour la première fois, un élan de rébellion académique. « Iris, néanmoins, ne s'est jamais souciée d'être ou non à la mode », se rappellera Mary [252]. Elle non plus, d'ailleurs, qui avait toujours en tête l'impératif du révérend Tom Scrutton (« REFUSER D'ACCEPTER DES PRÉSUPPOSÉS DÉPASSÉS »).

CHAPITRE 3

Dans la tourmente

Cambridge et Londres
juin 1942-août 1945

Mary et Iris partent pour Londres – Elizabeth revient à Aristote et à la nature humaine – Iris et Philippa à Londres en temps de guerre – Le plan d'Elizabeth échoue – L'amour et la guerre à Seaforth – Mary se retrouve au milieu d'« étranges tribus » – Elizabeth Anscombe rencontre Ludwig Wittgenstein – Philippa et Iris attendent des nouvelles – Le nouveau projet d'Elizabeth – La guerre se termine et deux amies reviennent à Oxford

Mary et Iris partent pour Londres

Dix jours seulement après ses examens finaux, Iris était occupée à faire sa valise. Il se peut que Mary l'ait regardée, jambes croisées, tandis qu'elle y fourrait à la hâte des bribes de son existence et des souvenirs de leur vie commune : un prospectus de la campagne de Lindsay, un nécessaire à couture, le livre de Heinz Cassirer sur Kant. Elles se préparaient à participer à l'effort de guerre. Sceptique, Mary avait haussé un sourcil quand Iris avait déclaré, non sans emphase, que le service civil ne voudrait pas d'elle, pas « avec un passé politique comme le mien ». Elle s'était trompée ; leurs lettres d'appel respectives étaient arrivées l'une derrière l'autre, affectant Iris au Trésor et Mary au ministère de la Production. Elles furent un peu perplexes devant le nom du poste de Mary (« Le ministère de quoi ? » [1]), mais désormais le nouveau théâtre d'une vie adulte les attendait. Iris se sentait prête à jouer un nouveau rôle, plus complexe ; elle s'embarqua dans le train pour Londres sans se retourner. Elle n'avait aucunement l'intention de devenir *don* en philosophie. « J'ai toujours voulu être romancière », dira-t-elle plus tard, « même si je croyais avoir envie d'être archéologue ou historienne de l'art [2]. » Elle travaillait déjà à son premier roman. Mary se montra plus hésitante ; elle attendit que la ville soit hors de vue pour reprendre sa lecture. Elle nourrissait l'espoir de reprendre ses études une fois qu'elle aurait fait « quelque chose d'utile à la collectivité[3] ».

Le Londres dans lequel elles descendirent n'était plus celui de leur enfance, mais un endroit dépaysant, étrange et inquiétant. En sortant de la gare de Marylebone, sur Harewood Avenue, par une porte ruinée par les bombes, elles furent accueillies par une myriade de papillons. Le Blitz avait provoqué la fuite de tant d'oiseaux que la capitale souffrait désormais d'invasions de chenilles au cours de printemps silencieux, suivies par des étés constellés de papillons[4]. La ville était encore en train de se remettre des huit mois de raids aériens qui avaient détruit plus d'un million d'immeubles, causé la mort de 43 000 personnes et profondément perturbé la vie animale.

Lors des bombardements, le gouvernement avait tout fait pour empêcher les gens de se réfugier dans le métro de Londres, au

nom de la continuité des transports et de la sécurité publique ; mais il nourrissait une crainte plus sombre : que se passerait-il si l'on permettait aux Londoniens de se laisser aller à l'instinct animal, primitif, de se terrer sous l'effet de la peur ? À Douvres, les habitants effrayés avaient creusé une garenne dans les falaises, comme des lapins. Fallait-il permettre aux Londoniens de se conduire comme des taupes ou des autruches – voire les y encourager ? À Whitehall circulaient des rumeurs sur la *deep shelter mentality*, ou syndrome de l'abri profond, une névrose qui risquait de transformer les femmes au foyer, les marchands et les ouvriers d'usine en un troupeau de « troglodytes timorés » vivant à la bougie dans le lacis de tunnels qui traversaient la ville. Cette crainte était si forte que nombre d'abris antiaériens qui furent construits par le gouvernement étaient des bâtiments de surface, même si la protection qu'ils offraient était moindre que celle de leurs homologues souterrains [5]. À la date où Iris et Mary arrivèrent en ville, Londres comptait un demi-million de sans-abri.

La guerre avait également bouleversé la vie d'autres animaux. Pas moins de 400 000 chiens et chats avaient été tués au cours des deux premières semaines de la guerre, du fait des recommandations d'un livret du gouvernement, « Air Raid Precautions for Animals » (précautions pour les animaux en cas d'attaque aérienne [6]). On vit fleurir dans les journaux des faire-part à la mémoire de compagnons bien-aimés : « Pour Iola, douce amie fidèle, ton souvenir nous accompagne [7]. » Du zoo de Londres, les pythons, les dragons de Komodo et les éléphants, ainsi que les prédateurs dangereux (tigres, lions et crocodiles) furent transférés au parc animalier de Whipsnade, à une cinquantaine de kilomètres au nord-ouest de Londres. De nombreux gardiens de zoo et leurs familles les suivirent, si bien que le village de Whipsnade se trouva compter suffisamment de petites filles pour former une division locale de « Brownies » (comme on appelait les jeunes filles scoutes [8]). On confectionna des harnais spéciaux pour les éléphants, que l'on vit alors tirer des herses dans les champs et aider à « creuser pour la victoire [9] ».

Au bout du compte, le zoo de Londres ne subit qu'une seule perte directe, mais non fatale. Un singe et une grue prirent quelques vacances à Regent's Park, avant de retourner à leur captivité lorsque la faim les tenailla. La fuite la plus audacieuse fut celle des zèbres : on en rattrapa deux alors qu'ils se dirigeaient vers le nord sur la route de Kentish Town [10].

Mary et Iris, quant à elles, se dirigeaient vers le sud – deux animaux métaphysiques en route pour Westminster.

Elizabeth revient à Aristote et à la nature humaine

La somme d'argent que recevait Elizabeth de la bourse Gilchrist pour ses études de deuxième cycle à Oxford était chiche, même une fois complétée par quelques heures d'enseignement rémunérées. Mais pendant que Mary, Iris et Philippa étaient en train de passer leurs examens, elle reçut d'heureuses nouvelles de sa candidature à une bourse d'études Sarah Smithson à Cambridge. Myra Curtis, la principale de Newnham College, écrivit ainsi à Barbara Gwyer de St Hugh :

> 24 juin 1942
>
> Chère Miss Gwyer,
>
> Je suis heureuse de vous écrire pour vous annoncer que mon comité a décidé d'attribuer la bourse d'études Sarah Smithson à Miss Anscombe. Il est également d'accord pour qu'elle poursuive ses études à Oxford et qu'elle y prépare un doctorat. Je ne suis pas tout à fait au clair sur sa position relativement au service national et je serais très heureuse de savoir si elle a obtenu un sursis ou s'il me sera nécessaire de constituer en sa faveur une demande d'autorisation à poursuivre son travail en tant qu'étudiante de l'Université [11].

Barbara Gwyer répondit. Miss Anscombe « n'a jamais été menacée par quoi que ce soit de tel qu'une convocation militaire », écrivit-elle :

> Si une telle chose s'était produite, je l'aurais décrite comme se trouvant, au cours de l'année 1941-42, dans l'avant-dernière année d'une formation qu'elle a commencée en octobre 1941 ; ou encore, si cela n'avait pas suffi, je l'aurais présentée comme méritant un

sursis du fait de ses capacités de tout premier ordre et de son intention d'obtenir si possible un poste à l'université dans le futur [12].

Barbara Gwyer (qui était loin de se considérer comme une principale née de la dernière pluie [13]) recommanda à Miss Curtis la ligne de conduite qu'elle-même avait adoptée : « Ne réveillons pas le chat qui dort [14]. »

Enceinte de son premier enfant, Elizabeth Anscombe arriva à Cambridge juste à temps pour le « Blitz blanc » de la ville : des étudiants qui jouaient les blessés, des sacs de paille estampillés « cadavre », de fausses ambulances et une fausse bombe [15].

Comme Oxford, Cambridge avait pris une terne couleur kaki et s'était vidée de ses jeunes hommes. À la différence d'Oxford, elle avait fait l'expérience des bombes. La majeure partie était tombée en 1941, mais au cours de l'été 1942 un avion isolé volant à basse altitude largua des explosifs à moins de cent mètres des murs de Trinity College lors d'un raid sous la pleine lune.

Afin de continuer la préparation de son doctorat, Elizabeth resta *undergraduate* à l'université d'Oxford et poursuivit son tutorat à Somerville. Elle allait greffer sur son éducation dominée par les classiques grecs – Platon et Aristote, l'arrière-plan de sa pensée – les méthodes plus modernes, anhistoriques, de l'analyse telle qu'on la pratiquait à Cambridge. Aussi sa vie se trouva-t-elle coupée en deux, comme elle allait et venait d'une bibliothèque à l'autre, d'une salle de tutorat à l'autre entre Oxford et Cambridge, tandis que Peter se trouvait au grand air, au milieu des forêts. La vieille « Varsity Line » (une ligne qui fut pour l'essentiel mise hors service en 1968 dans le cadre du *Beeching Cuts*, un vaste programme de restructuration ferroviaire) reliait les deux universités en un trajet de deux heures. Elle était devenue une route stratégique pour le fret durant la guerre car elle permettait le transport de marchandises dans le sud de l'Angleterre sans passer par Londres, si bien que le nombre de convois de passagers qui pouvaient l'emprunter fut réduit [16]. Le train faisait halte à Bletchley ; Elizabeth se retrouvait sans doute écrasée dans le compartiment au milieu des nombreux hommes et femmes en uniforme qui y montaient. Dans chaque gare, on trouvait des affiches qui demandaient : « Votre voyage est-il vraiment nécessaire ? » Les fenêtres des trains ne faisaient pas exception à la stratégie de *black-out* ; mais, à la différence des rideaux d'occultation domestiques, le revêtement collant utilisé ne pouvait pas être ôté en journée. Quand bien même elle aurait pu regarder, en plissant les yeux, à travers les petites alvéoles du tissu, elle n'aurait pas vu les noms des gares qu'elle traversait : *Bicester – Verney Junction – Bletchley – Bedford – Sandy.* Les directives qui avaient fait suite à Dunkerque, celles qui avaient réduit les cloches au silence et conduit à l'arrestation de Richard Walzer, Fritz Heinemann, Friedrich Waismann, Lorenzo Minio-Paluello et Heinz Cassirer, avaient également décrété ceci : « Personne ne doit donner ni faire en sorte ou permettre que soit donné, un signe fournissant une quelconque indication quant au nom ou à la localisation de quelque lieu que ce soit, de sa direction ou de la distance à laquelle il se trouve. » On supprima les tableaux d'information sur les quais et on cessa toute annonce dans les trains. Même le simple fait d'aider un autre passager à s'orienter pouvait être un motif d'arrestation [17].

Quand Elizabeth arriva à Cambridge, le professeur Ludwig Wittgenstein se trouvait à Londres, non loin de l'endroit où Mary et Iris allaient passer une grande partie de l'année suivante. Il n'était resté à Cambridge que peu de temps avant de trouver l'atmosphère irrespirable et de déclarer qu'il était impossible d'y travailler. Gilbert Ryle (l'ancien tuteur de Freddie Ayer) avait alors présenté Wittgenstein à son frère John, qui était docteur au Guy's Hospital. « J'ai le sentiment que je mourrai lentement si je reste à Cambridge », dit-il à John, de façon théâtrale. « Je préfère prendre le risque de mourir rapidement [18]. » Et c'est ainsi que Wittgenstein avait passé le Blitz comme garçon de salle à l'hôpital puis, après qu'il fut reconnu et identifié comme l'un des plus grands philosophes vivants, comme chercheur au sein d'une équipe qui étudiait les chocs traumatiques [19].

L'absence de Wittgenstein offrit un répit essentiel aux membres du département de philosophie de Cambridge, aux *dons* et à leurs épouses tout comme aux étudiants, dont les salles de classe, les clubs, les salles de séjours et le sommeil étaient tout bonnement plongés dans le chaos quand il était dans les parages. Il exerçait une telle domination sur le Cambridge Moral Sciences Club, le séminaire régulier du département, qu'on avait introduit la convention suivante : certaines séances seraient marquées d'une étoile et apparaîtraient ainsi (« * ») dans le programme ; Wittgenstein n'était pas autorisé à y assister [20]. Il rendait souvent visite sur le coup de minuit à un Bertrand Russell épuisé, chez qui il restait des heures, arpentant de long en large ses appartements comme un lion en cage [21]. Dorothy Ely lui interdit un jour de voir son mari, G. E. Moore, plus d'une heure d'affilée, de peur que Wittgenstein ne le fasse mourir d'épuisement [22].

Elizabeth occupa plusieurs logements successifs à Cambridge. Le premier se trouvait au 58 Bateman Street, dans une maison de ville de quatre étages avec terrasse, de style victorien, où vivaient aussi Margaret Masterman et sa famille : son mari (et collègue philosophe) Richard Braithwaite ainsi que leurs deux jeunes enfants, Lewis et Catherine [23]. Philosophe, linguiste, romancière, femme contemplative à la tournure d'esprit religieuse, Masterman était une amie de Dorothy Emmet (la philosophe qui avait un jour transporté Gandhi dans son Austin Mini). Plus tard, Margaret et Dorothy allaient fonder les Philosophes de l'Épiphanie : un groupe d'intellectuels anglicans qui s'intéressaient à la question de savoir comment ménager une place à la croyance religieuse au sein d'une vision scientifique du monde [24].

Friedrich Waismann (qui était maintenant le directeur de thèse d'Elizabeth) avait vécu au 58 Bateman Street aux côtés de sa femme Hermine et de leur jeune fils Thomas lorsqu'ils arrivèrent pour la première fois en Angleterre en 1937 comme réfugiés sans le sou, rongés de culpabilité car ils avaient laissé derrière eux leurs parents, leurs frères et sœurs ainsi que d'autres membres de leurs familles [25]. Dans sa valise, Friedrich transportait le brouillon de son grand œuvre, *Logik, Sprache, Philosophie* – une introduction au *Tractatus* de Wittgenstein qui en défendait les idées, écrite alors que Friedrich était membre du Cercle de Vienne. Mais au moment où il arriva à Cambridge avec son manuscrit, Wittgenstein avait rejeté l'œuvre autour de laquelle Friedrich avait bâti sa vie intellectuelle et il s'était retourné férocement contre son ancien « grand prêtre ». Au cours du trimestre d'hiver (*Lent Term*) 1938, Wittgenstein avait mis en garde ses étudiants, les dissuadant d'assister aux cours de Waismann [26]. Et lorsque Friedrich publia un bref article basé sur les discussions que Moritz Schlick et lui avaient eues avec Wittgenstein à Vienne avant l'ascension de Hitler, Wittgenstein l'accusa de plagiat [27]. Lors du trimestre d'automne (*Michaelmas Term*) 1939, Friedrich, anéanti, s'enfuit à Oxford avec Hermine et Thomas, juste à temps pour faire une brève apparition dans les listes de cours de l'*Oxford Gazette* (« Philosophie des mathématiques ») avant d'être arrêté puis interné comme étranger ennemi [28].

Au début des années 1930, le 58 Bateman Street avait accueilli Alice Ambrose, une brillante mathématicienne et philosophe américaine, qui fut la première et la seule étudiante en doctorat de Wittgenstein [29]. Petite, brune, portant des lunettes rondes cerclées de noir, elle était en tout point conforme à ce qui pour Esther Bosanquet était l'image cauchemardesque d'une Femme passée par l'université. La relation d'Alice à son directeur se dégrada pour de bon lorsque Wittgenstein tenta de l'empêcher de publier son article « Finitism in Mathematics » (Le finitisme en mathématiques) dans la revue *Mind*. Comme il ne parvint pas à la persuader de le retirer, il essaya de convaincre G. E. Moore, qui dirigeait la revue, de le rejeter. Alice eut suffisamment de courage pour lui dire son fait. « Il est douteux que ce que j'écrirai au terme de nouvelles discussions vous satisfasse », lui écrivit-elle, « – à moins que vous ne me le dictiez. Or, je refuse cette dernière solution. Si vous voulez écrire un article, c'est votre affaire ; mais il n'y a aucun intérêt à donner des citations de vous sous mon nom [30]. » Elle lui dit qu'il était un « égoïste » et qu'il ne devrait pas utiliser son « pouvoir sur les gens pour les contraindre à la vénération [31] ».

Wittgenstein étant à l'étranger, il se peut qu'Elizabeth dût son premier contact avec sa philosophie post-*Tractatus* à Margaret

Masterman. Aux côtés d'Alice Ambrose, Margaret avait fait partie d'un petit groupe de six *undergraduates* qui, entre 1933 et 1935, avaient recueilli « officiellement » sa nouvelle pensée. Leur travail commençait à 9 h 30 le matin dans la tour de Whewell's Court, à Trinity College, et se déroulait sans interruption sinon pour un café dans la matinée. « Un jour sur deux, quand la crème était fraîche et épaisse, nous avions un *Kaffee mit Schlag* à la manière viennoise. » La dictée prenait jusqu'à quatre heures par jour, quatre jours par semaine. Les jours où Wittgenstein donnait également cours, le groupe restait avec lui près de sept heures. Ils étaient épuisés. Alice et Margaret allaient « déjeuner » tardivement, parfois à 16 heures, souvent dans le salon de thé Lyons' sur Petty Cury, à un jet de pierre de Trinity. Si elles avaient besoin de prendre plus de distance avec Whewell's Court, elles se rendaient plutôt à Bateman Street, à trente minutes à pied de la tour. Là, elles pouvaient essayer de s'octroyer un moment de repos – ce qui était impossible en compagnie de Wittgenstein – mais aussi de comparer leurs notes. Margaret prenait les siennes dans un grand cahier jaune. Après deux ans de travail harassant, Wittgenstein déclara que leur tâche était terminée[32]. Il y avait trois cahiers : jaune, brun, bleu. Mais une fois encore, il refusa de les faire publier. Au lieu de quoi, un nombre restreint de copies de ces notes commencèrent à circuler, parfois avec son autorisation, parfois sans, et le moulin à rumeurs continua de tourner.

La thèse d'Elizabeth avait désormais un titre bien plus digeste : « L'identité des corps », un sujet qui plongeait ses racines dans la philosophie classique qu'elle avait absorbée à Oxford et aux Blackfriars. Elle en était venue à porter son attention sur l'identité des êtres vivants, ou, selon son expression, des « corps organisés ». Dans l'ébauche de sa thèse, elle plaçait « "les hommes" dans la même liste que "les chats" et "les navets"[33] ». (Tout comme Price et le Frank d'Iris, Elizabeth était une féliniste.) « Je compte soumettre à l'examen la définition traditionnelle de l'homme comme animal rationnel », allait-elle expliquer à la fin de l'année, dans une candidature concernant le prolongement de sa bourse Sarah Smithson[34]. Sa question centrale serait : « Qu'est-ce qu'un homme[35] ? » – le terme ne se s'appliquant pas, bien entendu, aux seuls êtres humains mâles. Dans les premiers temps de la modernité, le philosophe René Descartes avait soutenu qu'un individu humain était fait de deux substances distinctes, un esprit et un corps. Méditant dans sa robe de chambre près d'un âtre à Leyden, au cours d'un hiver – vers 1629 –, Descartes avait déclaré : « Je ne suis point cet assemblage de membres que l'on appelle le corps humain[36]. » Cet assemblage change au cours du temps. Plus rien de la matière physique qui était issue de l'accouchement de sa mère Jeanne Brochard en 1596 ne faisait encore partie du corps humain que Descartes entrevoyait alors sous les plis de sa robe de chambre. Comme Elizabeth Anscombe le dirait plus tard, tout être humain particulier est « matériellement dans un état de flux[37] ». Aussi, pensa Descartes, ne suis-*je* pas *ce corps*. Mais s'il n'est pas son corps, alors qu'est-il ?

Descartes en vint à conclure que « cette proposition : *je suis, j'existe*, est nécessairement vraie, toutes les fois que je la prononce ou que je la conçois en mon esprit[38] ». La seule chose dont il pouvait être certain était qu'il était un être conscient ; tout le reste pouvait être mis en doute. Je suis une chose qui pense : voilà ma nature essentielle. Je ne suis pas un animal, je ne suis pas un homme. « Mais qu'est-ce donc que je suis ? Une chose qui pense. Qu'est-ce qu'une chose qui pense ? C'est-à-dire une chose qui doute, qui conçoit, qui affirme, qui nie, qui veut, qui ne veut pas, qui imagine aussi, et qui sent[39]. » Descartes appelle chacun de ces genres différents d'événements, états et processus une *cogitatio*, une pensée. Même un mal de dents est une *cogitatio*, pour autant que « mal de dents » soit ainsi compris que l'on puisse avoir mal aux dents sans avoir de dents, notera plus tard Elizabeth[40].

L'idée d'Elizabeth était de partir non pas de Descartes mais, bien en amont, d'Aristote. Un individu humain, avait soutenu ce dernier, est un genre de corps organisé[41]. Non pas un esprit plus de la matière, mais de la matière organisée selon une forme. Les humains ne sont pas le seul genre de corps organisé – les chats et les navets sont aussi des corps organisés. En fait, toute espèce vivante est constituée d'une matière qui se conforme à un principe organisateur – un organisme. Aristote appelle ce principe une âme ; aussi, d'après sa philosophie, les navets ont-ils une âme, tout comme les chats et les êtres humains. Les opérations vitales de la vie végétative (par exemple, la vie du navet) comprennent la nutrition et la reproduction ; ces opérations constituent le schéma, le principe organisateur, de la vie d'une plante. Les navets individuels, dans l'ensemble, se conforment à un schéma caractéristique de l'être-navet. Le navet commence par être une graine, puis grandit en une racine et des fleurs. À la différence des tas de sable, des morceaux de roche et des océans, l'identité des corps organisés, comme les navets, est reliée au principe organisateur qui vaut pour tous les individus du même genre.

Selon la représentation qu'en donne Aristote, le concept de vie s'applique à un être vivant individuel de deux manières [42]. On peut dire d'un navet, d'un chat comme d'un humain à un moment donné qu'il *est en vie*, puis, à un autre moment, qu'il est mort. Mais en outre, un navet vit selon un mode propre aux navets, un chat selon un mode propre aux chats et un humain selon un mode propre aux humains. Ce second emploi du concept de *vie* ne désigne pas alors l'état d'un chat individuel (« en vie » par opposition à « mort »), mais un schéma d'organisation et de développement (une forme) qui caractérise l'être-chat, la félinité, dont tout chat individuel participe. Nous pouvons appeler ce schéma l'*essence* du chat [43]. Bien entendu, le schéma de la vie d'un être humain est bien plus complexe et varié que celui d'un navet ou d'un chat – si un navet individuel diffère de ses congénères, ce ne sera pas du fait de ses goûts ni de ses préférences particulières, encore moins du fait de son libre arbitre ou de sa personnalité. Néanmoins, on peut trouver dans la vie humaine un certain schéma de développement, la naissance, l'enfance, l'adolescence, l'âge adulte puis la vieillesse, ainsi que des façons caractéristiques de poursuivre son existence.

Tandis qu'elle faisait la navette sur la Varsity Line, son premier enfant prenant forme en elle, Elizabeth portait aussi en elle cette idée très démodée, voire idiosyncrasique. « Est-ce que l'introspection et l'extraspection sont des activités qualitativement différentes ? », se demandait-elle, tout en parcourant des yeux la voiture bondée du train à la recherche d'un siège où se glisser (personne n'avait remarqué la forme de son ventre sous son ample manteau). Descartes avait regardé en lui et il avait trouvé des maux de dents sans dents. À cet instant, dans l'obscurité calfeutrée du compartiment, elle essaya de jeter un œil vers l'extérieur. Elle adopterait une « perspective objective », mais non une perspective « purement “externe” » – « on peut adopter une perspective objective sur soi-même pris comme objet de perception ». Elle se demanderait plutôt : « Quelle sorte d'objet est-ce que je perçois lorsque je perçois des êtres humains ? » Après s'être penchée intensément sur les paquets de cigarettes Gold Flake et leur surface, elle avait commencé à tourner son attention vers les êtres vivants, « les objets intelligents », qui les fumaient. Elle voyait des hommes en bleu de travail, l'épaule contre le joint en caoutchouc de la portière, tirant sur leur cigarette, qu'ils tenaient entre le pouce et l'index. Elle songea : « Nous reconnaissons la vie lorsque nous voyons s'accomplir les opérations vitales. » Le train fut soudain dévié sur une voie auxiliaire pour laisser passer un convoi prioritaire, qui transportait des vivres ou des troupes. Les femmes tenant leurs enfants sur les genoux les serrèrent de plus près, en murmurant des paroles apaisantes. « À l'évidence, je perçois des corps organisés qui peuvent utiliser le langage. » À Bletchley, le conducteur contrôla son billet – « Nous reconnaissons la vie rationnelle lorsque nous voyons s'accomplir les opérations de la raison ; par exemple, lorsque nous entendons des hommes parler. » Un flot de passagers entrèrent encore. « Même si ce qu'ils disent est stupide et inconsistant, *dire* quelque chose est une opération rationnelle [44]. »

*

En juin 1943, Elizabeth accoucha. Elizabeth et Peter appelèrent leur première fille Barbara, d'après le fameux type de syllogisme valide [*] et la sainte patronne des artilleurs, des ingénieurs militaires et de tous ceux qui travaillent avec des explosifs.

---

* Dans la tradition de la logique aristotélicienne, le logicien se penche sur les *syllogismes* ou raisonnements constitués de trois propositions (deux prémisses

Iris et Philippa à Londres en temps de guerre

L'emploi de guerre de Mary était rattaché à la section des matériaux bruts du nouveau ministère de la Production, un nom qui en disait trop peu pour dissiper la perplexité causée par sa lettre de convocation. (En vérité, le département n'existait pas encore au moment où la lettre avait été écrite.) Le ministère partageait son bâtiment à Whitehall avec le *Cabinet Office*, le bureau du cabinet ; Mary aurait donc dû bénéficier d'une belle vue sur les canards et les écureuils du parc St James, mais un parapet d'ornement bouchait la fenêtre et cachait le paysage, ce qui la contraignait, ainsi que les autres habitants, à vivre à la lumière électrique plutôt qu'à la lumière naturelle[45]. Sa supérieure, Betty Ackroyd (plus tard, Dame Elizabeth Ackroyd), avait suivi le cursus de PPE à St Hugh. Elle était incroyablement vive et coriace : elle inspirait de la crainte à « des hommes qui étaient du genre à tenir le crachoir en réunion d'habitude[46] ». Mais déléguer des tâches n'était pas dans sa nature. Une fois que Mary eut terminé un premier rapport sur « l'histoire du Conseil des ressources combinées » (« On m'a posé des piles de papier sous le nez et j'ai sué là-dessus pendant près d'un mois »), elle se retrouva désœuvrée[47]. Sa cheffe « s'activait comme un tourbillon – elle déboulait à la première heure, toujours pendue au téléphone, elle composait les numéros deux fois plus vite que la

---

et une conclusion) combinant trois termes deux à deux. Un syllogisme est valide lorsque sa conclusion découle nécessairement des prémisses. Pour établir une classification des syllogismes possibles et repérer parmi eux les formes valides, les logiciens médiévaux distinguaient entre « proposition universelle » (qui porte sur tous les membres d'une classe) et « proposition particulière » (qui porte sur au moins un membre d'une classe), ainsi qu'entre « proposition affirmative » et « proposition négative ». Une proposition telle que : « Tous les hommes sont mortels » est ainsi une *universelle* affirmative, que l'on symbolisait par la lettre A. Un syllogisme tel que : « Tous les hommes sont mortels, tous les philosophes sont hommes, donc tous les philosophes sont mortels » combine trois propositions de ce type et illustre un schéma de raisonnement valide. Pour faire référence à ce schéma et à titre de moyen mnémotechnique, les médiévaux parlaient de syllogisme en BARBARA. (*NdT*)

normale, souvent avec un stylo, puis se précipitait à une réunion » – mais Mary n'avait aucune idée de la manière dont il fallait allouer des matières premières (« zinc, caoutchouc, acier, etc. »). Elle ne parvint pas à capter l'attention de Betty suffisamment longtemps pour découvrir ce qu'elle était censée faire. Elle ne fit défaut à personne non plus lorsqu'elle s'accorda de longues pauses déjeuner pour pratiquer le chant choral et visiter des églises locales abîmées par les bombes[48] : St Anne's, All Souls, Christ Church, St James's, l'abbaye de Westminster, St Clement Danes. Elle avait cessé d'aller à la messe lorsqu'elle était arrivée à Oxford ; quand son père, le révérend Scrutton, lui avait demandé pourquoi, elle n'avait pas vraiment su quoi répondre. Et bien qu'elle essayât encore de prier à l'occasion, Mary avait toujours éprouvé une sorte de sentiment d'échec dans ce domaine : « J'ai toujours eu comme l'impression que la pièce était vide, vous voyez ; j'essayais de temps à autre, mais ça n'allait pas très loin. » Pourtant, elle croyait en « quelque chose de plus grand »[49] et elle se sentait chez elle lorsqu'elle prenait place sur un banc dans l'abbaye de Westminster pour manger ses sandwichs à la terrine de poisson, les yeux rivés sur les gravats ou tournés vers le ciel que laissait paraître le toit effondré.

Pendant ce temps, le travail d'Iris, au Trésor, consistait à lire, préparer, trier, ranger et retrouver des courriers officiels. Elle écrivit à Philippa :

> La vie ressemble un peu à un rêve – je vis dans un monde fantastique, résonnant de voix au téléphone et peuplé d'étranges personnalités fictives comme les *lords* commissaires du Trésor de Sa Majesté… (Oxford n'a rien à voir avec le Trésor public en matière de tradition.) Je n'arrive pas à croire que c'est *moi* qui écris ces lettres comminatoires et qui dis aux gens au téléphone où ils doivent descendre[50].

Elle plongea pourtant dans ce rôle, tout en admettant auprès de Philippa que « tout ce que je fais en ce moment me donne l'impression d'être du théâtre[51] ». Au travail, elle rencontra Peggy Stebbing, qui comme elle était assistante principale, et Iris fut heureuse de découvrir qu'elle était la nièce de la philosophe

Susan Stebbing[52]. Pendant la semaine, elle déjeunait et dînait avec une personne différente chaque jour (dans les limites de ce que permettait le rationnement[53]), puis restait en ville jusque tard après sa journée de travail, parcourant en tous sens un Soho sous *black-out* à la recherche d'amis, de romance et de fièvre[54]. Pour Iris, « entrer dans un pub était une aventure délicieuse ». Bien que les patrons fussent désormais un peu habitués à voir des jeunes femmes sans chaperon dans leurs établissements, elle « avait le sentiment très net qu'une femme dans un pub était un drôle d'oiseau »[55].

Mary et Iris revirent aussi des amis d'Oxford, dont beaucoup avaient trouvé des emplois de guerre à Londres. Iris resta proche de deux hommes qui l'aimaient, tout en poursuivant par lettres sa romance épique avec son « brave et bien-aimé » Frank Thompson. Le premier, Michael Foot, était à Londres pour travailler dans les services de renseignement. Léonie Marsh, la communiste de Somerville aux lèvres rouges, dont il était tombé amoureux, s'était mariée, le plongeant dans le désespoir. Iris se sentit « terriblement désolée » pour Michael, « une âme en peine », mais elle trouvait aussi que c'était un « sacré imbécile ». Elle ne pouvait « rien faire d'autre que de prendre un air compatissant et lui dire sur un ton peu convaincu de ne pas se montrer aussi idiot », confia-t-elle à Frank [56]. Plein de gratitude pour les égards d'Iris, Michael lui envoya des poèmes juvéniles, lui acheta une boîte de coûteuses cigarettes turques et la coucha sur son testament, comme seule bénéficiaire [57]. En outre – mais cela, Iris ne le mit pas dans ses lettres à Frank – ils entamèrent une demi-romance, plus sérieuse pour Michael que pour Iris, et passèrent ensemble des soirées dans l'appartement qu'il occupait à Rochester Row (meublé par ses tantes célibataires, il était situé au-dessus d'un café italien, dont les odeurs de cuisine montaient par le plancher [58]). Ils tiraient le meilleur parti possible des poches de culture et de divertissement qui subsistaient [59].

Au début de la guerre, on avait secrètement mis à l'abri les œuvres inestimables de la National Gallery à Snowdonia, au pays de Galles, dans une grotte connue sous le nom de « la Cathédrale », à laquelle on accédait par un lacis de mines d'ardoise désaffectées [60]. L'absence des peintures était douloureusement ressentie ; en janvier 1942, une lettre adressée au *Times* implorait le musée en ces termes : « Parce qu'à l'heure actuelle, le visage de Londres est balafré et tuméfié, nous avons plus que jamais besoin de contempler de belles choses [...]. Les amateurs de peinture se voient privés de leurs Rembrandt au moment précis où une telle beauté est le plus à même de leur faire du bien [61] ». En réponse, le musée fit sortir des mines un tableau chaque mois, lequel voyageait en train escorté par des soldats en armes sur près de 650 kilomètres afin d'être exposé. *Le Portrait de Margaretha de Geer* de Rembrandt et le *Noli Me Tangere* du Titien furent les deux premiers transfuges [62].

Michael et Iris allèrent souvent contempler le tableau du moment ; Michael se rappellerait avoir vu la *Duchesse de Milan* d'Holbein (« Elle eut la chance de ne pas être mariée à Henry VIII »), qui fut exposé en novembre 1943 [63]. Il fut l'un des 23 845 visiteurs qui se tinrent devant elle ce mois-là[64]. Les gardes étaient en état d'alerte, prêts à ramener à toute allure le tableau dans sa Cathédrale souterraine en cas de bombardement aérien[65].

Le second amoureux d'Iris était son tuteur à tête d'ours, Donald MacKinnon, pour qui (dit-elle à Frank) elle « traverserait le feu ». Au dam toujours plus grand de Lois, son épouse, Iris et Donald s'étaient épris l'un de l'autre avant qu'elle n'en vienne à passer ses examens terminaux : « Je crois que je serai toujours un peu amoureuse de Donald, à la façon de Marie-Madeleine et du Christ en quelque sorte », dit-elle à son ami David Hicks[66]. À l'automne 1943, Lois demanderait à Donald de cesser tout contact avec elle ; reconnaissant lui aussi le danger que sa relation à Iris faisait courir à son mariage et, par là même, à sa foi, Donald s'exécuta. Mais pas avant de s'asseoir à son bureau, à Keble College, pour écrire à Philippa et lui demander de prendre soin d'Iris [67]. Philippa et Donald allaient entretenir un échange épistolaire pendant bien des années ; un jour elle brûla une pleine valise de ces lettres [68].

Après avoir quitté Oxford, Mary s'était installée chez ses parents à Kingston. Elle se rendait quotidiennement à Waterloo en train. Debout, comprimée pendant les trente minutes du trajet, elle lisait *Clarissa*, l'énorme roman de Samuel Richardson [69]. Au début, Iris habitait chez des amis de la famille sur Barrowgate Road, à Chiswick, et empruntait la District Line, lisant Homère à voix haute en s'efforçant de caler le rythme des vers sur celui du train [70]. Mais elle voulait se trouver au cœur de l'action ; elle entreprit sans plus attendre de se chercher un appartement. Elle envisagea « une chambre de bonne à Gerrard Place – avec une vue splendide sur le Blitz et quasiment pas d'eau courante [71] ». Mais bien qu'un appartement au cœur de la vie de Bohême que promettaient les pubs londoniens eût convenu à ses aspirations littéraires (les poètes désargentés, les auteurs et les intellectuels réfugiés fréquentaient ces bars aux côtés des prostituées, des déserteurs et des vendeurs du marché noir), une meilleure occasion se présenta. Iris découvrit un appartement si parfait qu'elle se demanda sans doute si elle ne l'avait pas fait apparaître par la seule force de son imagination.

Le 5 Seaforth Place, Buckingham Gate, SW 1, est une mansarde située au-dessus d'étables désaffectées, autrefois utilisées pour les chevaux de brasserie. Elle se trouve au bout d'une ruelle sombre, juste à côté de la rue Victoria, très animée, et à moins de trois cents mètres de Whitehall. Néanmoins, si bref que fût le chemin qui la mènerait à son travail, Iris passerait le long de onze sites bombardés. Aujourd'hui, Seaforth Place est entourée de tours de bureaux, tout en verre, béton et chrome. En 1942, elle se trouvait au milieu de bâtiments et d'entrepôts ravagés.

Mais quelle que soit la période, on ne s'attendait guère à y trouver une habitation. L'entrée conduisant à l'appartement est cachée et il ne viendrait jamais à l'esprit de personne que quelqu'un puisse habiter au bout de cette petite ruelle sombre. En montant les escaliers, à mi-hauteur, on passe à côté d'un cagibi aveugle : c'est la salle de bains. On y trouve une baignoire, mais le plafond est si bas qu'il faut ramper pour s'y glisser [72]. En haut, on débouche par une ouverture dans le plancher au centre d'un grand espace ouvert, sous les toits, d'une vingtaine de mètres de long. Les murs ne sont verticaux que sur cinquante centimètres environ depuis le sol, après quoi ils obliquent vers le faîte selon divers plans agencés de façon un peu biscornue. Le plancher est fait de lattes de bois nu entre lesquelles on peut apercevoir les anciennes étables en contrebas. Au lieu de murs extérieurs, il y a des vitres qui se poursuivent sur une partie du plafond (« près de vingt-cinq mètres carrés de fenêtres à garder en cas de Blitz et de *black-out* », observa Iris [73]). Au lieu de cloisons intérieures, un seul espace ouvert devant servir de chambre à coucher, de pièce de vie et de cuisine. Au lieu de voisins, la District Line. Lors de ses voyages quotidiens depuis Chiswick, Iris s'apprêtait à descendre du train, refermant son Homère, juste au moment où elle passait tout près de sa future demeure.

Quand Iris signa le bail, l'appartement était vide. Elle passa les premières semaines à quatre pattes pour récurer le sol, sur la pointe des pieds pour tout repeindre en blanc, ou encore assise pour coudre des kilomètres de rideaux occultants [74]. Elle installa une « cuisine » en ajoutant une vieille cuisinière à gaz le long de la bassine et du broc qui servaient de lavabo improvisé. La baignoire était un luxe contrebalancé par l'inconvénient de n'avoir aucune alimentation en eau dans la « cuisine ». Elle suspendit des rideaux bleus au milieu de la pièce pour créer un salon et fabriqua des étagères de part et d'autre d'un âtre, désormais comblé par un radiateur à gaz servant également de grille-pain, tandis que des caisses d'oranges retournées faisaient office de chaises. Elle remplit les étagères de poésie (« divers auteurs modernes, Wilfred Owen (un poète magnifique) et Pindare »)

et de littérature russe[75]. En journée, Seaforth était aussi lumineux qu'un atelier d'artiste ; une fois le crépuscule tombé et les rideaux occultants tirés, on se sentait davantage dans une mansarde victorienne. Aux yeux d'Iris, c'était un appartement « d'une originalité absolument irrésistible » et « d'un charme indescriptible[76] ». Aux yeux de Mary, qui s'y rendrait parfois pour un sandwich, il ressemblait à un décor de théâtre dressé pour une représentation scolaire d'un ouvrage de Dostoïevski[77]. Elle ne pouvait se défaire de l'impression que l'Homme du sous-sol allait apparaître à travers le plancher lorsque le passage de la District Line faisait trembler les vitres. L'esprit toujours pratique, Mary prêta à Iris un fauteuil de chez les Scrutton, qu'il fallut péniblement manœuvrer le long des escaliers sinueux. Iris en fit apparaître un autre, couronné de son coussin turquoise. Les deux furent installés de part et d'autre du radiateur à gaz, dans le style édouardien.

Iris partageait l'appartement avec un rat bruyant et quelques souris qui, se plaignit-elle à Frank, rongeaient ses lettres. « J'en suis très fâchée, surtout parce que tes lettres sont des documents assez précieux, mais aussi parce que je ne suis pas en très bons termes avec les souris : je me suis montrée suffisamment négligente pour laisser traîner des choses de valeur là où elles pouvaient les atteindre, ce qui peut être compté comme un point pour elles. » Néanmoins, elle leur pardonna en raison de « leur belle et longue queue » [78]. Des fournées de papier pour les souris arrivaient régulièrement depuis la chaleur sèche et étouffante du Caire, puis de Tripoli, puis de chaque lieu entre les deux villes, à mesure que le front de la campagne d'Afrique du Nord traversait les deux mille kilomètres de désert d'est en ouest. Frank tressait des louanges aux mémoires de Beatrice Webb, *My Apprenticeship* : « J'ai trouvé qu'il était absolument délicieux de suivre les pensées, les doutes et les chagrins d'une femme extrêmement intelligente. » Il déclara à Iris que « le trait le plus déprimant [du désert], pis que les mouches, la chaleur ou les tempêtes de sable, c'est le caractère essentiellement masculin de ses habitants » [79]. Mais il minimisait la réalité des conditions : quand les tempêtes de sable survenaient, les hommes étaient soulagés que le massacre s'arrête ; mais au bout de trois jours, ils priaient pour que le massacre recommence et que la tempête s'arrête. Il faisait si chaud qu'on pouvait faire frire un œuf sur le blindage d'un tank. Et les mouches proliféraient en quantités bibliques, tellement gavées du sang des cadavres qu'elles empestaient la chair en décomposition [80]. Il n'y avait pas assez d'eau pour se laver, sans parler de se baigner – un verre par jour et par personne [81].

Mais les lettres circulaient quand même. Chaque semaine, malgré la pénurie de papier, c'étaient trois millions de lettres aériennes, quatre millions et demi de courriers de surface et de cartes postales et un demi-million de télégrammes qui transitaient par les services postaux de l'Armée et par d'innombrables intermédiaires qui échappaient à l'observation [82]. En un temps où la plupart des ressources en biens et en hommes, où l'économie était tournée vers les objectifs de guerre, un service postal, fait d'hommes et de femmes, de machines et de véhicules, de conventions, de lois, unis dans la coopération, rendait possible qu'une jeune femme, dans un Londres ravagé par les bombes, partage ses pensées avec un jeune homme pleurant un amour perdu dans le désert occidental, en glissant simplement un petit rectangle de papier dans la fente d'une boîte rouge à l'angle de Tothill Street et de Storey's Gate.

Frank recevait d'Iris le récit régulier de sa vie diurne et nocturne. Le jour, elle produisait, classait, déplaçait, copiait et froissait des papiers, « secs comme la poussière », pareille à un engrenage dans la gigantesque machine gouvernementale. Elle développa « un goût pour l'efficacité machinale, un désir d'enrégimenter l'humanité dans des catégories de fer » [83]. Ses collègues étaient « des hommes et des femmes agréables », intelligents « (et certains d'entre eux vraiment beaux) », souriants et discrets [84], souvent diplômés d'Oxford ou de Cambridge. Après le travail, ils allaient prendre un verre de bière ou de whisky ensemble dans les pubs autour de Westminster, avant de disparaître pour rentrer qui dans sa maison en banlieue, qui dans sa chambre meublée chez une propriétaire sourcilleuse. Alors Iris entrait dans le monde de la nuit. Elle se dirigeait au nord, tournant le dos à la rivière, remontait St James's Park et Leicester Square pour se rendre à Soho.

Iris était à la recherche « d'Êtres Humains Ultimes » et « de connaissance, d'expérience et de liberté ». Pour ce faire, elle s'était inventé un personnage littéraire : *Iris Murdoch, écrivain.* Dans ce monde nocturne, elle trouva une forme de liberté, « une absence totale du moindre sens des responsabilités », au sein d'une « compagnie étrange – composée d'ambitieux sans lendemain, agités, qui vivaient de façon chaotique et hasardeuse, sans jamais se préoccuper de l'instant à venir, saoules toutes les nuits sans exception dès six heures du soir, sans foyer ni famille, traînant dans les pubs et copulant à même le sol dans les appartements des autres » [85]. On ne pouvait pas leur faire confiance, ils étaient à la dérive, vivant en dehors du cadre ordinaire où le souci de l'avenir et du passé s'impose au présent. On ne pouvait pas les mettre au pas. Libres de faire ce que bon leur semblait, ils vivaient par à-coups, agissant selon la pensée ou le désir du moment ; rien n'avait d'importance. Dans cette compagnie, la seule chose sérieuse était la poésie et tous révéraient une même déité, T. S. Eliot [86].

Parmi les amis nocturnes d'Iris figuraient de nombreux réfugiés et migrants qui, comme elle, vivaient une double vie, travaillant pour la machine de guerre du gouvernement britannique la journée et lâchant la bride à leur alter ego la nuit. Elle buvait avec Mulk Raj Anand, un romancier sans le sou, un intellectuel de Bloomsbury, propagandiste pour le mouvement indépendantiste indien – la journée scénariste à la BBC. Elle échappa aux avances importunes de l'écrivain réfugié hongrois Arthur Koestler – qui le jour était propagandiste pour le ministère de l'Information. Elle craqua pour Tambi – Meary James Thurairajah Tambimuttu – le poète sri-lankais à la magnifique chevelure [87]. Elle dansa avec Dylan Thomas à The Gargoyle, un club privé sur Dean Street, dont l'intérieur, dessiné par Augustus John, Edwin Luytens et Henri Matisse, comprenait une fontaine sur la piste de danse [88].

Seaforth aussi vivait d'une double vie. En dépit des remontrances poétiques de Mary, la foi qu'avait Iris dans le communisme demeurait intacte. Une cellule du Parti empruntait la mansarde pour des réunions. Tous s'asseyaient par terre et gribouillaient des notes codées sur le bas des murs qu'Iris avait fraîchement repeints. Au travail, Iris copiait des documents du Trésor et les cachait dans un arbre, à Kensington Gardens [89].

Des lettres faisaient également la navette entre Londres et Oxford, entre Pip et Iris. Philippa écrivait ses réponses dans son lit, sous son couvre-lit rouge foncé, « une tablette sur les jambes, la théière à portée de main [90] ». Elle était restée à Oxford après avoir obtenu une mention très bien en PPE. Elle avait dénié s'être montrée brillante, mais ces protestations étaient peu plausibles étant donné ce résultat, obtenu par une jeune femme arrivée à Oxford sans avoir été scolarisée et qui avait passé ses examens après des mois de confinement au lit dans le plâtre et la douleur. Grâce à sa formation en économie (désormais, elle pouvait faire des maths), elle fut employée au sein d'une équipe de seize personnes au département de la Reconstruction sociale de Nuffield, un groupe de recherche créé en vue de collecter des données et de fournir des analyses sur la distribution des populations et de l'industrie pendant et après la guerre. Sa spécialité était l'industrie de l'ameublement [91]. Ici, nous retrouvons Sandie Lindsay. Non pas comme candidat à une élection politique ni comme Idéaliste de Boars Hill, comme *Master* de Balliol ou comme sondeur des consciences, mais comme la force à l'œuvre derrière le Département qu'il contribua à créer au début de l'année 1941.

Le bureau de Philippa se situait au 17 Banbury Road, à trois minutes de marche de l'entrée de Somerville. Elle prit une chambre dans les environs, dans la maison de l'économiste David Worswick, et la meubla avec beaucoup de plaisir. Elle confectionna des coussins de soie rose assortis à son couvre-lit, recréant les couleurs des pois de senteur qu'elle avait fait pousser avec sa mère dans le vieux manoir à Kirkleatham, et qu'elle adorait. Elle trouva dans une brocante une sorte de poterie italienne « rugueuse et divine », « qui venait d'un navire en route pour la Norvège saisi avec sa cargaison ». Elle paracheva le décor avec « un abat-jour – gris avec une touche de rouge ». En dehors du travail, elle donnait des cours pour l'Association pour l'éducation des travailleurs, passait des soirées avec Donald MacKinnon et se rendait régulièrement chez les Cassirer afin de « distraire Eva » et d'écouter Heinz. « Les Cassirer sont ennuyeux en ce moment », confia-t-elle à sa mère dans une lettre, « et se plaignent d'être négligés. Il vient d'écrire un livre sur Kant et il est vraiment grincheux à cause de ça. » Elle allait faire du cheval avec son fournisseur de viande : « D'après son allure, il avait certainement de bons et solides chevaux [92]. »

Sa fonction au département de Nuffield l'amena à travailler étroitement avec Thomas Balogh et Nicky Kaldor, deux économistes hongrois émigrés employés à l'Institut national de la recherche économique et sociale (que l'on venait aussi de créer). Tommy, de quinze ans son aîné, collègue à Balliol et ami de Sandie Lindsay (Tommy avait une photo de Sandie dans un cadre posé sur sa cheminée [93]), avait été le tuteur de Philippa pendant ses examens terminaux et, tout comme Donald MacKinnon, lui avait rendu visite lorsqu'elle était alitée. Puis, un certain jour de 1942, il l'avait rejointe dans son lit et la paire ne fit plus qu'un. « Balogh ensorcelait les femmes », se rappelait David Worswick ; Tommy lui prêta quelques meubles et en fit un prétexte pour se rendre librement chez lui, et chez Philippa [94]. Leur relation la fit entrer dans le groupe d'amis de Tommy et dans un monde de fêtes « folles ». Le lendemain d'une nuit particulièrement débridée, alors qu'elle se sentait peut-être un peu mal en point, elle écrivit une lettre à sa mère. « Nous avons commencé à Balliol et puis nous sommes allés comme un nuage de sauterelles jusqu'au George où on a mangé un énorme repas, surtout Nicky qui mange comme six et qui semble l'avoir toujours fait. » Puis, retour à la chambre de Philippa pour un café et pour « recoudre le gilet de Nicky et le lui réenfiler car [...] les boutons n'avaient pas supporté la pression », avant de repartir [95].

Au cours de l'été 1943, l'enquête fut bouclée et le temps des folles virées dans Oxford toucha à sa fin pour Philippa. Une nouvelle affectation survint : elle devait se rendre à Londres à l'Institut royal des Affaires internationales, également connu sous le nom de Chatham House.

Quand Philippa descendit du train, en août 1943, elle sortit sans doute de la gare de Marylebone du côté de Melcombe Place – l'entrée de l'avenue Harewood qu'avaient empruntée Mary et Iris avait été ravagée par les bombes. À ce moment-là, elle avait officiellement rompu avec Tommy – mais officieusement non. Ils avaient mis un terme à leur relation un soir, après une querelle d'ivrognes à l'issue d'une fête, à « exactement 00 h 56, heure d'été britannique [96] ». Mais chaque semaine, Tommy passait plusieurs jours à Londres et ils restèrent ensemble « en *off* [97] ».

Dans un premier temps, Philippa se réinstalla avec sa camarade de Somerville, Anne Cobbe, dans un grand appartement près de Weymouth Street. Anne avait obtenu une licence en mathématiques avec mention très bien et travaillait désormais à l'Amirauté [98]. Avec l'appartement, les locataires bénéficiaient d'une aide : un couple âgé y vivait, préparait les repas et faisait le ménage pour ses jeunes maîtresses. Il imposait également une routine un peu irritante de dîners à heures fixes et de couvre-feu. Dès le début (et à la grande désapprobation de la mère d'Anne, Lady Cobbe [99]), Philippa passa beaucoup de temps avec Iris ; elle allait faire griller des petits pancakes sur le radiateur à gaz de Seaforth, lovée dans le fauteuil Scrutton, et elles partageaient des dîners sur le pouce chaque fois que l'envie leur en prenait. De temps en temps, Tommy et Nicky les emmenaient dîner à l'Étoile sur Charlotte Street [100].

Pour Philippa, son nouveau travail d'assistante de recherche « en herbe [101] » était une « joie » – « Je n'aurais pas pu inventer mieux pour moi-même [102]. » Elle avait sans doute assisté aux séries de conférences régulières de Chatham House, conçues pour permettre aux employés d'accéder aux dernières études sociales et économiques sur la reconstruction d'après-guerre. Cette année-là, Margaret Mead, l'anthropologue américaine, vint parler des habitudes alimentaires. Elle avait tourné son regard ethnographique sur la vie des soldats alliés et des civils. Philippa a certainement dû venir écouter Mead décrire en détail les « modèles alimentaires » qu'elle avait trouvés parmi les populations faisant l'objet de ses recherches. Elle expliqua la manière dont le changement d'environnement, la connaissance scientifique et le symbolisme pouvaient bouleverser ou altérer les modèles de vie et d'alimentation [103].

Bertha Bracey, à la tête à la fois du *Friends Committee for Refugees and Aliens* (Comité des amis pour les réfugiés et les étrangers) et du Département central pour les réfugiés internés, vint également parler de modèle, de bouleversement et de privation. Bracey avait largement œuvré au *Kindertransport*, qui fit sortir plus de 10 000 enfants juifs d'Allemagne, et son travail de sauvetage se poursuivit tout au long du conflit [104]. Philippa avait sans doute entendu son avertissement : dès que les combats prendraient fin, trente millions de personnes déplacées allaient se mettre en mouvement partout dans le monde autour du globe. Dans la confusion d'un paysage déchiré par la guerre, ces voyages apparaîtraient chaotiques, sans principes, informes. Mais chacun était le chemin d'un individu mû par un instinct irrésistible : le puissant désir de retrouver un foyer. Il fallait reconnaître le caractère inévitable de ces périples et s'y préparer à l'avance, plaida Bracey ; cependant, la tâche s'avérerait extrêmement difficile.

« L'image est celle d'un vaste kaléidoscope dont les mouvements sont encore en cours, si bien que la configuration qui se forme à un moment donné est entièrement différente de celle qui se forme l'instant d'après [105]. » On savait certaines choses. Deux millions de républicains espagnols étaient passés en France à la fin de la guerre civile : 10 000 étaient partis pour l'Afrique du Nord ou le Mexique, mais des centaines de milliers étaient encore en France lorsqu'elle tomba aux mains de l'Allemagne. Depuis l'île Maurice, 1 500 réfugiés en détention allaient faire route en direction du nord-ouest, vers l'Europe, avant de se disséminer en Autriche, en Tchécoslovaquie et en Pologne. La Suède accueillait quatre millions de réfugiés en provenance d'Europe centrale, la Suisse plus de 62 000. Quant au nombre incalculable de juifs déportés depuis l'Allemagne, l'Autriche, la Tchécoslovaquie, la Pologne, la Russie, l'Ukraine, la Belgique, la Bulgarie, les Pays-Bas, la France, la Norvège, la Roumanie, les Pays baltes : combien avaient survécu ? Elle ne le savait pas. Bracey parla de « la politique nazie d'extermination », mais on ne comprenait pas encore la véritable signification de l'Holocauste déclenché par Hitler [106]. En juin 1942, le *Daily Telegraph* avait rapporté qu'en Europe occupée, les nazis assassinaient 1 000 juifs polonais par jour dans des chambres à gaz. Étonnamment, cette information ne figurait qu'à la page six et ne fut pas reprise par les autres journaux [107].

En dehors de son travail et de ses visites à Seaforth, Philippa continuait à se rendre régulièrement à Oxford pour le week-end : elle sautait dans le train (« Votre voyage est-il *vraiment* nécessaire ? »), logeait chez les Cassirer au 19 Carlton Road puis passait les soirées avec Donald MacKinnon. Un dimanche, elle resta trop longtemps chez lui et ne fut de retour à Londres qu'un peu avant une heure du matin, ratant le dernier métro. « Cependant », rassura-t-elle sa mère, « lors de mon long périple à travers Londres, j'ai croisé un taxi qui ne transportait que sept soldats américains, si bien qu'ils me firent asseoir sur leurs genoux jusqu'à St James. (Dieu merci [108].) » Les soldats étaient loin de se douter que l'auto-stoppeuse au visage de renard perchée sur leurs genoux était la petite-fille d'un président. Tous phares éteints, le taxi faisait route dans l'obscurité.

Alors que Philippa était heureuse, à tout point de vue, sa colocataire Anne avait du mal à faire face. En 1940, son bien-aimé frère Bill (Alexander William Locke), un ami de lycée de Michael et de Frank, avait été déclaré disparu et présumé mort. Au moment où Anne passait son diplôme, le faible espoir qu'il ait pu être fait prisonnier s'était évanoui. Son emploi de guerre, qui consistait en l'analyse statistique de batailles navales du passé pour permettre le développement de nouvelles tactiques, la laissa exténuée et ébranlée [109]. Peu après l'arrivée de Philippa, Anne s'effondra moralement et s'en retourna vivre auprès de sa famille. Philippa dut alors trouver un nouvel endroit où vivre.

Dans un premier temps, elle chercha un lieu pour elle seule et loua un deux pièces sur Charlotte Street à Bloomsbury. Mais Chatham House, le quartier général de l'Institut, n'était qu'à six cents mètres au nord de Seaforth, de l'autre côté de St James's Park ; Iris proposa donc à Philippa d'emménager avec elle. Sinon, argumenta Iris, elles allaient passer la moitié de leur temps à Charlotte Street et l'autre moitié à Seaforth, et perdre beaucoup d'argent en loyer. Aussi les coussins de soie rose de Philippa rejoignirent-ils le coussin turquoise d'Iris sur le fauteuil de Mary, et son abat-jour gris taché de rouge vint orner le luminaire. On pouvait désormais servir les petites crêpes épaisses sur de la poterie italienne. Il y aurait une Bosanquet à Seaforth pendant les cinquante prochaines années : Marion, la sœur de Philippa, reprendrait le bail après le départ d'Iris et Philippa à la fin de la guerre.

Quand Philippa se glissa sous son couvre-lit rouge à Seaforth, l'hiver commençait : on décrochait des fenêtres les rideaux d'occultation une fois les lumières éteintes pour doubler les couvertures, les manteaux doublaient les pyjamas et les bouillottes étaient indispensables. Philippa et Iris se réchauffaient tous les matins avec du thé et des petits pains moelleux dans le salon de thé Lyons', de l'autre côté de la rue [110]. Lyons' aussi menait une double vie : il servait des pâtisseries dans ses cafés tandis que ses usines étaient réaffectées à la fabrication de bombes. Une bombe sur sept qui tombait sur les civils allemands était produite par le boulanger-confiseur [111].

Philippa ne s'était jamais occupée d'elle-même toute seule auparavant et elle avait tendance à laisser traîner les choses au hasard, comme si un serviteur invisible allait les faire disparaître par magie. Iris gardait son intérieur en ordre et son consciencieux désir d'apprendre fut une délicieuse surprise pour Philippa, qui se sentait elle-même un peu désavantagée du fait de ne pas avoir été à l'école. Quand elle rentrait de son travail, Iris prenait immédiatement un livre [112]. Sur sa suggestion, Philippa lut Beckett, Dickens et Proust. Une visite à Kirkleatham lors d'un jour férié n'intimida pas Iris, qui étonna Esther Bosanquet en préparant ses propres sandwichs [113]. Plus tard, Philippa se rappela (visiblement avec un certain plaisir) le choc éprouvé par sa mère quand Iris « commit le terrible péché de repousser son assiette vide et de poser sa tête à même la table. Mais enfin, *ça ne se fait pas*, voyons !!!! [114] ».

Installées dans leur mansarde à souris, Iris et Philippa avaient à elles deux trois paires de chaussures, qui au bout du compte se réduisirent à deux. Poursuivant la conversation qu'avaient eue Mary et Iris sur la rivière Cherwell, elles comparèrent la liste des hommes qui les avaient demandées en mariage. Philippa commença : sa liste était honorable, mais brève. Iris, une fois lancée, semblait ne plus devoir s'arrêter : « Ça irait plus vite », lui dit Philippa dans un mouvement d'humeur, si elle faisait la liste de « ceux qui *ne* t'ont *pas* demandée en mariage plutôt que de ceux qui l'ont fait [115]. » Elles organisèrent une fête – chacun apporte sa bouteille ! – peut-être pour les vingt-trois ans de Philippa en ce mois d'octobre. S'y mêlèrent des personnages relatifs à leurs trois identités : les intellos, bohèmes et respectables Miss Murdoch et Miss Bosanquet du Trésor et de Chatham House. On faisait circuler des cigarettes turques tandis que Balogh et Kaldor dansaient avec la Somervillienne Vera Hoar (que Donald MacKinnon avait aussi suivie en tutorat [116]). Depuis Soho, Jane Degras, Mark Benny, Stevie Smith et Tambimuttu se frayèrent un chemin dans l'obscurité, chargés de bouteilles de bière et de spiritueux [117].

Le plan d'Elizabeth échoue

À Cambridge, Elizabeth sortit sa machine à écrire et tapa une esquisse générale du travail qu'elle avait accompli et se proposait de poursuivre dans l'espoir d'obtenir le renouvellement de sa bourse Sarah Smithson pour un an. Barbara, qui faisait ses dents, passait et repassait entre ses jambes à quatre pattes. En avril 1944, elles habitaient au 19 Fitzwilliam Street, en face de la maison qu'avait occupée Charles Darwin un siècle plus tôt au retour de son voyage sur le *Beagle*[118]. Elizabeth se préparait à entreprendre la tâche « effroyablement ardue » qui avait intimidé et fasciné son tuteur Donald MacKinnon[119]. « Examiner la définition "*animal rationals*" [*sic*] », écrivit-elle (à un moment où Barbara eut certainement besoin d'attention, si bien que le doigt de sa mère frappa le *s* au lieu du *e*[120]).

L'idée d'Elizabeth s'était affinée tout au long d'une année d'étude intense. Elle se proposait, à la suite d'Aristote, de chercher à connaître l'humain *via* les mêmes méthodes qu'on applique à la connaissance des navets ou des chats. « L'emploi du langage est ce en vertu de quoi nous disons qu'un homme a une part rationnelle. » Elle allait s'intéresser à la logique des énoncés qui expriment l'opération d'une faculté sensitive, des énoncés tels que : « Je vois du rouge » ou : « Je vois une boîte aux lettres rouge ». « Suivre cette piste », tapa-t-elle résolument[121].

Sa question centrale ne serait pas celle de Descartes, « Que suis-*je* ? », mais une question tournée vers l'extérieur : qu'est-ce que *cela* ? « Quelle sorte d'objets est-ce que je perçois quand je perçois des êtres humains ? », se demanderait-elle[122]. Le regard introspectif avait détourné Descartes de son corps pour le plonger dans le contenu de sa conscience – des fantasmes, des peurs, des pensées, des démangeaisons, des maux de dents, qu'il supposait pouvoir se produire sans le corps étendu (des maux de tête sans tête ; des démangeaisons sans endroits où se gratter ; des maux de dents sans dents). Le regard extraspectif tournait Elizabeth dans une autre direction, vers des observations touchant la nature de l'animal humain.

« *L'homme a trente-deux dents*[123]. » Cet énoncé est plus étrange qu'il n'en a l'air à première vue. Ce n'est pas un énoncé empirique qui peut être vérifié en comptant les dents dans la bouche des humains (dans la pénombre d'un wagon bringuebalant, un sourire édenté révèle qu'il n'y a rien à espérer d'une telle méthode). Grâce aux efforts des arracheurs de dents et à la tentation des bonbons, les animaux humains en ont en moyenne beaucoup moins. Pourtant, trente-deux est le nombre d'une dentition complète ; il en manque à quiconque en a moins. La raison en est que « l'homme a trente-deux dents » est un énoncé qui concerne l'espèce *animal humain* : il dit combien de dents un humain *devrait* avoir. Il resterait vrai que l'homme a trente-deux dents, même s'il nous manquait à tous des molaires.

Plus tard, Elizabeth soutiendra que, tout comme avoir une dentition complète est la norme ou l'idéal pour un homme, un « ensemble complet de vertus » est une norme pour l'homme, considéré « du point de vue de l'activité de la pensée et du choix relativement aux divers domaines de la vie – des pouvoirs et des facultés et de l'usage des choses dont on a besoin »[124]. Mais tout comme beaucoup parmi nous n'ont pas une dentition complète, peu possèdent l'ensemble complet des vertus – nous pouvons être patients mais non courageux ; être méticuleux mais manquer de gentillesse. Être défectueux de cette manière, c'est manquer de quelque chose, même si beaucoup d'autres sont également défectueux. Pour l'heure, Elizabeth nota une difficulté que posait sa nouvelle méthode « extraspective ». Elle la tapa fiévreusement : « Est-ce là un travail de philosophe ou bien seulement de psychologue expérimental[125] ? »

En avril, alors qu'elle était occupée à rédiger son « esquisse générale », Elizabeth apprit que son frère John avait été tué en défendant Jessami, en Inde, au cours de la première des six terribles batailles pour lesquelles son régiment fut décoré par la suite[126]. La mère d'Elizabeth, qui était veuve depuis peu, fut terrassée par le chagrin. Accueillie dans un premier temps par Tom, le jumeau de John, Gertrude finit par être admise à l'hôpital psychiatrique St Andrews à Northampton. L'établissement était bien connu pour ses traitements expérimentaux qui comprenaient des lobotomies du cortex préfrontal, dont l'effet sur l'intellect et la personnalité des patients fournissait des preuves importantes des connexions essentielles entre la matière et l'esprit. Au cours de l'année où Gertrude fut admise, trente-cinq opérations de cette sorte furent pratiquées [127]. Elle passa le restant de sa vie dans cette institution. Une histoire de la paroisse de Beguildy, rédigée en 1961, rapporte que « bien qu'elle vécût plus de dix ans dans un hospice, elle semblait être revenue aux jours de son enfance, du vivant de son Père, au presbytère de Beguildy [128] ». C'est ainsi qu'à l'âge de vingt-six ans, après avoir enterré son père et perdu sa mère, Elizabeth se retrouva *de facto* orpheline, comme son mari Peter.

Il revint à John Wisdom, un philosophe analytique de Trinity College, d'évaluer et de rejeter la candidature d'Elizabeth, qui comprenait son « esquisse générale » et une première version de sa thèse. « La thèse de Mrs Geach me semble à peine atteindre le niveau de la bourse, ce qui signifie qu'elle ne serait pas suffisamment bonne pour une bourse même s'il n'y avait pas d'autres candidats », déclara-t-il en préambule. Wisdom était impressionné par la discussion du rôle de la mention des mots : Elizabeth insistait sur le fait que quand nous disons « "L'herbe" est le sujet de "L'herbe est verte" », la proposition ne porte ni sur l'herbe ni sur le mot « herbe » ; ce qui rappelait à Wisdom certaines remarques du professeur Wittgenstein dans ses cours sur la grammaire. Mais l'argument était ruiné par « l'usage excentrique du mot "mot" » que faisait Miss Anscombe. « Ce n'est pas seulement que l'exposition prête à confusion : l'auteur elle-même est confuse. » Et lorsqu'elle en venait au sujet de l'identité, au lieu de se tourner vers les empiristes anglais dont Wisdom était familier, elle regardait vers Aristote et Thomas d'Aquin, au sujet desquels Wisdom s'avouait « ignorant ». Il dut demander de l'aide à G. E. Moore pour lire les longs passages en grec et en latin qu'Elizabeth n'avait pas daigné traduire. Ses « efforts louables » et sa « connaissance érudite d'Aristote et de Thomas d'Aquin » ne pouvaient pas compenser « l'obscurité, le caractère décousu, le dogmatisme, la connaissance insuffisante des conceptions adverses et la pure et simple confusion [129] ».

Une lettre de soutien positive de Waismann ne suffit pas à réparer les dégâts. Friedrich faisait l'éloge de sa « grande capacité de concentration et [de] la singularité de sa tournure d'esprit », de son « extraordinaire capacité à percer à jour la structure de la pensée telle qu'elle se manifeste dans le langage » et de sa « vive imagination philosophique » [130]. Mais ses pensées étaient ailleurs. En avril 1943, sa femme Hermine s'était suicidée, le laissant seul pour prendre soin de leur fils Thomas, tout juste âgé de sept ans. Elle n'avait pas supporté la culpabilité d'avoir trouvé refuge en Angleterre en abandonnant sa famille derrière elle ; sa sœur compta parmi les victimes de l'Holocauste. Donald MacKinnon, qui était devenu l'ami de Waismann à Oxford, se souviendra de son enterrement, « dans le froid coupant d'un matin d'avril », comme étant « indiscutablement le plus douloureux auquel il [lui] fut jamais donné d'assister » [131]. Neuf ans plus tard, Thomas suivit sa mère et mit fin à sa vie, à l'âge de seize ans.

Ayant échoué à obtenir la prolongation de son allocation Sarah Smithson, Elizabeth se retrouva dans un état de pauvreté qui allait perdurer six ans. Peter était toujours dans la forêt et le rationnement laissait tout le monde affamé ; on ne sait pas bien comment elle parvint à nourrir Barbara et à s'approvisionner en cigarettes tandis que la guerre se poursuivait.

En octobre 1944, Ludwig Wittgenstein revint à Cambridge.

L'amour et la guerre à Seaforth

Tandis que le conflit entrait dans sa phase finale, Seaforth était plongé dans un drame amoureux qui allait avoir des répercussions sur l'amitié d'Iris et Philippa pendant de nombreuses années, tout en fournissant à Iris le modèle d'un imbroglio érotique complexe pour ses romans. (Iris avait alors abandonné un premier roman et en avait terminé un second, qui fut rejeté par T. S. Eliot chez Faber & Faber, sans encouragement à le soumettre de nouveau [132].) Tommy « en a assez de moi et lui et ses amis m'ont laissé tomber », avait dit Philippa à sa mère, quelque temps après être arrivée à Londres. La bande lui manquait, mais elle pensait que c'était « une bonne chose » [133]. Cependant, quand Tommy la quitta (ou peut-être un peu avant), il commença à fréquenter Iris. Elle succomba pour lui à une passion amoureuse ou érotique d'une façon très comparable à ce que vivent ses personnages dans ses romans. Pendant une brève période, elle parvint à partager son attention entre Tommy et Michael Foot, mais l'homme plus mûr ne tolérait aucun rival, si bien qu'Iris mit un terme à sa relation avec Michael en janvier 1944, après l'avoir fait attendre pendant plusieurs mois. Lorsque Iris décrivit rétrospectivement sa conduite à David Hicks en novembre 1945, le mot qu'elle employa fut « écœurante ». « C'est une histoire de quadrilatère amoureux qui ferait sans doute un bon roman psychologique », ajouta-t-elle [134].

Michael plongea dans un désespoir qui n'eut d'égal que celui qu'avait provoqué, trois ans plus tôt, le précédent épisode avec Léonie [135]. Il se consolera par la suite en se disant que c'était l'*Official Secrets Act*, la législation protégeant les secrets d'État, qui était responsable de son échec à capturer le cœur d'Iris.

Le comportement d'Iris et Tommy attrista profondément Philippa ; elle se trouvait maintenant souvent abandonnée tandis qu'Iris sillonnait la ville en tous sens avec son ex-amoureux et ses anciens amis. Un soir d'avril, tandis qu'elle était seule à Seaforth, elle entendit toquer à la porte du bas [136]. Elle tomba sur un jeune homme désespéré, d'une élégance crépusculaire, qui faisait les cent pas dans l'allée. C'était Michael. Tous deux ne s'étaient jamais rencontrés auparavant (Iris avait tendance à ne pas mélanger ses amis), mais après que Philippa lui eut dit qu'Iris était sortie, il accepta son invitation à monter dans la mansarde pour prendre un verre et profiter d'une oreille compatissante. Philippa avait un tempérament naturellement protecteur, comme l'avait compris Donald MacKinnon. Michael trouva Seaforth

« morne [137] » ; dans un tel cadre, Philippa dut lui paraître particulièrement belle, avec son port de reine et ses vêtements élégants, tandis qu'ils parlaient de chasse, de chevaux et des conventions qui avaient dirigé leur enfance dans la haute société. Michael avait connu Bill, le frère d'Anne Cobbe. Cette tristesse qu'Iris trouvait vaguement stupide, Philippa la trouva charmante ; ils se plurent immédiatement. Il ne fut pas longtemps avant de la prévenir qu'il pourrait disparaître à n'importe quel moment pour être parachuté derrière les lignes ennemies [138]. Quelle jeune femme pouvait résister à un bel officier du renseignement, héroïque, au cœur brisé, prêt à risquer sa vie si le devoir l'appelait ? Michael reporta une nouvelle fois son amour sur une autre femme, qui cette fois était disposée à prendre soin de lui.

L'idylle qui fleurissait entre Philippa et Michael, ainsi que le comportement toujours plus égoïste d'Iris, ébranlèrent davantage encore l'amitié déjà abîmée entre les deux femmes. L'interminable liste de demandes en mariage qu'avait dressée Iris parut sans doute moins innocente aux yeux de Philippa, devant la profonde tristesse de Michael. Seaforth fournissait aussi son lot de tracas. Le rideau bleu d'Iris constituait la seule séparation intérieure de la mansarde, aussi Iris et Philippa devaient-elles sans cesse négocier pour savoir quel amant allait venir passer la nuit. Quand Iris se trouvait chez Tommy à Chelsea, Philippa faisait venir Michael. Quand Philippa restait chez Michael, Tommy pouvait venir [139]. Quand les deux amies se trouvaient seules ensemble dans l'appartement, elles pleuraient continuellement. Iris vit combien Philippa était moralement droite – il y avait quelque chose de kantien chez elle. (Les principes d'Iris n'étaient pas exactement du genre de ceux dont on voudrait ou pourrait vouloir qu'ils deviennent universels.) « Michael me détestait parce que je l'avais dupé, avant de me montrer indifférente. Pip me détestait parce que je le faisais souffrir. Je détestais Michael parce qu'il gâchait ma relation divine avec Thomas », se rappellera Iris. Pour tout cela, elle en vint plus tard à se détester elle-même ; mais sur le moment, elle était trop « follement amoureuse et entièrement dépourvue de volonté » : elle n'était pas en mesure d'éprouver vraiment des remords ou de la pitié, ce qui aurait pu la sauver aux yeux de Philippa. « Je voyais ma relation avec elle se détruire petit à petit, par ma propre faute, et pourtant je ne faisais rien pour la sauver. Elle eut, d'un bout à l'autre, une attitude admirable. » Il n'y avait rien d'autre à faire sinon pleurer, écrire des lettres et parler aux souris [140].

Mary se retrouve au milieu d'« étranges tribus »

Tandis qu'Iris et Philippa jouaient leur tragédie aux accents adolescents à Londres, Mary était de retour à Downe House, le lycée de sa jeunesse. Son emploi au ministère de la Production, où elle se retrouvait désœuvrée au milieu de collègues affairés, l'avait plongée dans une angoisse galopante. Iris, à sa place, aurait demandé qu'on lui confie une tâche ou bien elle en aurait inventé une pour elle-même ; mais Mary se contentait d'observer autour d'elle. « J'aurais dû voir », se dit-elle plus tard, « que ça n'allait pas, en réalité, et j'aurais dû prendre des mesures fermes pour que les choses changent. » Cependant, « le monde se divise à tout moment entre ceux qui voient que c'est possible et ceux qui ne le voient pas. À cette période, je faisais partie de la seconde catégorie [141]. » Le stress ranima la maladie qui avait failli lui coûter sa mention très bien. En vieillissant, elle apprendrait à s'extraire rapidement des situations potentiellement angoissantes, tout en développant une aversion pragmatique pour les émotions, les comportements ou les tempéraments extrêmes. « Névrosé » devint pour elle l'insulte suprême, un terme qu'elle avait sans doute tendance à dégainer un peu trop promptement là où il eût été plus juste de dire « agité », « désorganisé » ou même « passionné ». Olive Willis, la principale de Downe, n'était « pas névrosée [mais] remarquablement saine, vivante, efficace » – éloge remarquable sous la plume de Mary [142].

Mary allait enseigner les lettres classiques aux futures Mary – enfin quelque chose d'« utile [143] ». Les choses n'avaient guère changé à Downe depuis le temps de sa scolarité. En regardant par la fenêtre de la salle de classe le sommet de la colline, la pelouse, les prés et les bosquets en contrebas, sans doute eut-elle l'impression d'être une adolescente attardée. Pourtant, même si sa vie à elle semblait tourner en rond, elle ne pouvait ignorer les rappels, constamment sous ses yeux, des bouleversements subis par le monde autour d'elle. Non loin, à Newbury, l'entreprise de menuiserie Elliott's, à côté de Woolworths, produisait des pièces d'avion au lieu de meubles. Les étables du champ de course, qui avaient été réquisitionnées plus tôt pendant la guerre, abritaient des prisonniers au lieu de chevaux. L'étrange et féerique Maria Nickel – dont il se murmurait, au temps de la scolarité de Mary, qu'elle était une princesse polonaise [144] – avait non seulement creusé un long tunnel sous le bâtiment principal (pour servir d'abri antiaérien), mais aussi repeint tous les bâtiments en vert (en vue de camoufler le lycée dans son cadre bucolique). Trois cents pins, prélevés sur le terrain de l'établissement, étaient allés à l'Amirauté, sans doute à la suite d'un rapport rédigé dans la Section des ressources naturelles de Betty Acroyd. Et il y avait un autre vide, plus triste. Dans les semaines qui précédèrent l'arrivée de Mary, Lillian Heather, la compagne d'Olive Willis pendant trente-six ans, mourut à l'issue une longue maladie. Elle fut enterrée dans le parc du lycée, dans un caveau qu'Olive viendrait à partager plus tard [145].

À Downe, Mary recouvra sa santé et son équilibre. Elle enseignait Platon. Les échanges en salle des professeurs étaient agréables et légers, même si le café du temps de guerre n'avait pas bon goût. Étant enfant, Mary n'avait guère eu l'ambition de sortir de l'enceinte de Downe ; aujourd'hui qu'elle connaissait un peu le monde extérieur, elle se sentit bientôt isolée. Le rationnement du pétrole excluait les sorties le week-end ; et tandis que Michael courtisait Philippa à Londres, Mary se demandait comment avancer dans sa vie.

Un changement survint au cours de son quatrième semestre « par une voie dont je n'arrive plus à me souvenir », notera-t-elle plus tard. Elle en vint à enseigner les lettres classiques à Bedford – un « changement bienvenu » [146]. Elle et Peggy Torrance (une diplômée d'histoire de St Hilda's qui arrivait tout droit d'Oxford [147]) étaient les seules femmes de l'établissement qui accueillait surtout les fils de capitaines et de majors ambitieux, des hommes qui escomptaient que leurs enfants soient dressés et mis au pas à grands coups de canne. Si elle avait eu quelque espoir de trouver un compagnon là-bas, il avait dû rapidement être douché. Durant la pause de la matinée, Peggy et Mary, toutes deux aux aguets dans la *Senior Common Room*, observaient leurs collègues. En lieu et place du bavardage détendu et du mauvais café de la salle des professeurs de Downe, elles se retrouvaient dans une pièce qui « n'avait aucun rafraîchissement et peu de conversation à offrir. Quelques maîtres se tenaient là, les yeux dans le vide », et « quiconque parlait ne le faisait qu'en s'excusant et à voix basse, un peu comme s'il assistait à des funérailles » [148]. Des années plus tard, quand on lui demanderait pourquoi tant de femmes avaient renoncé à poursuivre une carrière en philosophie, Mary répondrait : « Ne demandez pas ce qui ne va pas chez les femmes, mais regardez ce qui ne va pas chez les hommes. [149] » Sans doute s'est-elle forgée cette conviction à cette période-là, tandis qu'elle partageait avec Peggy une pensée secrète : « Ces gens doivent être fous. » Mary étudia cette étrange « tribu » d'un œil d'ethnographe, en faisant toute une série d'hypothèses sur les motifs sous-jacents de leur silence, allant de la timidité jusqu'au sexisme en passant par la peur. Elle compara ses notes de terrain avec celles de Peggy. Le quart d'heure de pause leur suffisait tout juste à descendre en trottinant la longue allée de l'établissement jusqu'au petit restaurant de l'autre côté de la rue pour y engloutir une tarte à la confiture et partager quelques plaisanteries sur les « coutumes de la tribu » au sein de laquelle elles s'étaient rencontrées [150].

Elizabeth Anscombe rencontre Ludwig Wittgenstein

Quand Elizabeth rencontra Wittgenstein, elle avait vingt-cinq ans. Lui en avait cinquante-cinq et il ne lui restait plus que sept ans à vivre. Le chaos et le désordre qu'il causait dans la vie de ceux qui l'entouraient, combinés à l'isolement et à la pauvreté d'Elizabeth, auraient pu éveiller chez un observateur extérieur un sentiment de crainte pour elle. Mais elle était prête pour Wittgenstein, comme il l'était pour elle. Elle possédait deux qualités dont il avait besoin chez un interlocuteur et un ami philosophe. D'abord, elle était traversée de questions profondes. La cause du dégoût récurrent qu'éprouvait Wittgenstein pour l'enseignement et pour ceux à qui il le dispensait tenait en partie au sentiment que ceux qui étudiaient la philosophie à Cambridge n'éprouvaient pas de véritable perplexité face à ses questions [151]. Il en allait tout autrement avec Elizabeth. Elle avait passé son adolescence à ruminer sur la prescience divine et sur une preuve erronée en faveur de l'idée que tout événement doit avoir une cause. Elle avait encouru la censure en discutant des conditions d'une guerre juste. Elle était restée assise chez MacKinnon à l'écouter grommeler tandis qu'il faisait les cent pas. Elle avait passé des heures les yeux fixés sur des paquets de cigarettes dans les cafés d'Oxford. Elle avait veillé jusque tard dans la nuit en compagnie de Mary, en s'efforçant de comprendre ce que Platon avait pu vouloir dire par la « derrière-té » [*behindness*]. En posant les yeux sur des soldats en uniforme dans le train, elle avait pensé aux chats et aux navets.

La seconde qualité était la suivante : sa foi religieuse lui faisait prendre les choses au sérieux. Pour Elizabeth, le problème de l'identité des corps n'était pas une difficulté technique ou scientifique : c'était une question qui concernait son âme immortelle. Le problème de la connaissance du monde extérieur était celui de la foi et de l'espérance. Le problème des conditionnels contrefactuels était celui de la théodicée. Le problème de la causation était le problème de Dieu comme cause première. Un jour, lorsque le philosophe analytique Bertrand Russell avait demandé à Wittgenstein : « À quoi pensez-vous, à la logique ou à vos péchés ? », ce dernier avait répondu : « Aux deux. » C'était vrai également pour Elizabeth. Ces deux traits qui la caractérisaient – son authentique perplexité philosophique et sa foi – expliquent sans doute aussi pourquoi elle fut capable de préserver son indépendance philosophique et sa santé mentale là où tant d'autres qui se trouvèrent attirés dans l'orbite de Wittgenstein échouèrent.

Peter lui rendit visite à Noël ; début 1945, Elizabeth était de nouveau enceinte. C'est cette année-là que, comme l'avaient fait avant elle Margaret Masterman et Alice Ambrose, elle allait gravir l'escalier de Whewell's Court pour assister aux cours déroutants, brumeux et galvanisants de Wittgenstein. Cet hiver-là, il devait déjà faire nuit à cinq heures du soir tandis qu'elle empruntait All Saints Passage. L'obscurité ne gênait certainement pas Wittgenstein ; il pensait mieux dans le noir.

La salle K 5 se situe au sommet d'une tour de style néo-gothique ; en journée, on y a une belle vue sur Trinity College. Wittgenstein, au moyen de morceaux de carton noir, avait redélimité le cadre de la fenêtre afin de la rendre plus conforme à son goût pour l'architecture moderniste. Au centre de la pièce se trouvait un petit poêle. En dehors de cela, la salle comprenait une chaise pliante, une table à tréteaux, un fauteuil et pour ainsi dire rien d'autre. « Pas de tableaux, pas de rideaux et quasiment aucun livre », se rappellera un *undergraduate*[152]. Les visiteurs prenaient une chaise pliante en toile vert pâle dans la pile du couloir avant d'entrer et de trouver Wittgenstein, assis sur une chaise pliante, « penché en avant, les coudes sur les genoux, les mains pressées l'une contre l'autre, les doigts étirés, presque comme s'il était en train de prier[153] ». À cinq heures précises, Wittgenstein dépliait son corps et commençait le cours. Il parlait sans notes. Bien que les séances fussent censées se terminer à sept heures, il n'y avait aucun moyen de savoir combien de temps elles allaient durer. Tout comme la classe *Agamemnon* de Fraenkel, l'expérience inspira un poème à un *undergraduate*, Ivor (I. A.) Richards :

> Peu résistaient longtemps à votre beauté hâve,
> À vos lèvres, vos yeux lumineux de dédain,
> Sourcil froncé, sourire franc – fils du chagrin,
> Vous étiez du devoir, non du monde, l'esclave.
>
> Du grandiose tourment l'auditoire enivré
> Regardait, attendait des mots la parousie
> Le souffle retenu face à votre aphasie
> Angoissée, démunie – qu'un mot soit délivré[154].

Quelques années auparavant, Elizabeth avait assisté aux cours de H. H. Price à Oxford, déchiquetant sa robe de frustration. Au café Cadena, la question lancinante : « *Que vois-je vraiment* ? » Dans la tour de Wittgenstein, elle le vit parodier cet effort, mais la parodie n'était pas de la raillerie. « Je suis assis au jardin avec un philosophe », commence Wittgenstein. Le philosophe « va me répétant : "Je sais que ceci est un arbre" en montrant un arbre près de nous. Une tierce personne arrive là-dessus, l'entend et je lui dis : "Cet homme n'est pas fou : nous ne faisons que philosopher" »[155]. Pour Wittgenstein, l'effort du philosophe, qui passe pour de la folie aux yeux d'un observateur, commence lorsque les choses que nous considérons comme allant de soi, qui forment l'arrière-plan de notre vie quotidienne, deviennent soudain étranges ou mystérieuses (les paquets de cigarettes disparaissent, les chats disparaissent, quelqu'un va répétant : « *Je sais que c'est un arbre* »). Wittgenstein avait compris qu'il s'agissait de moments extrêmement importants pour les philosophes. La tentation est toujours de se sortir de cette perte apparente de santé mentale, de recouvrir le retrait de la certitude par des arguments et des théories. Au lieu de quoi, insistait-il, le philosophe doit essayer de comprendre quelle est la source de ce genre de mystérieux déséquilibre plutôt que de chercher à le faire disparaître par des explications. En s'attachant à ces moments de perplexité, en les regardant et en les retournant en tous sens, le philosophe peut commencer à voir que leur étrangeté surgit lorsque des éléments de notre langage se trouvent extraits de la vie quotidienne. Le travail du philosophe, à partir de la reconnaissance de cette étrangeté, consiste à découvrir les schémas de vie récurrents dans lesquels ils trouvent place, les activités dont ils ont été extraits, et de les replanter dans le sol qui leur convient.

Les leçons de Wittgenstein se poursuivirent tout au long de l'hiver et au printemps. Elizabeth fut certainement présente chaque semaine ; Wittgenstein (tout comme Fraenkel) méprisait les « touristes[156] ». Alors que sa présence laissait les autres complètement à bout de forces[157], Elizabeth commençait à voir dans sa méthode une voie lui permettant de sortir des difficultés avec lesquelles elle était aux prises dans sa thèse. Elle le regardait fièrement, le visage empreint d'une perplexité et d'un sérieux non feints. En plus de son affinité avec cette nouvelle façon de penser, elle travaillait extraordinairement dur, plus dur que ses pairs. La vision d'une salle pleine d'*undergraduates* concentrés sur leur anxiété (la crainte d'être désigné) plutôt que sur le problème philosophique rendait Wittgenstein fou de rage et lui donnait la nausée. Lever les yeux et voir Elizabeth en train de réfléchir avec autant de force et d'ardeur que lui était un antiémétique. Quant à elle, l'approche qu'il avait de la philosophie et de ses questions lui ouvrait de nouvelles voies pour traiter les vieux problèmes métaphysiques de sa thèse. Une nouvelle manière de jeter un regard extraspectif. Elle se trouva bientôt, comme elle le dit plus tard, dans un « état de folle vénération » pour lui [158].

Wittgenstein : Supposez que, dans une tribu, on apprenne le comptage comme une sorte de poésie, et qu'ensuite, pour mesurer les champs, on compte les pas. [...] Vous voyez [un homme] arpenter des champs. Qu'est-ce qui vous fait dire [qu'il prend des mesures et non qu'il fait de la poésie] ? [...]

[*Étudiant 1*] : Découvrir s'[il] compte [?].

Wittgenstein : Vous ne connaissez pas [son] langage.

[*Étudiant 2*] : Vous voyez si [ses] pas ont une unité constante.

Wittgenstein : Ce pourrait être une danse.

[*Wasfi*] *Hijab* : Vous étudiez leurs vies.

Wittgenstein : Oui, vous avez besoin du contexte constitué par quantité d'autres choses qu'ils font. [...] Considérez [...] des phénomènes tels que comparer des couleurs, mesurer le temps, comparer des longueurs, jouer à certains jeux. Ces phénomènes sont spécifiques. « Je vais vous montrer quelque chose que nous, humains, faisons. » [159]

Chaque semaine, Wittgenstein esquissait des saynètes de la vie humaine et de vies qui ressemblent aux nôtres, mais avec un caractère anormal ou différent. Les choses que nous, humains, faisons sont : donner des ordres, mesurer, dessiner, rapporter un événement, spéculer, faire des conjectures, inventer des histoires, faire du théâtre, chanter, résoudre des énigmes, raconter des plaisanteries, traduire, solliciter, remercier, jurer, saluer, prier [160]. Chaque activité s'inscrit dans les schémas récurrents qui constituent la forme de vie humaine. Elizabeth commençait à voir une nouvelle manière de décrire l'âme humaine et l'être humain – non pas une machine à calculer efficace, mais un animal social, créatif, curieux, spirituel.

Philippa et Iris attendent des nouvelles

À quatre-vingts kilomètres au sud, à Londres, le brouillard enveloppait Seaforth. « Le brouillard est si épais, même dans cette pièce, que c'est tout juste si je devine Iris de l'autre côté », écrivit Philippa à sa mère, alors que les deux amies poursuivaient leur difficile cohabitation [161]. À l'été 1944, la guerre atteignit Seaforth. Le 6 juin, le fameux *D-Day*, les troupes alliées débarquèrent sur les plages de Normandie, prêtes à repousser les armées allemandes vers le sud et l'est. En représailles, les Allemands activèrent leur campagne de « bombes volantes ». Les *Vergeltungswaffen* (les armes de la vengeance) furent lancées depuis la France ; chacun de ces missiles avait juste assez de carburant pour traverser la Manche à faible altitude avant de survoler Londres. Là, une fois les moteurs coupés, s'ensuivaient quatorze secondes de silence tandis que la bombe plongeait vers le sol. Les Londoniens furent de nouveau forcés de se terrer.

Iris prit la précaution d'envoyer une partie du roman qu'elle était en train d'écrire à un ami à Oxford pour qu'il le garde en sûreté [162], mais Pip et elle restaient en surface et rampaient jusqu'à la baignoire de Seaforth quand les alertes aériennes retentissaient. Un matin, elles furent tirées de leur sommeil à sept heures, quelques minutes avant que leurs réveils ne sonnent, quand « les fenêtres et leurs cadres furent soufflées dans la pièce [163] ». Iris n'avait eu aucune nouvelle de Frank depuis de nombreux mois et l'angoisse l'étreignit de plus en plus à mesure que l'été avançait. Tout au long du mois de juillet, Philippa passa de nombreuses heures à la National Gallery où elle se familiarisait avec *Don Andrés del Peral*, de Goya [164], le « tableau du mois ». Puis, quelques jours après que *Don Andrés* fut renvoyé à la grotte de la Cathédrale (pour être remplacé par *La Vierge et l'Enfant* de Bellini), Michael disparut purement et simplement. Maintenant, elles étaient deux à attendre des nouvelles.

Après la disparition de Michael, Donald écrivit à Philippa tous les jours. Le 27 septembre, il lui téléphona à son travail pour lui communiquer une nouvelle, non pas au sujet de Michael, mais de Frank. Une manchette « Porté disparu présumé tué » avait paru ce matin-là dans le *Times*.

Frank Thompson, le « brave et bien-aimé » d'Iris, avait été capturé, torturé et assassiné quatre jours après le *D-Day* et trois jours avant que la première *Vergeltungswaffe* ne pousse Iris et Philippa à s'abriter dans la baignoire [165]. Il s'était porté volontaire pour être parachuté en Serbie occupée, depuis laquelle il pénétra avec son unité en Bulgarie, alliée de l'Allemagne, pour entrer en liaison avec des membres de la résistance bulgare. La mission était suicidaire. Frank se trouvait dans le pays depuis moins de quatre semaines au moment où il fut abattu [166]. Étrangement, il resta vivant sur le papier cent trois jours encore après sa mort. Pour soulager les officiers de la pression d'écrire à leur famille et à leur bien-aimée, les forces armées avaient pour pratique d'envoyer chez eux tous les quinze jours un télégramme conçu de façon officielle. Les messages suivaient une formule, alternant entre un bulletin de santé, des remerciements pour le courrier reçu et une salutation. Ses parents reçurent de tels messages et y répondirent au cours de l'été et d'une partie de l'automne, bien que leur caractère impersonnel commençât à les troubler. Cependant, l'illusion se trouvait renforcée par des livraisons à Scar Top de colis de nourriture provenant du grand magasin Stuttafords, que Frank avait organisées à l'avance. Le 16 septembre, sa mère, Theo, lui écrivit afin de le remercier pour les fruits confits et la langue en conserve. En vue de son retour, elle nettoya sa chambre et remit son piano en état. Elle reçut le télégramme « Porté disparu présumé tué » cinq jours après la langue en conserve [167].

Philippa quitta son travail et rentra à Seaforth pour annoncer la nouvelle. Elle trouva Iris dans la cuisine [168].

La nuit tombait de plus en plus tôt. Après la libération de Paris, fin août, la littérature française commença à filtrer à travers la Manche, jusqu'à atteindre Seaforth [169]. *Pierrot mon ami* de Raymond Queneau arriva parmi les premiers titres [170]. Enfin, en octobre, les nouvelles qu'attendait Philippa arrivèrent. « Une lettre de Michael m'est parvenue par le biais de la Croix-Rouge à

Nantes », écrivit-elle à sa mère. « Cela paraît si incroyable de pouvoir relier les deux mondes comme ça et c'est si merveilleux d'avoir une lettre disant que tout va bien pour lui. » Michael, avait-elle appris, était prisonnier de guerre en Bretagne : « Il ne dit rien de la façon dont ça se passe dans le camp, sinon qu'il a deux livres – un exemplaire du Nouveau Testament et un d'*Antoine et Cléopâtre* – et qu'il commence tout juste une période de confinement solitaire de dix jours, on ne sait pas pourquoi » [171].

À la réception de la lettre de Michael, Philippa décida de chercher à entrer en contact avec son père, à qui pourtant elle n'avait pas été présentée. Elle s'y employa avec une certaine appréhension, « sachant qu'*a priori* il n'avait pas entendu parler de mon existence ». Il lui fallut « vingt et un coups de téléphone » pour obtenir son adresse. Elle lui envoya une lettre ; quand elle arriva à son travail le lendemain matin, elle fut surprise d'y trouver le brigadier Richard Foot qui l'attendait dans la salle commune de Chatham House : « Nous sommes tombés dans les bras l'un de l'autre avec des larmes de joie » ; il ne cessait de répéter : « Oh mais comme je suis heureux qu'il ait eu quelqu'un à qui il désirait écrire [172] ! »

Les parents de Michael avaient reçu des nouvelles de lui deux semaines avant que sa lettre ne parvînt à Philippa, grâce à un compagnon de détention qui avait réussi à s'enfuir. À eux trois, ils avaient assez d'éléments pour reconstituer l'histoire (« Nous avons complété le puzzle ensemble petit à petit. ») Michael avait été parachuté dans l'Europe occupée et, à l'instar de Frank, il avait été fait prisonnier presque aussitôt. Il avait tenté par deux fois de s'échapper, sans succès, et ce fut la seconde tentative qui lui valut d'atterrir en confinement. Son compagnon de fuite avait réussi à échapper à la capture et c'était lui qui avait porté la nouvelle au brigadier. Ce dernier fut en mesure de donner « un rapport très détaillé [...] de la manière dont ils vivaient, de ce qu'ils mangeaient à chaque repas et de la façon dont les gardes les traitaient ». Philippa fut rassurée d'apprendre que le père de Michael « remuait ciel et terre pour obtenir d'autres nouvelles par tous les moyens et tenter d'organiser un échange » [173].

En coulisses, le brigadier avait obtenu un entretien avec Andrew Hodges, de la Croix-Rouge américaine. Hodges avait récemment piloté un échange de prisonniers avec succès et Richard Foot le supplia d'agir de même pour son fils. Hodges accepta finalement de faire ce qu'il pouvait pour aider un père désespéré, après que l'entretien, qui avait commencé de façon plutôt crispée, eut pris une tournure personnelle et sentimentale. Le brigadier partagea une recette de tarte au potiron qu'il tenait de sa mère ; Hodges parla de son enfance en Alabama [174]. Après de prudentes négociations, Hodges obtint qu'un échange entre prisonniers allemands et alliés ait lieu – un contre un, de même rang. Désormais, il n'y avait plus qu'à attendre avec un espoir renouvelé. « Cela change beaucoup de choses [175]. »

Michael, qui n'avait pas eu vent des efforts de son père, fit une dernière tentative de fuite qui faillit lui être fatale. Il escalada la clôture du camp, se noya à moitié dans un marais avant de réussir à s'échapper en suivant l'étoile polaire dans la nuit. Tout se passait bien jusqu'à ce qu'il soit pris pour un intrus par un paysan français qui faillit le tuer. Il fut frappé au front avec une fourche et un coup de pied dans la tête lui brisa le cou avant qu'on ne le capture de nouveau. Quand l'échange de prisonniers eut lieu, Michael était dans le coma, maigre et très affaibli ; on ne s'attendait pas à ce qu'il survive. Une séquence filmée de la Croix-Rouge le montre inerte, en train d'être porté jusqu'à une ambulance prête à partir. Par miracle, il reprit conscience à l'hôpital en France [176].

Ce fut ainsi qu'en février 1945, après trois mois dans un hôpital militaire, Michael Foot réapparut à Londres. Philippa remballa ses coussins, sa poterie et son abat-jour pour emménager à Rochester Row, où elle pourrait prendre soin de lui, soulagée de laisser Seaforth derrière elle [177].

Le nouveau projet d'Elizabeth

En avril 1945, Elizabeth sortit une nouvelle fois sa machine à écrire afin de mettre en forme une troisième candidature pour une bourse à Newnham : « Je souhaiterais me porter candidate à une bourse de recherche à Newnham College, s'il y en a une à laquelle je suis éligible [178]. » Dans une note d'accompagnement, Elizabeth expliquait pourquoi elle n'avait pas encore passé son doctorat : « Au cours des sept derniers mois, j'ai été contrainte de soumettre l'ensemble de ma pensée et de mes façons de penser à une révision bien plus radicale que je n'avais pu m'y attendre (et qui est encore en cours), si bien que je ne me suis pas encore présentée au diplôme [179]. » Cela faisait sept mois, en effet, qu'elle suivait les leçons de Wittgenstein. « J'étais bien trop insatisfaite de ma thèse pour la soumettre en vue d'obtenir le diplôme d'Oxford et j'ai entrepris de la réécrire », continue-t-elle dans la note. À la lecture de ses efforts, le jugement de Wittgenstein : « Ça ne vaut pas un sou » [180].

Elle se proposait d'explorer plus avant « le concept d'âme » et bien que l'ébauche d'une page soit beaucoup plus hésitante que les trois pages de « l'esquisse générale » qui accompagnait sa candidature précédente, elle montre qu'elle n'avait pas abandonné Aristote ni ne s'était éloignée des problèmes métaphysiques qui l'intéressaient.

Sur les cinq points d'investigation qu'elle formule, un seul mentionne explicitement Wittgenstein. Les quatre premiers explorent les conceptions platonicienne, aristotélicienne et cartésienne de l'âme ; la marque de Wittgenstein y apparaît à un ou deux endroits : elle compte se pencher sur la description que donne Platon de « l'âme et des formes, de l'intelligence et de l'intelligible, comme étant le même genre d'entité », mais tout en cherchant à comprendre ce que Platon voulait dire par là, elle « essaier[a] de découvrir la pulsion derrière cela » et se demandera : « Y a-t-il un sens quelconque dans l'idée d'objets immatériels – ou bien quelle est l'erreur, quelle est la tentation conduisant à la commettre ? » Cet accent porté sur un diagnostic, sur la recherche de la cause de la tentation, provient peut-être de Wittgenstein. En (1), elle montre de l'incrédulité devant Descartes d'une manière toute wittgensteinienne. L'intellect est le « siège » de l'intelligence. Le siège ? Tout comme cela faisait des années qu'elle demandait à Mary : « *derrière-té* ? »

Mais pour le reste, son travail se distingue encore par son caractère métaphysique et historique. Avant de rencontrer Wittgenstein, elle avait déjà tourné son attention de la surface des objets vers le « caractère logique des énoncés exprimant l'opération des facultés sensibles[181] ». Désormais, elle était sur le point de remplacer « caractère logique » par la notion de « grammaire » de Wittgenstein. Par ce changement, elle allait ouvrir le cadre aristotélicien qui formait déjà le noyau de sa métaphysique.

Passer d'Oxford à Cambridge fut un déplacement autant géographique qu'intellectuel pour Elizabeth, qui se manifesta dans le fait qu'elle reçut cette fois-ci des lettres de recommandation de Wittgenstein et de Bertrand Russell. Ce dernier rapporte que « la connaissance dont témoigne Mrs Geach de la philosophie scolastique [...] est exceptionnelle parmi ceux qui ont appris la logique moderne » (un écho de la recommandation que H. H. Price avait écrite pour le tuteur d'Elizabeth, Donald MacKinnon). Mais il s'inquiète du fait qu'elle n'« accorde pas suffisamment d'attention à la physique » ni « n'envisage les conséquences de la théorie quantique sur son problème ». Néanmoins, il « sera[it] heureux qu'elle se voie attribuer une bourse de recherche » et pense « que son travail justifiera cette attribution »[182]. Wittgenstein écrit qu'il a été « en mesure de [se] faire une idée précise de ses capacités philosophiques ». Elle est, dit-il, « sans aucun doute, l'étudiante féminine la plus douée que j'aie eue depuis 1930, date à laquelle j'ai commencé à enseigner ; et parmi mes étudiants masculins, il y en a seulement huit ou dix qui ont des capacités identiques ou supérieures ». Ses essais, poursuit-il, « constituent une base solide pour le développement de pensées philosophiques », mais « ils manquent encore beaucoup de maturité ». Ceci ne devrait être compté contre elle, précise-t-il. « C'est [...] la conséquence inévitable du fait qu'en venant à Cambridge elle a été sujette à de nouvelles influences philosophiques qu'elle n'a pas eu le temps d'assimiler[183]. » Wittgenstein dit en personne à Elizabeth que ses écrits n'étaient pas « propres » – ce qu'elle glosa en ces termes : « Autant dire que c'est de la merde[184]. » Mais, si ce qu'elle faisait n'était pas encore propre, il estimait néanmoins qu'elle était digne de poursuivre sa formation et il la recommanda « très chaleureusement » pour la bourse.

Une fois de plus, la candidature d'Elizabeth fut rejetée. Il est possible que la dernière ligne de sa proposition ait irrité le comité : « Quant aux conclusions, je ne sais pas du tout. »

Quelques jours après qu'elle eut reçu la lettre de refus, on frappa quelques coups à la porte de la principale de Newnham, Myra Curtis. Elle s'ouvrit sur le professeur Wittgenstein, portant une cravate (ce qui était très inhabituel [185]). Il plaida en faveur d'Elizabeth, mais Miss Curtis n'était pas intimidée par les universitaires, aussi égocentriques ou habitués à la vénération pussent-ils être. Avant de s'installer derrière son bureau de principale, elle avait connu une brillante carrière au ministère de l'Alimentation, au ministère des Pensions et au Service Postal, gravissant un à un les échelons en administratrice de talent [186]. Il fallait suivre la procédure. Le collège finit néanmoins par attribuer une bourse de recherche à Elizabeth, d'un montant de 50 livres [187]. Les temps difficiles n'étaient pas terminés. Lorsqu'elle accoucha de son deuxième enfant, John, en octobre, Wittgenstein prit en charge les frais de son séjour à la maternité [188].

La guerre se termine et deux amies reviennent à Oxford

Le 8 mai 1945, la victoire fut proclamée en Europe. Après six ans de ténèbres, la fin de la guerre signifiait la fin du *black-out*, qui fut célébré d'un bout à l'autre du pays par une débauche de lumières aussi nombreuses et variées que possible. Les rues s'illuminaient de torches ; le palais de Buckingham et la maison de la BBC étaient inondés de lumière ; on allumait des feux de camp partout où il y avait quelque chose à brûler ; l'horloge de Big Ben brilla de nouveau ; les fenêtres des pubs s'éclairaient [189]. Hébétés et aveuglés, Philippa et Michael déambulèrent, parmi la foule, entre Pall Mall et St James's, environnés de flammes [190]. Mary aussi se trouvait à Londres, à Trafalgar Square. Elle s'était toujours montrée perplexe quand elle entendait dire que les gens « dansaient dans les rues » – comment des personnes pleines de bon sens pouvaient-elles faire une chose pareille ? « C'est très simple, en vérité. On diffusait de la musique dansante quand je suis arrivée à Trafalgar Square avec des amis ; chacun s'est laissé porter dans des cercles concentriques qui tournaient dans des directions opposées [191]. » Vers deux heures du matin, tandis que Mary tournait autour des lions qui gardaient la colonne Nelson, Iris (qui avait fait une halte à la cathédrale de Westminster pour rendre grâce à Dieu) était en train de danser dans Piccadilly tout proche [192].

Mary fut la première des quatre à retrouver le chemin d'Oxford. Il fallut pour cela un petit coup de pouce de Jean Rowntree, l'enseignante qui lui avait malencontreusement suggéré d'aller à Vienne à l'été 1938. Après avoir passé la première année de guerre à trouver des foyers aux enfants évacués de Londres, Jean avait pris un poste de productrice au département des conférences de la BBC [193]. Elle invita Mary à parler à la radio. La série de Jean, *What's the Point of... ?* (« À quoi ça sert, ... ? »), apparut sur les ondes du Home Service en avril 1945 et fut diffusée chaque lundi à 19 h 40. La première question fut : À quoi ça sert, l'astronomie ? Après quoi, la philosophie, la poésie, les formes rituelles, l'histoire et la musique purent se défendre chacune à leur tour. À chaque épisode, un expert expliquait aux auditeurs britanniques l'importance de sa discipline pour la vie humaine et la société d'après-guerre. Le septième épisode devait être : « À quoi ça sert, les "langues mortes" ? »

Le format de cet épisode rompit avec celui des six précédents en accueillant deux invités : Mary Scrutton et le spécialiste de lettres classiques de Boars Hill Gilbert Murray. Peut-être craignit-on que la défense des langues mortes par un homme qui approchait les quatre-vingts ans eût quelque chose d'un peu absurde.

Mary était là pour représenter la jeunesse. En entamant la rédaction de son plaidoyer, elle avait certainement en tête la classe *Agamemnon* de Fraenkel. Ce fut en effet au cours de ces séances qu'elle avait éprouvé pour la première fois le sentiment de « faire partie d'une chaîne intemporelle de savants » et qu'elle avait compris l'immensité de la tâche consistant à construire un pont entre le présent et le passé en ayant pour seul guide la parole écrite. Elle avait commencé à voir comment la chaise inconfortable d'un moine ou les doigts pleins d'encre d'un scribe pouvaient introduire des erreurs dans le texte et pourquoi, si les mots revenaient à la vie en retrouvant leur signification, les hommes qui les avaient écrits cesseraient d'être de simples noms – Stephanus, Bentley, Porson, Housman – pour devenir de vivants individus historiques [194]. Il ne fait aucun doute qu'elle parla en ces termes lors de l'émission. Gilbert Murray fut assez impressionné pour que, quand Isobel Henderson de Somerville, dont il avait été le tuteur, lui suggéra de prendre Mary comme secrétaire, il fût heureux de lui offrir le poste lorsqu'une place se libéra [195]. Ainsi Mary prit-elle congé de son étrange tribu de Bedford et revint-elle à Oxford.

Ce fut ensuite au tour de Philippa. Peu après le jour de la victoire, elle fut libérée de Chatham House. Elle épousa Michael et ils emménagèrent au 8 New College Lane, dans le centre d'Oxford [196]. Michael devait encore terminer son diplôme et Philippa s'apprêtait à commencer un travail de recherche comme *graduate* tout en occupant un poste d'enseignement à Somerville. Iris avait également convoité cette place, mais elle accepta la défaite avec grâce : « Elle le mérite, de toute façon, car elle est bien meilleure philosophe que moi et elle sera une véritable Susan Stebbing [197]. » Philippa fut recommandée par Sandie Lindsay, Donald MacKinnon et Heinz Cassirer : son travail est « d'une qualité exceptionnelle », écrivit le premier [198] ; « Je classe sans hésitation Miss Bosanquet comme l'une des meilleures étudiantes que j'aie eues », écrivit le deuxième [199] ; « Je n'ai jamais rencontré une jeune personne qui eût des capacités ne serait-ce que comparables », écrivit le troisième [200]. La nouvelle maison des Foot était vide depuis 1943, après la mort de son dernier occupant, H. W. B. Joseph. Sa dernière conférence, donnée dans le jardin de New College, avait été une attaque phénoménale contre A. J. Ayer et la nouvelle philosophie « analytique ». On disait qu'il était mort dans un état de désespoir intellectuel [201].

Iris serait la dernière à quitter Londres. Sa liaison avec Tommy se finit mal ; une demande en mariage formulée avec réticence dans la crainte d'une grossesse ajouta à sa peine [202]. En janvier 1944, dans une lettre à David Hicks, elle avait exprimé le souhait de s'évader en « Europe et d'occuper un travail tout à fait subalterne et absorbant [...] puis de revenir en Angleterre vers vingt-neuf ans [...] pour jouer la femme d'expérience autour de ce qu'il reste de Bloomsbury [203] ». Mais elle se trouvait encore à Londres au début du mois de juin 1945, au moment où cinquante tableaux retrouvèrent la National Gallery :

> L'homme et la femme enceinte, de Van Eyck. Les Agonies de Bellini et de Mantegna. Le *Noli me tangere* du Titien. Le *Bacchus et Ariane* de Rubens. L'Agonie du Greco, les autoportraits de Rembrandt et celui d'une vieille femme. Sa petite *Femme au bain* (adorable !). Un Claude délicieux disparaissant dans le bleu bleu bleu – lac bleu, montagnes bleues, ciel bleu. D'incroyables distances à respirer. Deux Vermeer, tellement bleu et jaune citron, du miel, des filles assises au virginal. Et puis oh encore des Bellini et des Rubens, et les Ruisdaels les Hobbemas, et des types comme Cuyp qu'on avait oublié. Le premier choc me fait encore délirer. C'était une vraie sensation de paix. Et tous les gens qui déambulaient autour avaient l'air hébété [204].

Ce mois-là, elle envoya sa candidature à l'Administration des Nations unies pour les secours et la reconstruction (UNRRA) dans l'espoir d'un poste en France, mais elle se vit confier à la place un travail de bureau à Londres [205]. Elle se consolait surtout avec les ouvrages de littérature française qui s'accumulaient maintenant sur les étagères de Seaforth [206]. Au début du mois d'août, elle était dans la cathédrale de Westminster, tenant sur ses genoux un exemplaire de *La Soif*, une pièce en trois actes du philosophe chrétien français Gabriel Marcel, sur lequel elle prenait des notes dans un journal [207]. L'écrivain ne doit pas « dégrader les mystères en problèmes », griffonna-t-elle. Un « problème », expliquait Marcel, peut être formulé publiquement, au moyen de concepts qui sont « objectifs », et sa solution peut être découverte par n'importe qui [208]. Mais un « mystère » appartient à un domaine de l'expérience humaine qui ne peut pas être formulé publiquement au moyen de catégories objectives et sa solution doit être personnelle et individuelle. Parmi les mystères de l'être se trouve l'expérience que nous avons de notre propre corps, la nature de la sensation, ou encore l'amour, l'espoir et la foi.

Tandis qu'Iris méditait sur le mystère, le « problème » de la guerre qui se poursuivait en Asie du Sud-Est était sur le point d'être « résolu ». En dépit de sa fragilité physique, Michael s'était rapidement remis au travail à son retour de Londres ; avant de repartir pour Oxford avec Philippa, il finit un calcul sur le taux de pertes qu'occasionnerait une invasion terrestre conventionnelle du Japon continental. Il renvoya « une facture de boucher d'environ un million et demi » [209].

Les 6 et 9 août, les Alliés larguèrent des bombes atomiques sur les villes japonaises d'Hiroshima et de Nagasaki. En deux éclairs aveuglants, si intenses qu'ils transformèrent les êtres humains en ombres, la facture d'un million et demi de soldats fut payée par 200 000 civils. L'échange n'avait rien d'équitable, mais il mit fin à la guerre. Le Japon capitula six jours plus tard.

CHAPITRE 4

Park Town

Oxford, Bruxelles, Graz et Chiswick
septembre 1945-août 1947

Les hommes rentrent à Oxford et Mary visite Boars Hill – Philippa décide de montrer qu'Ayer a tort – Iris rencontre Jean-Paul Sartre – Philippa, Iris et l'aide aux réfugiés – Elizabeth et Philippa entament un dialogue philosophique – Iris rattrapée par son passé communiste – La révolution du lieutenant-colonel Austin – Elizabeth fait venir Wittgenstein à Oxford – Mary et Iris préparent leur retour en philosophie

Les hommes rentrent à Oxford et Mary visite Boars Hill

Tous les matins, Mary descendait de son studio, perché au dernier étage du 55, Park Town et enfourchait sa bicyclette. Elle passait devant le numéro 43, où avait logé Iris en deuxième année, la tête encore pleine de souvenirs de sardines en boîte et de ces photos granuleuses de soldats alignés sur les plages de Dunkerque.

Il lui fallait rester concentrée lorsqu'elle rejoignait la foule des cyclistes qui se pressaient dans les rues et sur les trottoirs d'Oxford. Quand elles étaient en premier cycle, avec Iris, elles avaient eu l'impression de vieillir tandis que leurs camarades masculins rajeunissaient : une illusion d'optique due à la conscription. À présent, c'était l'inverse. Les *undergraduates* qui descendaient des trains, non sans avoir troqué leurs bottes militaires contre des Oxford à lacets, étaient désormais adultes et matures. Nombre d'entre eux, comme Michael Foot, avaient quitté Oxford encore jeunes garçons, à peine sortis du lycée. Après une interruption de six ans, durant laquelle ils étaient devenus officiers, héros de guerre, invalides ou encore stratèges militaires, ils retrouvaient leurs livres là où ils les avaient laissés. C'était un peu étrange, de voir ces *undergraduates* barbus, souvent mariés et pères de famille, s'entasser dans les salles de cours aux côtés de ceux pour qui l'université, comme cela avait été leur cas dans une autre vie, représentait un premier vent de liberté après le lycée. Ces *undergraduates* plus anciens avaient quelque chose d'exotique. Ils avaient fait la guerre pour de vrai.

Les collèges d'Oxford « suffoquaient » littéralement, sous la pression de près de 2 500 *undergraduates* de plus qu'avant la guerre, soit une augmentation de 40 %, presque entièrement constituée d'hommes [1]. La Cherwell grouillait de rameurs et de bachoteurs, dont la clameur était à présent mâtinée d'accents américains. Dans l'attente de leur rapatriement, les soldats avaient reçu l'autorisation de s'inscrire pour un ou deux trimestres [2]. Ainsi, les hommes étaient redevenus nettement plus nombreux que les femmes dans les Senior Common Rooms des collèges masculins, et la crainte que les femmes, comme les réfugiés, aient « envahi la place [3] » pouvait être remisée au même titre que les citernes d'eau et les abris antiaériens. Les fonctionnaires du gouvernement remportèrent leurs dossiers. Les collèges récupérèrent leurs trésors et manuscrits précieux. Les parterres de fleurs furent replantés. Les salles provisoirement converties en hôpitaux ou centres de don de sang reprirent leur ancienne fonction de dortoirs et de bibliothèques. Les panneaux et plaques de rue réapparurent. Dans les collèges de femmes, les rideaux occultants furent transformés en toges académiques [4]. Toutes les structures permettant à la vie civile de reprendre son cours furent restaurées.

Cet afflux massif d'étudiants tendit à masquer les disparitions causées par la guerre. Si, en 1945, la liste des morts au champ d'honneur était plus courte qu'en 1918, il n'en restait pas moins que, malgré la cohue des bicyclettes, les absences se faisaient sentir : loin d'être négligeables, elles s'élevaient à 1 800 personnes au bas mot. Nick Crosbie, cher au cœur de Mary, ne revint pas ; il avait trouvé la mort dès le premier face-à-face avec l'ennemi. Le 17 janvier 1941, il était à bord du *HMS Goshawk* lorsque le navire fut torpillé. Noel Eldridge, l'ami d'Iris, fut tué au combat en Italie, en septembre 1944. Richard Hare revint terminer ses études, mais ce ne fut pas le cas de Frank Thompson, de Bill Cobbe ni de John Anscombe. Aucun des cinq *undergraduates* voisins de Michael Foot au New College n'avait survécu [5]. Néanmoins, en dépit de ces pertes terribles et de la tourmente d'après-guerre, l'atmosphère en Angleterre était à l'optimisme.

Lors des élections législatives de juillet 1945, les Britanniques sortirent le conservateur Winston Churchill en faveur du travailliste Clement Attlee, élu sur un programme de changement social radical. Les plus impatients de tourner la page s'enthousiasmaient à la perspective des grandes réformes qu'ouvrait cette nouvelle ère politique : le rapport Beveridge, la loi Butler sur l'éducation et le National Health Service furent bientôt mis en œuvre : on allait avoir besoin de jeunes gens – et de jeunes femmes – intelligents pour concevoir, faire tourner, administrer la nouvelle machine étatique. Si le rationnement se poursuivait, désormais les files d'attente pour acheter des cigarettes, des biscuits ou du sherry bruissaient de l'écho des cours passionnants délivrés par les professeurs qui étaient revenus [6]. *Undergraduates* et *dons* faisaient la queue devant les bibliothèques, se disputant l'accès aux places et aux livres [7].

« Il est tout bonnement impossible, sur le plan psychologique, de nous contenter de reprendre les choses où nous les avions laissées il y a six ans » : ainsi le humien H. H. Price s'adressa-t-il à l'Aristotelian Society dans son discours inaugural en 1945. « Et quand bien même nous le pourrions, sans doute ne serait-ce pas souhaitable [8]. » Pourtant, reprendre les choses là où ils les avaient laissées était précisément ce que nombre de camarades masculins d'Elizabeth, Iris, Mary et Philippa s'apprêtaient à faire. De retour à Oxford, ces jeunes gens ressortaient leurs exemplaires de *Language, Truth and Logic* (*Langage, Vérité et Logique*), remisés depuis 1936.

Freddie Ayer, l'auteur de l'ouvrage, avait passé la guerre à courir d'un point à l'autre : Sandown, Londres, New York, le Ghana, Alger, puis retour à Oxford depuis Paris, où il avait assisté à la Libération depuis le café d'une maison close. « Brillant intellectuellement, mais sans doute plus adapté au travail de bureau qu'au commandement sur le terrain », peut-on lire dans son dossier militaire [9].

Au trimestre Hilary, il devait faire cours sur « la perception ». En pédalant sur Parks Road, Mary aurait pu l'apercevoir pénétrer dans Wadham College en compagnie de Maurice Bowra. En tant que *warden* de Wadham, ce dernier avait obtenu à Freddie un poste de tuteur, comptant sur son ancien protégé pour animer la Senior Common Room et entretenir la réputation de son club de jeunes talents. Pour avoir séjourné en France, Ayer était devenu une autorité en matière d'existentialisme, dont au passage il infléchit le nihilisme – ce qui n'était sans doute pas pour déplaire à Bowra. Sartre avait raison de dénier tout horizon transcendant à l'existence, mais il avait tort de s'en affliger. Il n'y avait nulle tragédie à cela. L'issue logique était plutôt celle de l'utilitarisme hédoniste, la vie pour le plaisir [10]. Lui-même, Ayer, mettait en pratique sa philosophie. Ses activités durant la guerre lui avaient valu de nombreuses idylles [11], et bientôt il se consacra essentiellement à séduire de belles femmes, dont bon nombre étaient mariées. On avait autant de chance de le trouver sur la piste de danse du Gargoyle Club de Soho, qu'à la *high table* [12].

Un jour, Mary reconnut quelqu'un d'autre sur sa bicyclette : l'ami et mentor de Susan Stebbing (par ailleurs ancien tuteur d'Ayer), Gilbert Ryle. Délesté de son uniforme militaire (lui aussi avait servi dans le renseignement), il se rendait à St John's College pour rencontrer le philosophe John Mabbott (également dûment marié, et pas à une étudiante). Les deux hommes s'apprêtaient à lancer une grande campagne d'expansionnisme, dont l'arme privilégiée serait un nouveau diplôme de second cycle, le *B. Phil* (*bachelor of philosophy*). À la mort du philosophe idéaliste R. G. Collingwood en 1943, Gilbert Ryle avait été nommé à sa suite professeur sur la chaire Waynflete de métaphysique. Pour bien des gens, cet événement, qui intervenait peu de temps après la disparition de H. W. B. Joseph, signait la victoire définitive de la « révolution en philosophie » d'Oxford, le triomphe de l'empirisme analytique et de la méthode linguistique sur les excès métaphysiques de l'idéalisme et du réalisme d'avant-guerre. Un consensus tacite gagna peu à peu les esprits, étayé par la revue *Mind* (désormais dirigée par Ryle en personne), sur « qui était ou non un auteur dépassé et négligeable [13] ». Tandis qu'y abondaient les articles discutant les thèses de Urmson, Woozley, Austin, Ayer, Ryle, Ewing, Carnap et Strawson, personne « n'aurait pris la peine de s'opposer à, disons, Joseph ou Collingwood [14] ». Vers la fin des années 1940, J. L. Austin feignait de n'avoir qu'un vague souvenir du prédécesseur de Ryle à la chaire Waynflete : « C'était un genre d'historien, n'est-ce pas [15] ? »

Au troisième trimestre, J. L. Austin, démobilisé des services secrets, viendrait parler des « Problèmes en Philosophie ». La Somervillienne Jean Coutts, devenue son épouse, avait eu son diplôme avec mention très bien, bien qu'ayant été blessée au cours d'un raid aérien quelques mois avant l'examen de fin d'année. Elizabeth n'avait eu de cesse de lui dire tout le mal qu'elle pensait de son projet d'épouser son tuteur. « C'est donc vrai, tu comptes épouser ce type horrible », lui dit-elle en découvrant sa bague de fiançailles [16]. Mary aussi était sceptique : « Tu es sûre de toi [17] ? » Pour Austin, il n'était pas question que Jean travaille [18], et elle eut tôt fait de se retrouver, reléguée dans leur maison de Frilford Heath, à douze kilomètres au sud d'Oxford, avec deux bambins dans ses jupes et pour lot de consolation un aspirateur Goblin offert par son mari [19] (Jean ne reprendra ses études à St Hilda's College qu'après la mort de son époux, mais dans l'intervalle elle avait largement perdu confiance en elle. Un de ses articles, bref et clair, intitulé « Pleasure and Happiness » (Plaisir et Bonheur), s'ouvre ainsi : « Je me suis efforcée de démêler un peu le sujet [...] mais je crains d'avoir aggravé la confusion plutôt que de l'avoir dissipée [20]. »)

En 1945, la disparition de la métaphysique avait été déclarée mais pas encore commentée, les écrits proclamant sa défaite étant encore à venir. Au cours des vingt années suivantes, l'histoire d'un mouvement né en Autriche puis implanté dans la tradition cambridgienne par des universitaires réfugiés et des logiciennes, qui s'en prenaient avant tout à la propagande et à toute forme de confusion intellectuelle, deviendrait celle d'une révolution menée à Oxford contre la métaphysique, conçue par Ryle, déclenchée par Ayer, orchestrée par Austin (avec, comme seconds rôles : Paul Grice, H. L. A. Hart, Stuart Hampshire, Isaiah Berlin) et brillamment poursuivie par leurs héritiers spirituels [21].

Le nom de Susan Stebbing, décédée en 1943, serait bientôt effacé de cette histoire, tout comme celui de Margaret Mac Donald (appelée à diriger après-guerre la revue *Analysis*, fondée par Stebbing), qui mourut juste au moment où la première histoire officielle du mouvement, *The Revolution in Philosophy* (1956), dirigée par Gilbert Ryle, partait sous presse. L'ouvrage ne mentionnait aucune des deux femmes, une omission inexcusable de la part de Ryle, qui les connaissait bien ainsi que leurs travaux. La « révolution » s'était déroulée sans une goutte de sang, par la combinaison d'un certain nombre de décès et d'une négligence calculée.

Malgré ces cris de victoire, les métaphysiciens idéalistes et réalistes n'avaient pas complètement disparu, certains même se préparaient à riposter. En faisant un écart pour éviter un groupe d'anciens *undergraduates*, il est plausible que Mary ait aperçu Sandie Lindsay devant Balliol College, en train de bavarder avec son ancienne élève Mary Glover. En 1942, tandis qu'Elizabeth empruntait la Varsity Line, Mary Glover, trop âgée pour être appelée, s'était engagée volontairement. Troquant sa robe académique contre un bleu de travail, elle était partie travailler dans une usine à Birmingham. L'expérience avait été un tournant dans sa vie. Elle avait démissionné de ses fonctions d'enseignement en mai 1945, et se consacrait à présent à la rédaction d'un livre sur les effets du travail mécanisé sur l'intellect et sur le moral. Son coauteur, John Winnington, était un camarade d'usine qui, « au fil des entreprises, s'était élevé des postes les plus ingrats au niveau managérial[22] ». « L'imagination est la compensation permanente des vexations et autres coups durs qui sont le lot quotidien de la vie à l'usine », notaient-ils. « Toutefois, qui se réfugie dans l'imagination », même s'il « évite l'échec et la difficulté », risque aussi de « perdre le sens de la réalité »[23]. Cependant, pour peu que cette fuite dans l'imaginaire puisse être contenue, les machines offrent « au travailleur la possibilité d'une bonne vie ». À condition que les « fragments de vie » que représente son travail avec la machine ne restent qu'une part de son existence, sans la dominer entièrement. Le travailleur, par ailleurs, a besoin d'un « loisir de qualité », un temps qui ne soit pas uniquement un temps de délassement et de récupération, mais aussi un temps profitable d'épanouissement – qu'il s'agisse par exemple « de suivre un cours de dessin, d'explorer le Cotswolds à bicyclette ou encore de retrouver un groupe d'amis », suggère Glover [24]. Si l'on parvenait à résister au repli dans l'imaginaire, alors, avançait-elle, les valeurs transcendantes qu'elle avait décrites à Elizabeth, « la vérité, la beauté, le bien » pouvaient trouver leur place.

Sandie Lindsay était « excité comme un gamin » de la victoire de Clement Attlee ; c'était « l'aube d'une nouvelle ère... Je savais que cela arriverait [25] ! » Lindsay se préparait déjà à jouer un tout autre rôle, et peut-être partageait-il avec Mary Glover le projet qu'il avait en tête : s'il se lançait dans la création d'une nouvelle université expérimentale dans le Staffordshire, vouée à éduquer et cultiver les ouvriers et ouvrières, serait-elle disposée à le rejoindre [26] ? Mary était emballée. Dans son esprit, le signe le plus sûr que les éducateurs se fourvoyaient était la conviction des gens ordinaires que les études étaient coupées de la vie réelle. Elle avait commencé à développer ces idées dans une série d'articles parus dans le *Spectator.* « Ces questions dépendent d'une autre », expliquait-elle : « Quelle sorte de créature entendons-nous former ? De quoi est-elle capable ? » L'homme est à tout le moins un « animal spirituel ». Chez les humains, manger et boire se fait convivialité ; le sexe se fait amour ; le troupeau société. Et sa curiosité « a mené l'esprit humain au cœur de l'atome, et jusqu'aux frontières ardentes de l'univers, au-delà de la Voie lactée [27] ! »

Si la bicyclette de Mary Scrutton était passée devant Balliol seulement cinq minutes plus tôt, elle aurait peut-être été témoin d'une scène plaisante et familière : son ancien tuteur Donald MacKinnon, désormais membre à part entière du Balliol College dirigé par Lindsay, descendant Broad Street en direction des bureaux de Clarendon Press. Dans sa serviette : un exemplaire des « Internal and External Relations and the Philosophy of Analysis », les conférences prononcées en 1932 par H. W. B. Joseph. MacKinnon s'appuyait sur ces textes pour préparer ses propres interventions et ne doutait pas de leur valeur et de leur pérennité ; il s'était donné pour mission de les faire publier. Mais il avait eu vent de « querelles agitant le milieu de l'édition » sur qui et ce qui méritait d'être publié ou non [28]. Durant la guerre, la production de « livres sérieux » avait *de facto* cessé partout [29] » ; à présent que les effectifs d'*undergraduates* explosaient, on avait besoin de plus de livres que jamais, et comme le papier était toujours rationné, « publier les vestiges de vieux auteurs disparus depuis longtemps comme Joseph n'était pas une priorité [30] ». Sans compter que Joseph était un métaphysicien…

Sur Abingdon Road, Mary tourna à droite pour franchir le Hinksey Stream avant d'entamer la montée vers les Boars Hill, chaque laborieux coup de pédale la rapprochant d'un décor plus champêtre. Arrivée à Yatscombe, encore tout essoufflée, Mary mit pied à terre et, montant une volée de marches, pénétra dans un autre monde.

Dans le bureau de Gilbert Murray, d'où l'on voyait les flèches d'Oxford au loin par-dessus la cime des arbres, Mary pouvait enfin s'immerger dans les livres, les articles et l'éblouissante pensée de son mentor. C'est dans la traduction de Murray qu'elle avait étudié et joué des pièces du théâtre grec lorsqu'elle était élève à Downe House. « Le devoir spécial du savant, avait-il écrit, est de raviver les signes écrits dans lesquels la poésie et la philosophie anciennes sont embaumées et ainsi redonner vie à ces pensées et ces émotions. *Comprendre, pour lui, c'est donc revivre* [31]. » Ses traductions accomplissaient si bien cette tâche que, à la fin d'une représentation des *Troyennes* d'Euripide, en 1918, le public se mit à scander : « L'auteur ! L'auteur ! » Murray se leva pour expliquer, d'un air contrit : « L'auteur n'est pas là, il est mort il y a des centaines d'années, mais je suis sûr qu'il sera honoré de l'accueil que vous faites à sa magistrale tragédie [32]. » D'après Murray, les mots et les symboles ne charrient pas leur signification avec eux comme on porte une valise, mais ils prennent vie dans un certain contexte social, en un lieu et un temps donnés. Pour donner vie à des « signes écrits », il faut s'imprégner de la réalité du passé, imaginer et littéralement revivre la culture dans laquelle ils ont été prononcés. Voici qu'à présent Mary tournait les pages de lettres adressées à Gilbert Murray par Bernard Shaw, Bertrand Russell, Marie Curie, Ralph Vaughan Williams. Mary accompagnait souvent Murray lors de ses promenades quotidiennes dans Boars Hill, qui passaient devant chez les Carritt et les Thompson, deux foyers désormais en deuil d'un fils. De retour à Yatscombe, Mary et les Murray déjeunaient d'un steak végétal arrosé de soda au gingembre, en bons idéalistes végétariens et abstinents.

Philippa décide de montrer qu'Ayer a tort

À près de quatre-vingt-dix ans, devenue une vieille dame, Philippa Foot se souvient : « Il n'est pas anodin que nous ayions appris l'existence des camps de concentration juste au moment où je revenais à Oxford en 1945. On peut difficilement mesurer aujourd'hui quel bouleversement cela a été. Nous ne pensions pas qu'une telle chose puisse arriver [33]. » Des photographes, des journalistes, des équipes de tournage étaient entrés à Bergen-Belsen avec les troupes britanniques qui avaient libéré le camp. Les images qu'ils en diffusèrent forçaient à réviser le concept même de nature humaine. « Plus rien ne sera jamais comme avant [34] », dit alors Philippa à Donald MacKinnon.

« Qu'est-ce que *cela* ? » demandait Elizabeth dans sa dissertation. Quelle est la forme de vie, la forme de l'âme humaine ? Toutes ces images représentent des humains : des jeunes femmes SS, bien en chair et bien coiffées ; des hommes et des femmes morts de faim qu'on charge dans des camions ; des enfants qui jouent à proximité de charniers ; des rescapés aussi squelettiques et livides que des cadavres. Les « atrocités de Belsen ont été perpétrées par des gens qui voyaient ce qu'ils faisaient », nota Mary Glover ; mais il n'y a pas lieu de se féliciter de préférer les atrocités que l'on ne voit pas ». Nagasaki nous a montré « que nous ne reculons devant aucun degré de cruauté quand il s'agit de servir des ambitions nationales » [35]. « L'époque de Platon n'a rien connu de comparable aux horreurs de la première moitié du XXe siècle », commenta pour sa part l'Idéaliste G. R. G. Mure. « Sa croyance en l'existence du Bien n'a pas été pourrie jusqu'à la racine par la découverte d'un mal si effroyable et si omniprésent qu'il ait dû se demander, l'espèce humaine en viendrait-elle à s'anéantir elle-même, si cela serait vraiment une grosse perte[36]. » Janet Vaughan, la nouvelle principale de Somerville, accueillit la promotion de l'année par la lecture d'un rapport de première main sur les conditions de vie au camp de Bergen-Belsen, récemment libéré[37]. « Elle décrivit les traitements révoltants, les scènes, les odeurs, les bruits. » Prue Smith, une nouvelle recrue qui s'attendait, en rejoignant le hall, à un discours enthousiaste, se dira des années plus tard bien certaine « qu'aucune d'entre nous, les filles présentes ce jour-là, n'a oublié ce discours ni ce qu'il révélait de l'insondable barbarie latente en l'homme[38] ». Confrontée à la terrible découverte de ce dont l'animal humain était capable, de l'usage qu'il pouvait faire de son savoir technologique et industriel, et désormais privée de la rassurante frontière entre raison et folie, entre l'homme et la bête, Philippa résolut calmement de se consacrer à la philosophie morale[39].

Les coups portés avant guerre à la métaphysique et à l'éthique par Freddie Ayer avaient laissé la philosophie morale sans voix face à cette nouvelle réalité. Exprimer une désapprobation personnelle, une émotion subjective était largement insuffisant dans le contexte, et Philippa était révulsée par ce qu'impliquait le subjectivisme moral d'Ayer : « Il n'est pas concevable [...] que l'on puisse s'imaginer dire à un nazi : "Mais nous avons *raison*, et vous avez *tort*", et que cette affirmation soit dépourvue de sens[40]. » Dans la presse, les journalistes employaient des mots forts, lourds, graves : mal, monstrueux, enfer, abysses, dépravation, déchéance. Mais un tel langage n'avait aucune prise sur le monde dépourvu de valeurs qu'Ayer avait laissé aux philosophes. Philippa formula la question qui l'occuperait pour le restant de ses jours : une philosophie athée pouvait-elle se réapproprier la langue de la morale, et parler d'une vérité morale objective ? Elle était convaincue que le subjectivisme moral d'Ayer reposait sur une erreur ; il lui revenait d'en faire la preuve.

Comme Mary, Philippa s'installa pour de bon à Park Town. Elle et Michael désertèrent en effet l'ancien logement de H. W. B. Joseph pour acheter le numéro 16, une maison à cinq étages d'un calcaire couleur miel, située sur le plus grand des deux arcs de Park Town. Bâti dans les années 1850 pour accueillir les *dons* en couple, Park Town s'était acquis une réputation sulfureuse dès lors que l'exigence de célibat à Oxford (qui empêchait les *dons* de se marier) était restée en vigueur plus longtemps qu'escompté. En attendant l'autorisation de convoler, les *dons* « célibataires » avaient fait emménager leurs maîtresses. Le quartier avait gardé un vague parfum de scandale après que les maîtresses en question étaient devenues des vieilles filles grisonnantes aux habitudes étranges et aux manières bizarres. Michael nourrissait des soupçons sur le compte de leur voisine, une « vieille dame célibataire ». La famille de Philippa ne cacha pas son inquiétude. Même le directeur de la banque les mit en garde contre un tel investissement[41].

Le nord d'Oxford (parce que peu prisé et donc moins cher) était devenu le lieu de résidence de nombreux réfugiés arrivés en ville avant la guerre. Si certains repartirent à l'issue du conflit, la plupart s'ancrèrent définitivement à Park Town et ses environs [42]. La poétesse et chimiste russe Lydia Pasternak, qui avait fui Munich en 1935, vivait au numéro 20 avec son père, le peintre Leonid Pasternak. Le biochimiste berlinois Hugh Blaschko (dont le nom figurait dans le « Livre noir » d'Hitler) était au numéro 24. Lotte Labowsky (spécialiste de lettres classiques et bibliothécaire à Somerville) et sa mère (dont la rumeur voulait qu'elle eût « traduit Dante dans sa jeunesse [43] ») résidaient à Summertown, moins de deux kilomètres au nord de Park Town. À un moment, le cercle de Summertown comptait l'artiste allemande Emilie Cosman, les Cassirer et Richard Walzer. Nombre de ces pionniers figureraient sur la liste de conférences annoncées par la *Gazette* tout au long des années 1940 et 1950 : Richard Walzer, Friedrich Waismann, Fritz Heinemann, Georg Katkov, Lorenzo Minio-Paluello, Jovan Plamenatz. Les souvenirs de leur arrestation nocturne, de l'hostilité de leurs voisins, de leur emprisonnement, étaient chevillés à leur nouvelle vie en Angleterre.

En rentrant chez elle depuis Boars Hill (une grisante descente en roue libre le long de Foxcombe Road), Mary passa sans doute devant chez Nicolai Rubinstein, spécialiste de la Renaissance d'origine allemande, l'historien de l'art viennois Otto Pacht, le musicologue autrichien Egon Wellesz et l'archéologue allemand Paul Jacobsthal (autre entrée du « Livre noir »). Il se peut aussi qu'elle ait aperçu Karl Popper, de passage pour la journée depuis Londres, sortir de la librairie Parker [44].

Chez Mary, dans son petit studio sous les toits (plomberie bruyante, chauffage dysfonctionnel), la décoration se limitait à un couvre-lit « très réconfortant » taillé dans « un drapeau pré-Mao représentant un gros dragon violet dont les yeux globuleux noir et blanc se détachaient sur un fond jaune soufre [45] ». Depuis sa fenêtre à guillotine, elle avait une vue panoramique sur les jardins communautaires et sur tout Park Town, tandis que Philippa et Michael emménageaient au numéro 16. On charria ainsi sur cinq marches, jusqu'au porche d'entrée, un cortège de lourds buffets, de vases gigantesques, de manteaux de fourrure en piteux état, sans compter un coffret à vin du XVIIIe siècle en acajou. Ces possessions hétéroclites leur venaient en grande partie de parentes de Michael : sa tante Lindsey venait de mourir, et sa grand-mère Dolly avait prélevé de son cottage quelques pièces de mobilier pour les offrir au jeune couple [46]. L'abat-jour et les coussins en soie de Philippa jetaient sur le tout une note de couleur des plus modernes.

À présent qu'elles étaient voisines, Philippa et Mary se mirent à beaucoup se fréquenter. Plus que jamais, Mary trouvait enrichissante la compagnie de Philippa. La guerre leur avait fourni des images concrètes appelées à devenir la matière première de leur philosophie morale. Nous ne pouvons nous contenter de jeter l'éponge et déclarer inconcevables les actions d'un Eichmann, pensait Mary ; nous devons conserver l'ambition « de saisir par l'imagination le fonctionnement de [la cruauté] dans le cœur humain, à commencer par le nôtre [47] ». La cruauté n'est pas comparable à une agression, « dont l'intrusion dans la vie humaine exige une explication particulière » ; bien plutôt, c'est « une sorte d'échec général à vivre selon nos capacités » [48]. Le mal est une chose qu'il nous faut comprendre de l'intérieur, en tant qu'humains nous aussi, animés en partie des mêmes instincts, désirs, objectifs, et user de notre imagination pour reconnaître les voies qui peuvent mener une vie humaine à se fourvoyer. Philippa, quant à elle, s'intéressait à l'autre extrémité du spectre de l'action humaine. Elle avait lu l'histoire de deux jeunes fermiers des Sudètes qui avaient refusé de rejoindre les rangs de la SS, et avaient écrit ces mots à leurs parents la veille de leur exécution : « Nous préférons tous deux mourir plutôt qu'entacher notre conscience par de telles atrocités. Je sais ce qu'on demande aux SS de faire [49]. » Une réflexion sur l'action humaine, dira plus tard Philippa, se doit de rendre compte du cas de ces garçons et de leur choix. Une réflexion qui ignorerait leur bonté, leur vérité, leur raison serait erronée [50].

Les Foot louèrent leur étage supérieur à deux personnes, toutes deux dénommés Smith : Honor et Prudence. Il faut encore compter quelques années avant que Philippa Foot commence à publier des articles sur l'importance de la vertu, ou du caractère, en éthique, mais peut-être les prénoms de ses locataires étaient-ils un rappel quotidien de l'existence d'un vocabulaire plus riche que les *hourras !* et les *bouh !* d'Ayer, un lexique propre à renouer avec l'intérêt de la philosophie ancienne pour les vertus et les motifs, où puiser des façons de bien agir.

Il se peut que Philippa se soit plainte auprès de Mary de sa lourde charge d'enseignement – en cette première année d'après-guerre, elle était accablée par les *undergraduates* et terminait ses journées totalement exténuée [51]. Son souci de prendre chacune de ses étudiantes au sérieux, de les traiter en adultes intelligentes faisait d'elle une tutrice patiente et encourageante, mais les efforts que cela représentait de recevoir chacune individuellement, avec ses besoins et ses désirs particuliers, avaient un prix. Parfois, confia-t-elle à son amie, elle était si éreintée qu'elle s'allongeait par terre dans sa salle entre deux tutorats [52]. En outre, malgré son état d'épuisement, elle trouvait le temps de suivre les conférences de son ancien tuteur Donald MacKinnon sur la *Critique de la raison pure* de Kant [53]. Sans doute Mary prêtait-elle une oreille attentive aux ragots de Somerville, se délectant des plus étonnants, comme des anecdotes sur les élèves de Philippa, en qui les deux jeunes femmes se revoyaient six ans plus tôt. Philippa, sans doute, lui fit également part des derniers recrutements. Deux nouvelles chercheuses rejoindraient Somerville en octobre, dont, à leur grande joie, Elizabeth Anscombe. Philippa et Mary avaient certainement connaissance de la proximité d'Elizabeth avec Wittgenstein, car Mary avait rendu visite à Elizabeth à Cambridge [54]. Elles avaient eu vent de ses derniers travaux secrets, subversifs. Aussi les deux voisines étaient-elles impatientes de renouer avec leur brillante et rebelle amie. Mary commençait à rêver de se remettre elle aussi à la philosophie.

Iris rencontre Jean-Paul Sartre

Pendant ce temps, Iris, bien loin de ses amies, s'apprêtait à partir à la rencontre de personnes qui n'avaient pas la chance de pouvoir rentrer chez elles. Après des mois passés à Londres derrière un bureau, son souhait d'être envoyée à l'étranger par l'UNRRA fut enfin entendu. Elle quitta l'Angleterre le 1er septembre 1945, par train puis par bateau, et arriva à Bruxelles « juste à temps pour la *Fête de la Libération* [55] ! »

Une fois à Bruxelles, Iris attendit des précisions sur sa mission. Échaudée par son aventure avec Tommy et toute l'histoire avec Philippa, mais décidée à prendre un nouveau départ, elle se remit à sortir, en quête d'« Êtres Humains Ultimes ». Elle aligna son rythme et son allure sur son nouvel environnement : les statuettes dorées, les hauts plafonds, les tours et les églises – « mais aussi (ce qui n'était pas moins extraordinaire à mes yeux candides d'insulaire) les mille et un cafés & le réseau de tramway complètement dingue. Le simple fait d'être là, de respirer cet air, de fouler ces pavés, de lire les réclames, d'entendre le doux pépiement du français et la musique plus râpeuse du flamand m'emplit d'une joie insensée [56]. » À la mi-septembre, elle ressentit « une sorte de dénouement intime, une impression d'être de nouveau moi-même, & une verve intérieure que j'ai toujours quand je me sens vraiment bien [57] ! » C'était, dira-t-elle, plus tard, « un moment de pure frénésie » – une « avidité de choses nouvelles – & à cet égard un sentiment d'être différente [58] ». Elle dénicha une librairie sérieuse et discuta avec l'employé, toute contente de s'entendre parler français. (« Les intellectuels de Bruxelles sont extrêmement francophiles (naturellement) & cela me va très bien [59] »). Lors d'une visite éclair à Anvers, en tram et à pied, elle déambula derrière une fanfare, admira la cathédrale au clair de lune et commanda un cognac dans un bar. Elle accrocha au mur de son bureau une reproduction de la *Chute d'Icare* de Brueghel. Elle alla écouter chanter Charles Trenet. Elle se mit à dire *chéri*. Elle se réinventait : aventurière, auteure, *flâneuse*. Et bientôt : existentialiste.

Le 25 octobre, quelques semaines avant de recevoir son affectation, Iris se joignit à la foule réunie salle Giroux, une galerie d'art avant-gardiste située boulevard du Régent, non loin du Parc de Bruxelles, pour écouter une grande « pop star » française : le philosophe et romancier Jean-Paul Sartre [60]. Dans cette Belgique fraîchement libérée, Sartre arriva en s'excusant de ne rien avoir préparé. Pourtant, après avoir été présenté par l'écrivain Charles Bernard, durant deux heures non-stop il captiva un auditoire électrisé [61].

La même conférence délivrée par Sartre quatre jours plus tard à Paris, au Club Maintenant, attira une foule trop nombreuse. « Chaleur, évanouissement et Police-secours », lut-on dans *Combat*, l'ancien journal clandestin de la Résistance française. À Bruxelles, Iris ne s'évanouit pas. Un cahier couvert de toile bleu pâle à la main (qui coûtait 78 francs [62]), elle écouta Sartre exposer un manifeste existentialiste proprement révolutionnaire. Peut-être ses mots lui rappelèrent-ils une conférence à laquelle, encore *undergraduate*, elle avait assisté : celle du philosophe réfugié Fritz Heinemann, qui avait forgé le terme « *Existenzphilosophie* » pour désigner un courant de la pensée occidentale dix ans avant que Sartre ne vienne s'inscrire dans cette tradition. Mais le concept, évoqué non plus dans l'anglais hésitant de Heinemann, dans une salle de cours à moitié vide du New College, mais dans une galerie bondée de la Belgique d'après-guerre, et transposé dans le langage de la Résistance, dut lui paraître inédit.

« L'homme existe d'abord, se rencontre, surgit dans le monde, et [...] se définit après », déclara Sartre [63]. Chez l'être humain, « l'existence précède l'essence ». Par cette formule, Sartre entendait fonder une sorte de sécularisme qui dépasserait « l'athéisme philosophique du dix-huitième siècle ». Il voulait supprimer non seulement Dieu mais l'idée même de nature humaine. L'homme n'est pas comme « une mousse, une pourriture ou un chou-fleur [64] », martelait Sartre à son auditoire. Ni un navet, assurément. Seul l'existentialisme, affirmait-il à ce public humilié par plus de quatre ans d'occupation nazie, est compatible avec la dignité humaine [65]. De chacun, si abattu fût-il, il promettait de faire un souverain, voire un demi-dieu : « Si Dieu n'existe pas, il y a au moins un être chez qui l'existence précède l'essence, un être qui existe avant de pouvoir être défini par aucun concept et [...] cet être, c'est l'homme [...] [66]. »

On imagine aisément l'effet produit sur Iris par le propos « implacablement et magnifiquement lucide [67] » de Sartre. Sa foi communiste lui avait donné un cap au cours de la vingtaine. Mais Tommy Balogh avait émoussé ses certitudes quand ils étaient ensemble, le jeune homme ayant mis un point d'honneur à « l'en détourner [68] ». Sartre brandissait la promesse qu'elle pourrait se réinventer un soi authentique, recommencer à zéro. Tel est le « premier principe de l'existentialisme », dit encore le philosophe à son public conquis : « L'homme n'est rien d'autre que ce qu'il se fait [69]. » Le monde dans lequel nous naissons n'a pas de valeur en soi. Je n'ai pas de nature ni de destin déterminé. Mon appartenance à l'humanité n'impose aucune limite ni forme prédéfinie à mon existence. Chaque individu crée de la valeur par ses choix et ses actions, par sa volonté propre.

Peut-être Iris fut-elle frappée d'entendre Sartre proposer là une variante de l'impératif catégorique kantien, radicalement différente toutefois de celle qu'elle-même, Philippa et Mary avaient découverte dans le salon de Heinz Cassirer à Summertown. Pour cette Europe récemment libérée, Sartre transformait la morale en la libérant de toute notion de nature humaine ou de réalité transcendante. Contrairement à ce que pensait Elizabeth, la norme pour l'homme ne se trouve pas dans la forme de vie propre à son espèce. Plutôt que de chercher à suivre un critère du bien ou de valeur extérieur à nous, chacun, pris individuellement, est la source d'une image de l'homme tel qu'il doit être selon nous. En se choisissant, expliquait Sartre, chaque individu « choisit tous les hommes ». Les actes que nous choisissons de faire, « en créant l'homme que nous voulons être », créent en même temps « une image de l'homme tel que nous estimons qu'il doit être [70] ». Aussi devons-nous toujours nous demander : est-ce que j'assume, par mes choix, de légiférer pour toute l'humanité ?

Sans aucune norme émanant de la réalité, de la nature ou de Dieu à l'aune de laquelle évaluer nos créations, nous sommes responsables, et seuls responsables. Pour Sartre, l'ampleur d'une telle responsabilité engendre de l'angoisse pure. Cela étant donné, nous ne pouvons pas agir sans nous poser de question, comme si notre vie était prédestinée par une quelconque essence : ce serait ce que Sartre appelle de la « mauvaise foi ». Si du reste il existe une quelconque valeur objective, soutient Sartre, c'est l'authenticité. (Terme qui ne fut sans doute pas sans causer de remous dans l'auditoire, encore tout imprégné de souvenirs de la collaboration et de la résistance). Derrière ses épaisses lunettes rondes, Sartre fit mouche en lançant une nouvelle grande formule blasphématoire. « Dostoïevski avait écrit : "Si Dieu n'existait pas, tout serait permis." C'est là le point de départ de l'existentialisme[71] . » Ces mots n'en finiraient pas de résonner dans la vie d'Iris : si Dieu n'existe pas, comment le Bien existerait-il ?

Tandis que Sartre approchait de la fin de sa conférence, Iris fut certainement témoin d'un cri de protestation solitaire. Le philosophe jésuite Roger Troisfontaines, venu jusqu'à la salle Giroux pour protester, s'écria, depuis le parterre : « Une philosophie née au café ! Milieu frelaté ! », comme en écho à la réaction de son confrère Martin D'Arcy à la lecture de *Language, Truth and Logic*. Née au café, coupée de la tradition académique : une telle philosophie dépravée ne pouvait que corrompre la jeunesse[72].

*

Si une femme avait pu incarner la conception sartrienne de « l'homme » qui se définit lui-même, Iris aurait eu toutes ses chances. Elle était excessivement brillante, ambitieuse, sérieuse et diplômée d'Oxford ; et peut-être savait-elle déjà que rares étaient ceux qu'elle ne pourrait séduire d'un regard par-dessous sa frange[73]. À la fin de la conférence, elle se faufila au premier rang, de façon à entendre les projets de Sartre et de son cénacle. Le lendemain, elle se présenta à une rencontre de ce cercle fermé, tenant à la main un exemplaire des *Chemins de la liberté*. Sartre le lui dédicaça : « À Miss Iris Murdoch, en sincère hommage[74]. » Dans les jours qui suivirent, en vraie sartrienne, elle s'installa au café, cigarette à la main, pour noircir les pages de son très chic cahier toilé. Sur la première page, elle recopia soigneusement une citation tirée de l'essai de Simone de Beauvoir *Pyrrhus et Cinéas* ; suivaient neuf pages de notes sur la conférence de Sartre ; puis des commentaires détaillés sur des aspects plus développés de la philosophie sartrienne ; le reste du cahier était consacré à *L'Être et le Néant*. Sur la dernière page : le mot FIN. « Nous y sommes ! », écrira-t-elle plus tard à son ami d'Oxford David Hicks ; « c'est si excitant et réconfortant – après avoir, en désespoir de cause, tourné le dos à la stupide "éthique" des moralistes anglais [75], si superficielle et insipide » –, de trouver enfin « précisément ce que la philosophie anglaise devrait s'injecter dans les veines pour évacuer les humeurs détestables de Ross & Pritchard [*sic*] [76]. »

Les papiers UNRRA d'Iris arrivèrent courant décembre : elle était nommée « *Communications Officer* » à Innsbruck, dans la partie française de l'Autriche occupée par les Alliés. Elle partit pour Innsbruck avant Noël, avec en tête une image claire de ce qu'elle voulait devenir, et des quelques pas déjà faits en ce sens.

L'exemplaire de *Pierrot mon ami* de Raymond Queneau, qui était arrivé à Seaforth au cours des derniers mois de la guerre, détenait la clé d'une partie de cet avenir : Iris ambitionnait de devenir sa traductrice en anglais, et le libraire Ernest Collet, de la revue *Horizon*, en négociait les droits pour elle [77]. L'autre partie était liée à David Hicks. Comme tout le monde, David avait été un peu amoureux d'Iris en 1938 : il la comparait alors à une « princesse de conte de fées [78] ». Dans l'atmosphère d'euphorie d'après-guerre, il la demanda en mariage au cours d'une semaine de vacances à Londres. « Ce fut une tornade. Dix jours qui littéralement ébranlèrent le monde [79]. » Elle coucha sur le papier les grandes lignes de leur avenir commun. « L'Europe & de longues discussions dans les cafés & danser ensemble & s'enivrer ensemble & aussi de longues soirées à la maison, à écrire, à critiquer les choses [*sic*] de l'autre, & se quereller, & avoir des amis complètement dingues & des idées nouvelles dingues aussi & lire des livres & voir des tableaux & découvrir de nouvelles villes, & faire l'amour & un peu plus tard avoir des enfants sublimes & les élever magnifiquement [80]. »

Le temps qu'Iris (qui se voyait désormais en future Mrs Hicks) parvienne à Innsbruck, les soldats britanniques étaient rentrés chez eux. Même ceux qui avaient dû attendre les bombes atomiques pour être démobilisés étaient de retour auprès de leurs proches, s'efforçant de se remettre physiquement et psychologiquement. Mais ailleurs en Europe, la situation était tout autre : comme l'avait prédit Bertha Bracey lors de sa conférence à la Chatham House, l'Europe était à présent peuplée de « personnes déplacées », déracinées, traumatisées et affamées, dont l'environnement familier avait été anéanti. Un émiettement qui n'était pas près d'être résolu. Dans les premiers jours de l'occupation alliée en Autriche, on estimait à 700 000 le nombre de personnes déplacées et réfugiées dans le pays, qui toutes manquaient de nourriture, de vêtements, de logement, de carburant et de médicaments. La plupart étaient apatrides. Il y avait des milliers d'enfants non accompagnés [81].

Iris fut logée à l'hôtel Mariabrunn, sur le plateau d'Hungerburg, qui avait été réquisitionné. De là, elle rejoignait le centre-ville en

funiculaire, traversant des pentes enneigées dont le degré maximal pouvait atteindre 48 %. Lorsqu'elle remontait pour déjeuner, son corps, projeté en arrière, se tournait vers le ciel. Une fonte des neiges brutale laissait apercevoir des montagnes verdoyantes et une « rivière magnifique [82] ». En tant que résidente de la zone française, Iris avait droit aux rations de l'armée américaine, comprenant notamment – luxe suprême – des pamplemousses et du lait concentré, qui lui rappelaient son enfance, avant la guerre. Elle trouva ce privilège profondément « immoral ». Les cigarettes servaient de monnaie d'échange universelle, et un marché noir florissant voyait s'échanger des colis de la Croix-Rouge contre tout et n'importe quoi : automobiles, femmes, plus souvent couvertures ou médicaments pour les enfants [83]. Certains de ces colis venaient de l'Oxford Committee for Famine Relief ; ils avaient été collectés et préparés par la toute récente organisation conçue à Boars Hill et concrétisée dans une petite boutique de Broad Street.

Philippa, Iris et l'aide aux réfugiés

Un beau jour, en passant devant l'Oxford and District Cooperative Society, sur George Street – un grand bâtiment de briques rouges ornementé, avec sa date de construction (1908) exhibée sur le pignon central de la façade –, Philippa s'arrêta. Sur la vitrine, son regard avait été attiré par une affiche signalant que l'on recherchait des volontaires pour trier des vêtements. Elle entra.

L'Oxford Committee for Famine Relief avait été créé en 1942, au plus noir de la guerre, en réponse à la famine massive qui toucha la Grèce à cause notamment du blocus allié destiné à contraindre l'Allemagne à la reddition. Quelque 410 000 personnes étaient mortes de faim en une quinzaine de jours. Gilbert Murray comptait parmi les membres fondateurs de l'association, et Lady Mary Murray avait fait un premier don de 500 livres. Tandis que le Comité étendait ses activités dans une Europe ravagée par la guerre, « Oxfam » intervenait au plus près des populations au cœur d'une tragédie encore à venir, collectant sans relâche : des jupes pour les femmes, des chapeaux pour les hommes, des pantalons pour les enfants. Philippa fut immédiatement séduite par l'initiative « audacieuse » et « énergique » de cette petite banque de bénévoles [84] : la créativité et la solidarité grâce auxquelles des vêtements, superflus pour les uns, transitaient vers d'autres qui en avaient besoin.

Quelque chose de chaud, de doux, de propre, pour rappeller à l'étranger qui en héritera qu'il appartient toujours à la communauté humaine, pour l'y ramener, l'y raccorder ; quelque chose qui fut aimé et chéri, relié à la fois au passé et à l'avenir. Philippa triait en piles les vêtements donnés : le manteau de fourrure de la tante de Michael, par exemple, rejoignit les « vêtements de femme, usés mais pas rapiécés ». Tous les articles qui n'étaient pas mettables mais possédaient néanmoins une valeur marchande – une paire de fausses dents, un âne vivant, une bague en diamant – étaient envoyés au tout nouvel Oxford Committee for Famine Relief Gift Shop and Collecting Centre, au 17, Broad Street, où leur vente permettait de récolter des fonds. Une fois par semaine, un fourgon quaker venait récupérer les cartons de vêtements pour les acheminer vers le reste de l'Europe. À Innsbruck, l'on verrait bientôt des femmes, libérées des camps de concentration ou réfugiées, vêtues de cardigans du Marks & Spencer de Cornmarket Street, ou de jupes confectionnées par des femmes de *dons* sur des patrons de *Vogue*.

Jean Rowntree (l'ancienne professeure de Mary), en décrivant le travail mené avec Doreen Warriner, quaker elle aussi, expliqua avoir réalisé que le principal besoin des personnes déplacées n'était pas tant de recevoir des vêtements chauds que de conserver « la dimension humaine de la vie ». « Les femmes voulaient tricoter, les hommes jouer aux échecs [85]. » Ces activités familières – créer, jouer, partager, fabriquer – reliaient au passé les personnes retenues dans des camps, leur permettant ainsi de se projeter dans un futur où elles retrouveraient un foyer et où la vie ordinaire reprendrait son cours. Tandis que Philippa pliait tranquillement des vêtements sur Broad Street, quelque chose de la structure fondamentale de la vie humaine commençait sans doute à lui apparaître.

Le but de l'UNRRA était de rapatrier les personnes déplacées (les fameux *displaced people* ou DP), mais des milliers d'entre eux étaient « non rapatriables », car les renvoyer « chez eux » eût été les condamner à mort. Un incident marqua particulièrement Iris. Un chauffeur yougoslave, paniqué d'avoir eu un accident au volant d'un camion de l'UNRRA, prit stupidement la fuite pour l'Italie, armé d'un pistolet chargé. Il se fit arrêter à la frontière. Iris, qui était la seule francophone du bureau, fut appelée pour servir d'interprète et le ramener à Innsbruck. Le jeune homme, qui avait à peu près son âge, pleura durant tout le trajet. Elle partagea sa peur, sa certitude d'être renvoyé en Yougoslavie et, là-bas, d'être exécuté par les hommes de Josip Broz Tito. Cette scène la rendit malade : « Combien de vies cette guerre a-t-elle *irrévocablement* brisées. Rien rien rien n'attend plus ces gens. » Peut-être se sentait-elle coupable au souvenir d'« Irushka », de ces messages dissimulés dans Kensington Gardens, sans souci des conséquences lointaines de son action sur la vie des gens en Europe de l'Est. Abattue, elle se saoula au slivovitz « avec quelques-unes des pires fripouilles du QG [86]. »

En février 1946, David Hicks rompit leur relation aussi abruptement qu'elle avait commencé, anéantissant d'un coup l'avenir qu'Iris avait imaginé. Elle reçut une lettre : l'idée de l'épouser, écrivait-il, le terrifiait. Non plus une princesse de conte de fées, mais une femme bien réelle, en chair et en os. « Ton cerveau, ta volonté, ton ventre : tout m'impressionne en toi », disait-il [87]. Il était tombé amoureux d'une autre fille, une fille qui ne lui faisait pas peur. La lettre de David croisa celle d'Iris : « Mon chéri, tu me manques sans cesse, c'en est presque douloureux physiquement. Je t'aime et je pense à toi tout le temps. J'ai hâte d'être à l'année prochaine, de commencer notre vie à deux contre vents et marées ! En attendant, je te salue gaiement [88]. » Sa tentative d'incarner le double féminin de l'homme sartrien avait échoué [89]. Plus tard, elle évoquera sa crainte, non sans lien peut-être avec l'histoire de sa famille, des protestants irlandais exilés, « de ne jamais parvenir nulle part, de ne faire qu'errer jusqu'à devenir moi-même une DP [90] ».

Fin mars, Iris commença à retrouver le moral. Elle visita Vienne (« Beaucoup de musique & énormément de vie, même si on doit toujours gravir des montagnes de gravats dans les rues ») en se rendant au siège de l'UNRRA à Klagenfurt. Sur place, elle logea dans une ferme voisine, « regorgeant de violettes, de gentianes, d'anémones jusque devant la porte [91] ». Là, nota-t-elle, elle éprouva une paix délicieuse, en elle comme au-dehors [92]. Fin avril, elle se trouvait en zone britannique, dans un camp abritant une antenne de fortune de l'université de Graz. Sous la tutelle de Margaret Jaboor, une professeure originaire du nord de l'Angleterre, qui dirigera plus tard le World Council of Churches Services to Refugees [93], les chambres étaient constituées par champ d'étude, et non par nationalité [94]. « J'*adore* ce camp », écrivit Iris à Raymond Queneau, dont elle avait commencé à traduire le roman. « Quand je traverse la cour, le soir, pour vérifier que tout va bien au bâtiment V, je croise les deux Jančar, qui rentrent de l'université. Ils étudient la médecine. » Le bâtiment III hébergeait les étudiants en faculté de philosophie ; devant, « sous les arbres se tient Pardanjač, l'un des *philosophes* [...] plongé dans un livre ». En soirée, se déroulaient toute sorte d'échanges culturels. Un orchestre étudiant se monta, avec des instruments fournis par le YMCA. Il y avait un journal du camp, et un service de pompiers volontaires qui revêtaient parfois le costume de l'emploi.

Un soir, on lut des poèmes de Tarass Grigorievitch Chevtchenko, d'abord en langue originale ukrainienne puis dans une traduction slovène. Iris note encore : « Kamnetsky traînasse à l'horizon, un enfant à problème celui-là, mais n'oublions pas qu'il est dans un camp de concentration [95]. » Comme nombre de ceux qui venaient d'autres camps, Iris trouva au Studentenlager Hochsteingasse « la terre promise [96] ». « Il y a tellement de vie ici – encore assez mystérieuse pour moi, comme des poissons dans un aquarium trouble, mais très mouvante et obscurément signifiante », confia-t-elle à Raymond [97].

C'est à Hochsteingasse qu'Iris prit la décision de tenter de revenir à la philosophie, malgré ses doutes (« C'est sans espoir, mais je dois le faire – après quoi je laisserai tomber toute ambition universitaire », « Je n'ai pas du tout confiance en moi en ce moment »[98]). En avril 1945, elle écrivait à un ami : « Je ne peux m'empêcher de songer à la fameuse course à l'échalote quand je m'interroge sur ce que je ferai après la guerre : université, éducation populaire, British Council, BBC, journalisme, Société des Nations (ou autre) commission de contrôle alliée – quelque chose, n'importe où, Dieu seul le sait[99]. » À présent son esprit s'était apaisé ; elle avait un projet. Elle prépara trois candidatures : pour une bourse d'études au Vassar College de New York, exclusivement féminin ; pour un poste à l'université de Sheffield ; et, à l'instar d'Elizabeth, pour une bourse Sarah Smithson. Elle rédigea ses candidatures sur un papier à en-tête de l'UNRRA.

« Chère Madame », commençait sa lettre pour la bourse à la principale de Newnham. Depuis qu'elle a décroché, explique-t-elle, ses intérêts « se sont portés vers l'éthique ». Telle qu'elle lui avait été enseignée à Oxford, cette matière lui paraissait trop formelle, inerte, impropre à prendre en charge les problèmes moraux qui agitent ses contemporains ; même si, dans les dernières années, elle s'était convaincue qu'on pouvait faire de l'éthique sérieusement (elle songeait à Donald MacKinnon dans son bureau du Keble College). Si, reconnaît-elle, sa réflexion n'a pas été encadrée depuis cette époque-là, en revanche elle a lu : *Les Possédés* de Dostoïevski, l'existentialiste chrétien Gabriel Marcel et « un certain nombre de livres de cet étrange génie qu'est Jean-Paul Sartre ». Elle évoque la référence de Sandie Lindsay à Kierkegaard dans son analyse sur les « devoirs du citoyen démocratique »[100]. Ce qui l'attire chez ces penseurs, explique-t-elle encore, est leur volonté de traiter les questions éthiques « non pas isolément dans un vide académique, mais du point de vue de l'homme *total* ».

« Toute position en matière d'éthique doit être fondée, explicitement ou implicitement, sur une théorie précise de la nature du soi et de la communication entre les sujets », poursuivait-elle [101], en songeant au travail de Martin Buber, *Je et Tu*. Ce dernier, un philosophe originaire d'une famille juive autrichienne, qui avait quitté Vienne pour Israël juste avant la guerre, distingue deux modalités dans la relation de l'homme à son monde. La première, qu'il appelle la relation « Je-cela », implique une attitude de détachement ; « Je » classe ou traite les personnes et les choses comme des objets : il les réduit à un « cela », qu'il peut utiliser, mesurer ou manipuler. La seconde, la relation « Je-Tu », intervient entre des choses vivantes – des personnes, des animaux, la nature – lorsqu'elles se rencontrent ou se reconnaissent comme les êtres qu'ils sont. Il qualifie cette relation de « dialogique » : les deux parties conservent leur unicité en tant que sujets, et leur relation possède une unité particulière, du genre de celle qui est propre à la véritable amitié. « Je remarque chez toi comme dans tes lettres un certain manque d'intérêt ou de curiosité envers *moi*. À mon avis, tu t'intéresses davantage à l'effet que je produis sur toi qu'à celle que je suis vraiment », s'était plainte Iris à David Hicks [102]. « Toute vie véritable est rencontre », écrit Buber [103].

Dans sa lettre de candidature, Iris note que « ce qu'on place sous l'étiquette d'éthique est souvent peu satisfaisant car reposant sur une psychologie trop naïve ». Elle se propose, quant à elle, de parler de l'homme vivant, « qui a du sang dans les veines et une psychologie complexe (dont il est en partie conscient), qui est confronté à des problèmes sociaux et émotionnels précis : l'homme qui va au cinéma, qui fait l'amour, qui se bat pour ou contre Hitler » [104]. Évidemment, dans cette description, elle entend bien inclure également les femmes.

Le dossier d'Iris comptait deux lettres de recommandation, écrites respectivement par Donald MacKinnon et par Mildred Hartley. Le premier reste relativement vague : respectant la promesse faite à sa femme Lois, il avait pris ses distances avec sa fervente étudiante. « D'après ce que je comprends, Miss Murdoch souhaite axer sa recherche sur le problème de la responsabilité morale », dans le sillage de la « soi-disant école *existentialiste* ». En philosophie, écrit-il encore au souvenir de leurs intenses séances de tutorat, « elle a toujours fait montre d'un intérêt tout particulier pour les branches les plus abstraites : la logique et la métaphysique » et est « tout à fait qualifiée pour poursuivre ses recherches dans cette direction ». Elle « est vraiment très douée », mais « manque cruellement de temps pour affiner, analyser et mettre en ordre ses idées »[105]. Mildred Hartley, qui avait passé les dernières années de guerre au service du Renseignement extérieur[106], fut pour sa part concise et directe. Elle vanta l'« énergie et la détermination exceptionnelles » d'Iris, son « immense curiosité intellectuelle » et son « endurance remarquable ». Son verdict : « Selon moi, elle n'est pas aussi brillante que Miss Anscombe », mais c'est néanmoins « un bon investissement »[107]. (Avant de cacheter l'enveloppe, Mildred eut un repentir et tempéra le « pas aussi brillante » par un « tout à fait » glissé après la négation.)

Elizabeth et Philippa entament un dialogue philosophique

La brillante Miss Anscombe prit son poste à Somerville en octobre 1946, et ne tarda pas à se faire remarquer à Oxford. Son mari, Peter, demeura au 19 Fitzwilliam Street, à Cambridge, avec Barbara (à présent âgée de trois ans) et John (qui venait d'avoir un an). Elizabeth, pour sa part, prit un logement à Oxford. On la voyait souvent en compagnie de Philippa remonter Woodstock Road en direction de Somerville, penchées l'une vers l'autre, toutes à leur conversation : Platon, Aristote, Thomas d'Aquin, Descartes, Kant, Wittgenstein. Si, à Cambridge, les femmes n'étaient toujours pas autorisées à passer de diplômes, Oxford avait récemment pour la première fois nommé professeur une femme, mariée qui plus est : l'ophtalmologue Ida Mann. Pour Philippa et Elizabeth, qui avaient déjà un pied dans l'université, la possibilité de devenir à terme professeur Foot et professeur Anscombe était désormais ouverte.

Le couple que formaient les deux amies ne passait sans doute pas inaperçu. Philippa : grande, habillée en tailleur, élégante. Les hommes d'Oxford savaient quoi faire d'une telle femme, toute intellectuelle qu'elle fût. Elle leur rappelait certainement leurs sœurs, leurs fiancées, leurs épouses. Elizabeth : disgracieuse, en pantalon, échevelée, fumeuse. Parfois flanquée d'un bambin ou d'un bébé. Sans aucune trace dans les parages de Peter Geach, son mari « objecteur de conscience ». Elle ne leur évoquait rien de connu [108].

Au cours de l'année 1946, Elizabeth se mit à l'allemand. Wittgenstein était ravi : « Si vous apprenez l'allemand, je pourrai vous faire lire mes livres [109]. » Les jours où la charge d'enseignement de Philippa leur en laissait le loisir, on les trouvait parfois après déjeuner dans la Senior Common Room de Somerville, juchées sur des banquettes au fond de la pièce, de part et d'autre de la cheminée. La philosophie de Wittgenstein, dira plus tard Philippa à ses étudiants, « doit vraiment être rendue vivante, se pratiquer à deux : l'un s'efforçant de formuler ce qu'il est enclin à dire naturellement, l'autre tâchant de plonger dans sa tête et de diagnostiquer ce qui ne va pas [110] ». Si d'aventure Lotte

Labowsky ou Isobel Henderson étaient passées prendre un café, elles auraient assisté à une investigation philosophique menée en direct. Elizabeth plongée dans la tête de Philippa ; Philippa résistant bravement tout en s'amusant follement. Longtemps après, Philippa écrira, se remémorant cette époque : « Chaque semaine j'étais vaincue et je me faisais penser à ce genre de personnage, dans les bandes dessinées pour enfants, qui se fait écraser par un rouleau compresseur et aplatir comme une crêpe – mais qui revient quand même à l'épisode suivant. Elizabeth raffolait de cet exercice, et nous étions devenues très bonnes amies [111]. »

À cette époque, Elizabeth en était encore à se familiariser avec la philosophie de la psychologie de Wittgenstein. Elle avait noirci des pages et des pages sur le raisonnement de Descartes « Je pense, donc je suis [112] », se demandant notamment : « Quelle sorte de raisonnement est-ce là ? Est-il à même de prouver l'existence d'un objet et, dans ce cas, de quel objet ? N'est-il pas incommunicable ? Nous mène-t-il au solipsisme [113] ? » Les discussions qu'elle avait à Cambridge, songea-t-elle, commençaient à éclairer d'un nouveau jour le problème central de sa thèse. Quelle est la différence entre me percevoir moi-même en train de faire quelque chose et voir quelqu'un d'autre le faire ? Entre comprendre ce que quelqu'un dit et le dire moi-même [114] ?

Et de donner un exemple à Philippa. La preuve de Descartes, expliquait-elle, ne vaut que pour moi-même. « Je pense donc je suis. Et maintenant : à toi ! » C'est là un point crucial. « J'ai mal » et « Elizabeth a mal » sont deux énoncés radicalement différents, même si un fait identique, le mal de tête d'Elizabeth, fonde leur vérité. Quand on dit : « Elizabeth a mal », on reconnaît une personne à ses caractéristiques physiques (son pantalon, son visage, son allure) et on remarque son comportement : elle grimace ou elle se frotte le front. Mais dire : « J'ai mal », c'est tout autre chose ; cela se rapproche plutôt de la plainte. Je ne reconnais personne ; je ne remarque aucun comportement particulier ; dire : « J'ai mal » fait partie du comportement de qui a mal. Elizabeth avait alors sans doute suffisamment progressé en allemand pour pouvoir lire à Philippa les notes de Wittgenstein :

« Une possibilité est que les mots soient reliés à l'expression originelle, naturelle, de la sensation, et qu'ils la remplacent. Un enfant s'est blessé, il crie ; et alors les adultes lui parlent, ils lui apprennent des exclamations, et plus tard des phrases. Ils enseignent à l'enfant un nouveau comportement de douleur [115]. »

Elizabeth expliqua cela à Philippa. L'énoncé « *Cogito, ergo sum* » ne saurait être une preuve de l'existence d'un moi, pas davantage que se plaindre ou se frotter la tête. En 1946, Elizabeth ne saisissait pas encore parfaitement le sens de tout cela, mais elle était déjà convaincue que, d'une façon ou d'une autre, là était la clé pour « montrer que la conception du sujet métaphysique de la conscience est à la fois vaine et erronée » et relancer l'idée aristotélicienne, selon laquelle l'individu « homme » ne différait en rien de l'individu « chat » ou « navet » [116].

Le point soulevé par Wittgenstein avec l'exemple de la douleur jetait un nouveau jour sur nos concepts psychologiques, comprit Elizabeth. À terme, elle et Philippa, Iris et Mary s'appuieraient toutes sur cette idée pour rejeter la psychologie naïve dont se plaignait Iris dans sa lettre de candidature. Des émotions comme la fierté, la peur, la peine, la joie, l'amour ne sont pas de simples expériences intérieures, mais des façons types de parler et d'agir, des motifs qui s'inscrivent dans la trame profonde des vies humaines ; de notre vie collective. « Le mot "chagrin" décrit un motif qui réapparaît dans diverses variations sur le tapis de la vie », avait écrit Wittgenstein (dans les notes en allemand qu'Elizabeth s'était mise à lire). « Si les expressions corporelles de la tristesse et de la joie se succédaient au rythme du *tic-tac* d'une horloge par exemple, nous n'aurions pas affaire au déroulement caractéristique du motif de la tristesse ou de la joie [117]. » Il faut du temps pour que le chagrin se déploie. Pour comprendre le chagrin humain, il faut voir nos vies comme étant interconnectées ; notre passé, notre avenir et nos espoirs comme entrelacés. Sur cet arrière-plan nous pouvons identifier des « sources de chagrin » – une place vide à table, une porte fermée, une plaisanterie que l'on ne fait pas – lesquelles sont entremêlées à mille autres motifs [118] ; tous les motifs quotidiens de la vie humaine.

À un moment, au cours de ces échanges, Philippa et Elizabeth se mirent à lire ensemble la *Somme théologique* de Thomas d'Aquin, Philippa s'appuyant d'abord sur les rudiments de latin que lui avaient enseignés Mildred Hartley en 1939. Contrairement à Iris and Mary, qui étaient agnostiques, Philippa était « une athée convaincue [119] ». « Tu me demandes pourquoi je suis athée », écrirait-elle à Elizabeth quelques années plus tard. « Je ne crois pas pouvoir en donner une justification très précise : je crois plutôt que j'aurais besoin de très bonnes raisons pour ne pas l'être, et que je n'en vois aucune [120]. » Malgré cela, Philippa reconnaîtrait bientôt en Thomas d'Aquin « l'une des meilleures sources dont nous disposons pour la philosophie morale », « aussi utile pour les athées que pour les catholiques ou les autres chrétiens » [121]. C'est la lecture de ce que dit Thomas d'Aquin sur les vertus, dira-t-elle plus tard, « qui éveilla mes doutes quant aux théories contemporaines sur la relation entre "fait" et "valeur" [122] ».

Parfois la conversation se poursuivait au numéro 16 : alors Philippa et Elizabeth remontaient St Giles' jusqu'à Park Town, où Mary rejoignait la discussion, affalée sur le canapé des Foot. Elles formaient un étrange trio : l'aristocrate, la nomade, l'érudite.

Iris rattrapée par son passé communiste

Le 11 octobre 1946, une lettre arriva au 16 Park Town. Expéditeur : Iris Murdoch, 4 Eastbourne Road, Chiswick. Michael Foot blêmit légèrement lorsqu'il la trouva sur le pas de la porte. Iris n'était donc pas à Innsbruck, ni à Cambridge, ni à Sheffield, ni à New York.

Le quartier résidentiel de l'ouest londonien où vivaient les parents d'Iris, dans une maison mitoyenne, était bien loin de la vie littéraire, des pubs de Soho en temps de guerre ou des cafés de Paris ou de Bruxelles libérées. Dans une entrée de son journal, rédigée sans doute tandis qu'elle contemplait par la fenêtre de son ancienne chambre les haies bien taillées et les pelouses impeccables du voisinage, Iris rappelait, en citant Kant, que le goût anglais en matière de jardin confinait au grotesque [123]. La valise qu'elle avait préparée pour New York, qui contenait notamment le manuscrit de son roman, était retournée sous son lit d'enfant. Pour la première fois de sa vie, probablement, son père, Hughes, était remonté contre elle [124].

En l'occurrence, la colère de Hughes était un peu injuste. Iris n'était pas vraiment fautive. Elle avait donné sa démission à l'UNRRA, qui allait de toute façon interrompre son action, et retiré sa candidature pour la bourse Sarah Smithson à Cambridge, seulement après avoir reçu une offre encore plus alléchante : une bourse Durant Drake au Vassar College, à New York.

Pendant la guerre, durant leur dernière année de *Greats*, Iris avait ainsi décrit à Mary son nouveau projet de vie : « Le montage global est compliqué, mais j'ai pour Ambition : de sonder l'espèce humaine, d'écrire un roman et d'aller en Amérique [125] ! » En 1946, elle avait bien avancé sur les deux premiers éléments ; avec New York elle ferait carton plein. Mais voilà : sa demande de visa était refusée. En 1942, elle avait expliqué à une Mary sceptique que l'administration ne voudrait pas d'elle : pas avec « un passé politique comme le mien [126] ». À l'époque, elle s'était trompée si bien qu'aujourd'hui, le rejet de l'Amérique la prenait par surprise. En remplissant la demande de visa, elle avait été honnête, et affirmé : « Oui, je suis ou j'ai été membre du Parti communiste. » Oxford fit tout ce qui était en son pouvoir pour « inciter les décideurs à plus d'indulgence » : Sandie Lindsay « porta l'affaire jusqu'à Washington » [127]. Mais en vain. Privée de revenus, Iris n'avait eu d'autre choix que de rentrer chez ses parents.

La jeune fille était au plus bas. Sa traduction du roman de Queneau n'avait rien donné : l'éditeur ne la prendrait pas. David Hicks lui avait envoyé une photo de sa nouvelle fiancée [128]. S'armant d'un stylo, elle griffonna amèrement sur un cliché d'elle-même : « Nadir [129] ». Dans son désespoir, elle écrivit à Donald MacKinnon lequel, brisant la promesse faite à sa femme Lois, resurgit dans la vie d'Iris. En octobre 1946, il lui fit visiter l'abbaye de Malling, dans le Kent. L'abbesse était réputée « bonne pour les cas difficiles [130] ». Iris trouva quelque réconfort dans l'anglo-catholicisme pratiqué par les moniales bénédictines : encens, chants, vêpres en latin.

La lettre qui atterrit sur le perron des Foot suggère qu'Iris avait revisité son passé à la lumière de la philosophie existentialiste, qui mettait l'accent sur l'authenticité, l'angoisse et la responsabilité radicale. Voici ce qu'elle écrivait à Philippa :

> Mon amie,
>
> Sans doute as-tu eu vent de mes dernières mésaventures. Nos démarches à Londres pour amadouer les Yanks ont fait chou blanc – au bout du compte, je retiens que j'ai eu les USA. Tant pis. –
> Vois-tu, Pippa – je m'avise que toi & M. vous êtes peut-être fait du souci pour moi – en général, je veux dire. Si tel est le cas, tu m'en vois navrée. On n'efface pas comme ça une histoire comme celle de 1944, tu t'en doutes. Quand on s'est comporté comme je l'ai fait envers deux personnes qu'on aime, la blessure et le sentiment de culpabilité sont très profonds. En un sens, ce n'est que depuis mon retour d'Autriche que j'ai pleinement reconsidéré ces événements comme des choses que j'ai faites et pas seulement des choses dont j'ai souffert. Tu comprends. Je les ai revisitées en voyant désormais ma responsabilité. Ce n'était pas agréable, mais c'était nécessaire. Pardonne-moi cette intrusion dans ton bonheur avec M. Je suis contente, vraiment, que vous soyez heureux tous les deux. Cela paraît peut-être un geste vain et inutile de dire, après si longtemps : « Je suis désolée de vous avoir fait du mal à tous les deux », mais je le dis, très humblement, et crois-moi, je suis parfaitement sincère. Cette histoire m'a menée au fond du gouffre, mais à présent la page est tournée. Ne vous en faites pas pour moi, ni l'un ni l'autre, vraiment : il n'y a plus de raison.
> Pippa, tu le sais sans que j'aie à le dire : mes sentiments pour toi demeurent aussi profonds et tendres que jamais – ils le seront toujours tant ils sont ancrés en moi, inséparables de moi-même. Je ne peux imaginer que quiconque prenne jamais ta place. Je pense à toi très souvent. Ma chérie, je t'aime.

Vraiment, tout va bien pour moi maintenant. Je travaille très sereinement et je commence à comprendre une ou deux choses (sur Kant, par exemple, dont je me rends compte qu'il était un mystère total pour moi à Ox. !) Je te tiendrai au courant de mes déplacements le cas échéant.
Merci de ton indulgence pour cette lettre peut-être assommante.

Recevez tous deux mon affection et ma bénédiction.

I. [131]

Pip s'assit pour rédiger une réponse. Iris comptait toujours pour elle, elle l'aimait beaucoup, elle appelait de ses vœux un avenir où la page serait tournée. Elle assura Iris qu'il n'y avait pas d'incompatibilité entre son amour pour son mari et son affection pour son amie. Que, même si Iris était détestable aux yeux de Michael, elle l'aimait toujours. « Tiens bon », disait Pip. « Sois patiente et ne lâche rien », répondait Iris ; « la route du retour est longue, j'ai encore pas mal de chemin à faire et bien des choses à dénouer. » Cette façon d'avancer, en démêlant le passé, est loin de celle prêchée par l'existentialiste Sartre. Nous devons nous enraciner, écrivait Pip, lentement : telles des plantes, nous devons attendre la repousse. Iris répondit par un souhait : « Puisse le bon croître et le mauvais mourir. » « Que notre amitié subsiste, cet élément précieux et central dans ma vie, me donne tant de courage et de sérénité [132]. » Et, se remémorant l'effervescence de Bruxelles : Je ressentais « une avidité de choses nouvelles – & à cet égard un sentiment d'être différente. Mais il n'y avait absolument aucune joie [133]. »

Un week-end du mois de novembre, timidement, doucement, les deux amies se retrouvèrent. Iris prit le train de Chiswick à Oxford : d'abord la District Line du métro jusqu'à l'arrêt Ealing Broadway, puis le train de surface, avec une correspondance à Slough. Elle vit Pippa, discuta avec Michael, décidée à être patiente, distanciée, calme. Prudemment, ils parlèrent philosophie. Toujours animée de ses débats avec Elizabeth, Philippa évoqua le *cogito*. Sans doute Iris prit-elle un plaisir jaloux à la nouvelle affinité entre Philippa et Elizabeth. Elles plaisantèrent : « Un type qui vient vers moi dans un rêve et dit *cogito ergo sum*. (Et moi, je luis réponds : “Oh, non, mon petit gars, tu te trompes[134] !”) »

La révolution du lieutenant-colonel Austin

Elizabeth avait pris l’habitude, durant le trimestre d’automne 1946, de sortir de Somerville tous les vendredis après-midi et de marcher jusqu’à Magdalen, distant d’un peu plus d’un kilomètre. Elle se présentait dans la salle de cours de J. L. Austin juste après 17 heures pour un séminaire de recherche. Tel qu’annoncé dans la *Gazette*, le séminaire s’intitulait « Things » (Choses). S’il y avait bien un cours qui faisait parler de lui dans les files d’attente dues au rationnement, c’était celui-là.

En novembre 1940, J. L. Austin avait quitté Oxford pour suivre une formation militaire à Matlock[135]. À la fin du conflit, on dut au lieutenant-colonel Austin « plus qu’à tout autre » la précision « salvatrice » du Renseignement, qui permit le Débarquement[136]. Il fut l’une des rares personnes extérieures à Bletchley Park à avoir accès aux renseignements « ultra » (obtenus en décryptant les transmissions allemandes[137]). De retour à Oxford, il prit la tête d’une nouvelle bataille dans la guerre contre la métaphysique entamée par Freddie Ayer, comme lui membre des « Frères ». Comme Ayer, qui était d’un an son aîné, Austin était « agacé et méfiant » envers les prétentions de la métaphysique. Il acquiesçait à « ce que Wittgenstein avait écrit dans le *Tractatus* : “Tout ce qui peut être dit peut être dit clairement” ». Mais, comme H. H. Price (aux yeux de qui Ayer était « un jeune homme pressé »), Austin se méfiait de « la rapidité stupéfiante » avec laquelle Ayer exposait ses résultats[138]. Les problèmes philosophiques, selon lui, devaient être résolus par une petite corporation de jeunes gens qui se garderaient aussi bien de l’angoisse métaphysique que de la fougue positiviste[139]. Aussi, même s’il rejetait le dogmatisme du positivisme logique d’Ayer, il admirait « l’atmosphère collaborative, opposée à tout non-sens, qui régnait au sein du Cercle de Vienne », et mit en place un groupe de travail du même genre dans l'Oxford d'après-guerre.

Ses ateliers anti-non-sens du samedi matin, accessibles uniquement sur invitation, se tenaient dans un ensemble disparate de salles des collèges d'hommes. Parfois, on se retrouvait dans la « salle commune victorienne, au mobilier tanné et au confort douteux, qui donnait sur la cour principale de Balliol » ; d'autres fois c'était dans une « salle plus petite et plus ancienne de Trinity ». La préférée d'Austin était une « salle moderne tout à fait splendide de St John's, dotée d'une grande table centrale et d'immenses fauteuils de bureau, évoquant la salle de réunion d'une entreprise prospère, sérieuse et dynamique [140] ». Lorsqu'on lui demanda, des années plus tard, si être une femme lui avait valu des difficultés, Philippa donna cet exemple : « Il [Austin] animait ce genre de cercle qu'on appelait "le jardin d'enfants d'Austin". Le samedi matin, il invitait autour de lui, de façon informelle, toute personne de son âge, ou plus jeune, d'où ce nom de "jardin d'enfants", pour discuter philosophie. Quiconque avait une charge d'enseignement à Oxford était invité, à l'exception des femmes. Là-bas, on travaillait pour de bon [141]. »

Pendant la guerre, les hommes du lieutenant-colonel Austin avaient recueilli, passé au crible et interprété des renseignements de façon à produire une description extraordinairement détaillée des sites possibles pour le débarquement des troupes britanniques. Le philosophe Austin appliquait à présent cette même stratégie, le traitement morceau par morceau d'une masse de données contradictoires, à la langue anglaise. La méthode, que l'on nommerait plus tard « philosophie du langage ordinaire », était la suivante. D'abord, une équipe de philosophes choisit « un domaine de discours qui l'intéresse, souvent en lien avec quelque grande question philosophique [142] ». Par exemple, un champ primordial pour J. L. Austin était l'expression des perceptions visuelles : « Je vois un chat », « Je vois un arc-en-ciel », « Le bâton a l'air courbé », « John et Tom sont identiques », etc. Selon Austin, les excès métaphysiques en philosophie de la perception provenaient de ce qu'il n'existait pas de cartographie claire de ce domaine de notre langage.

Une fois un terrain sélectionné, l'étape suivante était de collecter des données. Là, le travail collaboratif s'avérait essentiel car la tâche était gigantesque : tous les mots et les phrases appartenant à ce champ devaient être relevés, « d'abord en réfléchissant et en listant autant de mots [...] que possible – sans se limiter aux plus usités ni à ceux paraissant les plus importants à première vue – puis en cherchant des synonymes et des synonymes de ces synonymes dans les dictionnaires, ou par la lecture de textes non philosophiques relevant du domaine choisi [143] ». Une fois réuni ce premier ensemble de données, l'équipe produit des métadonnées. Pour ce faire, ils inventent des « "histoires" dans lesquelles figurent les mots et les expressions légitimes », en particulier « des histoires dans lesquelles il est clair que l'on peut utiliser l'un des "synonymes" tirés du dictionnaire mais non un autre ». Par exemple, « par mégarde », « par accident », « par erreur », « par inadvertance », sont certes synonymes dans le dictionnaire, mais (selon Austin), en « imaginant des cas avec clarté et précision, nous devrions être capables de décider en quels termes précis décrire, par exemple, l'action de Miss Plimsoll qui écrit avec beaucoup de soin "Journal infime" sur son beau cahier tout neuf ; nous devrions être capables de distinguer entre l'erreur pure et simple et l'inadvertance pure et simple [144] ». Des récits complexes peuvent être forgés pour éclairer certaines caractéristiques subtiles de nos usages linguistiques. « La phénoménologie linguistique », avoir l'oreille linguistique, était une faculté essentielle à cette partie du travail, tout comme une bonne compétence langagière, nourrie de tournures idiomatiques et de poésie.

Enfin, toutes les données linguistiques ayant été collectées, l'équipe procède à l'analyse et à la modélisation : ses membres vont « tenter de rendre compte de la signification des termes et de leurs interrelations propres à expliquer les données [145] ». Le travail serait souvent ennuyeux et les résultats décevants, mais peu à peu le terrain serait cartographié [146].

Si Elizabeth, comme Philippa, était exclue de ce cénacle en raison de son sexe, J. L. Austin ne pouvait en revanche l'empêcher d'assister à son séminaire de recherche. Il appliquait dans

« Things » la même méthode qu'à propos du langage de la perception. Les données fournies par son équipe produisirent des résultats déterminants. D'abord, les données linguistiques révélèrent que la notion de « perception indirecte » intervient quand nous voyons des objets *via* un miroir ou un périscope (« Je l'ai vu indirectement dans le miroir »), mais pas lorsque nous regardons directement un bain ou un paquet de cigarettes [147]. Ainsi, les données linguistiques s'opposent à la thèse des théoriciens des *sense data* selon laquelle nous verrions un paquet de cigarettes ou un chat « indirectement », par l'intermédiaire de surfaces et d'impressions sensorielles. Ensuite, les données linguistiques récoltées quant à l'usage des expressions « indiscernable » ou « le même » dévoilèrent d'importantes divergences de signification. Pour les théoriciens des *sense data*, l'expérience d'halluciner un chat et celle de percevoir un chat sont nécessairement de même nature. De telles expériences sont, en un sens, « les mêmes » parce qu'elles sont « indiscernables ». Toutefois, releva Austin, l'expression « le même » n'est pas toujours équivalente à « indiscernable ». Par exemple, « John et Tom sont le même homme » a une signification totalement différente de « John et Tom sont deux hommes indiscernables » [148]. Là encore, la théorie des *sense data* se trouvait en conflit avec les données linguistiques.

Pour Peter Strawson, c'était « grisant de voir s'effondrer ainsi ces immenses et imposants édifices de pensée [149] ». Depuis Platon, les philosophes s'étaient efforcés de jeter un pont entre l'apparence et la réalité ; et voilà que tous ces efforts étaient balayés par une simple observation linguistique, finement formulée. Comme le positivisme logique, la méthode semblait participer d'une démocratisation. Mary Wilson, à présent *undergraduate* en dernière année de « *Classics* » à Lady Margaret Hall, trouvait la méthode d'Austin passionnante. Après la guerre, se souvient-elle, « nous avions eu notre dose de propagande [150] », et la philosophie d'Austin apparut comme un antidote. Néanmoins, le philosophe écossais Clement Mundle (tout comme H. H. Price, futur président de la Society for Psychical Research) n'était pas le seul à émettre cette critique : ce que l'équipe d'Austin décrivait en fait était une langue anglaise parlée par une élite, les meilleurs étudiants d'Oxford en « *Classical Greats* [151] ». Ceux dont l'oreille était davantage accordée à l'allemand ou au tchèque – ou en l'occurrence à l'anglais écossais – risquaient fort d'être incapables d'appliquer la phénoménologie linguistique qu'exigeait la méthode, et *via* laquelle un catalogue d'usages légitimes et illégitimes des mots devait être établi.

Elizabeth ne partageait pas l'avis de Mary Wilson sur « Things ». Elle n'était plus la jeune étudiante en veste de laine photographiée dans le jardin de St Hugh's College, mais une véritable force intellectuelle qui, depuis qu'elle avait décroché son diplôme, avait pris en main deux bambins, un mari difficile et Ludwig Wittgenstein. Elle interrompait le cours, « intervenait souvent pour critiquer vertement ce qui se disait [152] ». Un vendredi soir, Mary Wilson avait trouvé la véhémence d'Elizabeth particulièrement « notable », même comparée à son habitude. Ne voulant se retrouver complice malgré elle, dès qu'Austin les libéra Mary fit tout « pour l'éviter… en se hâtant de quitter Magdalen par l'arrière ». Elizabeth la suivit et la rattrapa dans Longwall Street tandis qu'elle bataillait pour détacher son vélo. Piégée. « Quand on pense que Wittgenstein a enfanté ce bâtard », persifla Elizabeth [153]. Mary Wilson fut choquée.

À terme, l'histoire officielle de la Révolution d'Oxford retiendrait que J. L. Austin avait développé sa « philosophie du langage ordinaire » assez indépendamment de Wittgenstein, pourtant Elizabeth avait de bonnes raisons de qualifier Austin de rejeton de Wittgenstein. Si Austin avait cultivé un mépris faussement désinvolte pour Wittgenstein (il le nommait « Witters » [de *to witter*, radoter], et laissait entendre à qui voulait qu'il trouvait « répugnante […] l'atmosphère personnelle dont il s'entourait [154] »), il avait en réalité étudié les notes du *Cahier bleu* [155]. En février 1940, quelques mois avant de quitter Oxford pour sa formation militaire, Austin avait fait une communication intitulée « The Meaning of a Word » (La signification d'un mot), devant le Cambridge Moral Sciences Club [156]. Il y discutait l'idée selon laquelle le sens d'un mot est l'objet qui correspond à ce mot. Si Austin se garda de mentionner explicitement Wittgenstein, il ne faisait aucun doute pour l'auditoire qu'il tirait ses idées du *Cahier bleu*, qui s'ouvre ainsi : « Qu'est-ce que le sens d'un mot ? » Austin empruntait tellement d'idées à Wittgenstein – qu'il faut prêter attention au particulier, que le langage peut nous induire en erreur, que nous devons étudier de près comment un mot est employé et comment il est expliqué – que son propos était quasiment un hommage à l'Autrichien.

Si J. L. Austin s'était initialement inspiré du *Cahier bleu*, lorsque Elizabeth assista au séminaire « Things », elle découvrit un philosophe, trônant solennellement au bout de la table dans son fauteuil en cuir, qui n'avait pas grand-chose à voir avec celui qui menait ses enquêtes en arpentant la tour de Whewell Court. On aurait dit qu'Austin avait repris l'idée de Wittgenstein selon laquelle comprendre le langage humain impliquait de comprendre la vie humaine, mais qu'il en avait fait quelque chose de complètement mort. « Je pensais qu'il [Wittgenstein] aurait approuvé la plupart de ce qui se passe dans le séminaire d'Austin », dit un jour (stupidement) Mary Wilson à Elizabeth. « N'a-t-il pas parlé lui-même de ramener les mots de leur usage métaphysique à leur usage quotidien ? » Elizabeth « blêmit de rage »[157].

La méthode d'Austin pour « ramener les mots de leur usage métaphysique à leur usage quotidien » consistait à faire appel aux règles d'usage de la langue ainsi qu'à l'intuition pour déterminer quels mots sonnaient juste dans telle ou telle situation. Tout comme Freddie Ayer avait recouru au « critère de vérification » pour réduire au silence les métaphysiciens idéalistes et réalistes, J. L. Austin recourait au « critère du dictionnaire » pour ramener les philosophes dans les limites du langage de l'homme ordinaire. Mais pour Wittgenstein, l'outil dictionnaire ne pouvait s'utiliser pour établir la définition d'un mot qu'après qu'on avait tout compris, ou presque, du langage et de la vie. Les règles du langage ne sauraient se trouver dans une liste de définitions, auprès de mots expliqués par d'autres mots, mais dans les pratiques humaines, lesquelles tissent ensemble sons, actions, nature, instinct et culture pour créer des motifs vivants de signification.

Il se mit à neiger le 22 janvier 1947 et cela dura cinquante-quatre jours d'affilée ; on n'avait pas connu d'hiver aussi rude depuis la fin des guerres napoléoniennes. Les canalisations gelèrent. Dans le studio de Mary Scrutton, le chauffage rendit l'âme. De nouveau, tout Oxford échangea ses souliers pour des patins et s'adapta à la glace. Mary « revenait sur la scène philosophique », reprenant le fil d'anciennes conversations avec Elizabeth sur les formes platoniciennes, en entamant de nouvelles avec Philippa sur l'éthique. Iris et Philippa nourrissaient timidement leur relation. On échangea des lettres ; on se fit des visites ponctuelles. Dehors, tout était feutré. « Froid intense. Degrés de réalité. (Degrés de gel !) », nota Iris dans son journal [158]. Elle avait lu la préface de H. H. Price à *Matter, Mind and Meaning* (Matière, esprit et sens), ouvrage posthume du chercheur en parapsychologie Whately Carrington. Comme après la Première Guerre mondiale, nombreux étaient les gens à se tourner vers des médiums, dans l'espoir de combler en esprit le vide laissé par les morts. Price s'exprimait en qualité d'ancien président de la Society for Psychical Research et expert en phénomènes paranormaux, mais pour lui il existait des liens profonds entre la philosophie de la perception et la parapsychologie. La seule chose réelle, ce sont les *sense data*, des apparences qui s'agglutinent pour former ce que nous appelons des choses particulières, soutenait Whately. Si nous ne sommes guère disposés à qualifier un fantôme ou une apparition de « "Chose" à part entière », néanmoins ces systèmes complexes d'apparences forment leurs propres unités et font partie intégrante de la réalité au même titre qu'un couvre-lit ou une bicyclette. Price espérait que voir la réalité comme une affaire de degrés serait la clé pour comprendre le monde des séances de spiritisme, des esprits frappeurs et d'une façon générale le paranormal. Elizabeth aussi trempait dans la parapsychologie, lisant par exemple le récit récemment publié des expériences de psychokinésie de Joseph Banks Rhine. Ce dernier donnait pour consigne à ses sujets de « vouloir » que les dés tombent sur une certaine face. Elizabeth n'était pas impressionnée. C'était une erreur de dire que « l'âme peut ou ne peut pas déplacer une matière extérieure *aussi bien* qu'intérieure à son propre corps – car je ne peux pas *davantage* bouger ma main en voulant qu'elle bouge que je ne peux de cette manière déplacer une boîte d'allumettes [159] ».

Vers cette époque, Elizabeth commença à tester une nouvelle interprétation de l'idée d'Aristote : « Je m'efforce de comprendre ce qu'il veut dire en qualifiant le corps d'organe de l'âme tout comme l'œil est celui de la vue. » L'organe de la vue est l'œil ; c'est la fonction de l'œil de voir. L'organe de l'âme est le corps ; c'est la fonction du corps de… [160]. Pas à pas, elle se dirigeait vers cette idée : « "L'âme" comme équivalent de "la vie", autrement dit "avoir une âme" équivaut à "exercer ses fonctions vitales" [161]. »

Mary fut rappelée chez ses parents pour s'occuper de sa mère. En tombant sur le sol gelé, Lesley s'était fait une fracture, tout comme Mary lors des derniers grands froids. Poliment, elle démissionna de son poste de secrétaire auprès de Gilbert Murray et descendit de Boars Hill pour la dernière fois, en bus cette fois-ci, eu égard à la route gelée et à sa prédisposition aux accidents.

Elizabeth fait venir Wittgenstein à Oxford

Cela faisait des années que les *dons* d'Oxford désespéraient de faire venir Wittgenstein. Ils avaient lu son *Tractatus logico-philosophicus* et, si ses derniers travaux n'étaient pas publiés, les échos qui leur en étaient parvenus depuis Cambridge étaient suffisamment prometteurs pour leur donner envie d'en savoir plus. Peu avaient réussi à mettre la main sur le *Cahier bleu*, comme J. L. Austin. Avant la guerre, toutes les sociétés philosophiques d'Oxford avaient adressé au *Professor Wittgenstein*, Trinity College, Cambridge des invitations d'abord timides puis de plus en plus flagorneuses. Souvent, il acceptait puis, à l'approche de la date fixée, la pauvre secrétaire du directeur recevait un télégramme : il avait un rhume, un rendez-vous, des difficultés [162]. Avec ses amis, il était plus franc : « Je suis certain que vous penserez que je suis abominable, parce que j'ai encore changé d'avis au sujet de ce foutu congrès. Mais la vérité, c'est que je suis heureux de l'avoir fait. Y aller et m'asseoir aux côtés de positivistes logiques et autres était une pensée atroce [163]. » Et voilà que, à peine six mois après avoir été nommée à Somerville, Elizabeth, elle, réussit enfin à le faire venir. Si elle ne l'avait pas convaincu de venir parler, il avait en revanche accepté d'assister à une réunion de la Jowett Society (le club de philosophie des *undergraduates*) et de réagir à l'intervention de son président, Oscar Wood.

Oscar avait commencé son cursus en 1942 et à présent, près de cinq ans plus tard, il était sur le point de terminer son cycle d'études. Comme Peter, le mari d'Elizabeth, Oscar avait été objecteur de conscience et pour cela considéré avec méfiance, voire rejeté par certains de ses camarades. Lorsqu'il fut nommé sur un poste d'enseignement à Worcester College en 1952, le *dean* menaça de démissionner. La plupart des parents d'étudiants *undergraduate*, avança-t-il, « n'auraient certainement pas choisi un collège où leurs fils, une fois démobilisés, seraient guidés dans leurs premiers pas en philosophie morale par un objecteur de conscience ». Pour le collège, « nommer officiellement et en toute connaissance de cause comme professeur de philosophie un jeune homme affichant les opinions atypiques de M. Wood s'apparente presque à une insulte envers les vivants et les morts » [164]. Cet aperçu des sentiments qu'inspiraient en général les objecteurs de conscience explique sans doute pourquoi Peter Geach, malgré son diplôme de Balliol, n'avait toujours pas de vrai poste.

Elizabeth accompagna Wittgenstein à la séance au Magdalen College [165]. À l'entrée d'une salle bondée, Oscar Wood était assis à une petite table semi-circulaire. Wittgenstein prit la chaise située à l'autre bout de la table, et Elizabeth s'assit par terre, à ses pieds. Elle fit cela parce qu'il n'y avait plus de siège disponible, mais le symbolisme de cette disposition ne passa pas inaperçu et contribua à forger le mythe de sa relation avec Wittgenstein. Mary constata avec étonnement que son amie avait perdu son air de juge pour se faire « toute petite et soumise [166] ». De part et d'autre de la table, des bougies étaient allumées, de sorte que, quand Oscar se leva, on eût dit qu'il allait animer une séance de spiritisme ou une messe. Elizabeth jeta sans doute un œil méfiant au public hostile du premier rang : les membres du séminaire « Things ». Comme le nota Mary Wilson, fidèle au poste, « pratiquement tous les philosophes qu'[elle] connaissait étaient présents [167] ». Alignés aux premiers rangs se tenaient J. L. Austin, Gilbert Ryle, J. O. Urmson, Isaiah Berlin et H. A. Prichard. Philippa était là également, et Mary Wilson remarqua ses « bons » vêtements, manifestement pas faits maison. Mrs Foot portait des bas, tandis que les autres, qui ne pouvaient assumer une telle dépense, avaient les jambes nues et maculées de boue pour avoir pédalé. Mary Scrutton, qui exhibait « des jambes mauves disgracieuses », était revenue avec le beau temps [168]. Un peu plus loin derrière se trouvait Richard Hare, dont les lunettes mangeaient le visage extrêmement émacié. Il avait le même âge que Mary, mais ses cheveux clairsemés et ses traits tirés lui faisaient paraître bien plus : si elle le repéra dans l'assemblée, sans doute ne reconnut-elle pas le jeune homme qu'elle avait vu pour la dernière fois dans la classe *Agamemnon* de Fraenkel [169], baigné du même soleil que Nick Crosbie et Frank Thompson.

Oscar lut un bref texte, soigneusement préparé, qui posait la question de savoir si le « *Cogito, ergo sum* » de Descartes était un raisonnement valable. Dès qu'il cessa de parler, Wittgenstein commença à répondre. Il parlait si bas que l'auditoire dut retenir son souffle pour l'entendre. À sa propre surprise, Mary Scrutton, dont la prévention naturelle contre les névrosés ne la disposait guère à se laisser impressionner par ce petit homme électrique, tout sage qu'il fût, fut embarquée : « Pendant environ cinq minutes, ce qu'il dit me parut extraordinairement important et lumineux. » Elle savait gré à Elizabeth pour ses patientes explications délivrées dans le salon de Philippa : « Le langage doit s'ancrer dans la complexité de la vie réelle, et non être plaqué dessus depuis l'extérieur tel un calcul dérivé d'axiomes », avait expliqué Elizabeth. « Je pense » doit être ramené dans le contexte de la vie humaine, où on peut décrire son emploi et saisir son sens et son importance. Mary s'en voulut de ne pas avoir emporté de quoi écrire, condamnant son stylo à fuir inutilement dans sa poche ; mais à peine eut-elle le temps de formuler ce regret que les choses se mirent à dérailler. Wittgenstein commença à s'interrompre : « Non, non, ce n'est pas cela – Comment dire ? Voyez, la vraie difficulté, ici, – Oh non, non, c'est affreux... [170] » « Dites ce que vous *voulez* dire. Soyez *primaire* et nous nous entendrons [171] », demanda-t-il à Oscar Wood qui, à la grande frustration de Wittgenstein, répondit par un exposé clair mais sans passion des points clés notés sur son papier. Mary fut frappée par le contraste entre le calme objectif d'Oscar et la violence et l'inquiétude formidables dont témoignait le rejet de Wittgenstein pour le solipsisme ; son intuition animale de l'isolement infini, glacé et solitaire d'un sujet pensant coupé non seulement des autres mais de toute créature vivante, de tout être de chair et de sang ; son désir désespéré de « nous réimplanter dans notre terreau naturel d'êtres sociaux [172] ». Si Iris avait été présente, elle aurait sans doute invoqué les écrits de Gabriel Marcel. Pour Oscar, le solipsisme était un problème ; pour Wittgenstein, c'était un mystère.

Tandis que la rencontre versait dans la confusion, Philippa, elle, vivait un moment d'illumination. Elle sentit un changement s'opérer en elle : plus tard, elle dira que « ces cinq minutes, je suis sûre qu'elles ont eu plus d'influence sur ma philosophie, et donc sur ma vie, que quoi que ce soit d'autre qu'on ait pu me dire ». Elle en retint une leçon : quand vous vous surprenez à dire « quelque chose de complètement fou, la bonne chose à faire n'est pas de s'efforcer de chasser cette pensée, mais de l'accueillir et de lui laisser le temps de plaider sa cause : un jour, une semaine, un mois, un an s'il le faut [173] ». C'était tout le contraire de l'approche de Freddie Ayer, qui avait inhibé toute une génération d'étudiants redoutant, s'ils ouvraient la bouche, que leurs propos hésitants soit taxés de « Non-sens ! » Peut-être Philippa croisa-t-elle le regard d'Elizabeth, toutes deux partageant cette muette réflexion.

« Si un homme lève les yeux au ciel et dit : "Je pense qu'il va pleuvoir, donc je suis", il serait inaudible », reprit Wittgenstein, qui tentait ainsi de rappeler à son auditoire quels liens fragiles de reconnaissance, d'intelligibilité et de bon sens nous liaient les uns aux autres dans le langage et dans la vie. Mais pour H. A. Prichard, vénérable réaliste qui s'agitait au premier rang, c'en fut trop [174]. Son ami, H. W. B. Joseph, avait passé les dernières années de sa vie torturé par un véritable désespoir intellectuel, à traquer et exposer sans relâche les absurdités de la théorie d'Ayer, pour ne récolter que mépris de la part de l'intéressé et des autres philosophes analytiques [175]. Prichard, pour sa part, avait décidé de ne pas gaspiller son énergie à s'opposer à ces jeunes gens qui n'avaient nulle intention de perdre leur temps avec lui. Il avait coupé les ponts, pour se concentrer sur son propre travail [176]. Mais là, on dépassait les bornes. L'article capital de 1912 qui avait assis sa notoriété, « Does Moral Philosophy Rest on a Mistake ? » (La philosophie morale repose-t-elle sur une erreur ?), faisait un rapprochement important entre la quête cartésienne de certitude et notre perplexité sur le plan pratique face au devoir moral. *Qu'est-ce que je sais vraiment ? Pourquoi dois-je faire ce qui est bien ?* Selon Prichard, aucune théorie philosophique n'est à même de nous aider face à ces questions. Pour autant, la quête elle-même doit être prise au sérieux – la réduire à un délire incohérent ne supprime en rien notre questionnement ni son irrésistible insistance. Cela ne sert qu'à saper les efforts remarquables bien qu'imparfaits des animaux métaphysiques aux prises avec ces questions. Il se leva et, à la stupeur générale, se dirigea vers la sortie. Décochant au passage ce coup ultime : « Ce qui intéressait Descartes était autrement plus important que tous les problèmes que vous avez abordés ce soir [177]. » Ce « vous » s'adressait à Wittgenstein, mais aussi aux Frères qui occupaient le premier rang [178]. Pour la plupart des gens présents dans cette salle, ce seraient les derniers mots qu'ils l'entendraient prononcer : six mois plus tard, il était mort.

Tandis que la sidération et l'embarras retombaient, les gens dans l'assemblée se mirent à intervenir. Un jeune homme dans le fond fit ainsi plusieurs remarques malvenues qui semblèrent énormément irriter Wittgenstein. Assez héroïquement selon Mary, Oscar tenta de faire revenir celui-ci à son propos sur le rôle de la connaissance dans le *cogito*, mais en vain. Dans le même temps, Richard Hare rongeait son frein. C'était la première fois qu'il assistait à une réunion de la Jowett, avec un seul objectif : faire un commentaire. Il ne s'intéressait pas particulièrement au *cogito*, ni même à Wittgenstein, mais c'était là une condition pour devenir membre de la Jowett Society : formuler un commentaire lors d'une séance en étant encore *undergraduate*. C'était la dernière chance de Hare, qui passerait ses examens de *Greats* quelques semaines plus tard. S'il ne passait pas à l'acte ce soir-là, il ne pourrait plus assister aux futurs meetings en tant que *don*. Sentant que la situation devenait incontrôlable, il s'écria : « Je dois faire une remarque ! » avant de dire la chose la plus insignifiante qui lui passa par la tête – si insignifiante que tout le monde s'empressa de l'oublier. Wittgenstein crut que la remarque venait du jeune homme assis derrière, dont l'intervention l'avait précédemment tant irrité : « Ce fut la goutte de trop. Alors Wittgenstein se tourna vers lui, qui n'y était pour rien, et l'éreinta [179]. »

« Ce fut un spectacle lamentable », nota Mary Wilson dans son journal ce soir-là [180].

Mary et Iris préparent leur retour en philosophie

Mary avait eu beau, toute l'année, multiplier les allers-retours à vélo à Boars Hill, elle n'était pas allée bien loin. À présent, elle avait démissionné. Comme Iris, elle se dit qu'elle tenterait bien sa chance en philosophie, et s'en alla trouver leur tutrice d'histoire ancienne à Somerville, Isobel Henderson – c'est Isobel qui avait recommandé Mary à Gilbert Murray comme secrétaire à la fin de la guerre, et Mary espérait qu'elle pourrait l'aider encore une fois. Ce que Mary avait de mieux à faire si elle visait une carrière en philosophie, expliqua Isobel, était de suivre le nouveau *B. Phil.*, le cours conçu par John Mabbott et Gilbert Ryle pour former des troupes destinées à stationner dans les départements de philosophie de toute l'Angleterre. Les recrues du *B. Phil.* se retrouvaient chaque soir avant le souper dans des cours spécifiques se déroulant dans divers collèges masculins – à l'instar du cours « Things » d'Austin. À un observateur néophyte, ces petits groupes de discussion pouvaient sembler forgés sur le modèle du « séminaire » à l'allemande, mais John Mabbott martelait l'inverse : « Ils étaient aussi éloignés qu'on peut l'être des séminaires allemands », expliquait-il ; contrairement à leur pendant germanique, éminemment « pédagogique », ces cours étaient « réellement exploratoires » [181]. L'objectif n'était pas d'apprendre comment les grands philosophes du passé s'étaient frottés au mystère de la vie humaine et de sa place dans l'univers, mais de s'initier à la nouvelle et puissante technique linguistique et de comprendre comment l'appliquer universellement pour transformer les mystères en problèmes solvables. Une semaine classique pour les étudiants de *B. Phil.* pouvait se dérouler comme suit : avec William Kneale à Exeter le mardi, pour étudier le « Development of Logic » (Développement de la logique) ; le mercredi à Magdalen avec Waismann et Ryle sur « The Logical Force of Expressions » (La force logique des expressions) ; avant de finir la semaine à Balliol sur « Legal and Moral Responsibility » (La responsabilité légale et morale) avec J. L. Austin et H. L. A. Hart.

Si, avant la guerre, les cours de premier cycle étaient peuplés de « jeunes gens qui aimaient avoir le dernier mot » (dont l'arme essentielle était l'agressif : « Je ne comprends pas »), ces anciens étudiants s'imposaient désormais dans les cours de second cycle, accompagnés par une nouvelle fournée de jeunes que l'on formait spécifiquement aux méthodes modernes et destinait à des métiers exigeant intelligence, rapidité et agressivité. Ryle lui-même était de plus en plus soucieux de constater que le *B. Phil.* formait des philistins davantage que des philosophes [182]. Certaines recrues prenaient un malin plaisir à terroriser les tuteurs les plus jeunes ou les moins assurés. Herbert Hart, qui venait d'être embauché au New College et n'était pas encore à la page quant à la nouvelle méthode linguistique, blêmissait quand Geoffrey Warnock interrompait son cours par cette remarque : « Mais M. Austin a dit exactement le contraire dans son cours [183]. »

Comme rien, toutefois, n'aurait plus sûrement brisé les rêves philosophiques naissants de Mary qu'une telle atmosphère, Isobel lui suggéra de tenter plutôt le *D. Phil.* Là, Mary pourrait passer trois ans à approfondir un unique sujet. On ne lui demanderait pas d'être moderne ni rapide ; elle pourrait au contraire prendre le temps de contempler le genre de « métaphysique de haute volée » dont elle avait commencé à discuter avec Philippa. Comme le leur avait enseigné Donald MacKinnon, la philosophie de A. J. Ayer contenait une « doctrine de l'homme » implicite et dangereuse [184] ; dépasser l'éthique subjectiviste qu'elle impliquait nécessiterait une vision alternative. À l'issue de ce cursus, Mary ne serait certes ni moderne ni convoitée sur le marché de l'emploi – l'enquête métaphysique suscitant plutôt « méfiance, désapprobation, voire moquerie [185] » – mais elle échapperait à l'orthodoxie du *B. Phil.*

Dans sa quête d'une « métaphysique de haute volée », Mary était attirée par Platon, comme elle l'était déjà lors de sa première rencontre avec Elizabeth dans le réfectoire de Somerville. Pour la plupart des philosophes de son entourage, biberonnés à (ce qu'elle appelait) l'« empirisme extrême », il n'y a qu'une seule réalité, le monde des faits sensibles empiriques, indépendant de toute valeur [186]. Platon, en revanche, comme H. H. Price, parlait de différents degrés de réalité. Dans *La République* (le premier livre de philosophie de la bibliothèque de Downe à avoir réellement fasciné Mary), il raconte l'allégorie de la caverne, l'histoire de ces prisonniers qui s'élèvent du monde irréel des ombres de la grotte vers quelque chose de *plus réel* [187]. De l'ombre à la lumière, vers le Vrai, le Beau et le Bien. Donald MacKinnon lui avait expliqué qu'une allégorie n'est pas un conte de fées, que le paradoxe et la poésie peuvent nous aider à « saisir le sens d'un monde » qui défie la compréhension immédiate. Mais qu'entendait Platon en disant que le monde des formes était *plus réel* que le monde des choses ? « Quelle sorte de derrière-té est-ce là ? », pour reprendre la formule d'Elizabeth.

La thèse de Mary commencerait par poser la différence entre existence et réalité. Il est « parfaitement juste de dire que beaucoup de choses existent qui ne sont pas réelles », rappelait-elle déjà dans un devoir antérieur. Nous disons en effet : « "Il est acteur, toute sa vie est irréelle", "Vos intentions réelles", "C'était aussi irréel qu'un cauchemar" ». (Lorsque Mary, à propos des vagues Marcel chez les femmes, opposait à Lesley un : « Je n'y crois pas », elle savait que cette coiffure sophistiquée existait, mais elle la trouvait irréelle.) Les Idéalistes, note-t-elle, reconnaissaient cette distinction. L'expérience montre que quelque chose existe, avait écrit F. H. Bradley en 1893, mais c'est « de la pure superstition de supposer qu'invoquer l'expérience suffit à en prouver la réalité » [188]. Pour Mary, le Réaliste G. E. Moore a eu tort de « traiter [cette] dichotomie » comme « une regrettable erreur » [189]. Ce qui est réel doit avoir « une certaine importance et une certaine régularité », écrit-elle. Peut-être que, pelotonnée sous son couvre-lit, Mary avait lu Dorothy Emmet, désormais professeur à la Manchester University. Il existe un lien entre la réalité et l'importance, soulignait en effet Emmet dans la revue *Philosophy* (qu'affectionnait Mary) en novembre 1946 [190]. « Importance » étant à prendre non au sens d'intérêts, d'objectifs ou de préoccupations passagers, mais comme ce qui *compte vraiment* [191]. Nous avons la responsabilité de protéger ces choses. Mais avant cela, il nous faut apprendre à les reconnaître.

Mary envisageait d'explorer ces idées dans l'œuvre de Plotin, philosophe néoplatonicien du IIIe siècle, qui avait lui-même vécu à une époque d'effondrement politique et social. Dans le résumé de sa thèse, Mary note que « lorsqu'une société cesse d'être bonne », la vie pratique devient difficile. Alors, « l'enchaînement des événements devient totalement chaotique », et lorsque quelqu'un agit, « le résultat habituel ne s'ensuit pas nécessairement » [192]. Lorsque le lien entre les moyens et les fins s'effondre, la question de savoir comment être une bonne personne, comment faire son devoir, devient particulièrement aiguë. Je veux aider mon ami en lui envoyant un colis de nourriture, mais si les services postaux sont tenus par des escrocs et des brigands, je ne peux guère faire plus que déposer mon colis à la poste et espérer que tout se passe pour le mieux. Pour un juge qui fait son devoir dans une société corrompue, le lien est rompu entre faire le juste et faire le bien. « Dans de telles situations, la cohérence entre différentes raisons d'agir sur laquelle reposent les systèmes optimistes, se délite [193]. »

Elle travaillerait avec le *Regius Professor* de grec, E. R. Dodds. Comme H. H. Price, Dodds était membre du conseil de la Society for Psychical Research, dont il deviendrait plus tard président. Il avait déjà pratiqué un exorcisme. Il listera ainsi les sujets qui l'intéressaient cette année-là : « Les rêves, la transe, la magie et les forces mystérieuses auxquelles renvoient des mots comme *menos*, *atè* ou *daimon* [194]. »

Dans la bibliothèque d'Iris à Chiswick, *The Nature of Metaphysical Thinking* (La nature de la pensée métaphysique) de Dorothy Emmet (1945) côtoyait l'œuvre de Buber [195]. « Degrés de réalité. Réfléchir au mot "importance" », avait noté Iris dans son journal quelques mois plus tôt. Elle aussi s'efforçait lentement de déterminer ce qui était important. Loin de chercher à se réinventer, elle s'ancrait dans ce qui lui était familier : la philosophie. « Je vois mal comment une quelconque institution intellectuelle pourrait souhaiter m'embaucher », avait-elle écrit à Pip pendant l'hiver. « N'avoir personne avec qui échanger sur ces sujets, ou même sur tout autre sujet d'importance, est parfois une véritable épreuve. Je ne me sens plus du tout philosophe. Certains jours, je ne sais plus du tout ce que je fais là ni même simplement ce que je suis [196]. » Malgré tout, au début de l'été 1947 elle s'était ressaisie et avait rédigé une seconde candidature pour une bourse Sarah Smithson. Plus concise, plus précise. Elle avait travaillé chez elle, de nouveau sous la supervision de Donald MacKinnon, à qui elle rendait des essais sur « des sujets à la frontière entre la philosophie de la logique, la métaphysique et la théorie du langage [197] ».

La candidature d'Iris témoigne de l'influence de MacKinnon, notamment via une proximité croissante avec Gabriel Marcel, dont l'ouvrage *Être et Avoir* était désormais régulièrement mentionné dans son journal. Donald lui offrit un exemplaire, sur lequel elle inscrivit la date du jour de l'an 1947. Elle envisageait de reprendre la distinction de Marcel entre « problème » et

« mystère », pour la rapprocher de la définition des deux empires chez Martin Buber : le *Je-Cela* et le *Je-Tu*. Elle s'appuierait sur ces distinctions afin de montrer pourquoi « Sartre a tort de faire du seul acte libre l'élément central de son ontologie [198] ». Quand je me rapporte aux choses et aux gens comme à des objets, écrit Buber, je me relie à eux comme à un Cela. Et lorsque j'explique des choses de ce même point de vue, les concepts que j'utilise sont accessibles à tous et largement partageables. Par exemple, si j'explique pourquoi une tasse qu'on a laissé tomber s'est cassée, en invoquant les notions de surface et de fragilité, je me mets à la portée de n'importe quel interlocuteur. Mais lorsque je me relie à un autre en tant que *Tu*, bien des choses sont souvent indicibles et difficiles à exprimer. Cela n'est pas là « une obscure théorie mystique, mais une expérience ordinaire que bien des gens reconnaîtront s'ils se penchent sur leur propre vie », commente Iris dans sa candidature. Peut-être songeait-elle à sa propre existence – aux relations quadrangulaires, aux lettres d'amour et aux promesses brisées [199]. Selon Sartre, chacun de nous rencontre un monde vide, dans lequel l'individu solitaire crée des valeurs *via* ses actions librement choisies. Mais il a tort. Le monde est déjà tout plein de valeurs. Amis, amants, animaux, arbres. Autant de *Tu* vivants. Pour autant, poursuit-elle, Marcel et Buber « pèchent » par une certaine « imprécision », un « échec à définir les notions qu'ils emploient ». Buber qualifie de dialogique la relation *Je-Tu*, mais il oublie que la plupart des dialogues entre *Je* et *Tu* passent par les symboles linguistiques. L'ambition d'Iris était de définir un cadre logique propre à saisir de tels usages du langage [200]. Elle était toutefois convaincue que le positivisme logique, avec ses « gadgets logiques [201] » – ses opérateurs et ses variables –, en était incapable. Comme elle le nota dans son journal en ce mois de février : « Pas de vérification dans le monde du *Tu* [202]. »

MacKinnon lui écrivit une nouvelle lettre de recommandation, où, cette fois-ci, son implication personnelle apparaît clairement. Ces dernières années, indique-t-il, la vie d'Iris a été empreinte « d'amertume [203] ». Mais désormais, elle est plus mature. Elle est « au seuil d'un travail créatif de premier ordre ».

Cette seconde candidature à Newnham fut la bonne. Encore une fois, Lois MacKinnon était aux abois face à la « répétition du même scénario [204] », tandis que Donald et Iris cédaient de nouveau aux sirènes de la passion et de l'hystérie. Aussi Donald fut-il peut-être également soulagé que son épouse en recevant une proposition de poste à Aberdeen (*Regius Professor* de philosophie morale), qui conduirait le couple à quitter Oxford avant l'arrivée d'Iris.

Durant l'été 1947, Mary et Iris célébrèrent leur retour en philosophie par des vacances en France. Arrivées en même temps à Somerville, elles s'apprêtaient à présent à accéder toutes deux aux études doctorales. Elles voyagèrent en compagnie de Tom Greeves, l'ami de Mary appelé à devenir un célèbre dessinateur de constructions fantastiques – non pas de gratte-ciel futuristes mais de bâtiments victoriens en ruines, envahis par les herbes. Sur leurs bicyclettes de location, tous trois firent le tour des châteaux de la Loire, dont ils admirèrent les pinacles en poivrières, avant de rejoindre Paris, leurs besaces chargées de provisions d'Angleterre : crackers, boîtes de sardines, soupe déshydratée, savon et même un petit réchaud pour faire du thé. Ce barda était destiné à faire durer le plus longtemps possible les 50 livres que chaque voyageur était autorisé à faire sortir du Royaume-Uni. Mary et Iris avaient pris le pli de déjeuner ensemble, frugalement, de ce qu'il restait dans leur besace : la crainte d'être à court d'argent rendait nerveuse Mary, qui s'en remettait donc à l'expérience d'Iris. Tom, le gourmet de la bande, partait en quête de délices locaux. Respectant leurs prévisions budgétaires, ils purent séjourner une semaine au Collège franco-britannique, situé boulevard Jourdan, sur la rive gauche. Iris emmena ses amis rendre visite à Queneau. L'écrivain lui écrivit un poème sur un ticket de métro : « Tom's tempo may be slo', while Mary's varys, mais tu passes Iris ma chère comme un éclair [205]. » Dans une fête foraine à Montmartre, Iris se porta volontaire pour tester une nouvelle attraction incroyable : le Rotor, un tambour tournant, dont la vitesse de rotation croissante, grâce à la force centrifuge, plaque les passagers contre la paroi tandis que la plateforme sous leurs pieds se retire. La particularité principale était la suivante : pour les participants le manège était gratuit, tandis que les spectateurs, installés en surplomb sur une petite galerie, payaient pour assister à ce trépidant spectacle [206]. Mary préleva une petite somme sur ses 50 livres pour voir tourner Iris.

CHAPITRE 5

Un rejet commun

Oxford et Cambridge
octobre 1947-juillet 1948

Le Quartet se reforme contre Ayer et Hare –
Iris et Elizabeth parlent de la réalité du passé –
Philippa reconnecte les faits et les valeurs –
Elizabeth entame une réflexion sur l'action humaine –
Aristote réincarné

Le Quartet se reforme contre Ayer et Hare

À plus de quatre-vingt-dix ans, Mary Midgley a bien voulu nous confier ses souvenirs. C'est l'histoire que vous êtes en train de lire. Sa version à elle commençait en octobre 1947 : elle s'appelait encore Mary Scrutton, rentrait juste de Paris et se lançait une nouvelle fois en philosophie, à l'instar d'Iris. À vingt-neuf ans, Mary n'était plus une adolescente attardée mais une érudite impressionnante, qui s'apprêtait à commencer une thèse sur Plotin. Iris, pour sa part, désormais la « femme expérimentée » qu'elle rêvait de devenir, était plus au fait de la nouvelle philosophie existentialiste française et européenne que n'importe qui d'autre, ou presque, en Angleterre. Elle vivait à Cambridge, plus précisément au Pightle (un bâtiment appartenant au Newnham College et destiné aux *graduates*), mais on la voyait sortir du domicile oxonien de Philippa, au 16 Park Town, aussi souvent que du porche aux ardoises bleu délavé du Pightle. Le poste de Philippa était devenu un *lectureship*, une chaire d'enseignement [1]. Elizabeth était *research fellow* à Somerville College et vivait à Oxford, tandis que son mari, Peter, ainsi que Barbara et John, demeuraient à Cambridge, au 19 Fitzwilliam Street [2]. Iris jouait parfois les facteurs et ramenait Barbara et John au parent qui les attendait à l'un ou l'autre bout de la Varsity Line [3]. « Ainsi, écrivit Mary, pendant un temps, la vue panoramique

que j'avais depuis ma chambre sous les toits les incluait toutes et bientôt je me suis mise à les fréquenter beaucoup [4]. » Elle voyait encore le tableau : « Nous quatre, assises dans le salon de Philippa, nous échinant à concocter ensemble une réponse aux orthodoxies de l'époque, que nous jugions toutes désastreuses [5]. »

À la fin de l'année 1947, la mini-rébellion au clair de lune que Mary et Iris avaient entreprise après le dîner à Bablock Hythe, auquel Isobel Henderson les avaient conviées pour fêter leur diplôme, s'était muée en véritable mission philosophique. « *Trend est un homme bon et Rowse un homme mauvais* », avait déclaré la jeune Iris qui, sans se soucier de voguer à contre-courant, s'opposait ainsi à Ayer, qui rejetait l'idée d'un jugement moral objectif. La guerre étant passée par là, c'était maintenant une tâche urgente de trouver comment renouer avec la vérité morale, avec l'objectivité des valeurs et une éthique reliée à *ce qui importait vraiment*. Iris s'était fixé un programme ambitieux pour cette année : « Repenser la philo morale. Démolir Ross. Prendre au sérieux la Crit. Prat. Les limites de la méthode linguistique. c.-à-d. mesurer l'étendue réelle de la crise que traverse actuellement la philosophie [6]. » Elizabeth, dans son rapport présenté au Mary Somerville Fellowship Committee, se proposait d'« explorer mes doutes sur ce qu'on appelle la philosophie analytique [7] ». Quant à Philippa, elle voulait montrer qu'« il ne pouvait simplement s'agir de distribuer des *hourras !* et des *bouh !* : quand on dit que la Shoah témoigne d'un mal absolu, ce n'est pas juste une décision personnelle, la décision de ne pas agir de la sorte ni l'expression d'une désapprobation. Il y a là quelque chose d'objectif [8]. » Le but de Mary en philosophie était d'« analyser la relation entre les différentes façons, ancienne et nouvelle, de traiter du sujet [9] ». À la fin de l'année académique, depuis chez elle au Pightle, Iris notait dans son journal : « Je rentre d'Oxford. Un monde de femmes. J'ai pris conscience, en parlant avec Mary, Pip & Elizabeth, de toute la profondeur de mon amitié pour elles [10]. »

Nonagénaire, Mary accordait toujours beaucoup d'importance à leur histoire. Selon elle, les orthodoxies qu'elle et ses amies s'étaient efforcées de contrer ensemble avaient toujours cours.

« Malgré une grande agitation superficielle », écrivait-elle au début du millénaire, « l'écran coloré et fantastique des idées à la mode dans lesquelles nous vivons [...] n'a en réalité guère changé [11]. » Dans sa version de l'histoire (Mary n'a jamais perdu son goût du drame), elle fait tenir le rôle du méchant à Richard Hare. « Comme pour nombre d'écoles philosophiques, nous expliqua-t-elle, le point de départ fut pour nous un rejet commun [12]. »

En février 1942, alors que Mary et Iris préparaient leurs examens finaux, Richard Hare se trouvait à plus de 10 000 kilomètres, se préparant à défendre Singapour contre l'invasion de l'armée japonaise. Comme pour Nick Crosbie, Kenneth Kirk, Frank Thompson et Noel Martin, la guerre avait coupé court à sa participation au séminaire de Fraenkel à Corpus Christi, interrompant la réflexion sur le sort de la captive Cassandre. Une bataille d'une semaine se solda par une reddition inconditionnelle. En même temps que 80 000 soldats britanniques, indiens et australiens, le sous-lieutenant Hare fut fait prisonnier de guerre ; « Je préfère ne pas parler de ce que nous avons subi », répondit-il quand on lui demandait de témoigner [13]. Richard Hare faisait partie des personnes libérées grâce à la bombe atomique, sans laquelle, écrira-t-il plus tard, « nous n'aurions sans doute pas survécu [14] ».

Fin 1945, Richard comptait parmi les anciens *undergraduates* revenus terminer leurs études avant de passer à autre chose. Il subissait encore les séquelles de la torture et de la faim, sans compter des crises de paludisme mensuelles (fièvre, frissons, maux de tête, vomissements). Sandie Lindsay, son ancien mentor à Balliol, lui procura de la pamaquine, un nouvel antipaludique « quasiment introuvable [15] ». Richard avait réussi avec peine à se rendre à la séance de la Jowett Society à laquelle Elizabeth avait convié Wittgenstein ; c'était le premier événement auquel il avait eu la force d'aller – sans cette nécessité pour lui de poser une question, il serait resté se reposer chez lui avec sa nouvelle femme, Catherine. En dernière année, il étudiait sous la supervision de Donald MacKinnon. Si Hare ne comprenait rien à ce que son tuteur disait, il lui savait gré de l'orienter vers de bons livres[16]. Hare et MacKinnon étaient tous deux de fervents chrétiens, qui avaient fait des choix opposés en septembre 1939. Nous ne savons pas quel fut l'effet psychologique produit sur le plus âgé par la confrontation avec cet étudiant affaibli et paludéen. L'attitude de Richard Hare envers le pacifisme s'était encore durcie depuis cette époque : « C'est un peu comme vivre des revenus immoraux des femmes », écrirait-il[17].

Tout comme Philippa et Mary, Richard fut amené à la philosophie morale par l'expérience de la guerre : « Jusqu'à la Guerre, s'il n'y avait pas eu la guerre, je serais peut-être revenu aux classiques, devenu un spécialiste de lettres classiques. La Guerre a soulevé tant de problèmes moraux et philosophiques qu'ensuite, je n'avais plus d'autre choix que de devenir philosophe[18]. » Sa philosophie morale, développée au cours de la décennie suivante, s'appuiera largement sur son expérience personnelle de la guerre, en particulier deux terrifiantes scènes symboliques.

La première remontait à février 1942, au moment de la reddition de l'unité du lieutenant Hare. Durant toute la campagne de Malaisie, ils n'avaient fait prisonniers que deux Japonais, qui furent alors tous deux libérés. « Lorsqu'ils furent relâchés [...], ils firent ce qu'ils pensaient être leur devoir : ils rejoignirent immédiatement leur unité, saluèrent leur commandant, et se firent hara-kiri[19] » afin d'« expier le déshonneur de s'être laissés capturer[20]. » C'est à ce moment-là que Richard Hare « cessa de croire en une norme morale objective et universelle, connue intuitivement, sans raisonnement, ainsi que le postulait Sir David Ross[21] ».

La seconde scène eut lieu à la fin de sa captivité, après l'interminable, l'effroyable marche forcée le long de la rivière Kwai jusqu'au chantier du chemin de fer Thaïlande-Birmanie. Tous les matins, le commandant du camp envoyait les prisonniers travailler à la construction de la voie ferrée. Tous crevaient de faim et certains étaient terriblement malades : malaria, choléra, dysenterie. Richard raconte comment l'interprète du camp (à la place duquel il aurait tout à fait pu se trouver) faisait tout son possible pour persuader le commandant de ne pas envoyer au turbin les prisonniers malades, à qui l'effort physique risquait d'être fatal.

Mais le commandant semblait tout à fait insensible à la perspective de la mort de ces hommes. Pour Hare, l'attitude et les actes du commandant furent une preuve supplémentaire que Ross et Prichard avaient tort. Pour Hare, il était certain que des hommes ne doivent pas être sciemment envoyés à la mort ; le commandant « avait une intuition tout aussi claire, indubitable à tous égards », que « son devoir était d'œuvrer à la gloire de son empereur et de son pays »[22]. Si l'intuition morale répondait à une réalité morale objective, alors une divergence d'intuitions aussi radicale et insurmontable ne serait pas possible, songea Hare. Par conséquent, les intuitions et les émotions ne sauraient être des moyens de percevoir une réalité morale indépendante ; elles ne sont que les produits d'une éducation particulière.

Jeune philosophe à Lady Margaret Hall, Dorothy Emmet trouva irréaliste le « monde des certitudes morales » décrit par les Réalistes dont elle suivit les cours : sa réaction fut d'aller chercher un lien entre la moralité et ce qui est important dans la vie humaine. Mais pour Hare, à des milliers de kilomètres de chez lui, confronté à un environnement et à des valeurs totalement étrangers, l'existence de différentes certitudes morales sembla fatale à l'idée de critères moraux objectifs et universels. « Il faut bien comprendre qu'une communauté de prisonniers de guerre est une société qui doit constamment se former et se reformer, à partir de rien », rappela Hare. Pas de culture ni de commune évaluation de ce qui importe sur quoi s'appuyer. Dans « cette situation très étrange, en décomposition permanente [...] on ne sait jamais d'un jour à l'autre si les chances de survie – qui semblent de toute façon fort compromises – sont plus importantes en coopérant avec ses camarades prisonniers ou en cherchant seulement à sauver sa peau[23] ». Comme Mary l'avait appris auprès de Plotin, un individu contraint d'agir en dehors d'une « société bonne » ne peut s'appuyer sur le fait que les mêmes causes produisent les mêmes effets et doit donc faire ses choix sans rien en attendre, ou bien espérer qu'agir selon un mobile bon – amitié, devoir, bienveillance, honneur – lui vaudra du bien. Comme Plotin, Hare se retrancha en lui-même. Il détermina pour lui-même un ensemble de principes moraux, auquel il s'efforça de conformer son moi futur en toutes circonstances.

À l'approche de ses examens de fin d'année (Hare obtiendrait sa licence en juin 1947, avec mention très bien), Lindsay lui proposa un *fellowship* à Balliol [24]. Sans doute fut-il embauché pour remplacer MacKinnon, qui s'apprêtait à partir. Richard se mit à méditer sur ces deux scènes. S'il n'avait guère été convaincu avant la guerre par l'ouvrage d'Ayer, *Language, Truth and Logic*, sa perte de foi en une réalité morale objective le conduisait à présent à accepter le tableau d'un monde dénué de valeurs brossé à grands traits par ce dernier [25]. Ce qu'il ne pouvait accepter, en revanche, était l'affirmation d'Ayer selon laquelle le langage de la morale n'est rien d'autre que l'expression d'émotions – ce qui aurait réduit son désaccord avec le commandant japonais à une simple confrontation d'émotions opposées. Il voulait montrer que, même dans un monde sans valeurs, un désaccord moral pouvait être traité rationnellement et que, si les deux parties se montraient honnêtes et ouvertes intellectuellement, la raison pouvait prévaloir. De retour à Balliol, Richard Hare était ainsi animé d'une ambition : « Trouver le moyen de répondre aux questions morales rationnellement [26]. »

Afin de ramener le langage de la morale dans la sphère rationnelle, Hare commença par le redéfinir. C'était la troisième fois, au cours du XXe siècle, qu'un philosophe suivait la suggestion de G. E. Moore : étudier le mot « bon » plutôt que la bonté ou le Bien pour mieux redonner place aux concepts éthiques dans un monde en mutation. Pour les Réalistes Ross et Prichard, les énoncés moraux étaient soumis à des critères objectifs et précis – des critères censés renvoyer à une réalité morale indépendante. Pour Ayer, ils étaient l'expression d'émotions, traduisant donc des ressentis subjectifs. Hare, quant à lui, les définirait comme des prescriptions ou des impératifs, employés pour recommander ou rejeter certaines lignes de conduite. Un jugement moral, avançait Hare, s'apparente à un ordre : « Fais cela ! » ou inversement : « Ne fais pas cela ! ».

Contrairement à l'expression de simples émotions, les impératifs peuvent entretenir des relations rationnelles les uns avec les autres : c'est précisément ce que voulait montrer Hare. L'ordre : « Partez ! » est contradictoire avec l'ordre : « Ne partez pas ! » Et l'ordre : « Faites une omelette ! » implique l'ordre de casser des œufs[27]. Les ordres ont leur propre système, avança-t-il, et il s'attela à tracer les contours de cette logique particulière. Au moment où Mary et Iris revenaient en philosophie, il était prêt de son côté à faire état de ses recherches dans des articles, des conférences, des séminaires : « Imperative Sentences » (Jowett Society, trimestre Hilary 1948), « Moral Objectivity » (Westcott House, Cambridge, trimestre Michaelmas 1948), « Some Logical Problems in Ethics » (conférences, trimestre Michaelmas 1948), « Good » (cours de premier cycle, Trinity 1949 et Philosophical Society, trimestre Hilary 1950), « Practical Reason » (en lice pour le *T. H. Green Moral Philosophy Prize* de 1950). Sa théorie, qu'il avait baptisée le « prescriptivisme moral », fut bientôt sur toutes les lèvres dans la Junior Common Rooms[28].

Hare avait tenté de montrer qu'il pouvait y avoir une base rationnelle au désaccord moral, même après le désherbage éthique d'Ayer, qui avait dépouillé la réalité de toute valeur. Ce fut précisément cette entreprise qui suscita le « Non ! » proclamé de concert par Philippa, Mary, Iris et Elizabeth. Philippa Foot ne pouvait évidemment pas digérer cette version ripolinée du subjectivisme d'Ayer. Elle voulait pouvoir dire aux nazis : « Nous avons raison, et vous avez tort. » Elle soutenait l'idée d'une réalité morale objective qui permettrait de juger les actions *injustes* ou *mauvaises*, et pas seulement *incohérentes* ou *irrationnelles*. Hare se contentait d'une telle cohérence : si quelqu'un possédait un ensemble de principes moraux cohérents entre eux et agissait en accord avec eux, il n'y avait rien à redire[29]. Alors la critique morale ne consisterait pas à dire : « Vous vous trompez sur ce qui importe vraiment pour la vie humaine », mais plutôt : « Les principes moraux que vous avez choisis sont incohérents entre eux » ou encore : « Vos actions ne sont pas en accord avec vos principes. » La cohérence une fois établie, « je ne peux rien faire d'autre que le laisser choisir ; car somme toute c'est son choix », conclut Hare à propos du commandant japonais[30].

Plus tard, Iris décrirait « ce moment de notre histoire philosophique » – de Ayer à Hare – comme une tentative d'« éliminer la métaphysique de l'éthique ». Tandis que les Idéalistes et les

Réalistes s'étaient efforcés de découvrir une vérité morale objective, que ce soit par la transcendance de soi ou par l'intuition, dans le monde dépeint par Ayer ou Hare nous sommes face à « une scène vide et dépouillée », où la moralité n'est « rattachée à aucune structure naturelle ou métaphysique réelle. Elle est représentée sans aucun arrière-plan transcendant »[31].

Aussi, pour la Mary nonagénaire que nous avons rencontrée, raconter leur histoire, à elle et à ses amies, c'était d'abord évoquer la manière dont elles avaient retricoté ce grand accroc dans la réalité dont Ayer s'était réjoui et dont Hare s'était accommodé : leur tentative de renouer le fil entre les faits et les valeurs. De là, dit-elle, « bien des conséquences métaphysiques s'ensuivraient ». Sur les aiguilles à tricoter, on trouverait : les notes de Philippa sur Thomas d'Aquin (l'une « des meilleures sources dont nous disposons pour la philosophie morale ») ; des fragments des derniers écrits de Wittgenstein sortis des poches d'Elizabeth (formes de la vie humaine) ; les notes maculées d'encre de Mary sur Plotin (réalité, non-existence) ; les exemplaires d'Iris, abondamment annotés, d'*Être et Avoir* de Gabriel Marcel (problèmes et mystères). Sans compter les souvenirs des leçons de la guerre : l'intuition morale de Ross et Prichard ; le fil à linge de Collingwood et les *entia rationis* de Lindsay ; les chats non observés de Price ; les leçons de Cassirer sur l'*Achtung* de Kant ; les « fragments de vie » de Joseph et la conviction de Miss Glover de la capacité de l'amour à révéler le Bien ; les analogies de Platon, Aristote et Donald MacKinnon et cette conviction profonde : *nous sommes des animaux métaphysiques.*

Iris et Elizabeth parlent de la réalité du passé

Pour Elizabeth et Iris, le « monde de femmes » ancré par Philippa et Mary dans la verte Park Town n'était qu'une moitié de leur vie intellectuelle. L'autre moitié était « la mouvante, l'impatiente, l'effervescente » Cambridge, qui ne délivrait toujours pas de diplômes aux femmes, et où Iris avait l'impression que tous les étudiants *graduate* n'avaient qu'un mot à la bouche : « Wittgenstein, Wittgenstein, et Wittgenstein [32]. » L'intéressé avait démissionné de sa chaire en août 1947, au moment où Iris tournoyait sur le Rotor, à Paris. Son dernier trimestre (Michaelmas 1947) serait sabbatique. En son absence, loin de son regard, les *postgraduates* eurent les coudées plus franches pour débattre du sens de sa philosophie. Lui s'était retiré à Rosroe, dans le Connemara, sur la côte ouest de l'Irlande, où il effarouchait ses voisins, qui le prenaient pour un fou et lui avaient interdit de traverser leurs terres. À court de ses fanzines policiers favoris, il se rabattait sur les polars de Dorothy L. Sayers, qui mettaient en scène notamment le personnage imaginaire d'une étudiante de Somerville, Harriet Vane, mais cette lecture le déprimait [33].

Iris était arrivée à Cambridge début octobre 1947, avec dans sa valise au moins deux exemplaires de *L'Être et le Néant*, *La Peste* d'Albert Camus et quelques titres de littérature française d'avant-garde. Le même mois, elle s'était rendue deux fois à Londres, pour donner des conférences sur Sartre dans l'église St Anne, à Soho, ravagée par les bombes [34]. Son journal de l'année précédente regorge de réflexions sur Marcel, Kant, Bradley, Sartre, Hegel, Buber, Heidegger, Platon, Ayer, Russell, Kierkegaard et le philosophe thomiste Pierre Rousselot. Elle était prête à produire un travail sérieux ; Philippa lui envoya une robe académique [35].

À peine eut-elle défait ses bagages qu'elle partit en quête d'Elizabeth. « La *seconde main* ne donne rien de bon en philosophie », déclara solennellement Elizabeth. « Il faut partir de zéro – et il faut beaucoup, beaucoup de temps pour atteindre le zéro [36]. » « N'importe quelle discussion avec E., même sur des généralités » est « vivifiante et stimulante », écrivit Iris à Pip [37]. Au cours de l'année suivante, le nom de son amie, « E. », apparaît dans son journal près de cent cinquante fois.

Iris avait eu vent par Philippa de la nouvelle méthode philosophique suivie par Elizabeth, mais n'y fut directement confrontée que quelques jours après son arrivée à Cambridge. Par un sombre jeudi soir, Elizabeth présentait son article, « The Reality of the Past » (La réalité du passé), devant le Cambridge Moral Sciences Club, le traditionnel groupe de discussion du département (dont elle avait été secrétaire en 1945-1946). Presque un an s'était écoulé depuis le jour où le club avait été le théâtre du fameux incident entre Wittgenstein et Karl Popper, le premier menaçant le second avec un tisonnier [38]. Elizabeth était tendue. Ce serait sa toute première tentative de mettre en pratique l'enseignement de Wittgenstein, et elle commença par s'excuser : « Dans l'ensemble de ce papier, j'ai adopté les idées et les méthodes de discussion du Dr Wittgenstein. Le meilleur de ce que j'ai écrit n'est encore qu'une copie pâle et partielle de l'original, et sa valeur repose entièrement sur ma capacité à comprendre et utiliser les travaux du Dr Wittgenstein [39]. » Toutefois, lorsqu'elle prit la parole, l'auditoire put mesurer combien Elizabeth n'en était plus à émettre de timides remarques dans la tour de Whewell's Court. Elle présentait là non des fragments, mais une argumentation philosophique soutenue.

Elle commença par une énigme formulée avant elle par le présocratique et mystique Parménide : « Pouvoir être et pouvoir être pensé sont une même chose », donc « ce qui n'est pas et ne peut être » ne peut être pensé. Or, le passé n'est pas et ne peut être ; donc il ne peut être pensé, et le concept que nous en avons est une illusion [40]. » Ce fragment de Parménide n'exprime pas une forme de « doute cartésien », expliqua Elizabeth à son auditoire, à Cambridge : le souci de Parménide n'est pas qu'il soit peut-être impossible de *connaître* le passé. L'énigme qu'il soulève est plus fondamentale encore : comment est-il possible de simplement parler du passé ou d'y *penser* ? Sa question porte sur le sens et l'intelligibilité : « Notre concept apparent de passé n'est-il pas en réalité impossible ? » Voilà ce qu'il demande.

Le paradoxe soulevé par Parménide, analysa Elizabeth, provient d'une représentation particulière de la façon dont la pensée et le langage sont reliés au monde, une représentation qui nous est si naturelle que bien souvent nous n'avons même pas conscience de son fonctionnement. Voici cette représentation.

Le nom « Iris » nomme Iris, pour ainsi dire, en la désignant. Une pensée ou une phrase qui emploie le nom « Iris » parle d'Iris parce que le nom désigne Iris ; la pensée ou la phrase est pourvue de sens, et possiblement vraie, du fait de ce lien primordial entre le nom et ce qui est nommé. « Lorsque je pense à mon ami A, dont je pense qu'il est à Birmingham, c'est à A, l'homme lui-même, et à Birmingham, le lieu réel, que je songe », explique Elizabeth. Le problème surgit à propos du passé, poursuit-elle, lorsqu'on essaie de comprendre ce qu'on en dit en lui appliquant ce modèle de langage. Alors on trouve que ce n'est pas possible. « Le nom ou la pensée de quelque chose de passé semble désigner son objet exactement de la même manière que le nom ou la pensée de n'importe quelle autre réalité ; mais comment est-ce possible, puisque son objet n'existe pas [41] ? » Nous sommes donc contraints, avec Parménide, à la conclusion absurde que c'est une illusion de croire que nous pouvons penser au passé.

Elizabeth avait bien compris que le point soulevé par Parménide était de nature à gêner les phénoménistes comme Freddie Ayer, qui voulaient ramener toute proposition portant sur des objets matériels – tables, baignoires, chats, navets – à des propositions portant sur des expériences sensorielles. Face à des propositions portant sur des objets non observés, le phénoméniste recourt à une analyse contre-factuelle : « Il y a une table dans la pièce voisine » signifie : « Si quelqu'un se rend dans la pièce voisine, il verra... », etc. Mais, expliqua Elizabeth, quand on a affaire à une proposition portant sur le passé – « Il y *avait* une table dans la pièce » –, le problème n'est pas de savoir comment on a pu se mettre en situation d'observer les choses dans le passé. Il est plutôt que le concept de passé figure déjà de façon non analysée des deux côtés de l'analyse du phénoméniste. « Il y *avait* une table dans la pièce » = « Si quelqu'un *s'était trouvé* dans la pièce à *l'époque*, il *aurait* vu... ». Cela ne résout en rien le paradoxe de Parménide.

Les phénoménistes, poursuivit Elizabeth, « font comme si nous disposions d'un schéma temporel vide prêt à l'emploi, qu'il ne nous resterait plus qu'à remplir dans notre analyse en plaçant les bons éléments en différents points de cette frise ». C'est comme si « j'avais une série d'images alignées : à ma gauche, des images représentant le passé, à ma droite des images représentant le futur », dit-elle, « et que cette succession défilait sans arrêt vers la gauche ». Dans une telle configuration, chacun de nous est un point statique, tandis que les événements passent devant nous et se fixent au cours du processus. « Parler d'une chose passée » serait alors « diriger notre pensée » vers « quelque chose *qui est là* », mais hors de portée. Mais, pour reprendre la question de Parménide, *comment* pouvons-nous « diriger notre pensée » vers des événements et des objets qui sont déjà passés devant nous et qui n'existent plus [42] ?

La représentation des événements passés et futurs comme un ensemble d'images sur une frise temporelle préexistante, reprend Elizabeth, est aussi, en quelque sorte, liée à l'idée que, contrairement au passé, le futur peut changer. L'idée que le passé ne peut changer tandis que le futur le peut « pourrait être représentée ainsi : une fois qu'une image a défilé devant moi, elle ne peut plus être supprimée de la frise, tandis qu'une image située à ma droite le peut. » Ou encore ainsi : « Une image, quand elle passe devant moi, se fixe et ne peut plus être modifiée tandis que les images de droite demeurent fluides, voire ne sont encore que des blancs à remplir [43]. » Mais cela soulève de nouveaux problèmes philosophiques. Pourquoi le passé ne peut-il être modifié ? Est-ce seulement une impossibilité empirique, comme lorsqu'une série de photos est enfermée dans une boîte, archivée, ou imprimée sur un support spécial qui fixe les images ? Ou cette inchangeabilité du passé est-elle en quelque sorte inscrite dans la nature de la réalité ? Ne pourrions-nous imaginer un changement dans le passé, comme si l'une des cartes qui a défilé devant nous se trouvait soudain modifiée ?

Elizabeth s'apprêtait maintenant à tester la méthode de Wittgenstein, à montrer comment elle pouvait être utilisée pour défaire ce nœud d'énigmes et de paradoxes. Les points de confusion, lui avait enseigné Wittgenstein, signalent des endroits où le fonctionnement de nos propres concepts devient « franchement obscur » pour nous [44]. Là, les philosophes sont souvent tentés d'outrepasser les limites du langage sensé, en avançant des choses absurdes comme : « Il n'est pas possible de penser au passé ! » ou : « Ne saurait-on concevoir que le passé puisse changer, quand bien même cela n'arrive jamais ? » (ou encore : « Est-ce que je sais pour sûr que ceci est un arbre ? », « Est-ce que je vois réellement ce paquet de cigarettes ? ») Elle avait appris auprès de Wittgenstein que c'est précisément à cette frontière du sens, quand nous passons de l'intelligibilité à l'inintelligibilité, de la lucidité à la folie, quand se dissipe notre confiance ordinaire dans le fait que nous comprenons ce que nous voulons dire, que le philosophe doit se mettre au travail. Dans l'auditoire, Iris, extrêmement attentive aux propos d'Elizabeth, s'empara de son carnet.

« Le passé est réel », « le passé ne peut pas changer », rappela Elizabeth, sont des remarques relevant d'un usage quotidien du langage dans notre vie humaine. D'une pratique que nous pouvons tenter de décrire. Là, elle demanda à son auditoire d'adopter avec elle un regard extraspectif. Pour les y aider, elle prit pour exemple un infime fragment de notre usage : « Imaginons qu'on apprenne à quelqu'un *(1)* à dire "rouge" quand une lumière rouge s'allume devant lui, "jaune" quand c'est une lumière jaune, etc. ; *(2)* puis dans un second temps à dire "rouge", "jaune", etc. lorsque les lumières des couleurs en question *ont été* allumées mais sont à présent éteintes [45]. » On imagine volontiers Elizabeth jouer à ce jeu avec Barbara et John : Barbara, quatre ans, qui comprend rapidement la règle, et John, à deux ans à peine, qui saisit tout juste la première partie.

Elizabeth voulait montrer comment cet infime fragment, un jeu pour enfants, pouvait être manié et enrichi de façon à révéler peu à peu la structure de notre concept de passé, là où la représentation d'images défilant devant un observateur statique n'avait su le faire. Lorsqu'on lui demande : « Que s'est-il passé ? », l'enfant répondra : « La lumière jaune était allumée, puis elle s'est éteinte », ou bien « La lumière rouge était éteinte puis elle s'est allumée », et ainsi de suite, conformément à ce qu'on lui aura enseigné. L'adulte dira « oui » si la réponse de l'enfant correspond à celle qu'il ou elle aurait donnée, ou le corrigera dans le cas contraire. Par la suite, lorsque l'enfant sera en mesure de répondre à la question : « Que s'est-il passé ? » au cours des échanges quotidiens, il sera sujet à d'autres types d'erreurs. Par exemple, l'enfant pourra dire : « Je suis allée au parc demain. » Auquel cas l'adulte le reprendra : « Non. Tu ne peux pas dire ça. »

Dans ces saynètes, apparaît déjà une partie de la structure du concept de passé. Les affirmations concernant le passé sont corrigées, modifiées ou confirmées par d'autres témoins. (« Cela ne s'est pas passé comme cela. J'ai vu... ») L'adulte emploie l'expression « Tu ne peux pas dire... » pour enseigner à l'enfant les règles du jeu, pour lui enseigner ce que c'est que de parler du passé.

Le fragment proposé par Elizabeth est un dialogue entre une enfant et une adulte toutes deux témoins des événements dont elles parlent. Dans une version enrichie de ce jeu de langage, explique Elizabeth, on enseigne à l'enfant à parler d'un passé auquel ni elle ni nous n'avons assisté. « La croyance en l'histoire consignée », écrira-t-elle plus tard, « n'est autre, au fond, que la croyance qu'*il y a eu* une chaîne traditionnelle de récits et de témoignages remontant à une connaissance contemporaine des faits ; ce n'est pas la croyance en ces faits historiques eux-mêmes, provenant d'une inférence qui suivrait les maillons d'une telle chaîne [46]. » Le « passé historique » est préservé dans la mesure où les témoignages directs sont consignés, répétés et transmis. Croire qu'Eschyle est l'auteur d'*Agamemnon*, c'est faire confiance en l'entreprise humaine ininterrompue qui a permis de préserver pour nous le témoignage des témoins directs. C'est une chose que Mary avait saisie très tôt dans le cours de Fraenkel, puis dans le bureau de Gilbert Murray sur les hauteurs de Boars Hill, enfin en tant qu'étudiante en *D. Phil.* Pour elle, cette idée s'enracinait métaphysiquement dans la distinction plotinienne entre existence et réalité. Le savant cherche à accéder au passé *via* le palimpseste constitué par l'inlassable travail humain de copie, reproduction, récit, reconstitution.

Dans sa conférence sur la réalité du passé, Elizabeth substitua ainsi à la représentation d'un observateur solitaire et statique celle d'une communauté d'humains, chacun témoin d'une infime part de vie humaine. En lieu et place de l'individu isolé, elle décrivit un sujet vivant à un moment historique particulier, détenteur d'un point de vue parmi d'autres, membre d'une société humaine qui tisse un passé commun en répondant à cette question, sous ses différentes formes : « Que s'est-il passé ? », « Qu'as-tu fait ? », « Qu'as-tu vu ? » Chacun apporte son fil à cette tapisserie, un fil pris dans un motif qui transcende les individus et dépasse ce que chacun de nous peut savoir. Ensemble, nous gardons vivant le passé historique, en consignant et en conservant les témoignages de génération en génération. Ce qui devient notre passé commun est tributaire de cette activité.

Que le passé est réel, qu'il ne change pas, conclut Elizabeth, cela est manifeste dans ces pratiques, dans la façon dont nous fonctionnons dans le présent. Nous partageons des souvenirs, produisons des témoignages, nos actions passées façonnent nos comportements futurs : vengeance, pénitence, réparation. Ces pratiques avèrent la réalité du concept humain de passé.

De retour au Pightle après l'intervention d'Elizabeth, Iris sortit son journal et griffonna sept pages de notes. « Faire le lien entre le topo d'E. et mes vagues intuitions sur la méthode linguistique et le recours au langage [ordinaire] », écrivit-elle. « E. ne « recourt pas au lang. ord. » Elle *décrit des faits* relatifs à notre apprentissage de l'usage des mots (et donc des concepts). En quoi consiste *exactement* cette méthode ? Quelles implications pour les énoncés moraux ? Son rapport avec la psychologie [47] ? »

La semaine suivante, à Londres, Iris fit la rencontre du philosophe catholique français Gabriel Marcel, dont elle avait reproduit cette citation dans son journal, dans la cathédrale de Westminster quelques jours avant la bombe atomique : « Ne pas dégrader les mystères en problèmes. » De vingt ans son aîné, pleurant la récente disparition de sa femme Jacqueline Boegner, Marcel travaillait à présent aux *Gifford Lectures* qu'il donnerait l'année suivante sur le thème : « Le mystère de l'Être [48] ». Il était à Cambridge la semaine de l'exposé d'Elizabeth [49] mais nous ne savons pas s'il y a assisté. Gabriel et Elizabeth ne se croisèrent peut-être que dans la tête d'Iris et les pages de son journal.

Marcel envisage une conception « cinématographique » du temps, selon laquelle le passé est pensé comme une série fixe d'événements discrets (tout comme la suite d'images qu'invoque Elizabeth pour illustrer l'idée d'un passé comme quelque chose qui est là et ne change pas [50]). Telle est la représentation du temps opérante dans le monde *Je-Cela*, écrit Marcel (en empruntant ici le vocabulaire de Martin Buber). Mais quand il s'agit de sujets vivants, du monde *Je-Tu*, la conception cinématographique du temps n'est plus valable. Dans le monde des humains, le passé reste vivant dans le présent et le futur. « Le passé est *entièrement* "ouvert à la recréation" – il est à la fois à moi & à autrui », résume Iris [51]. L'entrelacement du passé, du présent et du futur dans le monde *Je-Tu*, est particulièrement visible dans le cas des promesses : « Relation du lang. au passé et futur. Promesses [52]. » Une promesse est un acte de foi, de « loyauté créative [53] » ; de « foi » parce que, même si une promesse nous engage, ensemble, vers un futur commun, aucun de nous ne peut savoir quel genre de personne nous serons à ce moment-là [54]. Iris se souvenait peut-être de ses fiançailles, tôt rompues, avec David Hicks, de la brève période durant laquelle elle s'était projetée dans cet avenir à deux : « De longues discussions dans les cafés & danser ensemble & s'enivrer ensemble & aussi de longues soirées à la maison… » Le souvenir d'un futur passé qui n'advint jamais.

Iris et Gabriel se promenèrent dans St James's Park, ils contemplèrent les canards [55] puis rejoignirent Soho où Gabriel Marcel donna une conférence (probablement à l'église Sainte-Anne). Un événement qu'Iris oublia malencontreusement de signaler à Pip (« J'en suis totalement malade », « *Je suis tellement désolée* de ce stupide manquement [56] »). Philippa, comme Iris, était mieux renseignée que la plupart des Anglais sur la pensée existentialiste française, ayant poursuivi les lectures qu'elle avait entamées durant ses derniers jours à Seaforth. Au cours de l'été, elle avait lu Martin Buber et André Gide [57], et c'est sur ses recommandations qu'Iris avait lu le métaphysicien Louis Lavelle, dont les penchants platoniciens « rendent dingue » Elizabeth, à en croire Iris [58].

Lorsqu'elle venait à Cambridge, Iris passait le plus clair de son temps à Trinity, à environ 800 mètres du Pightle après Clare Bridge, de l'autre côté de la Cam. Elle « vivait quasiment là-bas », dans les chambres de Wasfi Hijab et Kanti Shah, deux *postgraduates* qui ne juraient que par Wittgenstein [59]. Je « cuisine pour Shah et Hijab », confiait-elle à Pip dans une lettre, « qui voient là un bon moyen d'économiser ! (Ils espèrent que j'apprendrai vite [60] !) » L'année précédente, Wasfi et Elizabeth avaient suivi des séances de tutorat avec Wittgenstein en philosophie de la religion [61]. On les voyait tous trois déambuler autour des pelouses de Trinity à s'en faire tourner la tête, tout en débattant de la nature de la croyance religieuse. « Un homme lutterait à mort pour ne pas être jeté dans les flammes », avait dit Wittgenstein. « Ce n'est pas de l'induction. C'est de la terreur. Ce qui est, pour ainsi dire, une partie de la substance de la croyance [62]. » La foi de Wasfi et ses convictions intellectuelles avaient été ébranlées par sa rencontre avec le philosophe [63]. À l'époque où Iris cuisinait pour lui à Trinity College, son pays était aux prises avec une guerre civile – sa ville (natale) de Naplouse, hier palestienne, avait été temporairement annexée par la Jordanie [64]. Kanti Shah, un jaïn originaire du sud de l'Inde, comptait également parmi les disciples favoris de Wittgenstein. Il avait passé l'année précédente, avec Allan Jackson et Peter Geach, à prendre des notes méticuleuses pendant les cours de Wittgenstein consacrés à la psychologie philosophique [65]. Georg Kreisel, mathématicien et réfugié d'origine autrichienne, se joignit bientôt à la petite bande des disciples de Wittgenstein. Elizabeth, Peter et leur camarade catholique Yorick Smythies ajoutèrent leur voix. La mixité religieuse du groupe – musulman, jaïn, juif, catholique – ne créait d'autres difficultés que culinaires, qui n'en étaient pas moins sérieuses. Wasfi, bien que musulman, mangeait de la viande, mais Kanti était végétarien, ce qui « posait quantité de problèmes moraux », comme l'expliqua Iris à Philippa sans totalement plaisanter, « Par exemple : est-ce que je dois mélanger le gras de la viande avec la graisse des légumes ou les garder scrupuleusement séparés ? Ces sujets sont bien plus importants que la philosophie [66] ».

Iris faisait figure de nouvelle recrue dans le groupe qui, contrairement aux autres, n'avait jamais été confrontée directement à la philosophie de Wittgenstein. Elle ne le rencontra qu'une seule fois avant son départ de Cambridge, après avoir persuadé Elizabeth de jouer les intermédiaires. Iris se présenta dans son bureau fin octobre 1947. « Son abord extraordinairement direct et l'absence totale d'objets autour de lui étaient deux choses qui déstabilisaient les gens », racontera-t-elle plus tard à un journaliste. « Je veux dire, la plupart des gens, on les rencontre dans un certain cadre, et il existe des conventions régissant la façon de s'adresser à eux, etc. Il n'y a pas de confrontation brute des personnalités. Wittgenstein, lui, imposait toujours ce genre de confrontation à toutes ses relations [67]. » Elle rendit compte dans son journal de l'échange bref et surréaliste qu'ils eurent, assis sur des transats. Wittgenstein (agacé par le flot incessant des admirateurs de passage qui, en quête de réponses, venaient frapper à sa porte) se plaignit : « C'est comme si j'avais un pommier dans mon jardin, et que tout le monde venait cueillir mes pommes pour les envoyer aux quatre coins du monde. Et vous me demandez : puis-je avoir une pomme de votre pommier ? » Iris eut cette répartie : « Oui ; c'est parce que quand on me donne une pomme, je ne suis jamais sûre qu'elle provient bien de votre pommier. » « C'est juste », reprit-il. « Même si je dois dire que ce ne sont pas de très bonnes pommes. » Puis, résumant d'un trait la futilité de leur entrevue : « Quel est l'intérêt d'avoir une seule discussion philosophique ? C'est comme ne prendre qu'une seule leçon de piano [68]. »

Philippa reconnecte les faits et les valeurs

En 1948, cela faisait près de dix ans que, par intermittence, Philippa, Iris, Mary et Elizabeth faisaient ensemble leurs gammes en philosophie. Les séances hebdomadaires de Philippa avec Elizabeth lui faisaient du bien. Elle ne se débarrasserait jamais vraiment de son syndrome d'imposture (bien qu'étant extrêmement douée, comme l'avaient souligné ses trois examinateurs en

1945), mais du moins était-elle à présent suffisamment assurée de sa capacité à flairer un problème. Quand elle lisait un article, quand elle entendait un raisonnement, elle savait quand quelque chose clochait : elle ressentait alors une gêne physique, qu'elle avait appris à reconnaître [69]. Or, le « prescriptivisme moral » de Hare lui inspirait un tel sentiment, et elle avait bien l'intention de réagir.

Cette année-là, les quatre femmes se retrouvèrent un après-midi au salon de thé Lyons du 3 Cornmarket Street, à Oxford [70]. À l'intérieur, tous les cafés de l'enseigne se ressemblent : mêmes nappes blanches, mêmes fleurs artificielles, mêmes cendriers, mêmes serveuses au tablier impeccable : les fameuses « Nippy » (ainsi nommées car elles ne cessent d'aller et venir (*nip around*) dans tout le café). Mais celui-ci en particulier rappela peut-être à Philippa et Iris le thé et les petits pains caramélisés de leurs matins à Seaforth. Depuis que le gouvernement avait levé l'interdiction, instaurée pendant la guerre, de consommer de la crème glacée, l'entreprise avait développé une recette sans produits laitiers (toujours difficile à se procurer car le lait restait rationné). La chimiste Margaret Roberts, récemment diplômée de Somerville, travaillait au département « crème glacée » : bien des années plus tard, elle deviendrait la Première ministre Margaret Thatcher [71].

Philippa exposa son idée à ses amies dans le brouhaha de ce café animé, tandis qu'une Nippy servait un thé brûlant à Mary et Philippa, un café noir à Iris et Elizabeth.

Peut-être commença-t-elle ainsi : « Il ne serait pas exagéré de dire que toute la philosophie morale, telle qu'elle est aujourd'hui largement enseignée, repose sur une opposition entre des énoncés factuels et des jugements de valeur. » (C'est ainsi qu'elle ouvrirait sa conférence de 1958 intitulée « Moral Beliefs » (Croyances morales), issue de cette conversation [72].) Pour Freddie Ayer, les évaluations sont l'expression d'émotions (*Bouh ! Hourrah !*) ; pour Richard Hare, ce sont des prescriptions (Ne faites pas ceci ! Faites cela !) Mais, si nous acceptons cette opposition sur laquelle repose la philosophie morale contemporaine, cela signifie que deux personnes, face aux mêmes faits, peuvent émettre des évaluations opposées sans que personne ne fasse erreur. Ce qui, comme l'avait déjà compris Philippa, nous empêche de dire à un nazi : « Vous avez tort, et nous avons raison. »

En 1948, même si elle n'était pas encore en mesure de défaire le subjectivisme moral, Philippa commençait à saisir que l'opposition qui fondait cette philosophie était profondément irréaliste, tant notre langage, relevait-elle, est à la fois évaluatif et descriptif. « Prenons le mot "impoli" », proposa-t-elle. Qualifier quelqu'un d'« impoli », c'est exprimer une désapprobation. Si je dis : « Poser sa tête sur la table est impoli », je sous-entends qu'il ne faut pas le faire (là, elle jette peut-être un coup d'œil à Iris). Donc, qualifier quelqu'un d'« impoli », relève clairement d'une évaluation. « Mais, poursuit-elle, la signification d'"impoli" est bel et bien liée à l'énoncé factuel sur lequel il repose. Je ne peux pas, juste comme ça, appeler "impoli" le fait de se diriger lentement vers une porte ou de s'asseoir sur une botte de foin [73]. » Et si je tente de le faire, ce que je dis sera absurde. Pour que mon évaluation soit sensée, je dois faire le lien entre les faits et mon jugement en montrant que sont réunies et constatables par tous les conditions d'une offense. Lorsque, dans la grande salle à manger de Kirkleatham, Iris avait repoussé son assiette et posé sa tête sur la table alors qu'elle était reçue à dîner par Esther Bosanquet, la vieille dame avait été offensée. Même si, dans certains cas, on pouvait être en désaccord sur ce qui relève ou non de l'offense, les situations offensantes – comme les situations douloureuses – constituent un motif précis dans la tapisserie de la vie ; un convive se doit d'être reconnaissant (même pour de mauvais spaghettis), de rester attentif (même si la conversation est ennuyeuse), de se tenir à peu près droit (même s'il est fatigué). La remarque de Philippa était un prolongement simple et élégant de la réflexion de Wittgenstein : notre langage évaluatif ne se détache pas du monde comme une peau qui laisserait derrière elle une scène écorchée et dépourvue de valeur qu'on appellerait « réalité » ou « nature ». Bien plutôt, une description évaluative ne fait sens que si elle prend place dans un motif reconnaissable de la vie humaine [74].

L'entreprise amorcée par Philippa – reconnecter les valeurs et les faits – suscita l'intérêt général, et une discussion animée s'ensuivit[75]. Nous ne savons pas exactement ce qu'il s'est dit, mais on imagine volontiers la serveuse dresser l'oreille au moment où la plus grande des quatre femmes se pencha en avant en remontant ses lunettes : « La signification de "offensant" ne se trouve pas uniquement dans le dictionnaire, mais dans la vie humaine ; partant, lui donner un sens n'implique pas seulement de décrire les règles de bienséance et de mauvaise conduite, mais aussi la vie sociale des animaux humains, comment une hiérarchie se met en place et se maintient, comment les relations se nouent et se dénouent. » À son tour, Mary pioche dans les leçons de Wittgenstein : « Le langage doit être ancré dans la complexité de la vie réelle, non lui être apposé de l'extérieur comme un calcul dérivant d'axiomes. » Puis, d'une voix étonnamment belle, la femme en pantalon qui fume cigarette sur cigarette, ajoute : « Supposez que je dise "Manger un cracker est impoli", vous serez perplexes. Mais si j'élargis le contexte et que vous découvrez un athée à genoux prêt à recevoir la communion, vous comprenez tout de suite pourquoi c'est offensant. La dimension éthique du jugement apparaît lorsque le contexte rattache la scène à quelque chose de particulièrement important dans la vie humaine, en l'occurrence la relation au divin. »

À présent, cher lecteur, plus besoin de solliciter votre imagination, car nous savons comment la conversation se termina. Iris, qui songeait combien ce que l'on mettait derrière le jugement d'impolitesse pouvait varier d'un individu à l'autre en fonction de ses expériences passées, lança : « Par exemple, Elizabeth, j'imagine que certaines personnes te décrivent parfois comme "grossière"[76] ? » Depuis le retour d'Iris en philosophie la « sincérité impitoyable » d'Elizabeth faisait partie des choses qu'elle appréciait et admirait chez son amie[77], mais bien des gens à Oxford trouvaient, comme Mary Wilson, que son franc-parler dépassait les bornes de l'acceptable. Sa rudesse était « si proverbiale » que Mary Scrutton était persuadée que l'intéressée en tirait fierté. Mais, à la surprise générale, « Elizabeth se figea et resta muette un long moment, retranchée dans une attitude glaciale ». Iris échangea sans doute avec Mary et Pip des regards suppliants, mais personne ne savait vraiment ce qu'il s'était passé ni comment rattraper la situation. Au bout d'un moment, Elizabeth se leva et adressa à Iris quelques mots laconiques. Elle considérait « ce genre de suggestion comme une insulte extrême et intolérable ». Sur ce, elle repoussa sa chaise et « sortit sans un mot d'un pas digne », abandonnant là trois visages abasourdis et une demi-tasse de café froid[78].

Elizabeth entame une réflexion sur l'action humaine

Au souvenir de leurs conversations de l'époque sur la philosophie de Hare, Mary nous dit : « De ce rejet commun, bien des conséquences métaphysiques s'ensuivraient. » Retricoter le langage des faits et celui des valeurs implique de rapprocher la matière et l'esprit pour mieux comprendre comment les mouvements physiques des corps humains peuvent être jugés « bons » ou « mauvais », ou encore comment des motifs bons ou mauvais peuvent changer quelque chose aux faits tels qu'ils se sont déroulés. Tandis que Philippa se consacrait au langage moral, Elizabeth approfondissait le champ de l'action humaine. S'il faudrait attendre encore plusieurs années avant la publication de son premier livre, *Intention* (*L'Intention*), celui-ci était déjà en germe dans la communication qu'elle présenta au Socratic Club d'Oxford en 1948. « La métaphysique de tout ceci est très difficile[79] », pour reprendre un commentaire de Mary Glover.

C'est Elia Estelle Aldwinckle, autrefois cultivatrice de tabac en Afrique du Sud, qui avait invité Elizabeth à parler. Stella était arrivée à Oxford en 1929 pour étudier la théologie, suite à une révélation et à sa conversion à l'âge de vingt et un ans. Elle enseigna un temps la théologie à St Christopher College (un établissement situé dans le district de Blackheath, à Londres) puis rejoignit l'université d'Oxford en qualité d'aumônier pour les étudiantes. Le Socratic Club, dont elle est la fondatrice, était à l'origine un outil d'évangélisation destiné à toucher les personnes intéressées par « toutes sortes de questions » sans forcément être (encore) chrétiens [80]. Sa fonction lui ouvrait toutes les portes, se souvient Iris. « Elle entrait hardiment dans les collèges d'Oxford, comme de plein droit sans pourtant être toujours la bienvenue, prenant pour acquis son rôle auprès de nous. » Sans réellement se montrer « prosélyte », elle prêchait par l'exemple « par sa présence, sa foi, sa sollicitude » [81].

Stella et Iris sympathisèrent, mais Mary n'était pas convaincue. Elle la trouvait d'une suffisance insupportable, et avait très mal pris que Stella vienne la réveiller à 11 heures du soir la veille de son examen final de logique, en tambourinant à sa porte. « Est-ce que tu voudrais venir débattre au Socratic Club ? » lui avait-elle demandé, toute mielleuse. Autant se jeter dans la gueule du loup, avait songé Mary. Longtemps elle se souviendra du « sourire magnanime de martyre » que Stella affichait face « aux refus mêmes les plus polis d'accéder à ses demandes extravagantes [82] ».

Elizabeth était amie avec Stella *via* Iris [83], mais ne s'attendait pas pour autant à ce que son intervention au Socratic Club soit facile. Stella tenait à ce que les rencontres soient « tout à fait civiles » : « Nous voulions atteindre à la vérité des choses, et suivre les raisonnements proposés avec bonne foi et bienveillance, où qu'ils nous mènent » [84]. Mais pour sa part, C. S. Lewis, le président du club, un *don* de vingt ans plus âgé qu'Elizabeth, était réputé goûter les débats acharnés. Il « parlait pour emporter le morceau », disait-on [85]. « Athées et agnostiques : tout le monde est bienvenu ! » indiquait ce soir-là un tract punaisé au tableau d'affichage de la Junior Common Room de St Hilda.

C. S. Lewis, qui avait lui-même suivi sa recommandation de continuer à « étudier pendant la guerre », venait de publier un livre intitulé *Miracles* ; Elizabeth était là pour en débattre – en présence de l'auteur. Elle s'était concentrée sur le chapitre trois. « J'aimerais discuter votre raisonnement selon lequel ce que vous appelez "le naturalisme" s'autoréfute parce qu'il serait contradictoire avec la croyance en la validité de la raison », commença-t-elle en prenant directement le président à parti. « Vous entendez ce faisant détruire le "naturalisme" [86]. » Dans le chapitre en question, Lewis soutenait que « les naturalistes » ne pouvaient rendre compte du caractère rationnel de la pensée. La pensée, arguait-il, est gouvernée par des relations d'ordre rationnel. Les conclusions découlent logiquement des prémisses. Mais pour le naturaliste, toutes ces relations s'avèrent au bout du compte d'ordre causal. Le comportement humain comme la pensée découlent causalement, non rationnellement, d'autres événements physiques. D'après Lewis, cette thèse se réfute elle-même. Le naturaliste croit que sa croyance au naturalisme a un fondement rationnel. Mais si le naturalisme est vrai, alors sa croyance n'a absolument aucun fondement rationnel. Ce n'est qu'un événement physique comme un autre, dont l'explication est causale. Une croyance sans fondement rationnel est irrationnelle, donc la position du naturaliste, conclut Lewis, sape ses propres fondements.

« Ce que je veux discuter », poursuivit Elizabeth, est l'affirmation centrale de ce raisonnement, selon laquelle « croire en la validité de la raison » est contradictoire avec l'idée « que la pensée humaine s'explique entièrement comme le produit de causes non rationnelles ». Puis, s'adressant de nouveau à Lewis : « À mon sens, c'est là une erreur fondée sur différentes confusions que vous faites quant aux concepts de "raison", de "cause" et d'explication"[87]. » Elle prit une grande inspiration : Miss Anscombe n'avait manifestement nulle intention de faire preuve de déférence.

Un scientifique qui donne une explication causale du processus physiologique impliqué par le raisonnement mené par une personne ne considère nullement le contenu du raisonnement. Il ne considère ni ne saurait considérer ces processus en termes de « validité », de « vérité » ou de « preuve ». Pour lui, ces processus sont de simples mécanismes physiologiques, et parce qu'il les considère comme tels, les questions de « rationalité » et d'« irrationalité » n'interviennent pas dans son explication.

Mais, dit Elizabeth, cela ne prouve en rien que ces croyances n'ont pas d'explication rationnelle. « Si nous avons sous les yeux un texte défendant une opinion, nous pouvons nous demander : "Est-ce là un bon raisonnement ?" sans nous préoccuper le moins du monde des circonstances de sa production[88]. » Nous pouvons considérer la validité du raisonnement sans savoir s'il a été tapé à la machine, sur un ticket de métro ou chanté dans la baignoire. Notre question « Pourquoi ? » a différentes acceptions : parfois elle appelle une explication causale, d'autres fois une explication rationnelle. Ainsi, « croire en la validité de la raison » n'est nullement contradictoire avec l'idée que la pensée humaine puisse avoir une explication causale.

La démonstration d'Elizabeth, ce soir-là, n'était tournée ni contre la science ni contre le naturalisme. En fait, une partie de ce qui était en jeu dans son débat avec Lewis n'était autre que la signification du mot « nature ». Lewis soutenait que la raison humaine ne pouvait être naturelle que si elle était réductible à une explication causale. Elizabeth lui opposait que « naturel » ne veut pas dire « réductible à une explication causale ». Rien n'est plus naturel pour les animaux que nous sommes que penser et raisonner, questionner et expliquer. Agir ainsi fait partie de notre nature. Nous sommes de ces créatures qui, à partir de preuves, tirent des conclusions et demandent : « Pourquoi cela est-il arrivé ? », « Pourquoi crois-tu cela ? », « Quels sont tes arguments ? » C'est dans notre façon d'être, dans notre nature, de mener ce genre d'enquêtes et de chercher à résoudre ce type de questions. Lewis a raison de souligner que nous ne pouvons pas expliquer la rationalité de la pensée et de l'action humaines à l'aide des outils scientifiques développés pour expliquer les ondes cérébrales, mais cela ne prouve pas que les ondes cérébrales sont naturelles tandis que la raison ne l'est pas.

Mary Glover n'eût sans doute pas désapprouvé le raisonnement de son ancienne étudiante ni la description de l'action humaine qu'Elizabeth développerait davantage dans *L'Intention*. Lorsque nous nous intéressons aux raisons, à la validité et aux fondements de la pensée et de l'action humaines, montrerait-elle, nous ne cherchons pas des chaînes causales, mais des schémas (*patterns*) plus larges. Des schémas qui ne décrivent pas des relations de cause à effet ni une quelconque conjonction constante, mais qui situent ce que H. W. B. Joseph appelait des « fragments de vie » au sein d'un ordre rationnel.

Dans son livre, Elizabeth Anscombe donne un exemple frappant de ce type de schéma, où il est question de nazis, de meurtre et de complot. Un homme pompe de l'eau pour remplir une citerne, qui alimente une maison en eau potable (c'était peut-être là un souvenir du Blitz : les pompes à étrier, les réservoirs d'eau, les tuyaux). Quelqu'un a contaminé la source avec une substance toxique aux effets cumulatifs. La maison est occupée par les nazis. « L'homme qui a contaminé la source a calculé que, si ces gens étaient éliminés, des hommes de bien arriveraient au pouvoir, qui gouverneraient bien, ou même qui institueraient le Royaume des Cieux sur la Terre, et assureraient à tout le monde une vie heureuse. » Il « a révélé son calcul et tout ce qui concerne le poison à l'homme qui pompe ». Le bras de l'homme « va de haut en bas, et encore de haut en bas »[89].

Ensuite, Elizabeth Anscombe recourt à notre ordinaire question : « Pourquoi ? » (comme dans « Pourquoi faites-vous cela ? ») afin de découvrir l'ordre rationnel à l'œuvre dans l'action de pompage de l'homme. S'il répondait honnêtement à la question : « Pourquoi ? », explique Elizabeth, les descriptions qu'il donnerait pourraient s'ordonner en une série telle que celle-ci[90] :

Pourquoi bougez-vous votre bras de haut en bas ?
Je pompe. (A)
Pourquoi pompez-vous ?
Pour approvisionner la maison en eau. (B)
Pourquoi approvisionnez-vous la maison en eau ?
Pour empoisonner les habitants. (C)
Pourquoi empoisonnez-vous les habitants ?
Pour faire advenir le Royaume des Cieux sur la Terre. (D)

Les descriptions « pomper », « approvisionner la maison en eau » et « empoisonner les habitants » sont liées du fait de leur sens et de la façon dont le monde s'organise. Dans la situation présente, actionner la pompe est un moyen d'approvisionner en eau la maison, moyen à son tour d'empoisonner les habitants. Certains éléments de cette situation ont été organisés par les conspirateurs : ils ont empoisonné la réserve d'eau. D'autres étaient déjà là : la pompe a toujours été le moyen d'approvisionner la maison en eau. D'autres encore sont inhérents à la nature humaine : le poison est nocif aux animaux que nous sommes.

Dans l'exemple d'Elizabeth, l'homme qui pompe sait tout cela : il sait comment fonctionne la pompe, il est partie prenante du complot, il est au courant pour le poison et les nazis. (Il n'est pas dans la position d'une dupe, piégée par les conspirateurs pour pomper en ignorant tout du poison et du projet de meurtre.) Sachant ce qu'il sait, poursuit Elizabeth, cet homme est à même de pomper *afin* d'approvisionner la maison en eau, *afin* d'empoisonner les habitants. Si, depuis sa position à la pompe, il ne peut pas voir le processus causal par lequel le poison s'introduit dans les corps ennemis, il sait néanmoins (« sans observation », comme elle dit), qu'il agit en ce sens.

La rationalité de l'action de l'homme qui pompe, explique Elizabeth, n'implique pas un processus de raisonnement explicite : il s'agit de « bien s'y connaître[91] » et de transformer son savoir en action, pour atteindre son objectif. Pour voir l'action de cet homme comme rationnelle, faite pour une raison précise, il n'est nul besoin de postuler un quelconque « processus mental ». Il peut très bien, sachant ce qu'il fait, se mettre à pomper sans y penser davantage. Dire qu'il agit *pour une raison*, ce n'est pas supposer quelque épisode mental intérieur, une poussée hydraulique, qui expliquerait causalement ses mouvements dans le monde, où ce qui s'ensuivrait de ces mouvements ne serait qu'un effet de ce geste premier. Bien plutôt, c'est reconnaître que ce « fragment de vie » – le mouvement de pompage de son bras – s'inscrit dans un schéma reconnaissable, un ordonnancement du monde qu'il fait advenir en bougeant son bras ici et maintenant.

Le lendemain du débat avec Lewis, Elizabeth écrivit à Wittgenstein pour lui raconter comment cela s'était passé. Lewis était « bien plus courtois dans la discussion que ce à quoi je m'attendais », lui confia-t-elle, « même s'il s'est montré désinvolte et a employé toutes sortes de ruses pour embrouiller les choses – mais il ne s'est pas vraiment montré désagréable. »

Yorick Smythies l'avait aidée à préparer son intervention « en inscrivant "C'est nul !" en marge de mes remarques » sur une version de travail [92]. Elizabeth avait trouvé un allié en la personne du secrétaire du club, Frank Goodridge qui, bien qu'étant l'étudiant de Lewis, était ami avec elle [93]. Convaincu (« sans doute beaucoup trop facilement ») par son raisonnement, Frank avait commencé à attaquer Lewis, qui avait vaguement prétendu avoir écrit son livre « à un niveau très populaire ». « La vulgarisation ne saurait justifier la faiblesse du raisonnement », lui reprocha Frank, en termes quasiment moraux. La lettre se termine avec ce post-scriptum : « Je trouve le débat (en) public vraiment très difficile. J'ai tendance à paniquer et à m'empresser de répondre à ce qu'on m'oppose ; si à l'inverse je m'efforce de prendre le temps de l'éprouver et d'y réfléchir, je perds le fil. Donc je dis beaucoup de choses inutiles [94]. »

Une tout autre version de « l'affaire Anscombe » ou du « débat Anscombe-Lewis » est restée dans les mémoires [95]. La « redoutable » Miss Anscombe « a attaqué » Lewis qui, « cruellement humilié » et « profondément ébranlé », s'est ensuite détourné de la réflexion théologique pour se consacrer à l'écriture d'ouvrages pieux et de livres pour enfants ; Miss Anscombe « l'a anéanti » comme apologiste. Elizabeth, quant à elle, se dit « encline à interpréter le récit fantaisiste qu'ont fait de l'affaire certains amis de Lewis – qui manifestement ne se sont guère intéressés aux arguments échangés ni même au sujet du débat – comme un exemple intéressant du phénomène appelé "projection" [96] ».

Quand bien même Elizabeth trouvait C. S. Lewis confus sur les notions de cause et de raison, elle comprenait sa motivation. Il pensait nécessaire de vaincre le naturalisme pour faire place aux miracles dans la vie humaine. Mais pour Elizabeth, l'un n'empêchait pas l'autre. Avec son mari, Peter, ils enseignaient déjà la transsubstantiation à Barbara, cinq ans, et à John, presque trois ans, convaincus qu'en la matière le plus tôt était le mieux. Les enfants étaient certes trop jeunes pour comprendre le mot « transsubstantiation », néanmoins ils apprenaient sa place, le rituel verbal et gestuel auquel l'emploi de ce mot serait plus tard associé. Ils apprenaient à reconnaître un certain schéma dans le rituel qu'on leur décrirait plus tard comme « la conversion du vin en sang du Christ ».

« Regarde ! Regarde ce que fait le prêtre », murmurait Elizabeth à ses enfants sur les bancs de l'église St Aloysius. « Il dit les mots de Jésus qui changent le pain en corps du Christ. Puis il se relève. Regarde ! Et maintenant, baisse la tête et dis : "Mon Seigneur et mon Dieu". » « Regarde, poursuivait-elle, maintenant il a pris la coupe. Il dit les mots qui changent le vin en sang du Christ. Regarde la coupe, qu'il a levée. Puis baisse la tête et dis : "Nous croyons, nous adorons ton sang précieux, ô Christ divin." » Elizabeth veillait à ce que ses propos « ne dérangent pas les gens autour d'eux », mais l'on imagine aisément quelques regards désapprobateurs. L'enseignement ainsi délivré fut si efficace qu'un jour, alors qu'Elizabeth revenait s'asseoir après avoir communié, Barbara lui demanda révérencieusement : « Il est en toi ? » « Oui », dit-elle, tandis que, à sa grande surprise et son grand contentement, l'enfant se prosternait devant elle [97].

Aristote réincarné

Le jeudi soir, à la New Bodleian, Mary rejoignait Elizabeth au cours « particulièrement enthousiasmant » de Richard Walzer sur Aristote. Pendant la guerre, David Ross avait aidé Walzer en le faisant entrer à l'Oriel College et en lui confiant une charge d'enseignement. Depuis qu'il avait été officiellement nommé *lecturer* en philosophie médiévale en 1945, il enseignait l'œuvre d'Aristote, notamment : la *Métaphysique*, le *De Anima* et les *Dialogues*. Yorick Smythies, Peter Strawson et Peter Geach assistaient aussi parfois à ses cours. Au total, un mélange de Thomas d'Aquin, de Wittgenstein et d'Aristote [98].

Wittgenstein clamait sans complexe : « Voilà ce que je suis : un ancien professeur de philosophie qui n'a jamais lu un mot d'Aristote [99] ! » Contrairement à Iris, Mary et Elizabeth. Mary se souvenait des patientes explications d'Elizabeth, qui comparait l'intérêt pour la vie humaine de Wittgenstein à celui d'Aristote : « L'importance particulière accordée au langage ne vient pas du fait qu'il s'agit d'un phénomène exceptionnel et unique. Elle provient du fait que parler est une activité humaine essentielle, qui reflète notre entière nature – car le langage s'enracine, ce que ne fait pas la mathématique, dans la structure plus vaste de nos vies. » C'est pourquoi étudier le langage constitue « une investigation sur notre nature tout entière »[100]. L'ordre qu'Elizabeth avait trouvé dans l'action humaine grâce à la méthode de Wittgenstein se révéla être le « même ordre » que décrivait Aristote[101]. Elizabeth disait qu'avant de connaître Wittgenstein, « les grands philosophes du passé n'étaient que de belles statues à ses yeux », mais que « faire sa connaissance les avaient ranimés pour elle[102] ».

Tout au long de cette année, Iris and Mary s'efforcèrent d'avancer dans le *Cahier bleu*, tandis qu'Elizabeth continuait de faire passer des fragments de Wittgenstein de Cambridge à Oxford : des extraits de notes, des bribes de conversation. Elle avait suffisamment progressé en allemand pour pouvoir lire ses écrits les plus récents dans leur version originale. Wittgenstein avait été stupéfait de la rapidité avec laquelle elle avait acquis la maîtrise de sa langue, et Elizabeth n'était pas moins stupéfaite de sa stupéfaction : « J'étais frappée qu'il puisse admirer l'exercice d'une faculté aussi élémentaire, que pour ma part j'estimais n'être pas une grande démonstration d'intelligence, alors que l'on avait tôt fait de s'attirer ses foudres dans ses cours si l'on ne comprenait pas telle ou telle chose qui exigeait pourtant, j'en étais certaine, de grandes qualités et une certaine puissance intellectuelle pour être saisie[103]. »

En 1948, la pensée de Wittgenstein avait largement coloré la thèse d'Elizabeth. En 1944, quelques mois avant leur rencontre, elle lui avait fait part, par écrit, de son projet de développer une « approche objective » de la question : « Qu'est-ce qu'un individu humain ? » Elle commencerait par la question « Qu'est-ce que *cela* ? », et décrirait ensuite les principes organisateurs à l'œuvre chez les humains qu'elle observerait. À l'époque, elle s'était inquiétée : « Est-ce là un travail de philosophe, ou bien seulement de psychologue expérimental ? » À présent, elle pouvait répondre à cette question grâce aux outils que lui avait fournis Wittgenstein. La philosophe ne cherche pas à décrire des humains particuliers, leur psychologie individuelle ou leurs processus mentaux. Bien plutôt, elle décrit la forme (*pattern*) de la vie humaine en général. Son but est d'établir la « grammaire » de cette vie, de comprendre quelles pratiques, quels concepts sont importants, quelles sont les différentes manières de poursuivre son existence, comment la nature, l'instinct, la raison et le langage sont façonnés par la vie humaine et la façonnent en retour. La capacité d'observation que cela exige est aussi une faculté d'observation et transcendance de soi : la philosophe étudie la forme de vie qu'elle a elle-même en partage. Comme Mary était en train de l'apprendre chez Plotin : le macrocosme extérieur se reflète dans le microcosme intérieur [104].

Dans son journal, Iris continuait de réfléchir à l'article « de E. » sur le passé. À la fin du printemps 1948, elle notait ainsi : « Il n'y a pas de passé mémoriel isolé (pas plus qu'il n'y a de *sense data* isolés). Il n'y a que le tissu [...] l'entrelacement des passés, du témoignage & la déduction à partir de son propre passé du souvenir. » Penchée sur la page, elle s'inquiétait des conséquences du tableau dressé par E. « Problème : trouver une théorie du passé historique qui ne le rende pas "fantomatique". » Puis elle ajoute : « N'est-il pas fantomatique sinon pour l'historien ? [...] Le passé m'apparaît en bonne partie fantomatique [...] Est-ce que des parties de mon propre passé peuvent m'apparaître fantomatiques [105] ? » Elle en discuta souvent avec Wasfi et Kanti, puis y revint dans ses notes presque un an après l'exposé d'Elizabeth. « Tout ceci me *ronge.* Ça me *prend.* D'où vient cela [106] ? »

L'une des choses qu'Iris avait retenue du papier était l'idée qu'avoir un concept, c'est avoir une capacité. En parlant de facultés linguistiques ou conceptuelles, Elizabeth détournait Iris des caractéristiques superficielles du langage (du genre de celles que J. L. Austin et son jardin d'enfants s'occupaient de collecter et d'analyser) pour la mener vers « des *faits* relatifs à notre apprentissage de l'usage des mots (et donc des concepts[107]) ». Forte de quoi Iris fit un nouveau lien entre les idées de Wittgenstein et celles de Martin Buber : « La révolution épistémologique de Witt est comparable à la révolution psycho/morale de Buber. Nous ne sommes pas seuls, et ce dès le début[108]. » C'est au contact de nos proches que nous acquerrons l'usage des mots. La faculté conceptuelle, tout comme celle de faire des maths ou de la cuisine, s'acquiert avec le temps, par la pratique et la répétition, grâce à l'aide et aux corrections de notre entourage. Au début, comme pour n'importe quelle faculté, la compétence d'une personne sera limitée et simple : 1+1, 4×10, omelettes ratées et spaghettis en boîte. Mais à force de pratique et d'écoute des conseils délivrés par nos proches, on s'améliore, on gagne en compétence, on accède à plus de complexité. $c = \sqrt{a^2 + b^2}$, soufflé et *ravioli alla calabrese.*

Les concepts de chacun ont leur histoire propre. Un voyage en France, l'épreuve du rationnement pendant la guerre, le voisinage du Delikatessen de Mrs Palm : tout cela donne à la cuisine d'une personne une saveur particulière et personnelle. De même, le déroulement d'une vie confère aux concepts de chacun leur unicité. Chaque fois que je tombe amoureux, que je me repens, que j'éprouve du remords, que je pardonne, que je déteste, que j'ai confiance, ma compréhension de ces mots change, devient plus personnelle, plus attachée à moi et aux situations particulières que je vis. Au fur et à mesure que mes concepts évoluent, il peut même arriver que mon passé m'apparaisse sous un éclairage différent. Iris en donne un exemple inspiré de son cas personnel. Supposons que je me sois convertie au marxisme, ne considérerai-je pas mon passé comme un aveuglement typiquement bourgeois ? Et de nouveau, avec les esperluettes : mais si « je suis sans cesse en train d'apprendre & réviser & créer & recréer mon langage », repenser mon passé n'est-il pas aussi une constante responsabilité[109] ? « "Tu ne dois pas haïr untel & untel" – tu "as" figé untel & untel dans ton passé – & tu peux, en quelque sorte, les dé-haïr dans ton passé aussi. Après ta réconciliation avec eux, tu repenses le passé à la lumière de ce qui a suivi[110]. »

*

Dans sa demande de bourse de 1947, Iris soulignait la nécessité d'un cadre logique pour mieux comprendre la réalité des relations qui nous lient les uns aux autres : l'amour, la promesse, le corps ; le royaume mystérieux de l'être et des sentiments. L'approche d'Elizabeth, inspirée de Wittgenstein, qui mettait l'accent sur la pratique et la vie, partait de l'idée importante que « nous ne sommes pas seuls, et ce dès le départ » ; que nous naissons dans un monde que nous partageons avec d'autres. Mais Iris n'était pas sûre d'avoir bien compris la nature particulière des règles décrites par Elizabeth. (« La logique n'est pas une superphysique (comme le croyaient Platon, Aristote ?) Alors qu'est-ce donc, bon sang [111] ? ») Elle craignait qu'en rendant tout public, exposable, Wittgenstein ait détruit le royaume où elle escomptait situer cette mystérieuse loyauté créative qui relie deux individus historiques concrets *via* une promesse. « Se cristallise autour de ces réflexions le sentiment que Witt. place le corps en dehors des choses – en dehors des émotions etc. [112]. » Par endroits, elle est particulièrement tranchante : « Le combat de Witt. contre l'épistémologique, le psychologique. Cela va à l'encontre de tous mes instincts [...] Qu'est-ce qui ne va pas avec l'idée de phénoménologie ? Combattre Witt. pied à pied [113] ! »

Les ambitions d'Iris cette année-là n'étaient pas minces. Elle parvint tout de même à en donner un aperçu général dans un dessin au trait. Elle envisageait de rapprocher en une harmonie méditative la phénoménologie d'Edmund Husserl (du moins le peu qu'elle en connaissait – personne à Cambridge n'en avait encore entendu parler [114]) et l'austère logicisme de Wittgenstein : les *Ideen* et le *Tractatus*. Tapi à la marge : Søren Kierkegaard, l'omniprésent SK de son journal, avait donné un « nouveau tour » à la philosophie européenne, expliquait-elle dans sa demande de bourse.

Il avait montré que « la spéculation philosophique est vaine si elle ne s'intéresse pas aux individus concrets existants [115] » ; tel était aussi ce qui l'intéressait. Le mystérieux, l'inexposable, le réel. Quel cadre logique serait approprié pour le saisir ? En mai 1948, il lui faudrait un titre à rallonge pour définir le sujet de son travail de thèse : « Quelques théories de la conscience post-hégéliennes : étude de philosophie phénoménologique et existentielle (Husserl, Sartre, etc.), où il est fait référence à *La Phénoménologie de l'esprit* de Hegel, aux travaux de Kierkegaard ainsi qu'à ceux de Wittgenstein [116]. »

Elizabeth intervenait parfois pour freiner l'ardeur de son amie. « Elizabeth a raison – il faut aller au pas, comme les philosophes de jadis [117]. » Mais, si Iris écoutait et admirait Elizabeth, elle n'avait pas l'intention de se laisser écraser – dans ses discussions avec son amie, Iris manipulait le rouleau compresseur aussi souvent qu'elle le subissait. Par ailleurs, Elizabeth était familière des forêts marécageuses ; elle connaissait bien Kierkegaard. Certes, il parlait à l'individu, admettait Elizabeth. Mais « c'est le trahir que de systématiser sa pensée ». Quant à elle, elle n'avait « d'inclination pour les systèmes, l'unité ». « La pensée exige un système », répliquait Iris [118]. Les deux amies discutaient souvent au-delà de minuit, tout en buvant du vin et en fumant, bien après que Shah, Wasfi et Kreisel fussent rentrés chez eux. Ou bien elles se retrouvaient en journée pour de longues promenades d'un côté ou de l'autre de la Varsity Line : « Lundi, discussion avec Elizabeth sur l'immortalité de l'âme (en faisant le tour de Christ Church Meadow) et sur la mémoire (dans sa chambre). Et aussi sur les théories de l'analogie & de la métaph. (au Radcliffe Square [119]). » Peter, Barbara et John ne sont que rarement mentionnés dans le journal d'Iris (souvent rédigé nuitamment). À une exception notable. Iris accompagna la famille lors d'une excursion aux collines de Gog Magog, une falaise de craie située à 10 kilomètres au sud de Cambridge. « Le bleu sombre du soir qui vient et les branches des prunelliers en fleur. Triste et merveilleuse journée [120]. »

En avril 1948, la *Gazette* d'Oxford diffusa une annonce : on recherchait un « tuteur de philosophie » à la St Anne's Society, à Oxford. St Anne avait la réputation d'être « le plus exaltant » des collèges de femmes, où l'on ne renvoyait pas les étudiantes *undergraduates* qui se mariaient ou tombaient enceintes. Sur le plan académique toutefois, c'était « la Cendrillon des collèges d'Oxford »[121]. Réputation appelée à changer, au demeurant, sous la direction hardie de la principale Mary Ogilvie, une historienne issue de Somerville : les neuf jeunes *dons* qu'elle encadrait étaient tenues pour les plus belles et les plus brillantes de tout Oxford[122]. Pip découpa l'annonce et l'envoya au Pightle. Iris devrait candidater, suggérait-elle, tout en la prévenant que Mary en avait aussi l'intention. Trois jours plus tard, une réponse d'Iris atterrissait dans la boîte aux lettres du numéro 16 :

> Ma chère, merci beaucoup pour les précisions que tu m'envoies concernant St Anne. L'idée d'être en compétition avec Mary ne me plaît guère, mais je crois que je vais candidater quand même. Elle a beaucoup plus de chances que moi – elle a déjà enseigné, elle est latiniste, etc. –, donc je ne compte pas trop obtenir le poste. Mais j'aimerais beaucoup, assurément[123].

Isobel Henderson et Donald MacKinnon rédigèrent chacun une lettre de recommandation pour les deux candidates. « En ce qui concerne leur compétence globale *stricto sensu*, je ne saurais choisir entre les deux », écrivit Isobel dans une lettre de deux pages qui dit toute son ambivalence : « Miss Scrutton est la plus réellement académique » ; « Miss Murdoch est sans doute plus à même de produire une œuvre philosophique intéressante » ; Miss Scrutton est « la plus érudite » ; Miss Murdoch « est une personne à la créativité sans limites » ; « Miss Scrutton fera sans doute une meilleure *don* pour Oxford » ; Miss Murdoch « est la plus originale » ; Miss Scrutton est « plus brillante et subtile que Miss Murdoch, mais moins puissante et atypique ». Pour Donald MacKinnon, Mary est « sans conteste la plus érudite des deux », mais Iris est « la meilleure *philosophe* ». Mary est « toujours alerte et sincèrement intéressée. Elle est réellement curieuse et douée d'une énorme capacité de lecture » ; Iris « produit sur les gens un effet puissant et peut aisément, sans même s'en rendre compte, les influencer profondément. » Mary est le choix raisonnable (« son intelligence exceptionnelle, son caractère égal font d'elle, de toute évidence, une excellente candidate ») ; Miss Murdoch est « quelqu'un de très différent », avec qui ils « prendraient un risque » (« Elle a été militante communiste »). Isobel

Henderson concluait ainsi : « J'aimerais que vous puissiez les embaucher toutes les deux » [124].

En juillet, Iris obtint le poste. Mary fut dépitée. Non sans humour et goût du drame, elle se consola en décapitant cérémonieusement des iris dans le jardin des Foot [125]. Philippa, profondément divisée, consola Mary tout en se réjouissant à la perspective qu'Iris vienne s'installer à Oxford. Dans une lettre de félicitations, elle l'invitait à emménager au 16 Park Town avec elle et Michael. Telle fut la réponse d'Iris :

> À propos de l'appartement, merci beaucoup ! [...] Comme tu l'imagines, je me suis d'abord sentie terrorisée à cette idée, mais à présent cela va mieux et elle m'apparaît *merveilleuse* à presque tous égards. J'espère vraiment vraiment qu'au fond de son cœur Michael ne sera pas offensé par ma présence dans la maison. Pardon pour ça. Si je pouvais être absolument sûre de *cela*, je serais très *heureuse* de cet arrangement. Désolée. Je suppose qu'ici, je fais une sorte de « complexe », plus que toi ou M. Et indépendamment de cela, je suis anxieuse à l'idée de revenir à Oxford – pardon pour cette nervosité. C'est plutôt « osé », cette perspective de vivre avec vous... [126]

CHAPITRE 6

Retour à la vie

Oxford, Cambridge, Dublin et Vienne
octobre 1948-janvier 1951

Elizabeth donne son premier cours magistral – Elizabeth et Iris en crise – Métaphysique intensive et nouveau départ pour Mary – Premier cours magistral de Philippa et séjour à Vienne d'Elizabeth – Iris et Philippa retrouvent l'arrière-plan de la vie morale – Le testament de Wittgenstein

Elizabeth donne son premier cours magistral

La chambre d'Elizabeth à Oxford se trouvait au 27 St John Street, soit à moins de deux kilomètres de Park Town. Elle habitait avec Miss Mary Isabel Lawson, l'avant-dernière survivante de cinq sœurs célibataires qui l'avaient louée au St John's College après la Première Guerre mondiale [1]. À près de quatre-vingts ans, Miss Lawson peinait à entretenir la maison. Malgré l'aide de sa bonne, l'impeccable Mrs Colter, pour le ménage et la lessive, pour faire les vitres et éplucher les pommes de terre [2], la maison tombait peu à peu en décrépitude. À un endroit, le plafond d'une chambre s'était effondré sans que personne ne le répare. Il n'y avait pas d'eau chaude, pas de W.-C à l'intérieur, pas de chauffage. Les cadres de fenêtre étaient vermoulus [3]. L'intérieur était sombre. Elizabeth dormait dans une chambre exiguë au dernier étage [4]. Le numéro 27 ne bénéficiait pas du bas soleil hivernal qui éclairait les maisons d'en face. Au fond se trouvait une sordide arrière-cuisine. À la mort de Miss Lawson, au début de l'année 1949, un inspecteur de St John's College vint visiter la maison. Il se dit « préoccupé » par son état. L'intendant, quant à lui, fut « horrifié ». « Le logement est sale et à tous égards indigne de notre collège. » Il aurait besoin d'être « nettoyé à fond », « équipé de sanitaires [5] et d'un éclairage adéquats », il faudrait y installer le chauffage et réparer la partie du plafond qui s'est effondrée [6]. Elizabeth demanda si, tant qu'on y était, elle pourrait avoir des cimaises à tableaux dans toutes les pièces [7]. « Dans ces conditions », nota l'intendant, « n'eût été la gentillesse manifestée par Miss Anscombe envers la défunte Miss Lawson, j'aurais préféré trouver une autre locataire [8]. » Les choses en étaient là lorsque le collège invita les locataires à quitter les lieux quelques mois, le temps de la rénovation de la maison.

Parmi les autres locataires, on comptait un couple marié, Frank et Gillian Goodridge (c'est Frank qui avait pris la défense d'Elizabeth au Socratic Club) ainsi qu'un étudiant en art et artiste, Barry (Thomas Barrington) Pink [9]. Ce logement de fortune témoigne assez de la situation toujours précaire d'Elizabeth et Peter. Son *fellowship* ne lui rapportait guère et Peter – qui vivait à Cambridge avec les enfants – n'avait toujours pas de poste fixe.

Il assurait un peu de tutorat à Cambridge pour contribuer au budget du ménage. Ils vendirent quelques livres auxquels ils tenaient pour joindre les deux bouts [10]. Wittgenstein, en découvrant un jour d'orage qu'Elizabeth n'avait pas d'imperméable ni les moyens de s'en payer un, lui acheta une pèlerine blanche. Une autre fois, lorsqu'il vit dans quel dépouillement elle vivait, deux chaises et une corbeille à papier suivirent. (« Vous êtes *un auteur*, il vous faut une corbeille à papier [11]. »)

À l'occasion de la rénovation du 27, le cagibi qui servait de chambre à Elizabeth fut transformé en salle de bains : aussi, lorsqu'elle réaménagea comme locataire officielle, elle investit une chambre plus grande au premier étage, tandis que les Goodridge s'installaient au rez-de-chaussée. Elle dispensait souvent des séances de tutorat dans sa chambre, en haut d'une sombre montée d'escaliers qui flanquait l'arrière de la maison. Elle collaborait à la traduction du dernier ouvrage de Wittgenstein, si bien que le sol était jonché de minuscules piles de papier [12]. Ces piles constituaient les *Zettel*, ces fiches sur lesquelles Wittgenstein notait ses réflexions philosophiques, disposées selon une logique connue de la seule Elizabeth. Elle s'efforçait de leur conférer une forme d'ordre et, comme toujours en pareille tâche, la cigarette était une alliée. Au milieu de la pièce, tel un fonds baptismal, se trouvait une immense colonne creuse qui lui servait de cendrier. Elizabeth et Wittgenstein travaillaient ensemble à ordonner ces fragments, de nouvelles fiches venant sans cesse s'ajouter aux piles qu'elle avait rapportées de son été à Cambridge [13]. Peu à peu, de tapuscrit en tapuscrit, ils mettaient au point la version qui paraîtrait plus tard sous le titre *Recherches philosophiques*. Parfois, Elizabeth lisait des extraits de sa traduction à ses étudiants, parmi lesquels se trouvait Mary Wilson, sa camarade du cours « Things » [« Les choses »], qu'Elizabeth était décidée à détourner de la philosophie du langage ordinaire de J. L. Austin. Dans le but de la convaincre, elle choisit différents thèmes : linguistiques, grammaticaux ou d'autres plus fondamentaux. Mary Wilson trouva « merveilleuse » toute cette approche « qui ne tire pas de conclusion [14] », mais essentiellement parce qu'elle lui évoquait Coleridge, dont elle avait lu les *Carnets*. Elizabeth lui prêta une partie du dernier manuscrit, provisoirement intitulé « *Spätfassung* » (dernière version [15]) : Mary Wilson quitta St John Street avec, dans le panier de sa bicyclette, quelques feuillets à recopier – lesquels traitaient de la grammaire des expressions de la sensation mais aussi, étrangement, d'un scarabée. « Ainsi, avant même que la plupart des gens d'Oxford n'aient lu une ligne des derniers écrits de Wittgenstein, je les ai pour partie vus directement. J'en fus très reconnaissante à Elizabeth », témoigna-t-elle plus tard [16].

Au matin du mardi 12 octobre 1948, Elizabeth n'était pas dans son bureau. Elle avait descendu l'escalier, franchi la porte bleue du numéro 27 pour affronter l'air froid de l'automne. Elle était vêtue, comme d'habitude, d'un informe pantalon marron – de provenance inconnue –, ses longs cheveux bruns flottant librement dans son dos. Seule sa toge noire la trahissait : elle s'en allait donner une *lecture*. Son premier cours magistral.

Elle arriva devant le bâtiment du centre d'examens, dit Examination Schools, sur High Street, juste avant 10 heures du matin. Iris, Philippa et Mary étaient sans doute là pour l'accueillir, après avoir ensemble traversé University Parks depuis Park Town. Iris avait rallongé ses jupes en y greffant des coupons de tissu supplémentaires, selon les codes du New Look – cette mode parisienne de l'après-guerre qui avait fait scandale auprès des Françaises patriotes comme un excès et un gâchis à une époque où le textile restait rationné [17]. Philippa, comme toujours, était impeccable dans un ensemble jupe et chemisier sur mesure. Mary commençait tout juste à trouver son style ; c'est un peu plus tard qu'elle adoptera ses éternels chapeaux et son collier de perles. Les quatre amies fumèrent peut-être une ou deux cigarettes sur le trottoir, serrées les unes aux autres pour mieux se protéger du vent d'octobre et du regard des *undergraduates*, qui les dépassaient pour rejoindre le bâtiment. Il était naturel qu'Elizabeth, la plus âgée et (de l'accord général) la plus brillante d'entre elles, soit la première à passer de l'autre côté du pupitre.

S'il est un lieu propre à intimider un jeune professeur, c'est bien celui-là. La façade du bâtiment, érigé en 1881, est ponctuée de fenêtres de style vénitien, et rehaussée de cinq grandes arches et d'une tourelle. À l'intérieur, colonnes de marbre et bustes de grands hommes (un comte, un prêtre, un duc) le disputent aux frises sculptées représentant des bêtes sauvages et des oiseaux. Chaque année, des cohortes d'étudiants anxieux viennent passer leurs examens sous ses voûtes, « écrasés » par son architecture [18]. Durant les deux guerres mondiales, il avait servi d'hôpital militaire. En entrant, les quatre femmes ont peut-être aperçu ce panneau obsolète mais troublant : « Salle de réanimation ».

Entre l'arrivée d'Elizabeth comme *undergraduate* à St Hugh's College et son premier cours magistral en 1948, seules quatre femmes philosophes s'étaient taillé une place dans les pages de la très consultée *Gazette* – Mrs Martha Kneale, Miss Lucy Sutherland, Miss Margaret MacDonald et Miss Mary Glover. Sur les soixante-six *lecturers* de philosophie intervenus depuis la guerre, deux seulement avaient été des femmes. Aussi, en ce jour d'octobre 1948, la salle était-elle pleine de jeunes hommes prêts à subir « l'humiliation » d'écouter un *don* féminin, mais aussi d'une poignée de jeunes femmes. Les cours magistraux de Miss Anscombe étaient appelés à devenir légendaires pour la beauté de sa voix, son langage cru et la profondeur de sa pensée. Un jour, alors qu'on lui demandait un exemple pour illustrer la notion de plaisir intrinsèque, elle répondit : « Chier [19]. » Il paraît qu'on la voyait littéralement penser pendant de longues pauses [20]. Elle parlait consciencieusement et posément, oubliant presque son public. « Et là, c'est *très* intéressant », disait-elle, debout face au tableau où elle écrivait, lentement, « *t r è s* » [21].

Le sujet qui occupait Elizabeth ce semestre-là était « Some Problems in the Theory of Knowledge » (« Quelques problèmes de théorie de la connaissance »). Plus tôt dans l'année, dans un rapport destiné au Mary Somerville Research Fund Committee, elle avait affirmé travailler sur le « phénoménalisme », avec pour point de départ le *Théétète* de Platon. Son projet était le suivant : « Réfuter le phénoménalisme en considérant que toute proposition et tout concept possèdent une logique, y compris les noms des qualités sensibles et les propositions épistémologiquement primitives présentées comme des données par le phénoménalisme. » « Ce travail ainsi que d'autres recherches sur le problème des fausses croyances contribueront à la préparation de cours magistraux sur le *Théétète* pour le prochain semestre », avait-elle expliqué au comité [22]. Ce dialogue en effet, ajoutait-elle, faisait apparaître le lien entre le phénoménalisme (« toutes vos croyances découlent de ce dont vous faites l'expérience ; et ce dont vous faites l'expérience est toujours vrai » (167a4) [23]) et la thèse de Protagoras selon laquelle « l'homme est la mesure de toute chose » (« Je suis juge [...] des choses qui sont pour moi, au sens où elles sont, et des choses qui ne sont pas, au sens où elles ne sont pas » (160c2) [24]). Elizabeth avait travaillé sur ces passages à la lumière d'un développement du tapuscrit de Wittgenstein que la postérité retiendra comme « l'argument du langage privé » (précisément les pages que Mary Wilson avait emportées avec elle à vélo). Elle était prête à présent à exposer publiquement le sujet de tant de débats nocturnes avec Iris au cours de l'année écoulée (« pour E., Witt. & Platon se heurtaient au même problème : comment des propositions fausses peuvent-elles avoir un sens [25] ? », avait noté Iris dans son journal au mois de juin précédent).

Pour le phénoménaliste partisan de Protagoras, la perception est infaillible (« ce qu'on éprouve, c'est toujours vrai »), donc les choses sont telles que perçues par l'observateur. Autrement dit, lorsque « le même » vent souffle, qu'une personne le ressent comme froid et l'autre comme chaud, on ne saurait dire que le vent est froid ou chaud « en soi [26] ». Le fait objectif s'évapore. La chaleur ou la fraîcheur du vent dépend de qui le perçoit. Pour le Protagoréen, chaque individu est « la mesure de tout [...], du blanc, du lourd, du léger ; aucune, parmi les choses de ce genre, dont il ne soit pas mesure » (178b1 [27]). Tout n'est que flux.

Dans son *Théétète*, l'une des objections de Platon à cette idée est que si chaque homme porte en lui la mesure (*kritèrion*), alors chacun sera la mesure non seulement de la façon dont les choses sont, mais aussi de la façon dont elles seront à l'avenir. Et cela ne peut être exact. Le jugement d'un vigneron selon lequel son raisin donnera un vin sucré vaut mieux que celui d'un joueur de lyre ; l'avis d'un cuisinier annonce plus sûrement un plaisir gustatif que celui d'un convive qui n'y connaît rien en cuisine [28].

« Il s'agit là d'une affaire de compétence », écrira plus tard Elizabeth. Les médecins comparent les prélèvements sanguins à une échelle de couleur pour mesurer le degré d'anémie d'un patient – mais un médecin peut demander à un autre de vérifier la justesse de son jugement, « sans que cela ne paraisse aucunement absurde » [29]. Or, si Protagoras avait raison, les humains n'agiraient pas ainsi. S'il avait raison, parler de « vrai » et de « faux » n'aurait absolument aucun sens. Pour reprendre Wittgenstein, « Ici, on aimerait dire : "Est correct ce qui me semblera toujours tel. Et cela veut seulement dire qu'ici, on ne peut rien dire du "correct" [30]. » À l'instar de Platon, Wittgenstein soutenait que la règle gouvernant l'application d'un mot à de nouveaux cas, nous permettant d'aller plus loin avec lui, doit trouver son origine hors de l'individu pour qu'une « signification » quelconque puisse advenir.

À l'issue du cours magistral, les quatre amies débriefèrent cette « première ». Elizabeth s'écria : « J'aimerais écrire au tableau "Peut-être que je me plante complètement !" » Et Philippa d'enchaîner : « Et moi brandir une pancarte : "Nous sommes des imbéciles" ». Iris fut « touchée par tant de modestie de part et d'autre » [31]. Plus tard, dans des cours préparatoires à son livre *Intention*, Anscombe obéit en quelque sorte à cette impulsion en écrivant au tableau : « Je suis une sotte. » Ce faisant elle fermait les yeux, pour démontrer que l'on peut ordinairement dire ce qu'on est en train de faire (intentionnellement) – en l'occurrence dire ce qui s'écrit au tableau – sans nécessairement avoir les yeux ouverts [32].

Ce premier cours d'Elizabeth attira l'attention des autorités universitaires, soucieuses qu'elle puisse exercer une mauvaise influence sur les étudiantes de premier cycle. En cause : non pas son attaque en règle contre le phénoménalisme, mais… son pantalon ! Dans les 48 heures suivant son intervention, George White, en qualité de *clerk of the schools* avait eu vent de la tenue de Miss Anscombe. Et il s'empressa d'écrire au *senior proctor* : « Une nouvelle enseignante s'est exprimée aujourd'hui devant un auditoire de près de 120 personnes vêtues d'un pantalon sous sa toge de *Master of Arts* [...]. Les femmes qui font cours dans le Bâtiment des examens sont entièrement favorables à tout ce qui pourra être fait pour s'assurer que les étudiantes respectent les règlements [33]. » Le *clerk* notifia à Elizabeth de venir désormais habillée décemment, c'est-à-dire en jupe. Il faudra attendre les années 1970 pour que les pantalons soient officiellement reconnus comme un élément acceptable de la tenue académique des femmes à Oxford.

Nous n'avons pas trace de la réponse d'Elizabeth, mais l'incident acquit une dimension mythique dans les annales de Somerville, nourrie sans doute par l'irrévérence notoire d'Elizabeth face aux autorités. (L'année suivante, elle raconterait à une Iris affolée qu'elle s'était fait arrêter « errant échevelée à 5 heures du matin & refus[ant] de donner son nom [34] ! ») D'après l'histoire officielle de Somerville, aucune des deux parties ne voulait céder : le *clerk* guettait Miss Anscombe à 10 heures tous les mardis et les jeudis et refusait de la laisser passer pour aller faire cours si elle portait un pantalon. Pour finir, dit la légende, on trouva un compromis : l'établissement mit à sa disposition une salle pour se changer, avec une jupe et une carafe de sherry. On la laissait entrer dans l'établissement en pantalon, mais elle se présentait en jupe devant ses étudiants. Bien des fois, au demeurant, elle enfilait la jupe par-dessus son pantalon [35].

Quelle qu'ait été l'issue de l'accrochage initial, l'histoire ne s'arrête pas là. Deux ans plus tard, le *clerk* fut de nouveau contraint d'écrire au *proctor*, en joignant à son courrier sa lettre précédente comme preuve de la récidive. La réponse fort sèche d'Elizabeth – une lettre dictée à un scribe et signée de la main gauche, dit son espoir que son « indécence ne soit pas trop grave ».

Qu'Elizabeth ait réussi à se tailler une place dans la *Gazette* aida certainement Philippa à reprendre confiance en l'avenir. À la fin de la précédente année académique, elle était épuisée et menaçait « d'abandonner la philosophie ». Iris lui avait prescrit un repos total : « Si tu t'arrêtes complètement pour disons trois semaines (cet été, par exemple), cela devrait faire l'affaire. Je sais à quel point cela peut devenir douloureux – j'espère que tu auras moins d'enseignement au prochain semestre. Détends-toi, ma chère – n'emporte Rien avec toi, si possible (pas au sens de *néant* [en français dans le texte], bien sûr, qui est un sujet *sérieux*, mais juste le bon vieux Rien [36]). » Cet été-là, en juillet 1948, Philippa et Michael prirent des vacances à Cahors, dans le sud de la France. Ils comptèrent parmi les premiers touristes à visiter les grottes de Lascaux [37]. Une cathédrale rupestre riche d'une œuvre pariétale paléolithique vieille de quelque 17 000 ans : cerfs noirs, chevaux, taureaux, aurochs et lions peints en rouge et jaune, par tampon ou projection, ou encore gravés dans la roche. Les chasseurs humains sont confinés dans les marges, infimes fragments dans un décor dominé par la vie animale.

Elizabeth et Iris en crise

Iris aimait beaucoup enseigner, mais la « société » d'Oxford la déprimait parfois (humeur qui l'amenait systématiquement à souligner les mots). « L'érudition des gens, l'intelligence – tous ces fichus intellectuels. Quel soulagement de monter dans le train pour Londres & de voir disparaître ces satanées flèches [38]. » Lorsqu'elle était arrivée à Oxford en 1938, le collège St Anne était encore l'Oxford Society for Home Students et n'offrait pas de solution d'hébergement ni même un réfectoire. La plupart des tuteurs recevaient les étudiants chez eux. C'était toujours le cas une décennie plus tard, lorsque Iris invita Mother Grant, une religieuse de l'ordre du Sacré-Cœur, vêtue de son habit monastique et voilée, à s'asseoir sur le canapé de Philippa (« Ivan le Divan », comme l'appelait Mary [39]). Iris, quant à elle, prit place sur le tapis de cheminée, sa jupe rallongée en corolle autour d'elle. Leurs discussions ne tournaient pas uniquement autour des essais d'inspiration thomiste de Mother Grant sur le principe d'individuation, mais aussi autour de l'âme troublée d'Iris. Mother Grant confessa qu'enfant, elle s'alarmait du nombre interminable de gens pour qui il lui fallait prier ; Iris allait bientôt s'ajouter à sa liste [40].

Le trouble où se trouvait l'âme d'Iris provenait de son amitié avec Elizabeth. Des années plus tard, Elizabeth confierait à Peter Conradi, le biographe d'Iris Murdoch : « Je crois que nous n'avons jamais complètement réussi à définir ce que nous représentions l'une pour l'autre [41]. » Une expression neutre, qui cache les remous que traversait leur amitié en ce premier trimestre 1948.

Elles continuaient à se voir quotidiennement ou presque : chez Elizabeth, chez Philippa, après une *lecture* ou avant un cours, à Somerville, à St Anne, au White Bar [42], au Radcliffe Square, sur la Christ Church Meadow [43], au Clarendon Arms [44], au Chequers Inn [45], à la Jowett Society, au Socratic Club. Les sujets qu'elles abordaient étaient multiples : la mémoire, la vérité, le sens, Platon, Descartes, Wittgenstein, Kierkegaard [46]. Elles discutaient aussi de l'article d'Elizabeth sur le calcul mental [47]. Toutes deux étaient de ferventes lectrices de Kafka [48]. Iris attendait toutes les semaines devant le Bâtiment des examens, comme si Elizabeth avait été « la reine » d'Angleterre. Iris « rougissait de plaisir lorsque Elizabeth sortait », puis toutes deux s'éloignaient ensemble par les trottoirs animés d'Oxford, en quête d'un endroit où se réchauffer [49]. Elles se voyaient aussi bien en tête à tête qu'en compagnie d'autres personnes. Elles sortaient souvent par exemple avec Yorick Smythies, qui avait emménagé à Oxford quand Wittgenstein avait quitté Cambridge, et parfois avec sa femme Polly (Diana Pollard [50]). Le journal d'Iris, à cette époque, est constellé de « E. », suggérant une sorte d'emprise confinant à l'obsession. Polly était persuadée qu'Elizabeth était amoureuse d'Iris [51]. Cette difficulté à trouver une forme d'équilibre – philosophique et personnel – transparaît nettement dans le journal d'Iris.

> Tout est flux. L'affirmation d'Elizabeth me met mal à l'aise : nous entendons cette phrase comme un énoncé de physique ou d'épistémologie. (Elle s'est excusée pour l'expression « flux métaphysique ».) J'ai pensé à Hegel et je lui ai dit après coup : tu oublies la possibilité que le flux épistémologique soit un flux ontologique. Elle a répondu avec humeur : « C'est la question de savoir dans quel sens tu prends la relation interne » [52] .

Lorsque les conversations avaient lieu à Park Town en compagnie de Mary et Philippa, les plaisanteries fusaient. Iris demandait par exemple à Pip : « [Spinoza] est-il un moment de la conscience de soi de Dieu ? » Et Pip de répondre, d'un ton pince-sans-rire : « Je n'en suis plus très sûre… [53] » Mais quand elles étaient à St John Street, dans l'antre sombre et enfumé d'Elizabeth, les discussions prenaient un tour plus austère. Iris était souvent là ; Elizabeth appelait à St Anne ou à Somerville pour l'inviter. Elle restait jusqu'au petit matin ; les deux amies buvaient du vin et du brandy. Iris fumait. Elizabeth résistait (elle essayait d'arrêter, avec l'aide d'un hypnotiseur : les séances la plongeaient dans un drôle d'état [54]). Elles abordèrent la question du bien et du mal, différents interlocuteurs contribuant à l'occasion à un débat étalé sur des jours entiers. Dostoïevski « romantise » le bien et le mal, tout comme Graham Greene. Shakespeare est romantique par comparaison aux Grecs anciens, mais il ne l'est pas comparé à Dostoïevski. Chez les Grecs, il y a des forces cosmiques – un bien et un mal objectifs existants en dehors de l'homme. Chez Shakespeare, de telles forces existent également. Mais chez Dostoïevski, c'est intériorisé. Elizabeth s'élevait contre cette « romanticisation » du bien et du mal. « E. considérait Stavroguine comme un bon exemple d'une conception intériorisée du bien et du mal – dont Dostoïevski était lui-même la dupe – le poison en lui. (Pour elle, *Les Carnets du sous-sol* sont l'œuvre la moins toxique de D.) [...] E. a raison en un sens, mais elle laisse aussi de côté quelque chose d'important en s'opposant à cette vision romantique du bien [55]. »

Les entrées du journal d'Iris témoignent d'un trouble croissant au fil de ces soirées. Le 4 novembre : « Quelle est la part de la vie qui nous échappe. Discuté avec E. ce matin de l'opacité de la vie des autres [56]. » Iris avait besoin d'être vue et entendue directement par Elizabeth mais (en songeant peut-être à l'attitude glaciale dont elle avait fait montre au Lyons') elle craignait aussi « qu'E ne s'adresse pas à [elle] mais à [son] image ». Et elle, n'était-elle également en lien qu'avec une image d'Elizabeth [57] ? Dans son journal Iris ne cesse de s'autoflageller. E. n'a rien en elle de « petit », note Iris, tandis qu'elle-même a « un désir de plaire inscrit sur la figure comme une tache de naissance [58] ».

Iris semble avoir aussi redouté ce qu'elle appelait « la haute froideur » d'Elizabeth, un terme tiré d'une théorie fantaisiste de son invention d'après laquelle elle classait ses amis. Pip et Donald étaient « hauts » et « chauds » ; Mary était « basse » et « froide ». Elle nous fournit dans ce passage une clé d'interprétation : « Ce qui est crucial, c'est l'attitude envers le psychologique (Mary), et la question de la sentimentalité/charité (Elizabeth). » La raisonnable Mary n'est pas sentimentale (aussi est-elle « froide », comme Elizabeth). Et son approche est empirique (basse). « Quelles différences de tonalité dans ces visions de l'univers (expression de *don*, dirait E., mais là une différence de vision aussi totale !) « Toutefois, admet-elle, je serais bien incapable de me classer moi-même selon ces catégories [59]. »

Le dimanche 14 novembre, Elizabeth organisa une fête et la situation atteignit son paroxysme. Grisée de mauvais vin, dans un brouillard de fumée de cigarette, Iris alla trouver Elizabeth et lui toucha le bras [60]. Un message était passé. Un secret partagé, qu'Iris et Elizabeth évoquèrent toutes deux dans leur journal respectif. Elizabeth montra à Iris ce qu'elle avait écrit [61] ; plus tard, Iris arracherait les pages concernées dans le sien.

Le lendemain de la fête, Elizabeth téléphona à Iris à Somerville pour discuter de « la soirée de dimanche au 27 St John, et *d'autres choses encore* [62] ». Une semaine passa, puis Elizabeth vint rendre visite à Iris un soir, et de nouveau le lendemain matin après son cours magistral [63]. Dans son journal, Iris s'interrogea sur le péché et la repentance. « Si quelqu'un fait quelque chose, même s'il s'en repent d'une façon ou d'une autre, il est presque impossible de considérer cette personne comme si elle n'avait pas agi ainsi. » Quand on a fait quelque chose de mal, le plaisir qu'on y a pris se trouve gâché par son immoralité. La repentance est alors superficielle, car la reconnaissance de ce qu'il y avait là de mal est tempérée par le plaisir, voire par le soulagement, de constater que tout s'est finalement bien résolu, ou que personne n'en a rien su. « La repentance ne vaut pas la conscience que j'aurais dû avoir de l'importance de ne pas agir ainsi, si précisément je ne l'avais pas fait. » Cela semble paradoxal, mais elle poursuit. « C'est bien là le problème : des vrais biens nous n'avons aucune compréhension à moins d'en être tout proches, tandis que les faux biens sont toujours séduisants. J'ai parfois le sentiment de m'être privée de quelque chose d'ineffablement délicieux & sans rien en échange sinon une vaine lutte... » Elle reproduit ensuite ce mot de saint Augustin : « S'en remettre à Dieu n'est pas un saut dans le vide [64]. »

Après quoi, il y a de nouveau un blanc dans le journal d'Iris. Sept pages arrachées.

Tout le mois durant, Londres avait été enveloppé dans un épais *smog*, et le reste du pays dans une brume glaciale. Iris reprit son journal lorsque la purée de poix se dissipa : « Est-ce seulement hier qu'E. est partie ? Impression que cela fait des années [65]. » Ou encore : « Serais-je jamais prête à l'occasion de dire mon amour à E. avec une froideur et un détachement à son égard qui dureront certainement toute ma vie [66] ? »

Le 10 décembre, Elizabeth avait quitté Iris pour partir à Dublin voir Wittgenstein [67]. D'après ce que Yorick avait dit à

Iris, Elizabeth était restée debout toute la nuit après la fête : elle avait veillé et prié. Selon lui, son départ était le fruit de cette prière [68]. Iris alla à la messe : elle aussi priait « continuellement pour E, & pour moi, pour que je désire vraiment son bonheur [69]. » Elle composa un sonnet.

Rêve cher et clair, ton visage ciselé
Remplit de part en part ma confuse douleur
Tes lèvres et tes yeux de désir enflammés
Débordent du miroir au lieu de mes couleurs

Cette prompte et douce complicité, ce vers
Grec partagé, nos chères illusions
Tout entre nous soudain est privé de lumière,
À nos mots, nos actes ou proche conclusion.

J'aimerais pouvoir te posséder à jamais,
Chérie, t'immobiliser dans ce mouvement
De t'approcher de moi. Cependant, je le sais

Ta mort ainsi désirerais. Toi, naturellement
Si forte, si haute, garde ta liberté
Moi, deux secrètes mauvaises formes enlacées [70].

Elle pria encore, se demandant si Elizabeth allait se confier à Wittgenstein [71]. « J'ai besoin d'une boîte solide pour y ranger ce fichu journal. Je devrais peut-être détruire toutes les entrées des trois dernières semaines. Pourquoi ne puis-je m'y résoudre [72] ?? »

Elizabeth avait dû prendre le train d'Oxford à Holyhead : six heures de voyage pour traverser l'Angleterre et le pays de Galles en direction du nord-ouest. À chaque heure qui passait, l'appartement de St John Street s'effaçait, le cédant pour finir au vaste ciel et à la côte de Holyhead, important port gallois et lieu saint, abritant le monastère du VIe siècle fondé par saint Cybi. De là, trois heures de ferry la menèrent à Dun Laoghaire, le port de Dublin. L'air était doux ; Elizabeth descendit du ferry pour goûter la température la plus haute jamais enregistrée en Irlande au mois de décembre. Tout en longeant la Liffey pour gagner le Ross's Hotel, sur Parkgate Street, elle retira donc une à une plusieurs couches de vêtements.

Régulièrement souffrant, Wittgenstein avait quitté la sauvage Rosroe en août au profit de Dublin, *via* Vienne et Cambridge [73]. Il travaillait à présent dans la palmeraie du Jardin botanique ou attablé au Bewley's Oriental Cafe sur Grafton Street. Les *Zettel* s'accumulaient. Le Ross's Hotel, où il séjournait, n'était pas très loin du Jardin zoologique, où il venait voir girafes, éléphants, tapirs et chimpanzés, mesurant les énormes différences séparant les espèces [74].

Lorsque Elizabeth arriva, Wittgenstein l'attendait. Il lui avait réservé une chambre au Ross et l'écouta raconter ses tourments. Il avait travaillé d'arrache-pied sur les notes appelées à devenir la seconde partie des *Recherches philosophiques*. Les fragments, gribouillés dans des cahiers, étaient anarchiques, sans ordre : autant de traces d'exploration en terre inconnue. Tous deux allèrent ensemble au zoo ; surprise par le vagissement d'un crocodile, Elizabeth fit un bond en arrière – tandis que Wittgenstein resta impassible (elle exploiterait cet exemple dans *L'Intention* [75]). Ensemble, ils reprenaient les fragments dans la chambre de Wittgenstein qui, depuis le dernier étage, offrait une vue plongeante sur Phoenix Park [76] :

> Une histoire d'images. Dans l'une des images il y a des canards, dans une autre des lapins ; mais l'une des têtes de canard est dessinée exactement comme une tête de lapin. Quelqu'un regarde les images et ne s'en aperçoit pas. S'il les décrit, il décrit cette forme, sans y prendre garde, une fois comme une tête de canard, une autre fois comme une tête de lapin. C'est seulement quand nous lui montrons l'identité des figures que l'étonnement se produit [77].

Plus tôt dans l'année, Elizabeth avait consigné par écrit son projet de réfuter le phénoménalisme « par la considération que toute proposition et tout concept possèdent une logique, y compris le nom des qualités sensibles [78] ». À présent, elle allait pouvoir replanter ces propositions dans leur sol naturel et les ramener dans un milieu qui montrerait leur place dans la vie humaine. Lorsqu'elle rentra à Oxford à la mi-décembre, elle était ravie. La compagnie de Wittgenstein, quelques bonnes nuits de sommeil et la nicotine lui avaient profité ; elle avait en effet recommencé à fumer (et abandonné l'hypnose [79]).

Notre langue, écrira Elizabeth dans *L'Intention*, comporte de nombreux termes décrivant un ensemble de mouvements « définis » (« signer » ; « sauter » ; « rire » ; « pomper » ; « tendre la main vers »). Les mouvements que ces descriptions sélectionnent sont infimes et complexes, aussi complexes que les mouvements des feuilles d'un arbre qui flottent au vent, pour lequel pourtant nous n'avons pas de terme précis [80]. Les termes descriptifs que notre langue possède reflètent nos intérêts communs, en tant qu'humains, pour les autres créatures vivantes, pour nos congénères, pour la nature et les objets fabriqués.

« Poster une lettre. » « Payer un ticket de bus. » « Remplir le réservoir d'eau. » Nombre de descriptions d'actions ne sont intelligibles – et les actions qu'elles décrivent ne sont possibles – que dans un monde qui comprend aussi de vastes structures, des institutions, des conventions et des outils communs : des transports et des services postaux, de l'argent, l'institution de la promesse, des pompes et des canalisations. Pour les humains, grandir c'est apprendre à agir et à voir les choses sous une description, les descriptions que contient notre langue [81].

*

En 1965, Elizabeth allait publier une réponse à J. L. Austin qui permettrait enfin d'apaiser ces déchirants débats intérieurs au café [82]. Austin se figure qu'il appartient au camp opposé à celui des philosophes des *sense data* H. H. Price et Freddie Ayer au sujet de la question : « Que vois-je réellement ? ». Or, souligne

Elizabeth, lui comme eux commettent exactement la même erreur. Ils partent tous du principe qu'un « objet de la vision » est une sorte de chose (*thing*) : triangles blancs, baignoires, taches noires, chats. Mais il y a un autre usage du mot « objet », dans lequel il ne signifie pas du tout « chose ». Pour mieux le montrer, Elizabeth compare les verbes « voir » et « viser », et l'objet de la vision avec l'objet intentionnel.

Imaginons, suggère-t-elle, un chasseur dans la forêt, qui vise un cerf et tire. Mais ce qu'il a pris pour un cerf était en réalité son père, et donc il tire sur son père. À son procès, un témoin déclare : « Il a visé son père. » Ce témoignage est véridique, commente Elizabeth, mais il est aussi source de confusion. Car si l'expression « son père » est une description juste de l'objet (au sens de la chose) que le chasseur a de fait visé, elle ne constitue pas une « description sous laquelle » le chasseur a considéré sa cible, elle n'indique pas l'objet de sa visée. Si nous avions demandé au chasseur : « Qu'est-ce que tu vises ? » Il aurait répondu en toute honnêteté : « Un cerf. » Cette réponse, qui nous fournit la « description sous laquelle » il vise quelque chose, indique l'objet de sa visée. Dans la majorité des cas, l'objet de la visée du chasseur sera également une description vraie de l'objet (la chose) qu'il vise, mais pas toujours, comme on le voit ici. Le père du chasseur (chose) n'est pas un cerf (objet de la visée).

Elizabeth explique : « viser » est un « verbe intentionnel » car il prend pour objet grammatical la « description sous laquelle » je vise. Une caractéristique des verbes intentionnels est que le sujet de l'action – viser, prier, désirer – a une certaine forme d'autorité. Si le chasseur est honnête, alors sa réponse « un cerf » indique bien l'objet de sa visée, même si dans le contexte rien ne correspond à cette description.

Selon elle, « voir » est également un verbe intentionnel. Comme dans le cas précédent, la description sous laquelle je vois (fournie par une réponse honnête à la question « Que vois-tu ? ») est en général une description vraie d'une chose que j'ai sous les yeux, mais parfois ce n'est pas le cas. « Je vois un cerf », s'exclame tragiquement le chasseur.

Au terme de cette réflexion, Elizabeth identifie deux sortes d'emploi du verbe « voir », là où le philosophe du langage ordinaire (Austin) et les théoriciens des *sense data* (Price et Ayer) n'en admettaient qu'un seul. Elle les nomme usage *matériel* et usage *intentionnel*. La plupart du temps, nous employons le verbe « voir » dans son sens matériel, pour décrire ce qui est présent à la vue de tous. Dans ce cas-là, un certain type d'erreur est possible : le chasseur se trompe lorsqu'il dit, en toute honnêteté : « Je vois un cerf », quand bien même « un cerf » indique effectivement l'objet de sa vision. Nous employons le verbe « voir » matériellement pour échanger sur notre monde commun, pour apporter un témoignage ou encore décrire un événement à ceux qui n'étaient pas là ou étaient mal placés pour voir ce qu'il se passe. Mais nous pouvons aussi utiliser le verbe de façon purement intentionnelle, non dans le but de décrire une chose, mais afin de raconter à quelqu'un quelque chose de privé, de subjectif, de personnel. (Lorsque H. H. Price, s'abandonnant à des hallucinations provoquées par la mescaline, dit : « Je vois sur mon dessus-de-lit un amas de feuilles ressemblant à du houx », il recourt à un usage purement intentionnel. Il décrit la façon dont les choses lui apparaissent. Il sait bien qu'il n'y a pas de feuilles sur son lit.)

Je suis limité dans ma capacité de vision par mes attributs physiques et par ma situation dans l'espace et dans le temps, tout comme je le suis dans ma capacité à mordre, grimper, donner un coup de pied ou transporter des choses. La réflexion d'Elizabeth sur la perception révèle que, dans le cas de la vision, je suis également limité – ou au contraire porté – par ma participation à la communauté linguistique humaine. Nous pouvons dire : « Le bébé voit sa mère poster une lettre » ou « étendre le linge », du moment que le bébé en question n'a pas de problème de vue. Pourtant, « poster une lettre » n'est pas une description sous laquelle le bébé voit ce qui arrive. Tant qu'il ignore tout des lettres, des timbres, des facteurs, il est incapable de retenir cette impression visuelle particulière, de donner cette description. Et tant qu'il ne sait rien des vêtements, de l'hygiène, de la propreté ou des odeurs, il est incapable de voir « un fil à linge ». Cette partie de ce qui est visible pour nous ne l'est pas pour lui. De même, n'importe qui peut voir immédiatement qu'un homme est en train de « pomper » (pour peu qu'il sache à quoi sert une pompe) ou de « remplir le réservoir d'eau ». Mais seuls ceux qui sont dans le secret peuvent ajouter à la description « pour empoisonner les nazis ». Eux seuls sont à même de replacer l'action de l'homme dans un contexte plus large et de voir ce qu'il fait en agitant son bras de bas en haut et de haut en bas. Voir, décrire et faire sont liés dans l'analyse qu'en fait Elizabeth. La richesse et la variété du monde humain augmentent, diminuent et changent au fur et à mesure que nous apprenons à parler et à agir.

Tandis que les prières d'Elizabeth l'avaient menée à Wittgenstein, la « quête mélancolique » d'Iris la conduisit chez Eric Mascall, au premier étage, donnant sur le « Tom Quad », la grande cour de Christ Church [83]. Elle avait été conviée à la première réunion d'un groupe qui s'était lui-même baptisé « les Métaphysiques » – un titre délibérément provocateur à une époque où « métaphysique » était la pire insulte qui soit pour un philosophe [84]. Elle arriva juste à temps, seule femme de l'assemblée. Comme d'habitude, Iris préféra s'asseoir à même le sol [85].

Debout près de la fenêtre, un groupe de quatre hommes. Les deux plus âgés, Eric Mascall et Austin Farrer, en costume noir et col romain ; les deux plus jeunes, de l'âge d'Iris à peu près, étaient Ian Crombie et Dennis Nineham (un autre élève de MacKinnon). Un portrait imposant du roi Charles Ier, unique saint de l'Église anglicane, trônait au mur. Eric Mascall, comme E. R. Dodds, avait déjà pratiqué un exorcisme. Austin Farrer, qui avait soufflé le nom d'Iris à Dennis Nineham, était un genre d'elfe mystique : « Je me suis toujours dit qu'un jour ou l'autre, il leur pousserait à lui et à sa femme Katharine de petites ailes délicates et qu'ils s'envoleraient par la fenêtre », se souviendra Eric Mascall [86]. Au trimestre précédent (Trinity 1948), Farrer avait animé une série de cours sur l'*Essay on Metaphysics* écrit par Collingwood à bord de l'*Alcinous*, qui le menait à Java. Katharine Farrer était plongée dans une traduction en anglais d'*Être et Avoir* de Gabriel Marcel qui serait publiée en 1949, avec une préface de Donald MacKinnon. À une époque où « la finesse et la subtilité d'esprit sont trop souvent l'apanage de gens qui prennent plaisir à détruire », écrit MacKinnon, Marcel nous rappelle qu'« une véritable finesse et une véritable subtilité intellectuelle s'ancrent dans la modestie et la pureté du cœur [87] » ; il ne sait rien de plus important que les écrits de M. Marcel sur le problème de la métaphysique. Tout le monde n'était pas de cet avis. Lorsque Gabriel Marcel était venu parler à la Oxford's Philosophical Society en 1948, Paul Grice (le philosophe avec qui MacKinnon était en lice en 1936 pour le poste à Keble College) s'était montré furieux qu'un tel « charlatan » ait été invité. Iris, qui avait été la répondante de Marcel à cette occasion – arrangeant peut-être même un peu sa communication – avait joué les conciliateurs. Mais en face, le refus ne serait-ce que d'essayer de comprendre Marcel était obstiné. « L'atmosphère est à l'inhibition », fit remarquer H. H. Price [88].

Eric Mascall servit aux Métaphysiques un *fino* de Chypre pour ne pas qu'ils prennent froid [89]. Les théologiens menaient les discussions, avec Basil Mitchell. Du même âge qu'Iris, Basil avait été recruté comme tuteur de philosophie à Keble par Donald MacKinnon juste avant le départ à Balliol de ce dernier. Comme MacKinnon, Basil Mitchell était chrétien, mais son théisme était marqué par le soufisme et l'enseignement de Hazrat Inayat Khan. Avant la guerre, il avait étudié la philosophie indienne et apprit le sanskrit avec Sarvepalli Radhakrishnan.

Était également présent, bien que silencieux, un homme plutôt mal en point : Michael Foster. Après qu'il eut été le tuteur de Freddie Ayer en 1929, lui enseignant notamment Platon et Kant, les chemins des deux hommes n'avaient, bizarrement, cessé de se croiser, pas forcément pour le meilleur [90]. Le puritain et le séducteur ne s'entendraient jamais, c'était une chose, mais le hasard ne cessait de placer Foster en travers de la route d'Ayer – pendant des années, en effet, le seul espoir pour Ayer d'obtenir un poste à Christ Church reposait sur le départ de Foster de ce même collège. D'autres fois, Foster s'était trouvé la cible de violentes attaques de la part du jeune homme, qu'elles soient personnelles ou philosophiques (y compris la fois où il avait prévenu le Trinity College qu'Ayer n'était pas fait pour enseigner aux jeunes). Il accueillait les bordées d'injures et autres règlements de compte intellectuels d'Ayer par « un silence peiné et embarrassé [91] ». Avec son air d'être toujours au bord de la dépression, il attirait ce genre de ragots : il ne lui manquait pour accéder à la sainteté que la félicité [92].

Chez Mascall, les Métaphysiques étaient « libres de poser toutes les questions qu'ils voulaient », même celles qui avaient été jugées impossibles par les philosophes analytiques. Personne dans l'assemblée ne froncerait les sourcils ni n'attaquerait d'un « Je ne comprends pas ! » si quelqu'un soulevait une question sur Dieu, la réalité ou la vérité. Leur objectif : « Explorer dans quelle mesure le penchant antimétaphysique de la philosophie analytique (linguistique) pouvait être combattu » ; « Forger une bonne base philosophique pour une métaphysique religieuse » ou encore : « Montrer que le discours théologique a une véritable signification métaphysique [93] ». Leur stratégie : se réunir trois ou quatre fois par trimestre, lire des articles, débattre, faire revivre la métaphysique [94]. Elizabeth, pourtant connue, n'était pas invitée : les hommes craignaient « ou bien qu'elle reste à se morfondre dans son coin, ou bien qu'elle prenne toute la place et ne lâche plus le crachoir [95] ».

La présence de Richard Hare parmi les théologiens n'était pas sans soulever de soupçons. Il acceptait la distinction fait-valeur d'Ayer. Il était aussi membre du Jardin d'enfants d'Austin [96]. Se jugeait-il si différent des philosophes linguistiques antimétaphysiques ? lui fut-il demandé. Pas en substance, reconnut Hare. Mais il se distinguait d'Austin quant à « l'esprit ». « Sur tous les sujets, il y a ceux qui se moquent qu'on leur trouve un esprit de sérieux, et ceux qui préfèrent apparaître plus détachés qu'ils ne le sont vraiment ; c'est là une différence de tempérament extrêmement importante ; personnellement, je préfère la première catégorie [97]. »

Métaphysique intensive et nouveau départ pour Mary

Début 1949, Mary avait trouvé le ton spirituel et fantaisiste qui caractériserait son œuvre à venir. Son horreur de la névrose avait commencé à déteindre sur son épistémologie. Pour elle, il fallait ni plus ni moins passer un savon à ceux dont la posture de « doute [p]hilosophique » n'est qu'un « insatiable appétit de réassurance, un désir névrotique évident car n'atteignant jamais son objet ». « On n'a pas à penser cela, sauf à se complaire dans une humeur où l'on n'a aucune nécessité objective de se trouver. » On n'était pas loin du « Oh, grandis un peu ! » Pour distinguer ces « bourreaux d'eux-mêmes » des véritables métaphysiciens, « nous sommes amenés à sonder le caractère de chaque philosophe ». « Je m'appuie ici sur un critère de santé mentale et de naturel qui ne saurait s'analyser totalement », dit-elle, non sans humour [98].

Elle poursuivait son exploration de la réalité. Le macrocosme, pour Plotin, est « presque entièrement contenu dans le microcosme ; tout cela a la même structure et la même substance que le soi, en est devenu, en un sens, une partie », écrivait-elle à la fin de l'année 1948 [99]. En incorporant la réalité au soi, Plotin était à même de sauver la vertu sur une scène politique qui s'était désintégrée : il tenta de « ramener à l'intérieur toute vertu véritable », rappelle-t-elle [100]. Le caractère contingent et informe de ce qui n'est pas réel est laissé à l'extérieur.

Elle commençait à comprendre ce qui « différencie une chose réelle d'une autre simplement existante » dans la philosophie de Plotin. « Réponse : la beauté. Le réel est le beau, ce qui signifie que le beau est ce qui attire l'âme car il est semblable à elle, car il rend l'âme plus <u>réellement</u> elle-même [101]. » Quand les prisonniers remontent, aveuglés, de la grotte de Platon, ils sont attirés vers ce qui est réel et beau. « Quel état, dès lors, le désir selon Plotin nous incite-t-il à quitter ? L'état de ce qui est informe, la forme étant prise chez lui comme l'influence du bon [102]. » Mary gagnait sa vie en effectuant de petites missions à Somerville et à St Hugh. Un peu de tutorat et de correction de copies. Un jour, elle resta éveillée toute la nuit, carburant au café noir, pour noter les dissertations d'entrée à Somerville : « À trois heures du matin, toutes les copies se ressemblent [103]. » Puis, vers la fin de l'année 1948, Donald MacKinnon, toujours bienveillant envers elle, lui donna un coup de pouce. Il lui proposa de se charger d'une émission, consacrée à des comptes rendus d'ouvrages, pour la troisième station de la BBC, le « Third Programme ». Sa première chronique, diffusée à 7 heures du matin le mardi 18 janvier, traitait du livre de Bertrand Russell, *La Connaissance humaine. Sa portée et ses limites.*

Si la rédaction du script radio représentait pour Mary beaucoup de travail et de stress, elle se découvrit un talent et un goût véritables pour cette tâche. Ses scripts d'ouverture « féroces et sans aménité [104] » (selon ses propres mots) n'ont pas été conservés, mais l'on peut supposer qu'elle avait classé le comte Russell, philosophe analytique, parmi les caractères témoignant d'un « insatiable appétit de réassurance ». Dans *La Connaissance humaine*, Russell se demande si nos croyances quotidiennes sur le monde peuvent vraiment être justifiées par notre expérience « brève, personnelle et limitée ». Son analyse approfondie de l'induction, la forme d'inférence privilégiée par les empiristes, dans la lignée de David Hume, l'amène à regret à la conclusion qu'il n'est même pas *probable* et encore moins *certain* que le monde objectif, celui des bains, et des trains, et des arbres, existe [105]. Notre vie quotidienne repose sur notre acceptation aveugle, sans preuve aucune, de l'uniformité de la nature et de la persistance de l'individu. Attitude qu'il encourage, d'ailleurs, si l'on ne veut pas devenir fou.

Au cours de la décennie suivante, Mary n'eut de cesse d'attaquer la sorte d'impérialisme scientifique – impersonnel, réducteur, atomiste – volontiers défendu par Russell. En ce mois de janvier, on imagine ainsi sa voix pénétrant dans les salons pour inviter les auditeurs à remettre la science à sa place. En un sens, Russell a raison, pensait-elle. Comme l'avait noté l'idéaliste F. H. Bradley – dont Russell rejetait la philosophie –, c'est « de la pure superstition de supposer que le recours à l'expérience suffit à prouver la réalité [106] ». Mais l'expérience ne nous condamne à l'aveuglement, comme le dit Russell, que si nous pensons que la science et l'observation empirique constituent nos seuls accès à la réalité. Bradley (comme d'autres métaphysiciens idéalistes et comme Wittgenstein), pour sa part, soutenait que, pour connaître la réalité, nous devons déplacer notre attention au-delà du tourbillon de fragments d'expérience successifs chers à Russell. Nous devons considérer le contexte auquel appartiennent ces fragments, où ils prennent place comme les parties d'un tout. Pour Russell, « l'uniformité » de la nature n'est qu'une hypothèse, tandis que pour Mary (comme pour les Idéalistes) la présence de formes et de modèles récurrents dans la nature n'est pas une hypothèse empirique, mais un arrière-plan – une réalité – qui sert de cadre à l'enquête scientifique. Elle avait résolu l'énigme de la scène du bain qui avait marqué son entrée en philosophie. Comme le notait R. G. Collingwood à bord de l'*Alcinous* : la métaphysique n'est pas un adolescent en quête de réassurance, mais une tentative pour comprendre le cadre dans lequel se déploie la vie humaine, et sur fond duquel des propositions particulières peuvent être vérifiées par l'observation ou la recherche scientifique. Il existe différentes méthodes pour étudier la forme de la réalité, sa complexité, ses schémas récurrents (*patterns*) et leur interrelation. La poésie, l'art, la religion, l'histoire, la littérature et la comédie sont autant d'outils pour le métaphysicien. Tels sont les moyens par lesquels les animaux métaphysiques explorent, découvrent et décrivent ce qui est réel (et beau et bon).

Après qu'Elizabeth fut rentrée de Dublin, elle et Iris s'efforcèrent de tourner la page – selon les mots d'Iris, de préserver leur amour grâce à un « changement de signe », sous une forme plus sûre [107]. Iris trouvait Elizabeth visiblement épuisée, « pâle & nerveuse [108] », « l'air plus tendu et plus triste que je ne lui aie vu depuis longtemps [109] », nota-t-elle dans son journal, en observatrice attentive de l'humeur d'Elizabeth. À la fin de l'année suivante, dans un rapport adressé au Somerville College, Elizabeth expliquerait qu'elle « avait essuyé plusieurs problèmes de santé » qui avaient entravé son travail, notamment la déchirure ligamentaire à l'épaule qu'elle avait invoquée pour justifier de faire cours en pantalon, ou encore des problèmes de vue [110]. « Mon travail […] prend un tour de plus en plus négatif et destructeur [111]. » Des nouvelles qui ne manquèrent pas, sans doute, d'alarmer la principale, Janet Vaughan.

Le 1er mars 1949, à 10 heures du matin, Elizabeth faisait cours sur le *Théétète* de Platon ; en l'occurrence ce jour-là, elle s'attarda sur un passage de la fin du dialogue, consacré au « problème de la croyance fausse ». Iris et Elizabeth avaient souvent débattu de la question de la possibilité d'une croyance fausse, en lien avec la conférence d'Elizabeth sur « La Réalité du passé » et avec l'énigme de Parménide : « Pouvoir être et pouvoir être pensé sont une même chose, donc ce qui n'est pas et ne peut être ne peut être pensé. » Elizabeth travaillait toujours à ce papier, qui constituerait sa contribution à « un recueil de textes sur "la philosophie analytique" », qui comprendrait aussi des articles d'Alice Ambrose et de Margaret Masterman [112]. « P. plus joyeuse dans le cours d'E., en débattant avec E. », nota Iris [113].

Iris attendait Elizabeth à la sortie de son cours, ravie de la voir si enthousiaste – à tel point qu'elle supposa que c'était là l'effet de la caféine. Mais non : l'humeur d'Elizabeth était d'origine spirituelle plutôt que chimique. Elle était allée à St Aloysius le matin même. En effet, une femme lui avait reproché « de porter un pantalon à l'office du matin », comme le rapporte Iris dans son journal, et avait rédigé à son encontre une plainte très désagréable. Ce grief, contrairement à celui émis par le *clerk of the schools*, avait ébranlé Elizabeth : sa tenue avait-elle donc quelque chose d'impie ou d'impur ? D'après Iris, elle envisagea même « d'aller voir un psychiatre », mais au lieu de cela elle s'était rendue à l'église ce matin-là pour voir un prêtre. Elle avait pris soin de choisir celui qui lui avait semblé « le plus vieux & le plus austère & le plus sévère » : son jugement serait sûr. Heureusement, ce dernier l'avait rassurée : l'Église ne voyait là aucune objection. Iris était soulagée, heureuse de voir E. « un peu moins *tourmentée par ses démons* [114] ».

L'après-midi même, Iris alla acheter des crocus pour Mary, probablement au marché couvert victorien. En effet, pendant qu'Elizabeth dissertait sur les fausses croyances, Mary passait un entretien pour un poste d'enseignement à St Hugh's College. Les crocus étaient un cadeau porte-bonheur. (D'humeur joyeuse, Iris en prit aussi un bouquet pour Philippa.) Iris et Mary se retrouvèrent au bord du fleuve et discutèrent des différents types de blague. Mary, ses crocus à la main, suggéra que la blague la plus élémentaire était celle où l'on rit de soi-même. Le réconfort qu'elle procure vous fait accéder à un autre niveau de réalité – une meilleure connaissance de soi ; une vision plus claire de ce qui est artificiel et trivial et, du même coup, de ce qui est réel et sérieux. Mary se sentait peut-être un petit peu débridée, euphorique à la sortie de son entretien, heureuse de rire d'elle-même, de sa performance matinale et de ses réponses bredouillées. Ravie de la catharsis. Il y a un certain plaisir à « voir le monde poursuivre son cours », dit-elle ; qu'elle obtienne le poste ou non, la vie, la réalité, Mary, poursuivront leur cours. Sans lâcher ses crocus, elle désigna les canards, occupés, en ce mois de mars, à préparer leur nid. « C'est qu'ils se la coulent douce ! Regarde-moi ces petits fripons [115] ! » D'une année sur l'autre, les canards suivaient le rythme du calendrier universitaire : les colverts s'accouplaient au début du Michaelmas ; ils pondaient à la fin du trimestre Hilary ; les œufs éclosaient au début du Trinity ; canetons et *undergraduates* s'emplumaient de concert après les examens d'été.

Mary était en compétition avec Mary Wilson pour le poste à St Hugh. Miss Wilson était à présent fiancée à un étudiant d'Austin : Geoffrey Warnock. Les deux Mary furent auditionnées par Evelyn Proctor, devenue principale de St Hugh en 1946, après le départ en retraite de Miss Barbara Gwyer. (Miss Proctor avait repris le titre de *Custos Hortulorum* après Annie Rogers). C'est Mary Wilson qui eut le poste. Nouvelle déception. Mais d'autres choses se préparaient ; Philippa informa Mary qu'à Reading, Herbert Hodges cherchait un assistant. Hodges avait étudié les lettres classiques à Balliol au début des années 1920 ; son tuteur était Sandie Lindsay. Il avait passé sa vie philosophique à lutter contre le positivisme logique et la conception de la philosophie qui allait avec [116]. Quittant Oxford pour Reading, Hodges avait orchestré en miniature sa vision d'une philosophie collaborative et synthétique, où *lecturers* et *undergraduates* d'anglais, de lettres classiques et de philosophie se retrouvaient confortablement au coin du feu sur une terrasse victorienne pour parler librement, sans crainte du ridicule [117]. Il tirait cette conception de la philosophie, vue comme « une science expérientielle de phénomènes spirituels [118] », du sociologue et philosophe allemand Wilhelm Dilthey, à qui, en 1949, Hodges consacra son deuxième livre. Dans un compte rendu du premier livre de Hodges, Sandie Lindsay avait relevé « la similarité frappante entre la pensée de Dilthey et celle du regretté professeur Collingwood ». Tous deux « admettaient que l'esprit et le corps, l'homme et la Nature », étaient « intimement liés [119] ».

Mary candidata et obtint le poste. Elle s'apprêtait à passer un dernier été dans sa chambre de Park Town. Elle fit encore trois compte-rendus d'ouvrages à la radio avant de partir : sur *Goodness and Philosophers* de A. C. Ewing, *Man for Himself* d'Erich Fromm et *Insight and Outlook* d'Arthur Koestler. Quiconque écoutait l'émission n'ignorait rien du jugement de Mary sur ces titres : « À quel point Miss Mary Scrutton [...] a remis à sa place Arthur Koestler sur le plan philosophique, je ne saurais en juger », rapporta un auditeur. « Tout ce que je peux dire, c'est qu'elle a mobilisé une énergie remarquable, et la compétence et l'assurance avec lesquelles elle a fourbi ses armes et attaqué ont forcé mon admiration et stimulé ma réflexion [120]. »

Elle s'apprêtait certes à déménager, mais elle allait devenir une passagère régulière du Great Western Railway, aimant à voir défiler par la fenêtre le paysage familier des Chilterns tout au long des 50 kilomètres qui séparaient Reading et Oxford. Parfois, Iris lui rendrait visite en train [121]. Comme elle poursuivait ses recherches sur Plotin, Mary venait régulièrement à Oxford, pour travailler à la Bodleian et voir E. R. Dodds, ce qui lui fournissait un bon prétexte pour aller se balader avec ses amies sur les rives de la Cherwell [122].

Premier cours magistral de Philippa et séjour à Vienne d'Elizabeth

Une semaine après son vingt-neuvième anniversaire et le début du Michaelmas Term de 1949, Philippa Foot traversait

University Parks pour donner son premier cours magistral, intitulé : « Quelques problèmes de philosophie kantienne ». Tandis qu'elle évoquait Donald MacKinnon et Heinz Cassirer, sa frêle écriture flottait au tableau. Elle résista à la tentation d'y inscrire le cri de guerre d'Elizabeth : « Peut-être que je me plante complètement ! » Aux dires de ses étudiants, elle renvoyait l'impression que faire de la philosophie était une épreuve – ils se souviendront de « petits rires étouffés face aux implications étranges de certaines conceptions philosophiques [123] ».

Pas d'Iris dans l'escalier ce matin : elle avait déménagé dans le courant de l'été pour prendre une chambre à Park Town, au numéro 58, à trois pas de chez Mary qui, elle, préparait son départ pour Reading. Il se peut qu'Iris ait trouvé l'atmosphère au numéro 16 un peu étouffante. Malgré la promesse de Pip, la tâche d'aimer également Iris et Michael s'avérait sans doute délicate, même pour quelqu'un d'aussi solide. Revenir sur le passé était en grande partie impossible, à présent qu'elle était Mrs Foot, et pour tous trois – Pip, Iris et Michael – c'était un long processus que d'apprendre à se « dé-détester ». Cinquante ans plus tard, Michael confierait à Peter Conradi que la lecture de sa biographie d'Iris l'avait « enfin débarrassé de l'amertume tenace qui [l']habitait depuis l'hiver 1943-1944 [124] ». Iris vivait toujours à peu près comme elle le faisait à Londres : en quête incessante de rencontres, d'amour et de vie, elle comblait ses soirées d'alcool, de fêtes, d'idylles et de drames. Peut-être que le bruit de sa clé dans la serrure après l'extinction des feux, lorsqu'elle rentrait en titubant d'une nouvelle aventure, était-il trop en décalage avec les habitudes domestiques des Foot. Ou peut-être Iris aspirait-elle simplement à davantage de liberté.

*

Maintenant qu'elle avait un chez-elle, elle pouvait recevoir.

« I. Si on laisse de côté la chose-en-soi, Witt. & Kant travaillent dans le <u>même</u> sens. Ce qui m'encourage à dire cela, c'est ce que Witt. dit du sujet métaphysique dans le *Tractatus*.

E. La Q. du sujet métaphysique n'a rien à voir avec la Q. de savoir comment le langage représente le monde.

I. Comment comprendre alors “les limites de mon langage sont les limites de mon monde” ?

E. Touché ! C'est la seule chose qui pourrait plaider pour une interprétation “subjectiviste” du *Tractatus* [125]. »

Iris invita souvent Elizabeth à dîner au cours de l'été. Elles longeaient le fleuve jusqu'au Victoria Arms, en discutant de poésie amoureuse (E. disait : « On n'écrit pas des poèmes d'amour lorsqu'on est amoureux : ce n'est pas comme une lettre, ce n'est pas lié au sentiment amoureux comme pleurer l'est au chagrin, c'est indirect, c'est une image. » Iris n'était pas d'accord [126].). Où qu'elles aillent, Platon était invoqué : au Clarendon Arms sur Walton Street, dans le quartier de Jericho, chez Iris. Parfois, Elizabeth s'attardait jusqu'à deux heures du matin. Elles parlaient de ce qu'il faut prendre en compte pour évaluer son propre caractère [127]. Iris éprouvait du plaisir à se sentir si attachée à E. Un autre soir, Yorick se joignit à elles et tous trois passèrent la nuit à boire jusqu'à six heures du matin. Ils discutèrent signification et comparaison. « (Qu'est-ce que ça veut dire, pour une signification, d'avoir un “noyau” ?) », tout en vidant quatre bouteilles de vin. Iris écrivit combien E. la rendait heureuse ; elle se sentait libérée, le cœur léger [128].

Mais le passé n'était pas complètement effacé. « E. a dit qu'elle était mécontente de moi », nota Iris dans son journal au mois de juin ; qu'« à cause des horreurs passées, il semblait y avoir une barrière entre nous, j'étais “sur la défensive” [129]. » En novembre, Iris s'inquiétait encore de leur amitié. « En relisant ce que j'ai écrit dans mon journal il y a environ un an, je m'interroge. Est-ce que je fais du tort à E. ? […] Notre règne ne commence-t-il que maintenant que nous avons appris les astuces pour nous tenir tranquilles ? » Elle décida : « Mieux vaut la voir moins souvent. » Mais E. lui dit qu'elle « prêterait l'oreille » à une amitié intime à présent [130]. Et la fréquence de leurs rencontres ne diminua pas. Le passé pouvait changer s'il devait changer : telle était la conviction d'Iris.

Le soir du 17 novembre 1949, quasiment un an jour pour jour après la fête qui avait mis en crise leur amitié, Iris appela Elizabeth et toutes deux firent ensemble, dans l'obscurité, le court trajet jusqu'au Chequers Inn, un pub du XVe siècle auquel on accédait par une étroite ruelle.

Elles burent jusqu'à la fermeture, avant de rentrer à St John Street, à la lumière d'une demi-lune qui ne devait guère éclairer le salon sans rideau d'E. Cette dernière, « dans un piteux état [...] lut à haute voix des extraits de la fin du *Tractatus* & dit : "Cela signifie un désespoir total. Quand on a lu cela, on n'a plus qu'à mettre fin à ses jours [131]". »

> 6.41 Le sens du monde doit être en dehors de lui. Dans le monde, tout est comme il est, et tout arrive comme il arrive ; il n'y a en lui aucune valeur – et s'il y en avait une elle serait sans valeur.
> S'il y a une valeur qui a de la valeur, elle doit être extérieure à tout ce qui arrive, et à tout état particulier. Car tout ce qui arrive et tout état particulier est accidentel.
> Ce qui le rend non accidentel ne peut être dans le monde, car ce serait retomber dans l'accident.
> Ce doit être hors du monde.
> 6.42 C'est pourquoi il ne peut y avoir de propositions éthiques. Les propositions ne peuvent rien exprimer de Supérieur.
> 6.42.1 Il est clair que l'éthique ne se laisse pas énoncer [132].

La première semaine de décembre, Elizabeth dit à Iris : « Wittgenstein est en train de mourir d'un cancer.... S'il meurt ainsi, il ira en enfer [133]. »

Le travail, mené par Elizabeth et Wittgenstein, d'édition et de traduction de l'ouvrage qui deviendrait les *Recherches philosophiques* était désormais bien avancé. Le diagnostic terminal de Wittgenstein conférait une urgence nouvelle à leur tâche. Elizabeth tenta de persuader Wittgenstein de venir vivre à Oxford (« chez elle ou chez Yorick »), mais ce dernier voulait absolument rentrer à Vienne [134]. Ils décidèrent ensemble qu'il serait bon pour elle de perfectionner son allemand viennois en suivant son mentor. Le collège de Somerville lui alloua une subvention [135], et Elizabeth partit pour Vienne le 16 janvier, enceinte de deux mois. Iris lui fit ses adieux [136].

Wittgenstein l'avait précédée de trois semaines à Vienne, trop malade toutefois pour écrire. Il se reposait dans la maison familiale au 16, Alleegasse, tout comme sa sœur Hermine, également atteinte d'un cancer qui devait l'emporter moins d'un mois plus tard. Elizabeth, qui séjournait chez des amis, venait le voir deux ou trois fois par semaine. Elle fit la connaissance de Paul Feyerabend, qui l'invita à venir parler au Cercle Kraft, un club d'étudiants entièrement masculin qui se réunissait chez le vénérable Victor Kraft, ancien membre du Cercle de Vienne. Les membres du Cercle, tous âgés d'une petite vingtaine, se considéraient comme les héritiers du positivisme logique. Le groupe se montra sceptique lorsque Elizabeth leur présenta, dans un allemand légèrement hésitant, la nouvelle méthode de Wittgenstein, insistant sur l'importance des modalités d'acquisition du langage. « Quelle sorte de psychologie infantile et primitive est-ce là ? », s'écrièrent-ils [137]. Quand Elizabeth avait commencé sa thèse à Cambridge par la question : « Qu'est-ce que cela ? » elle aurait pu se laisser intimider par cette réplique, mais à présent elle savait quoi répondre. La psychologie de l'enfant propose une hypothèse empirique, fondée sur l'observation, au sujet du processus normal d'acquisition du langage. Wittgenstein, lui, décrivait la structure de notre vie langagière. Il révélait l'arrière-plan au sein duquel une hypothèse empirique pouvait être formulée et testée.

Il semble que cette pause loin d'Oxford ait revigoré Elizabeth. Juste avant sa communication devant le Cercle Kraft, elle envoya un rapport particulièrement enthousiaste à Janet Vaughan :

> Je suis très reconnaissante de l'aide dont j'ai bénéficié pour venir à Vienne et dont je remercie vivement le Comité et les donateurs. Ma connaissance de l'allemand a énormément progressé, bien que ce soit une langue plus difficile à maîtriser que je ne le pensais. Je m'apprête à présenter un article de philosophie à un groupe de discussion local ; mais mon allemand doit encore être largement corrigé par d'autres personnes. Toutefois, je devrais être en mesure de lire et de traduire ce dont j'ai besoin à l'avenir : aussi l'objectif

principal de mon séjour a-t-il été atteint. La bourse qui m'a été accordée est d'ores et déjà un succès [138].

Les deux philosophes travaillèrent d'arrache-pied tout le reste des mois de février et mars, Wittgenstein recouvrant peu à peu son appétit pour la conversation philosophique. Il s'intéressa de nouveau à son vieil ami G. E. Moore, dont lui et Elizabeth discutèrent la réfutation de l'idéalisme et l'essai « Defence of Common Sense » (« Défense du sens commun »). Les notes prises par Wittgenstein durant ces quelques semaines deviendraient les soixante-cinq premiers aphorismes de *De la certitude* [139].

Iris et Philippa retrouvent l'arrière-plan de la vie morale

À 18 h 50 le dimanche 26 février 1950, Iris était à la radio : ses voyelles douces, à l'irlandaise, contrastaient avec l'anglais pur et sec du présentateur de la BBC : « Et maintenant, "Le romancier comme métaphysicien". La première de deux émissions d'Iris Murdoch. L'intervenante examine l'œuvre des existentialistes Sartre, Camus et Simone de Beauvoir pour comprendre ce qu'implique ce rapprochement entre littérature et philosophie [140]. » C'est Prudence Smith – qui l'avait précédée au deuxième étage du 16, Park Town – qui, trouvant à Iris « une voix charmante », l'avait invitée à faire cette émission [141]. « Le sujet libre et solitaire [...] découvre que le monde est plein d'ambiguïtés », faisait la voix d'Iris à la radio, pour décrire le monde dans lequel évolue le héros sartrien. « Celles-ci sont nécessaires, et sont résolues par l'action ou par cette sorte d'action que l'on appelle inaction. Autrement dit, nous sommes condamnés à choisir ; nous choisissons notre religion ou de ne pas en avoir, notre politique ou de ne pas en avoir, nos amis ou de ne pas en avoir. Dans le cadre des vastes limites imposées par notre situation historique, nous choisissons un monde ou un autre [142]. »

Lors de son séjour à Bruxelles, Iris avait été enthousiasmée et captivée par la philosophie de Sartre, mais elle savait à présent que le tableau dressé par celui-ci, dont une certaine version avait apaisé Richard Hare dans le monde en décomposition d'un camp de prisonniers, ne reflétait pas la vie civile ordinaire. « Les existentialistes ont généralisé et donné une forme philosophique à quelque chose qu'occasionnellement, nous pouvons tous ou presque retrouver dans les périodes de crise de nos propres vies » – à savoir le désir de « donner un sens nouveau à [notre] expérience passée », de porter « un nouveau regard sur [notre] personnalité » et de « consentir librement à ce regard ». Elle savait de quoi elle parlait. Mais ce qui est vrai et bénéfique à des moments de crise est faux et nocif quand on en fait un tableau général de la condition humaine. À présent, elle semblait s'adresser directement à Elizabeth :

> Cette idée a été développée de façon remarquable il y a déjà longtemps dans le *Tractatus* de Wittgenstein : « Le sens du monde doit être en dehors de lui. Dans le monde, tout est comme il est, et tout arrive comme il arrive ; il n'y a *en lui* aucune valeur – et s'il y en avait une elle serait sans valeur. S'il y a une valeur qui a de la valeur, elle doit être extérieure à tout ce qui arrive, et à tout état particulier. Car tout ce qui arrive et tout état particulier est accidentel [143]. »

Pour Sartre (dans la France occupée), comme pour Wittgenstein (dans les tranchées de la Première Guerre mondiale) et pour Hare (dans un camp de prisonniers de guerre), « l'épreuve morale fondamentale est la même [144] ». Choisir et rester fidèle à son choix, là où tout choix vous recrée, vous et votre monde. Ce à quoi les mots d'Elizabeth font écho : « Cela signifie un désespoir total. » Les romans de Sartre montrent pourquoi : en « racontant en détail les aventures des êtres qui sont dans cette situation de n'avoir aucune garantie. »

> Le sens est soudain comme retiré [...]. C'est une plongée dans l'absurde. Si en effet *nous* conférons leur sens non seulement aux systèmes éthiques et religieux, mais aussi au monde physique [...] alors ce sens peut théoriquement disparaître, nous laissant face à face avec une nature brute et sans nom [145].

La plongée de Sartre dans l'absurde n'est pas une plaisanterie du genre de celles dont parlait Mary, qui vous rappelle qu'il y a quelque chose de plus important, qui continuera quels que soient nos choix. Pour l'existentialiste, la « nature » ne désigne pas un endroit qui contient des canards, dont la vie possède une structure, un modèle, une valeur ; c'est un monde dénaturé. L'existentialiste récuse ce qu'affirme le thomiste – et le marxiste, à savoir qu'il existe « une unité intelligible de l'homme et de la nature. La Nature a sa propre histoire dialectique et ses propres interactions, multiples et rationnellement explicables, avec les activités humaines ». Là où thomistes et marxistes trouvent dans la nature une source d'émerveillement et de sens, l'existentialiste « regarde la nature comme la scène brute et privée de sens au beau milieu de laquelle l'homme se trouve inexplicablement jeté [146] ».

Iris était programmée après une interprétation du *Quatuor à cordes en la mineur* de Beethoven, l'un des derniers du compositeur – ce pour quoi Richard Hare, dans sa maison de St Margaret's Road, a peut-être manqué le début de l'émission. L'expérience de la guerre, en effet, lui avait laissé un dégoût, voire une défiance envers Beethoven. Avant la guerre, la *Missa solemnis* et ses appels à la miséricorde divine le touchaient profondément. À présent, il la trouvait creuse, trompeuse : « le genre de paix que nous recherchons » n'est pas donné de l'extérieur mais s'acquiert en apprenant à « dompter les forces du mal en nous [147] ». Il se peut, donc, qu'il ait manqué le premier mouvement d'Iris visant à identifier les accents « étrangement familiers » de l'existentialisme (le glamour et les Gauloises en moins) dans la philosophie morale d'Oxford. L'un et l'autre parvenant « à des positions étonnamment proches [148] ».

Avec le temps, Iris développerait une conception de la liberté très différente de celle de Sartre et de Hare. La liberté morale, soutiendra-t-elle, n'est pas la capacité à choisir ses propres principes moraux dans un monde sans cela dénué de valeur. La véritable liberté morale est la capacité à regarder constamment la réalité et à voir les choses avec justesse. Voir ce qui compte, ce qui est important, ce qui est bon. Regarder à nouveau et reconsidérer le passé. Cette application à regarder ne consiste pas en mouvements soudains de la volonté exerçant des choix ponctuels : c'est une tâche continuelle. Qui, comme l'avait compris Donald MacKinnon, exige humilité et pureté du cœur. « L'amour est la prise de conscience extrêmement difficile que quelque chose est réel en dehors de soi-même », écrira Iris [149].

À la radio, Iris avait pointé le tableau irréaliste de la vie humaine dressé aussi bien chez Sartre que chez Hare. Les deux philosophes se dépeignaient eux-mêmes comme des sujets solitaires face à une « nature brute et sans nom ». Philippa, quant à elle, faisait volontiers le lien entre ce tableau et l'idée, propre au subjectivisme moral, d'un fossé entre les jugements de faits et les évaluations. Pour commencer à retisser le lien entre langage descriptif et évaluatif, elle s'appliquerait à analyser le mot « grossier », qui, on s'en souvient, avait mis le feu aux poudres lors de la fameuse rencontre des quatre amies au salon de thé Lyons, sur Cornmarket.

Le « prescriptivisme moral » de Hare s'inscrit dans la lignée de Kant en soutenant qu'un principe de conduite constitue un principe *moral* dès lors qu'une personne lui attribue une portée universelle et générale. Je peux estimer que je dois tuer les nazis sans pour autant estimer que tout le monde doit le faire aussi ; si en revanche je pense que tout le monde, et en toutes circonstances, doit tuer les nazis, alors cela devient pour moi un principe moral. Cela n'est pas sans poser problème, comme l'expliquerait bientôt Philippa devant une assemblée de philosophes. Si, en effet, l'analyse de Hare était juste, n'importe quel principe de conduite, si futile ou idiot fût-il, pourrait devenir un principe moral dès lors que quelqu'un lui accorderait une portée universelle et générale [150]. Le critère purement formel de Hare exclut toute restriction portant sur le contenu de la moralité, excluant du même coup tout lien avec la vie humaine. Comme le Wittgenstein du *Tractatus*, qui plaçait la valeur en dehors de « toute la sphère de ce qui arrive » (expression que Pip avait entendue dans la bouche d'Iris à la radio), Hare pensait qu'il n'y avait dans la réalité rien de propre à fonder l'objectivité du jugement moral. Sa philosophie, comme celle de Sartre, conservait ainsi la structure formelle de l'impératif catégorique kantien, à ceci près que les principes moraux étaient coupés de tout arrière-plan transcendantal.

Dans sa communication intitulée « Quand un principe est-il un principe moral ? », Philippa montrerait que cela ne saurait être juste. Il n'est pas vrai que notre jugement moral flotte sans lien avec ce que nous pensons être une vie humaine bonne. La réalité n'est pas brute et sans nom. Le sens n'a pas disparu. Bien plutôt, nous serons disposés à nommer quelque chose un principe *moral* seulement si nous pouvons « donner corps à l'arrière-plan ». Ce contexte, lui a appris la lecture de Thomas d'Aquin avec Elizabeth, sera de nature à nous permettre de voir « un lien, dans l'esprit d'une personne, avec l'ensemble (supposément vaste) des vertus et des vices »[151]. Elle prit un exemple pour illustrer son propos. Supposons un homme qui refuse de porter des couleurs vives au prétexte que c'est là un de ses principes moraux. Nous ne saurions l'accepter comme tel, même si cet homme pense que personne ne devrait porter de couleurs vives, que lui-même n'en porte jamais et même fait tout son possible pour empêcher les autres d'en porter. Nous verrions là peut-être une obsession ou une phobie, mais n'accepterions pas cette injonction comme relevant de la moralité. En revanche, si l'homme nous expliquait que porter des couleurs vives est une attitude *ostentatoire*, signe d'une *prétention* excessive, nous commencerions à entrevoir ce qu'un tel principe peut avoir de moral, même si nous ne l'approuvons pas. Les termes de vertu « renvoient à de nouvelles applications, parfois surprenantes, des notions de "bien" ou de "mal" » et véhiculent « un regard particulier sur quelque chose », expliquerait Philippa. Ils éclairent la structure (*pattern*) de l'arrière-plan. Lady Bathurst, qui trouvait mauvais que son fils reçoive l'enseignement d'une femme, avait employé le mot « humiliant ». Ce terme nous renseigne sur sa façon de voir le monde : il relie son jugement à sa conception de la dignité, de la honte, de la fierté, de la valeur, du statut social[152]. Le langage de Lady Bathurst peut nous aider à comprendre la contrariété du *Proctor* quant aux pantalons d'Elizabeth ou encore le tracas d'Esther Bosanquet à l'idée que Philippa porte des lunettes.

Peut-être Philippa fit-elle aussi dès alors le lien qu'elle développerait plus avant dans « Moral Beliefs » (« Croyances morales »), un article qu'elle publierait quelques années plus tard. On peut contester que le fils de Lady Bathurst ait été humilié, ou que porter des couleurs vives (ou des pantalons) soit ostentatoire, mais en tout état de cause il existe des limites imposées par la réalité, par la vie humaine, à la façon dont on peut raisonnablement utiliser ces mots. « Il est évident, écrira-t-elle, que les vertus morales doivent être reliées au bien et au mal humains, et qu'il est parfaitement impossible de qualifier n'importe quoi de bon ou de mauvais [153]. » À partir de là, elle trouva une façon de ramener la valeur dans le monde, et de reconnecter le langage moral à la vie humaine. Invoquer la vertu ou le vice n'est pas un appel déguisé à quelque principe supérieur : « Garde-toi d'être ostentatoire » ou « Montre-toi toujours humble ». Philippa ne pensait pas (contrairement à de nombreux partisans de l'« éthique de la vertu » parmi ses contemporains) qu'attribuer l'étiquette de « vertu » à un certain type d'action implique que celle-ci doive être faite. Pour elle, le vocabulaire de la vertu offre plutôt « une façon de regarder quelque chose », une façon de voir les faits à la lumière des idées sur le bien humain.

« Plus personne ne croyait au positivisme logique », dira plus tard Mary Wilson en évoquant cette époque, « mais nous n'étions pas encore parvenus à sauver la philosophie morale de ses griffes. Celle qui s'y attela vraiment sérieusement, c'est Philippa Foot [154]. » Comme l'avait prédit en 1945 leur vieux professeur H. H. Price devant l'Aristotelian Society, le cri de guerre de A. J. Ayer, le fameux « Non-sens ! » commençait à « paraître un peu ridicule [155] ».

Le testament de Wittgenstein

Elizabeth rentra de Vienne juste à temps pour fêter son trentième anniversaire ; Wittgenstein la suivit. Quelques semaines plus tard, le mardi 25 avril 1950, il emménagea au grenier de

St John Street[156]. L'âme immortelle de Wittgenstein devint un sujet de préoccupation pour Elizabeth. Tous deux parlèrent de religion et de Dieu – des conversations dont on perçoit l'écho dans les derniers écrits de Wittgenstein :

> C'est la vie qui peut nous éduquer à la croyance en Dieu. Et ce sont aussi les *expériences*. Non les visions ou d'autres expériences des sens qui nous montreraient « l'existence de cette essence », mais des souffrances, par exemple, de différentes sortes. Et elles ne nous montrent pas Dieu comme une impression sensible montre un objet, pas plus qu'elles ne nous le font *conjecturer*. Les expériences, les pensées – bref, la vie – peuvent seules nous inculquer un tel concept[157].

L'expérience de la souffrance, écrit Wittgenstein, l'expérience de la vie peuvent nous mener malgré nous à une certaine attitude envers la réalité. Non pas des croyances particulières, individuelles (vérifiables une par une), mais une façon de voir et d'être au monde. Cette attitude, dit-il, « est une attitude qui consiste à prendre une certaine chose au sérieux, et pourtant ensuite, à partir d'un certain point, à ne plus la prendre au sérieux, en alléguant qu'il existe quelque chose d'autre d'encore plus sérieux[158]. »

Durant ces derniers mois à St John Street, la souffrance de Wittgenstein l'a manifestement rapproché de ce genre d'attitude. Dans ses *Remarques sur les couleurs*, il écrit : « Par exemple, quelqu'un peut penser que c'est une affaire grave que tel ou tel homme soit mort avant d'avoir accompli un certain travail ; et pourtant, dans un autre sens, ce n'est pas cela qui compte. À ce stade, on emploie les mots "dans un sens plus profond"[159]. » À la demande de Wittgenstein, Elizabeth s'arrangea pour que le père Conrad, un prêtre dominicain, vienne chez elle pour lui parler de Dieu.

Le 29 janvier 1951 Wittgenstein signa son testament, en présence du colocataire d'Elizabeth Barry Pink. Il léguait à Elizabeth un tiers du copyright de ses écrits non publiés, afin qu'elle, Rush Rhees et Georg Henrik von Wright les publient selon leurs exigences. Mais aussi tous ses meubles, un tiers des royalties que généreraient ses œuvres, et un tiers du restant de sa fortune. À son vieil ami Ben Richards, « ma pendule de voyage française mon manteau de fourrure mon édition complète des contes de Grimm et mon exemplaire de "*Hernach*" de W. Busch [160] ».

Une semaine plus tard, le 8 février, Elizabeth et Wittgenstein empruntaient la Varsity Line, en première classe afin qu'il puisse s'allonger sur les sièges [161]. Terrorisé à l'idée de mourir à l'hôpital, il partait s'installer à Cambridge, chez son médecin Dr Edward Bevan et sa femme Joan : à Storey's End.

Chapitre 7

Animaux métaphysiques

Newcastle et Oxford
mai 1950-février 1955

Mary quitte Oxford – Elizabeth édite les *Recherches philosophiques* – Iris et Mary discutent poésie et paradoxe – Du côté d'Iris : Sartre, Hare et le style de l'époque – Mary soulève la « question des femmes » et Iris prend des leçons d'amour – Retour à la vie

Mary quitte Oxford

Tandis qu'Elizabeth veillait un Wittgenstein à l'agonie dans son grenier, Mary se familiarisait avec la vie de jeune épouse. Elle avait rencontré son futur mari dans des séminaires de troisième cycle. Grand, élégant, ce fumeur de pipe affichait un visage avenant et légèrement malicieux. Bien qu'étant un des étudiants en *B. Phil* de Gilbert Ryle, Geoffrey, comme Mary, s'efforçait d'adapter l'ancienne philosophie au théâtre confus de l'après-guerre. À l'issue d'une après-midi de 1949 passée avec un ami commun dans le studio de Mary à discuter philosophie autour d'une tourte à la viande accompagnée de spaghettis, Mary et Geoff eurent tous deux envie de se revoir. (Geoff avouera plus tard avoir été très impressionné par le repas préparé par Mary, ce qui était un joli coup de sa part, car sa cuisine ordinaire se révélerait donner plutôt dans le genre pique-nique.) Mais à la fin de l'été, Mary partit à Reading, au sud, tandis que Geoff déménageait au nord, à Newcastle : hier à touche-touche sur le canapé de Mary, voilà qu'ils se retrouvaient séparés de près de cinq cents kilomètres [1].

Ils se croisèrent de nouveau l'été suivant, à un colloque de philosophie à Bristol. Le thème retenu pour la Joint Session de la Mind and Aristotelian Society était « Psychical Research, Ethics and Logics » (« Recherche psychique, éthique et logique »). Il faisait beau, si bien que le dimanche après déjeuner les philosophes s'attardèrent dehors, avec café et cigarette. C'était le moment pour les jeunes ambitieux d'aborder un professeur et s'efforcer de faire bonne impression ; pour les timides ou les moins audacieux de piquer du nez, et pour les âmes romantiques de passer à l'action. Geoff et Mary, qui appartenaient incontestablement à la troisième catégorie, avaient remarqué « que l'un des pires raseurs de la profession » – dont nous tairons le nom ici – « était en train d'errer en quête d'un compagnon pour aller faire un tour ». Leurs yeux se rencontrèrent, et Geoff dit : « Oui. Maintenant. Vite ! » Abandonnant leur tasse de café, ils filèrent se promener de leur côté, débarrassés du raseur. Dans son journal, Mary, raconte : « Une chose en entraînant une autre, avant la fin de la pause nous étions fiancés » [2]. Alors, l'image dégradée qu'elle avait d'elle-même – une sorte de changelin, une personne « laide », « dotée des besoins d'une femme sans avoir les moyens de les satisfaire », « pourvue d'un cerveau d'homme en guise de consolation » – cette image s'évapora [3]. Sous le regard amoureux de Geoff, elle se métamorphosa : le vilain petit canard devint cygne.

Après moult tergiversations sur l'endroit où ils s'installeraient, Newcastle ou Reading (« Pour vivre avec toi, j'irais jusqu'au pôle Nord [4] »), la décision fut prise : ce serait Newcastle-upon-Tyne. Non pas le pôle Nord, mais la ville la plus septentrionale d'Angleterre, traversée par le mur d'Hadrien jadis érigé par l'empereur romain pour marquer la limite du monde civilisé. Il y avait certains avantages à aller vivre chez les barbares : pour la cohorte d'étudiants en *B. Phil* de Ryle, les salaires augmentaient au fur et à mesure qu'on s'éloignait du « cœur de la civilisation philosophique » (comprendre Oxford). Geoff touchait ainsi la solde princière de 550 livres, tandis que son ami Antony Flew s'était vu offrir un traitement royal de 800 livres pour aller au-delà même de ces confins, à Aberdeen [5]. Mary et Geoff choisirent ensemble un lit matrimonial : « Ce serait amusant d'en avoir un grand, mais ne va tout de même pas te ruiner [6] ! » En quittant Oxford, Mary avait légué son lit simple à Philippa. Alors que l'année 1950 touchait à sa fin et qu'une tempête de neige secouait le Surrey, Miss Mary Scrutton devint Mrs Mary Midgley. Iris (des quatre amies désormais la seule célibataire) était demoiselle d'honneur [7]. Mary et Geoff passèrent leur lune de miel à Paris.

Mary se sentait chez elle parmi les façades noires de suie de Newcastle. Enfant, elle séjournait régulièrement chez sa marraine, Bessie Callender, qui lui avait raconté son expérience de pionnière, elle qui avait compté parmi les premières étudiantes à Durham, non loin de là. Quant à son grand-père, David Hay (du fameux cabinet d'ingénieurs Mott, Hay & Anderson), il avait contribué à la conception du grand pont de Newcastle, le Tyne Bridge [8]. Les Midgley emménagèrent d'abord à Jesmond, dans un petit appartement organisé autour d'un séjour central, où Geoff se mit à démonter et remonter des radios, une activité héritée de la guerre dont Mary craignait qu'elle envahisse bientôt toute la maison. Puis, avant la fin 1950, ils s'installèrent plus spacieusement dans une maison mitoyenne de style victorien, à trois étages avec jardin : aussi, dans l'immédiat, Mary délaissa-t-elle Plotin pour se concentrer sur son jardin anarchique et ses problèmes de plomberie. J. N. Findlay, qui dirigeait le département de philosophie à Newcastle, lui proposa des heures d'enseignement, mais Mary déclina : « Je voulais vraiment faire une pause. » Pour l'instant, ils pouvaient vivre sur le salaire de Geoff, complété d'une petite rente que Mary avait héritée de son grand-père maternel [9]. Ils surent gré à la famille Scrutton de leur faire livrer depuis le Sud du mobilier édouardien, tandis que l'oncle de Geoff leur donna d'immenses bibliothèques en métal. En contemplant son jardin sauvage, Mary se sentit finalement très chanceuse d'avoir cédé sa place à Iris et à Mary Wilson [10].

Entre janvier 1949 et mars 1951, Mary passa dix fois à la BBC. La productrice Anna Kallin aimait son style lapidaire et engagé, et Mary se vit bientôt également confier des chroniques plus longues en plus de ses comptes rendus d'ouvrages. En juin 1951 elle lut un texte pour commémorer le centenaire de la romancière antisuffragiste Mary Augusta Ward. C'est elle qui avait suggéré de nommer la nouvelle institution d'Oxford dédiée à la formation des femmes en l'honneur de la très érudite scientifique Mary Somerville. Lorsque les toutes premières étudiantes étaient arrivées à Somerville Hall en 1879, elles furent accueillies par cette jeune femme de vingt-huit ans, à l'époque enceinte de huit mois, de son troisième enfant. Pour ces filles, la vie à Somerville s'ouvrait ainsi sur une nouvelle image de la femme : celle d'une femme active, publiée, diplômée et enceinte, qui parlait sept langues et évoluait sans complexes dans le monde notoirement masculin d'Oxford [11].

Lotte Labowsky et l'école de Warburg

Tandis que Mary se familiarisait avec sa nouvelle vie à Newcastle, des pratiques inédites émergeaient à Oxford. Au Trinity Term 1951, la *Gazette* d'Oxford ne mentionnait pas une mais deux nouvelles enseignantes en philosophie. Leur nom, ajouté à ceux de « Mrs Martha Kneale », « Mrs Foot » et « Miss G. E. M. Anscombe », constituait une première en huit cent cinquante ans d'histoire : Oxford accueillait cinq femmes philosophes au cours d'un même trimestre. Les pires craintes du vice-chancelier Lewis Farnell quant à la féminisation d'Oxford semblaient en passe de devenir réalité. Le mardi et le jeudi, à 11 heures du matin, dans les bâtiments de l'Examination Schools, « Mrs. H. M. Warnock » enseignerait la « Logique » aux étudiants préparant les *Honour Moderations*. Il s'agissait de nulle autre que de Mary Wilson qui, malgré la contre-propagande active d'Elizabeth, avait fini par épouser Geoffrey Warnock. Elizabeth, se souviendrait plus tard Mary, « avait une mission dans la vie, voire deux par la suite. La première était de me détourner de ma passion pour J. L. Austin, de m'empêcher d'assister à ses cours. Plus tard une autre obsession prit le pas sur celle-ci : me détourner de mon mari, essayer de me dissuader de l'épouser [12]. » Mais si, selon les dires d'Elizabeth, Mary Wilson s'était à présent définitivement fourvoyée dans la philosophie du langage ordinaire et avec « ce crétin de Geoffrey », Mrs Warnock assumait totalement. Au demeurant, elle tenait Peter Geach, le mari d'Elizabeth, pour un véritable « monstre ». Un jour, elle l'avait vu passer un enfant par la fenêtre, le tenant par les pieds au-dessus du vide, pour le punir de n'avoir pas appris ses déclinaisons polonaises [13].

L'autre nom était celui de « Miss Labowsky », sans conteste un « envahisseur », du fait et de son sexe et de sa nationalité. Miss Anscombe animerait un cours avec elle, annonçait la *Gazette*.

*

Nous avons déjà croisé Lotte Labowsky plusieurs fois à l'arrière-plan de cette histoire. Avant la guerre, elle était un personnage familier pour Mary, Iris et Philippa, qui apercevaient régulièrement entre les rayonnages de la bibliothèque de Somerville ses cheveux bruns bien coiffés et son visage studieux. C'est elle qui avait fait entrer en douce Heinz Cassirer à Somerville après les accords de Munich signés par Chamberlain, pour le présenter à Mildred Hartley. Elle encore qui avait levé les yeux de son livre en entendant Elizabeth éreinter Philippa lors de leurs débats dans la Senior Common Room. Enfin, comme elle habitait à Summertown, Mary la doublait chaque jour à bicyclette tandis que Lotte se rendait à pied à Somerville.

Le Dr Carlotta Labowsky faisait partie d'un groupe remarquable de penseurs humanistes qui vivaient à Hambourg durant les premières décennies du XXe siècle. Leur foyer intellectuel était la Bibliothèque Warburg des sciences de la culture (*Kulturwissenschaftliche Bibliothek Warburg*), l'ancienne bibliothèque personnelle du banquier et savant Aby Warburg. Le projet visionnaire et ésotérique de Warburg consistait à conserver dans un bâtiment dédié la mémoire et le savoir collectif de la civilisation européenne, y compris dans ses manifestations occultes : paganisme, magie, rituels. Livres et manuscrits côtoyaient ainsi des céramiques, des photographies, des tapisseries, des miroirs et autres objets culturels talismaniques, le tout classé en quatre catégories insolites : IMAGE, MOT, ACTION, ORIENTATION. Peu après avoir accepté un poste de professeur à l'université de Hambourg en 1919, Ernst Cassirer, fameux spécialise de Kant et père de Heinz, y trouvait la réalisation concrète de sa théorie abstraite de la nature de l'homme [14]. « Nous sommes des animaux symboliques » (« *animal symbolicum* »), écrivit-il [15]. (« La Q. de l'histoire. Creuser l'idée de l'homme comme créateur de symbole. La bonne piste est quelque part par là », notait Iris dans son journal en juin 1947 [16].) Exilé à Oxford depuis 1933, Cassirer père faisait cours sur la théorie de la morale chez Kant lorsque le jeune Donald MacKinnon, impressionné par cet immense savant, prit place dans une salle de conférences du collège All Souls au trimestre Hilary de 1934 [17]. La thèse de doctorat de Lotte, terminée en 1932, fut également conçue parmi les livres et autres objets d'art de la bibliothèque

Warburg. C'était une réflexion sur la vie et l'art, appuyée sur l'œuvre du stoïcien grec Panaïtios et des philosophes romains Cicéron et Horace. La vie d'une personne, avançait-elle, peut être construite comme un discours bien fait ou composée comme un morceau de musique [18], et comme eux, elle peut posséder une beauté morale ou (selon saint Thomas d'Aquin) un rayonnement. L'on peut cultiver la vertu en prêtant attention aux actions et aux objets harmonieux [19]. Deux ans après avoir terminé cette thèse, Lotte était arrivée en Angleterre, totalement démunie, ayant été exclue de tout emploi universitaire par les lois antisémites des nazis. La bibliothèque Warburg l'avait précédée de quelques semaines [20].

En 1933, juste avant Noël, le cargo *Hermia* avait quitté le port d'Hambourg à destination de Londres, chargé de livres et de manuscrits rares, de milliers de diapositives, photographies, objets d'art et pièces de mobilier. Raymond Klibansky, excellent ami (et ancien amant) de Lotte, avait orchestré ce sauvetage en faisant passer l'évacuation des œuvres pour un prêt [21]. Il était présent sur le quai à Londres pour accueillir ces réfugiés d'un genre particulier. À deux semaines près, il eût été trop tard. L'autodafé des livres « non allemands » avait commencé depuis le mois de mai, et à la fin décembre le « prêt » aurait été soumis à la validation du ministre de la propagande Joseph Goebbels. Plus de 25 000 livres avaient été réduits en cendres sur la Bebelplatz, à Berlin, entre l'Opéra d'État et l'université Humboldt. Des ouvrages de Platon, Aristote, Hume, C. S. Lewis et Freud rejoignirent sur le bûcher ceux de Brecht, Einstein et Kafka [22]. Une fois sauvés les trésors de Warburg, il restait encore à réunir les archivistes et les savants capables de déchiffrer leurs secrets. Tandis que la principale de Somerville, Helen Darbishire, intervint en faveur du Dr Lotte Labowsky, David Ross parvint à trouver un poste à Raymond Klibansky à Oriel College, et à lui faire allouer une bourse par la British Academy [23].

Si Lotte et Elizabeth avaient décidé de proposer un cours commun au trimestre Trinity de 1951, c'était en partie par la force des choses. Lotte s'était entendu dire par Mildred Hartley, tutrice de lettres classiques, que si son nom apparaissait dans la liste des *lecturers*, elle aurait droit au titre de M.A. (*Master of Arts*) et à une petite augmentation de salaire. Elizabeth, quant à elle, avait l'obligation contractuelle d'enseigner ce semestre-là, mais ne tenait pas à animer seule un séminaire. En effet, elle était de nouveau enceinte, même si – comme Lotte le dit à Raymond au mois de mars – « bizarrement, personne ne semble encore avoir rien remarqué ». (« Mange des Ryvita, je ne sais pas », avait conseillé Wittgenstein à Elizabeth en constatant qu'elle prenait du poids ; il « eut l'air extrêmement surpris » en apprenant qu'elle était enceinte [24].) Elizabeth souhaitait donc une charge d'enseignement « légère et confortable », car le bébé était attendu quelques semaines seulement après le début du trimestre [25]. De plus, elle avait eu des ennuis de santé : en octobre 1950, elle avait dû se faire opérer pour essayer de sauver l'un de ses deux yeux, après quoi il lui avait fallu rester allongée sur le dos dans l'obscurité pendant dix jours [26]. Voilà pourquoi elles proposèrent ce cours commun à Somerville. Le sujet affiché, « Le Commentaire de Proclus sur le *Parménide* de Platon, 141e10 - 142a8 » (ce qui représentait en tout et pour tout un peu plus de dix lignes), avait sans doute été choisi en premier lieu pour s'assurer de n'attirer guère « plus de quatre personnes [27] », mais les deux femmes avaient aussi un intérêt réel, académique, pour le texte de Platon et le commentaire de Proclus.

Dès avant la guerre, Lotte s'était lancée dans un ambitieux projet de traduction et d'édition avec Raymond Klibansky. Ce dernier avait découvert, dans la bibliothèque du savant et mystique du XVe siècle Nicolas de Cues, une traduction latine complète, datant du XIIIe siècle, du commentaire de Proclus sur le *Parménide* de Platon. Comme les quatre versions existantes du commentaire de Proclus étaient incomplètes, c'était là une découverte majeure. Les deux philosophes se mirent à travailler ensemble sur les commentaires latins et grecs. Écrivant à Raymond pour lui raconter ses projets avec Elizabeth, Lotte évoquait affectueusement le fragment retrouvé comme « "notre" morceau final [28] ». En 1953, ce « morceau » paraîtrait dans le troisième volume du *Corpus Platonicum Medii Aevi*, un recueil de tous les textes médiévaux relevant de la tradition platonicienne. Les traductrices du fragment en anglais se nommaient Carlotta Labowsky et Miss G. E. M. Anscombe [29]. Si ce volume est le premier à mentionner Labowsky (à côté de Klibansky) comme coéditeur du *Corpus*, les historiens reconnaissent qu'elle est également « l'érudite » ayant œuvré aux deux premiers volumes – voire, selon certains, « le cerveau » de toute l'entreprise [30].

L'intérêt d'Elizabeth pour le néoplatonisme ainsi que sa fréquentation de Lotte, Raymond et les Warburgiens, remontait à ses premières années d'étude. La *Gazette* lui donnait le choix, à l'époque, entre « Philosophie du Haut Moyen Âge », « Jean de Salisbury » et « Logique et science au Haut Moyen Âge » : autant de sujets séduisants pour une néoconvertie avide de philosophie catholique. Par ailleurs, au cours du trimestre Hilary 1941, elle reçut un enseignement informel de Klibanksy. Dans une lettre à Mary Glover, ce dernier rapporte qu'Elizabeth avait au début une approche de l'histoire de la discipline « résolument négative » – « sans nul doute influencée par le mépris aujourd'hui de mise pour l'histoire de la philosophie » –, mais il juge prometteurs son goût de l'effort et son originalité. « Si sa connaissance des éléments historiques parvient à égaler ses facultés critiques [...] elle a de bonnes chances de réussir avec les honneurs », prédit-il [31]. Lotte et Elizabeth devinrent *research fellows* à Somerville en même temps, en 1946, ce qui offrit à Lotte bien des occasions de se joindre à Philippa et Elizabeth dans leurs joutes de la Senior Common Room. Elizabeth, Lotte et Raymond continuèrent à travailler ensemble, ainsi qu'avec Peter Geach, sur divers projets de traduction et d'édition, au moins jusque dans les années 1960, lorsque Raymond et Elizabeth coéditèrent la traduction du *Sophiste* et du *Politique* de Platon par A. E. Taylor. « La façon dont les Formes sont traitées [...] ne serait pas reniée par Aristote », soutenait Taylor dans son introduction [32].

La *Gazette* invitait les étudiants intéressés par le cours de Miss Labowsky et Miss Anscombe à se faire connaître auprès de Miss

Labowsky avant le premier lundi du trimestre. Quelques semaines plus tard, Lotte écrivit à Raymond, à présent en poste à McGill University, au Canada. Apparemment, son espoir de n'« attirer guère plus de quatre étudiants » était plus que comblé :

> Une bonne chose – et très drôle : E. Anscombe et moi n'avons qu'une seule candidate pour notre cours !! Il s'agit de la tutrice de philosophie Philippa Foot (née Bosanquet). Donc nous allons passer notre temps à discuter du *Parménide*, du *Sophiste*, etc., et je n'ai rien à préparer [33].

Le séminaire suivit donc son cours, sans étudiants. Trois femmes brillantes, qu'une guerre avait réunies, étudiaient un manuscrit ayant échappé aux flammes nazies : la traduction en latin médiéval d'un commentaire grec du Vᵉ siècle du récit platonicien d'une conversation imaginaire entre Socrate et Parménide, lui-même auteur d'un poème écrit cinq siècles avant la naissance du Christ. Un objet profondément métaphysique dans sa structure : trace d'un passé préservé sur cent générations, par un effort humain ininterrompu de copie, de reproduction, d'inlassable transmission orale, de ré-imagination. « Nos discussions hebdomadaires sur le *Parménide* sont fort intéressantes », écrira encore Lotte [34].

Elizabeth discuta également du commentaire de Proclus avec Wittgenstein : Pour Proclus, lui expliqua-t-elle, « le nom est une image logique de son objet ». Une « image logique », « *eikôn logikè* » [35]. À sa grande surprise, Wittgenstein lui répondit : « J'ai si souvent eu cette idée. » Elle fut surprise parce qu'elle avait supposé « que les objets, les "simples" évoqués dans le *Tractatus* étaient des atomes uniformes, dépourvus de caractères spécifiques » ; que lorsque Wittgenstein disait qu'une proposition est une « image logique », c'était pour nier que la même chose soit vraie des noms [36]. Cette conversation sera amenée à porter de beaux fruits – et aidera Elizabeth à voir le *Tractatus* de Wittgenstein sous un nouveau jour.

Pour le Wittgenstein du *Tractatus*, expliquera Elizabeth Anscombe, les objets « peuvent entrer dans certaines combinaisons mais pas dans d'autres, en fonction de leur forme », et cela vaut aussi pour la dénomination de ces objets. Elle en donne un exemple. La phrase : « Le mont Everest a chassé Napoléon du Caire » ne décrit pas un fait possible, parce que « le mont Everest » est le nom d'une montagne, et que les montagnes, étant ce qu'elles sont, ne « chassent » pas. Le « mont Everest » étant le nom d'une *montagne*, alors certains usages de ce nom sont exclus ; c'est ce que signifie le fait de dire que le nom a une forme logique ou un « caractère interne » [37]. La tendance, chez « les modernes », a été « de déduire ce qui peut être de ce qui peut être saisi par la pensée » ; mais Wittgenstein a une meilleure approche, qu'il partage du reste avec Platon. « Une pensée est impossible parce que la chose est impossible ou, pour citer le *Tractatus*, "*Was man nicht denken kann, das kann man nicht denken*" : Ce que nous *ne pouvons pas* penser, nous ne pouvons *le penser* [*an* impossible *thought is an impossible* thought] [38]. »

Cette idée, allait découvrir Elizabeth, prend une nouvelle dimension dans les derniers travaux de Wittgenstein. Au lieu de forme logique, Wittgenstein parle alors de grammaire. Le caractère interne d'un nom est révélé par la structure (*pattern*) des pratiques humaines au sein desquelles il est utilisé. Aux échecs, la pièce nommée « roi » possède une forme particulière conventionnelle : c'est la pièce la plus grande du jeu, et elle est surmontée d'une petite croix. Pourtant le mot « roi » ne désigne pas cette forme. Il désigne plutôt une pièce qui, dans un jeu d'échecs, se déplace selon telles et telles règles [39]. Toutes ces règles sont contenues dans le nom « roi », dans ce qu'une personne qui emploie ce signe comme nom peut être amenée à savoir et à comprendre, exactement comme toutes les pratiques et coutumes d'un État sont contenues dans son homonyme « Roi ». C'est pourquoi Wittgenstein dit : « Il faut déjà savoir quelque chose (ou être capable de quelque chose) pour pouvoir poser une question sur la dénomination [40]. » Ou encore, dans ses cours : « Savoir qu'un mot est un nom propre nous donne beaucoup d'informations à son sujet, et davantage encore le fait de savoir de quel genre de choses c'est un nom propre : un homme, une bataille, un lieu, etc., etc. [41] »

Cette conception procléenne allait fournir à Elizabeth le fin mot de l'énigme qu'elle s'était posée pendant la guerre, à bord de la Varsity Line qui la menait à Cambridge. Si on vous dit quel genre de chose un nom *n* désigne, comprit-elle, on vous donne les conditions d'identité de *n*. « [A]nimal, plante, paon, homme, bougainvillée, bananier », liste Elizabeth. « Quand on en vient aux plantes et aux animaux, l'identité d'un individu est d'un genre différent de celle d'un morceau de plomb, par exemple. "La persistance d'une certaine structure (*pattern*) dans un flux de matière" entre en jeu dans notre compte rendu ; mais la notion de structure, comme celle de forme, est ici spéciale. » Quand nous parlons de « la forme d'un cheval ou d'un être humain », nous voulons parler de « forme » en un sens spécial, poursuit-elle, un sens dans lequel « nous ne disons pas de la forme de quelqu'un qu'elle change lorsqu'il s'assied ». Et par « structure », nous voulons également désigner des « "structures" ou "schémas" de développement au cours d'une période de vie qui comportent des changements considérables, y compris des changements comparables à la transformation d'une chenille ou d'une larve en nymphe puis en papillon [42] . » Notre compréhension de ces schémas de vie (*life patterns*) se reflète dans notre usage des dénominations attachées aux différentes catégories d'êtres vivants. Qui sait qu'« Elizabeth » est le nom d'un *humain* utilise son nom d'une façon qui reflète les schémas, les normes, et les changements considérables propres à la vie humaine.

Cela faisait une semaine que Lotte et Elizabeth avaient commencé leur cours lorsque, le 29 avril 1951, Ludwig Wittgenstein mourut à Storey's End. Elizabeth, Ben Richards et Yorick étaient à ses côtés, ainsi qu'un prêtre catholique que Yorick avait sollicité. Ils arrivèrent trop tard pour parler une dernière fois avec lui : il avait sombré dans l'inconscience la veille, non sans avoir laissé à Joan Bevan un message pour ses amis : « Dites-leur que j'ai eu une vie merveilleuse [43]. »

Des années plus tard, Philippa Foot reviendrait à ces mots pour répondre à la question qui la travaillait depuis l'enfance : qu'est-ce que le bonheur ? « Si l'on pense à quelque chose comme une vie qui "respirait le bonheur", il serait [...] surprenant de décrire comme une vie bonne une existence aussi troublée que celle de Wittgenstein », écrirait-elle. Mais ces ultimes paroles « sonn[ent] vrai à cause des choses qu'il a faites, avec une passion et un génie rares ». Elle mettait en regard le bonheur de Wittgenstein avec celui d'un patient lobotomisé, qui était « parfaitement heureux de passer ses journées à ramasser des feuilles ». Malgré toute son angoisse et sa détresse, c'est la vie de Wittgenstein et non celle du patient qui nous renseigne le plus sur ce qu'est le bonheur humain [44]. Son grand œuvre était achevé (chose importante) ; il passa ses derniers jours entouré de ceux qui l'aimaient (chose importante en un sens plus profond) ; ses derniers instants à Storey's End.

Elizabeth semblait extrêmement affectée, confia Lotte à Raymond [45]. Vers la fin du trimestre, elle accoucha d'une petite fille : Mary Geach. Son troisième enfant. (Peter, Barbara et John vivaient toujours à Cambridge). Les semaines précédentes, Lotte avait été fort surprise de constater combien cet événement imminent entrait peu dans les projets d'Elizabeth, tout entière tournée vers l'héritage littéraire de Wittgenstein [46]. Quatre jours seulement après la mort de son mentor (et quatre semaines avant la naissance de la petite Mary), Elizabeth se hâtait avec son co-éditeur Rush Rhees d'aller déposer en mains propres le tapuscrit des *Recherches philosophiques* chez Blackwell Publishers. Elizabeth et Rush savaient que, l'histoire de la philosophie linguistique étant déjà en train d'être écrite par J. L. Austin et son Jardin d'enfants, ils ne pouvaient se permettre d'attendre davantage pour diffuser l'œuvre de Wittgenstein [47]. Les mains de Lotte, quant à elles, se trouvèrent totalement engourdies une semaine plus tard sous l'effet d'une arthrite exacerbée par un printemps exceptionnellement froid. Sa mère était malade et elle-même peinait à joindre les deux bouts ; Raymond proposa de lui envoyer un colis de nourriture [48].

Le cours de Lotte, Elizabeth et Philippa se poursuivait vaille que vaille : mort, naissance ni maladie ne surent l'interrompre. « Parfois, je me sens futile », confia Lotte à Raymond : « quand les deux autres participantes prennent un air de plus en plus grave, assises l'une en face de l'autre, les sourcils froncés, silencieuses, tout à leur effort de pensée [49]. » (Elizabeth restera fameuse pour ses silences. Un de ses étudiants témoignera avoir passé une heure de tutorat dans un état proche de la panique comme il voyait le silence s'étirer indéfiniment ; des années plus tard, Elizabeth se souviendra de cet épisode comme d'un moment où tous deux avaient été trop submergés par la beauté des *Recherches philosophiques* pour parler [50].) « Si réellement on m'attribue le M.A. pour ce travail, ce sera une bonne plaisanterie, confessa Lotte, et un plaisant interlude dans l'histoire de l'interprétation du *Parménide* (et le silence vient clore le discours sur l'Un [51]). »

Iris n'assistait pas au cours sur Proclus, mais elle et Pip étaient allées à au moins l'une des « Leçons sur Platon » d'Elizabeth au trimestre précédent. Judicieusement programmées les mardis et jeudis à midi, leurs horaires semblaient fait exprès pour poursuivre la conversation au cours du déjeuner dans le réfectoire de Somerville, comme au bon vieux temps.

L'une des questions les plus longuement discutées dans les *Recherches philosophiques* est le passage désormais connu comme « les considérations sur le suivi d'une règle » – les paragraphes 185-242 – ; or dans ses cours magistraux, ou les conversations qui les suivaient, Elizabeth rapprochait précisément Platon et Wittgenstein [52]. Dans le *Ménon* de Platon, Socrate conduit un jeune esclave ignorant à formuler la preuve géométrique qu'on double l'aire d'un carré initial en traçant un second carré ayant pour côté la diagonale du premier. Il procède à cette démonstration en traçant au sol des figures géométriques.

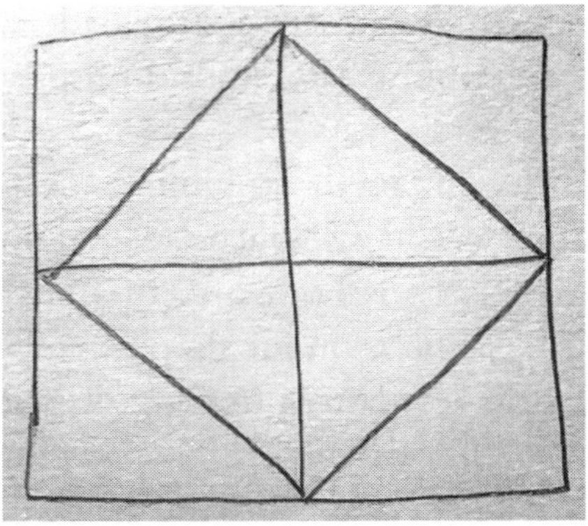

Pour Platon, que le jeune garçon comprenne la méthode de duplication du carré ne peut avoir qu'une explication : la démonstration a réveillé en lui une connaissance que son âme possédait déjà. En réponse aux questions posées par Socrate, l'âme du jeune esclave se remémore ce qu'elle savait avant sa naissance. Dans son journal, Iris rapporte ainsi une conversation avec Elizabeth.

> E. me l'a déjà expliqué : il n'y a pas de différence entre l'application suivante du mot « bleu » & le nombre suivant, dans cette perspective. Ni entre la « preuve » (l'exemple du *Ménon*) et n'importe quel concept. Dans tous ces cas, nous sommes capables de faire plus que nous ne recevons dans les exemples qu'on nous enseigne [53].

La théorie platonicienne de la réminiscence, semble suggérer E., renvoie au même phénomène que celui qui intéresse Wittgenstein dans les passages des *Recherches philosophiques* consacrés au « suivi d'une règle ». Comment un enfant à qui on ne montre qu'une partie d'un motif récurrent (*pattern*) est-il capable de le « poursuivre » ? Comment parvenons-nous à « faire plus que nous ne recevons dans les exemples qu'on nous enseigne ? »

Imaginons une professeure qui montre à ses élèves comment suivre la règle « +2 ». Elle présente d'abord la série : « 2, 4, 6, 8, ... », puis « 11, 13, 15... », et encore « 144, 146, 148... » Puis elle dit : « Maintenant, poursuivez la série 1 000, 1 002, 1 004. » Ces chiffres sont plus élevés que dans tous les exemples précédents. Et pourtant, l'enfant comprend et enchaîne : « 1 006, 1 008, 1 010 [54]. » N'est-il pas remarquable qu'une telle chose soit possible ? Comment l'enfant peut-il faire plus qu'il n'a reçu *via* les exemples enseignés ? La réponse de Platon est la suivante : ce que les exemples offrent à l'élève, loin d'être un véritable « apprentissage », est une réminiscence de la connaissance innée que son âme possède déjà. Et pour Wittgenstein : les exemples ne fournissent à l'élève rien d'autre que ce qu'ils lui fournissent, mais l'élève est un être humain, et les motifs récurrents font partie de la vie humaine ; les êtres comme nous – comme lui – sont capables d'assimiler de tels modèles. Sans cela, nos vies ne seraient pas ce qu'elles sont [55]. Si l'enfant ne comprenait pas, n'était pas capable d'assimiler de tels modèles, il serait aussi coupé de nombreux autres pans de la vie humaine. Les exemples donnés ne rappellent pas à l'âme immortelle ce qu'elle sait déjà, mais plutôt nous enseignons en montrant à l'élève, crayon en main, comment poursuivre, comment nous poursuivons.

Après le cours magistral :

> P. a dit : est-ce que nous ne mélangeons pas trois choses, ici ? La différence entre « juste faire quelque chose » (par ex. se lever le matin, mettre un pied devant l'autre) et le faire en appliquant une règle. La différence entre la répétition et le développement. La différence entre une série finie et une série infinie [56].

Mais la « confusion » est délibérée. Lorsque Elizabeth enseigne à son fils John le mot « rouge », John doit saisir un modèle d'usage linguistique, une petite musique, qui dépassent tout ce qui est ou ou pourrait être là, dans la situation présente. Rien ne garantit qu'il ne va pas croiser, au coin de la rue, un objet auquel l'enseignement reçu ne l'a pas préparé. Un visage rouge, un ciel rouge de fin du jour, une image résiduelle rouge, une alerte rouge, un chiffon rouge de torero. Comment apprenons-nous à assimiler la petite musique et les modèles (*patterns*) des pratiques humaines complexes – conventionnelles, spécifiques, rituelles, coutumières – qui contribuent à donner forme à nos vies et nous dépassent largement ? Réponse de Wittgenstein : c'est naturel [57]. Si nous ne le faisions pas, nous n'aurions pas ces pratiques. Nous le faisons, c'est tout. Nous sommes des êtres hyper doués pour « poursuivre » les séries !

Elizabeth édite les Recherches philosophiques

Elizabeth, qui devait parallèlement s'occuper d'un nouveau-né, peinait sous le poids de l'héritage wittgensteinien – un *Nachlass* de plus de 20 000 pages [58], en grande partie stocké au 27 St John Street. Les *Recherches philosophiques* comportaient à présent deux parties. Elizabeth et Rush Rhees avaient en effet ajouté au tapuscrit initial une seconde partie, qui comprenait le gros du travail dont Wittgenstein et Elizabeth avaient discuté au parc zoologique de Dublin. Iris adorait ces textes – les pages de garde de son exemplaire du livre sont noires de commentaires, renvoyant notamment aux passages où Wittgenstein traite de la perception de l'aspect et du canard-lapin. « Je rencontre quelqu'un que je n'ai pas vu depuis des années », dit une remarque ; « je le vois distinctement, mais je ne le reconnais pas. Puis je le reconnais soudain, et dans son visage changé je vois celui d'autrefois. Je crois que si je savais peindre, je ferais maintenant de lui un autre portrait [59]. » En 1947, Iris s'était demandé comment une personne pouvait voir son passé différemment depuis le présent. Désormais, elle pouvait tourner cette idée comme Wittgenstein. Est-ce qu'aujourd'hui, je ne raconterais pas différemment l'histoire de ma vie passée ?

Iris et Lotte aidèrent Elizabeth à préparer le manuscrit des *Recherches philosophiques*, épluchant sa traduction, traquant les maladresses [60]. Elizabeth envoya des corrections jusqu'à ce que le manuscrit parte sous presse. Elle « se mettait en quatre pour écrire dans un anglais pur et dense ». À ses yeux, l'allemand de Wittgenstein reflétait « un caractère particulièrement lumineux : vigoureux, lucide, précis, vif et sérieux », qu'elle s'efforçait de rendre. « Le bon anglais, de nos jours, se pare de beaux habits ; introduire des familiarités, des expressions relâchées, c'est adopter délibérément un style bas. Quelque style anglais que j'imagine échoue toujours à rendre compte de cet allemand [61]. »

Tandis qu'Iris et Lotte passaient au peigne fin les textes de Wittgenstein avec Elizabeth, J. L. Austin, comme nombre de ses disciples, attendait avec impatience la publication de ses travaux. Isaiah Berlin, qui était membre des Frères, pressa Denis Paul, un étudiant qu'il avait en commun avec Elizabeth, de lui montrer le manuscrit – mais « ne demande pas la permission [...] à Miss Anscombe ». Isaiah nourrissait une profonde hostilité envers Elizabeth. Après la parution du livre, il tentera de saborder son passage à la radio en dressant à Anna Kallin, productrice pour la troisième station de la BBC (le *BBC Third Programme*), un portrait au vitriol des « amis intimes de Wittgenstein : Miss Anscombe, son mari Geach et les autres » : « névroses factices et violentes, total manque d'hygiène, etc., tout ce qu'on peut imaginer : d'affreux bégaiements en lieu et place de propos articulés, un catholicisme dénaturé, et autres délicieux attributs. » Pour l'heure, il disait donc à Denis Paul : « Ne vous méprenez pas, mais je préférerais qu'il ne lui soit pas demandé de faveur en mon nom [...]. J'aimerais mieux que vous ne la sollicitiez pas pour moi. Pour sûr, je lirai ces textes avec empressement s'ils sont publiés et quand ils le seront. Dans le cas contraire, j'aimerais pouvoir les consulter secrètement, ou alors, si cela est contraire à vos principes, comme c'est certainement le cas, je m'en passerai[62]. »

Malgré les difficultés relatives à ce statut d'exécutrice littéraire, l'année 1951 marqua pour Elizabeth le début d'une période moins sombre, plus aisée. L'héritage de Wittgenstein mit un terme à la pression financière qui pesait sur elle et, par ailleurs, en décembre 1951, la fondation Rockefeller alloua une subvention au Somerville College pour aider Elizabeth dans son entreprise d'édition et de traduction. En 1958, l'établissement avait reçu au total 16 200 dollars (soit près de 200 000 livres actuelles) pour la décharger de l'enseignement en premier cycle et lui permettre de se consacrer au *Nachlass* de Wittgenstein[63]. Après des années à enseigner de façon intermittente et occasionnelle et à se serrer la ceinture, Peter avait enfin trouvé un poste académique stable, tournant définitivement la page de son expérience de bûcheron pendant la guerre. Pourtant, en 1966, lorsqu'il fut auditionné pour un poste de professeur à l'université de Leeds, après quinze ans de service à l'université de Birmingham, le sujet revint sur la table. Excédé, Peter Geach expliqua : « Je charrrriais du bois[64]. » Les enfants emménagèrent à St John Street et la famille prit un chat, Tibbles. Peter faisait les allers-retours entre Oxford et Birmingham ; avec l'aide de Mrs Colter, ses pâtisseries et son ramasse-poussière, le couple allait acquérir un talent très personnel dans l'art de la « télégamie[65] ». Le mariage à distance.

La publication des *Recherches philosophiques*, dans la très belle traduction d'Elizabeth – Lotte et Iris étant toutes deux remerciées dans la note du traducteur –, serait saluée comme l'un des tournants majeurs dans l'histoire de la philosophie du XXe siècle. Anna Kallin ayant passée outre les calomnies d'Isaiah Berlin, Elizabeth enregistra une émission de vingt-quatre minutes pour le Third Programme, diffusée en juillet 1953. La deuxième partie des *Recherches philosophiques* transcende tout ce que Wittgenstein a jamais écrit, dit-elle, « par sa densité, la richesse et la précision de l'expression, mais aussi par l'abondance d'observations incontestables et l'exigence de la recherche [66] ». Elle se demandait pour finir comment le livre serait reçu en tant qu'œuvre littéraire.

Iris et Mary discutent poésie et paradoxe

À la mi-juillet 1951, Iris descendit du Flying Scotsman, le train express reliant Édimbourg et Londres, à la gare de Newcastle-upon-Tyne, la Grand Victorian station. Mary, enceinte et désormais bien installée dans sa nouvelle vie, l'attendait sur le quai. Iris, au contraire, n'avait aucun désir de s'installer. Le nom des gares égrenées en haut à droite de ses lettres dit assez son extrême mobilité : notes prises dans un train, un wagon ou sur un quai, entre deux lieux (« District Line », « Hammersmith Station », « Piccadilly Line », « dans le train » [67]). Dans son journal, les amants défilent et disparaissent. Michael Oakeshott, le philosophe politique conservateur (elle tombe amoureuse de lui en octobre 1950. « Pourvu en tout cas que M. ne me brise pas le cœur avant Pâques [68] » – ce qu'il fait pourtant). Wallace Robson (il joue au bridge, impressionne la mère d'Iris [69] ; à moitié fiancés, ils ne tardent pas à rompre douloureusement en avril 1952). Arnaldo Momigliano, historien juif italien réfugié, membre de l'école de Warburg (ensemble, ils lisent les *Rimes* de Dante et font trois voyages en Italie [70] ; mais il est marié). Elias Canetti, romancier émigré, futur prix Nobel de littérature (elle raconte leurs ébats, l'emprise qu'il exerce sur elle, comment il l'espionne [71]). Peter Ady, sa collègue de St Anne, celle qui en 1938 avait été à l'origine du pseudo-sondage sur les mariages à Somerville (elles s'embrassent passionnément dans une voiture après une soirée déguisée à Burcot Grange [72]).

Le tableau dépeint par Iris de la vie du petit monde des philosophes dut conforter Mary dans l'idée qu'elle avait bien fait de prendre ses distances. Cette fois-ci, Iris avait dans sa besace une véritable histoire d'horreur, à propos de la communication qu'elle venait de faire comme membre d'un prestigieux comité où siégeaient également Gilbert Ryle, *Waynflete Professor* à Oxford et Tony Lloyd, *lecturer* de logique à St Andrews University, ancien chef d'engin blindé, connu pour « n'aimer rien tant qu'un article méritant selon lui une vigoureuse attaque[73] ». Le président du comité, enfin, était H. H. Price. Tous les quatre, ainsi que quelques centaines de philosophes professionnels, avaient fait le voyage ensemble jusqu'à Édimbourg pour assister à la Joint Session de l'année. Iris s'était échappée à Newcastle au cours du trajet retour vers Oxford[74].

Dans sa communication, intitulée « Thinking and Language » (Pensée et langage), Iris avait traité du sujet déjà au cœur de sa candidature de 1947 à la bourse Sarah Smithson : « les pensées et les émotions incommunicables ». Si Iris se dira plus tard « wittgensteinienne[75] », son ancienne réticence à embrasser pleinement les vues de Wittgenstein était toujours là (et le resterait sous une forme ou une autre[76]). Depuis ses toutes premières conversations avec Elizabeth, elle était convaincue que la philosophie de Wittgenstein laissait quelque chose de côté. À présent, elle pensait avoir trouvé de quoi il s'agissait : elle pouvait s'extraire des rets du langage en prêtant attention à l'expérience de la pensée[77]. Elle voulait montrer qu'une description attentive, juste, de sa phénoménologie ne cadrait pas avec la conception de la signification chez la plupart des philosophes linguistiques. En général, dit-elle, nous ne pensons pas sous forme de propositions, en un discours intérieur que nous pourrions à loisir partager, exposer, en prononçant des mots ordinaires. Non. Dans la pensée, le langage, s'il est présent, est inextricablement mêlé à l'émotion, la métaphore, l'image à demi rationnelle[78]. La phénoménologie de la pensée nous montre que le sens ne se réduit pas à l'utilisation de signes publiquement partagés. Certaines pensées ne peuvent se communiquer par les mots ordinaires de l'homme ordinaire ; leur expression repose sur la présence d'un autre, un *Tu*, attentif, au plus près, à d'infimes mots et gestes, qui soit suffisamment proche pour « saisir » un sens seulement partiellement exprimé. Une telle forme de communication, précisa Iris, « n'est souvent possible que dans des assemblées limitées, voire au sein de relations interpersonnelles », de couples dont la vie commune éclaire certains aspects invisibles aux yeux des autres [79].

Iris voulait montrer à son auditoire de philosophes analytiques, de spécialistes du langage ordinaire, que cette sorte de communication, ineffable, mystérieuse, personnelle, est de la plus haute importance pour la vie humaine. C'est si important, dit-elle, que nous créons et conservons des objets qui facilitent cette fragile compréhension. Un « objet public dont chacun peut se saisir », dont tout le monde peut prendre soin, peut contribuer à exposer une pensée autrement indicible, expliqua-t-elle. Et d'offrir à l'assemblée cet extrait d'un poème de John Clare :

> Du matin frère vulnérable
> Qui, hors des herbes rases et des feuilles humides
> Rentre ses cornes timides
> Et tisse des visions effroyables [80].

Elle s'efforça de transmettre à son auditoire ce qu'elle-même expérimentait à la lecture de la description par John Clare d'un escargot évoluant sur une haie en plein été : le sentiment d'un « suspense fluide et délicat suivi d'une impression formidable d'amplification chaotique au dernier vers » – ainsi tentait-elle de rendre dicible l'indicible, d'illustrer l'un de nos moyens pour saisir la réalité *via* le langage, par le biais de la métaphore [81]. Iris voulait montrer que l'expérience interne échappe aux techniques logiques des philosophes analytiques – et que cela n'a aucun sens de demander à quelqu'un de décrire précisément son expérience. Le monde intérieur, comme le monde extérieur, se modifie au fur et à mesure que nos concepts s'approfondissent, ou que des métaphores et des images nouvelles nous permettent de percevoir de nouveaux liens entre les choses.

Tony Lloyd fut le premier à réagir. Il ne pouvait admettre cette position, et parla deux fois plus longtemps qu'Iris pour marteler son point de vue. Iris semblait suggérer, comme les anciens Idéalistes, que l'esprit peut construire le monde. « Ne pourrais-je alors modifier l'état de mon jardin en apprenant des langues plutôt qu'en faisant du jardinage ? [...] La réponse au jardinier paresseux est non [82]. » Gilbert Ryle, qui avait la réputation (injuste) de n'avoir aucune vie intérieure, fut le prochain à s'exprimer : lui non plus n'était pas l'interlocuteur idéal pour Iris [83]. S'il n'était pas pour sa part un jardinier paresseux, sa représentation des escargots n'avait jusqu'alors sans doute guère dépassé leur statut de nuisible, comme en témoignait son exemplaire fatigué du *English Flower Garden* de Robinson [84]. Nous « employons naturellement un mode de discours métaphorique », lui avait dit Iris, et « pourtant nous sommes capables de nous comprendre mutuellement, voire d'influencer l'expérience d'autrui [85] ». Une métaphore peut indiquer une nouvelle façon d'avancer ensemble, un nouveau modèle (*pattern*) dans nos vies. Mais Ryle passa complètement à côté de son propos, jugeant que la subtile phénoménologie de Miss Murdoch était d'un intérêt philosophique – et même pratique – limité. « Si nous demandons à un soldat de nous raconter une bataille, nous [...] n'avons que faire de savoir quelles bottes il portait, s'il avait une cigarette, quelles touffes d'herbe il a foulées... Nous voulons savoir comment s'est déroulée la bataille [...]. Les détails sont négligeables [86]. »

Price, qui avait le mot de la fin en tant que président, se risqua, touché par la description d'Iris, à une petite introspection : « Comme cela peut sembler absurde ! », reconnut-il tandis qu'il s'efforçait, comme Iris, de saisir la phénoménologie de la pensée dans les mots. « Je sais que ça l'est, et je sais combien il est hardi ne serait-ce que d'employer le mot “ressentir”. » Mais il ne put résister : « Mais là, je m'emballe », poursuivit-il, en risquant cette suggestion : quand on pense, « c'est presque comme si l'on consultait un démon ou un oracle [87] ».

À Iris, peu soucieuse du désordre habituel régnant chez les Scrutton tandis qu'elle racontait l'expérience vaguement humiliante d'être incomprise par toute une assemblée (entièrement masculine) de philosophes, la vie de Mary devait sembler un modèle de stabilité, de sécurité et de confort. Les deux amies reprirent, en ce nouveau lieu, leur ancienne disposition : Miss Murdoch assise, jambes croisées, sur le tapis de cheminée de Mrs Midgley. Partout des romans, des livres de poésie, de la philosophie, de la vie ; des pièces de radio ; deux chats. Geoff qui allait et venait les mains chargées de pièces détachées : il fabriquait un système d'interphone pour que Mary puisse entendre à distance leur futur bébé. Mary et Geoff avaient commencé à se forger un langage bien à eux, comme finissent par le faire tous les vieux couples. Était-ce là une petite musique à laquelle elle aurait pu imaginer s'abandonner ? (« Je n'ai qu'une envie : m'asseoir au coin du feu et lire *Woman's Own* », plaisantait-elle dans une lettre à Wallace Robson [88].)

Quelles que fussent les impressions d'Iris, la vie menée par Mary lui laissait peu de temps pour lire des magazines féminins. Plus tard cette même année, par une froide soirée d'octobre, Mary animait, sur la troisième station de la BBC, le créneau de début de soirée. Le titre de son émission, « The Natural History of Contradictions » (L'histoire naturelle des contradictions), dut en intriguer plus d'un dans les salons britanniques. Miss Scrutton (elle œuvrait sous son nom de jeune fille) suggère-t-elle vraiment que les contradictions ont une *histoire naturelle* ? Est-ce à dire que le paradoxe est un sujet pour antiquaires et naturalistes ?

« Chez les philosophes, le paradoxe est plus ou moins attendu », commença Mary. « Personne ne s'étonne de les entendre affirmer que l'esprit est plus réel que la matière ; que le sage peut être heureux sous la torture ou que l'on ne saurait rien connaître avec certitude. » Le scientifique se croit très fort, lui qui est capable de « voir au travers d'un plancher apparemment solide un simple vide constellé d'atomes », mais ce n'est rien comparé au philosophe, « si sage qu'il voit au travers des apparences en général (pas juste des planchers) ». La tendance, chez les philosophes professionnels contemporains, à rejeter le paradoxe (elle cite Wittgenstein, Moore et Russell, mais aurait pu ajouter Ayer, Austin et Hare) n'a fait qu'accroître l'attrait pour les « écrivains du paradoxe » comme Blake, Nietzsche et

Kierkegaard. « Qu'il s'agisse de spéculation ou de commérage, nous avons une inclination naturelle pour la version la plus surprenante d'une histoire [89]. » Notre goût du paradoxe, expliqua Mary à ses auditeurs, provient de notre histoire naturelle ; le paradoxe tient une place importante dans la vie humaine.

Bien des moralistes ont eu recours au paradoxe pour éclairer certaines formes d'hypocrisie ; le choc de la contradiction entre ce qu'on dit et ce qu'on fait peut pousser au changement. « L'homme est né libre et partout il est dans les fers », s'indigne Rousseau. Lorsqu'un philosophe pointe du doigt la contradiction de telle ou telle pratique, comme le fait Rousseau ici, il opère quasiment comme un plombier, avance Mary. Il « expose les défauts de la pensée ordinaire comme un plombier laisse sourdre l'eau d'un point de fuite pour bien observer le problème avant de le réparer [90]. » Si les fuites sont pour Rousseau un moyen au service d'une fin, pour d'autres elles sont une fin en soi : ceux-ci laissent couler l'eau sans aucune intention de réparer les tuyaux. Le poète Alexander Pope pense ainsi qu'une fuite n'est pas tellement un problème pour nous « tant que nous ne voulons pas prendre un bain » ; pour d'autres, le joyeux chaos généré par une inondation est en soi une gratification [91].

Mary aimait beaucoup cette métaphore de la plomberie. Elle-même tenait quelque peu du plombier amateur, ayant appris à dompter les tuyaux souvent gelés du 55 Park Town (au sous-sol, « une salle de bains avec une baignoire marronnasse et un chauffe-eau capricieux : un chauffe-eau qui nous ruinait, a mis une semaine à bien vouloir fonctionner pour finalement donner plus de vapeur que d'eau chaude [92] »). Toute sa vie, elle continuerait à comparer les philosophes à des plombiers, séduite par une analogie qui reflétait sa conviction : que la philosophie n'est pas un bien de luxe mais un besoin humain élémentaire. « La philosophie se comprend mieux quand on y voit une sorte de plomberie », écrivait-elle encore nonagénaire. C'est un moyen « d'entretenir l'infrastructure profonde de nos vies, les schémas (*patterns*) enracinés pour n'avoir jamais vraiment été questionnés [93]. » C'est un travail souterrain, opéré dans l'obscurité.

La métaphore du plombier plaisait bien à Philippa aussi – peut-être s'est-elle gravée dans son esprit après l'émission de Mary, à moins qu'elle n'ait surgi au détour d'une conversation sur Plotin à Park Town. « Parfois je me dis qu'un philosophe est un peu comme un plombier », dit-elle, octogénaire, au cours d'un entretien. « Si vous avez des problèmes de tuyauterie, vous faites appel à un plombier ; si vous avez des problèmes conceptuels, vous faites appel à un philosophe [94]. » Avoir des problèmes de concepts, comme des problèmes de canalisations, est le prix à payer pour avoir des vies compliquées, emmêlées et contingentes. C'est le prix que nous payons pour notre histoire naturelle, chaque innovation conceptuelle venant modifier l'organisation générale, au risque de provoquer une fuite quelque part, immédiatement ou dans un futur éloigné. C'est pourquoi, comme Mary se plairait à le répéter, nous aurons toujours besoin de philosophes [95].

Dans les dernières minutes de son émission, Mary aborda des usages de la contradiction et du paradoxe qui ne sont ni pratiques ni absurdes, mais renvoient à une dimension plus grave, voire mystique. Elle s'inspirait ce faisant d'un passage de sa thèse inachevée. Et tout comme Iris avait proposé un poème à Gilbert Ryle, de même fit Mary pour ses auditeurs. Elle choisit « *Man* », du poète élisabéthain John Davies.

> Je sais mon âme ouverte au savoir absolu
> Pourtant elle est aveugle en tout et ignorante ;
> Je sais que je suis l'un des rois de la Nature,
> Pourtant suis esclave du plus insignifiant.
>
> Je sais ma brève vie de douleurs une somme ;
> Mes sens aucunement ne se révèlent fiables ;
> Et je sais, pour conclure, que je suis un Homme
> Cette chose fière et pourtant misérable [96].

Comme les objets culturels qui avaient traversé la mer du Nord à bord de l'*Hermia*, les poèmes appartiennent à nos traditions, à notre fonds commun. La poésie « forge un objet public », écrirait Iris dans son journal [97]. Pour elle, de tels objets peuvent nous aider à communiquer des aspects de notre vie intérieure qui sans cela resteraient privés. Pour Mary, les poèmes ont le pouvoir de mettre en évidence des contradictions ou des parallèles que nous n'avions jamais remarqués, et ce faisant nous ramener à la vie, dans ce qu'elle a de plus désordonné et complexe. Aussi la poésie est-elle un autre outil du métaphysicien (« l'art comme cristallisant certains points de la réalité [98] »). Avec les « pourtant » de son poème, John Davies recourt à la contradiction pour nous montrer quelque chose de réel et de vrai, et ainsi éclairer une faille dans nos schémas habituels restés jusque-là inaperçus. « Il y a, de fait, une contradiction entre l'idée que l'on se fait des facultés de l'homme et son destin, l'idée de libre-arbitre et la nécessité, entre sa sociabilité et sa solitude [99]. » C'est là une forme de contradiction qui « résiste à la patiente discipline académique » ; c'est un « et » qui ne peut se résoudre en « ou » ; un mystère qui ne saurait devenir un problème. « Pourtant » : c'est là précisément que nous atteignons au réel. Et c'est là que les philosophes, tout comme les poètes, les artistes, les romanciers, font leur office. Là où les animaux métaphysiques posent leurs questions.

Iris avait perdu son journal en cours, qui couvrait la période de mars à août 1951. Elle en reprit un vieux, qu'elle ouvrit au 11 août, et y nota cette pensée.

> Poésie : une version plus enlevée de l'extension du domaine de l'intelligible que nous pratiquons sans arrêt en nommant les choses [100].

Le mois suivant, Miss Murdoch consacrerait son séminaire au sujet suivant : « Concepts et images ».

Du côté d'Iris : Sartre, Hare et le style de l'époque

Le 25 octobre 1951, Winston Churchill revint au pouvoir à l'occasion d'une élection anticipée provoquée par les travaillistes : leur tentative d'affermir leur faible majorité parlementaire avait échoué. Si les travaillistes l'emportèrent dans les suffrages de près de 250 000 voix sur les conservateurs et leurs alliés, Churchill gagna une majorité de 26 sièges. « C'est dans les files d'attente devant les boucheries et les épiceries », dit-on, que le parti travailliste avait perdu[101]. Les conservateurs, en effet, avaient promis la fin du rationnement, toujours en vigueur pour la viande, le beurre et le sucre : « Le socialisme se nourrit de la pénurie », avait répété aux votants le parti de Churchill[102]. L'atmosphère à Oxford était ou joyeuse ou plombée, selon les sympathies des uns et des autres.

C'est dans ce contexte politique qu'Iris mit la dernière main à « une petite chose » sur Sartre[103]. Cette « petite chose » était ni plus ni moins que le manuscrit de *Sartre : Un rationaliste romantique*, le premier livre en langue anglaise consacré au pape de l'existentialisme. « Comprendre Jean-Paul Sartre, c'est comprendre quelque chose d'important sur l'époque actuelle » : ainsi s'ouvrait le livre. Sartre est totalement contemporain ; « il a le style de l'époque[104] ». Comme l'œuvre de Richard Hare, celle de Sartre est une réponse à la disparition des fondements de notre pensée morale et politique. Fondements qui incluent les idées suivantes : que certaines valeurs sont communes à tous les êtres pensants ; que les individus sont contenus dans une vaste structure éthique et métaphysique qui les transcende ; que la culture humaine constitue un rempart contre la décadence. Ces fondements furent retirés à Sartre comme à Hare, en raison à la fois de leur expérience individuelle (résistants, prisonniers) et des pressions générales de la modernité.

C'est ainsi qu'il faut comprendre le fameux mot de Sartre sur l'*existence* qui précède l'*essence* : Sartre nous offre une nouvelle image pour remplacer celle qui a été perdue, un nouveau tableau pour remplir le vide. Mais, affirme Iris, ce tableau qu'il nous dresse n'est d'aucune utilité. L'arrière-plan métaphysique ayant été réduit en cendres, « bien » ne peut plus être le nom d'une qualité objective. De la même façon, sans un tel fondement, « démocratie » ne peut plus désigner la forme d'une société bonne : c'est devenu une chose que l'on peut seulement recommander à titre personnel. Au nom peut-être de son moi passé,

Iris décèle dans l'existentialisme l'idéologie de l'intellectuel bourgeois européen. « C'est la mythologie de ceux qui rejettent le capitalisme, avec ses valeurs matérialistes et sa paralysie de l'activité humaine », mais « qui craignent encore d'embrasser le socialisme. » Au lieu de quoi, « les gens suffisamment intelligents et dotés d'une morale pour ne pas se laisser prendre par le capitalisme embrassent maintenant un individualisme solipsiste et nihiliste [105] ». Et ils se retrouvent seuls, vides, réduits à néant.

« Cette présentation semblera probablement hautement fantasmatique à un auditoire anglais », admit Iris lorsqu'elle exposa ces idées devant le Socratic Club, au cours du trimestre Hilary 1952 [106]. Dans l'assemblée venue l'écouter, se trouvaient certainement les anciens « Oxford Reds », les rouges d'Oxford de sa jeunesse communiste, devenus *dons* et « travaillistes chics ». (Alors, on s'est un peu perdu ? *Mauvaise foi ? Moi ?*) Le groupe de dixieland avait fait long feu, remplacé, lors des dîners d'adultes, par des tourne-disques et des baby-sitters, des députés et des cocktails de toutes les couleurs, ainsi que, comme il n'était pas rare dans le cas d'Iris, des demandes en mariage [107]. Mais, insistait Iris, vous autres économistes en goguette, que vous le vouliez ou non, vous avez « le style de l'époque ». Et d'interpeller l'auditoire : nous devons nous demander « à quoi nous condamne le rejet du marxisme [108] ».

Dans la période précédant les élections législatives – qui, en mai 1955, aboutiraient à largement renforcer la majorité conservatrice –, Iris avait précisé ses idées. « Le mouvement socialiste en Angleterre souffre d'un manque d'énergie », signale-t-elle dans son essai « A House of Theory [109] », publié dans un recueil dont la jaquette mettait en avant les auteurs : une douzaine de « jeunes gens éclairés [110] ». L'État Providence a mis un terme aux formes les plus graves de privation, « aux injustices les plus criantes », « le sentiment d'exploitation s'est atténué ». Comment, dès lors « préserver la *pensée* du socialisme et le *souci moral* du socialisme dans un État Providence [111] ? »

L'énergie positive qui les avait portés, elle et les rouges, tout au long des élections partielles de 1938, s'était dissipée. La théorie socialiste, note-t-elle, n'a jamais été chez elle dans les institutions académiques ; elle vit plutôt avec le mouvement socialiste, une frange de la société politisée, radicale, progressiste et avide de changement. La pensée socialiste s'est nourrie, dans les usines, d'idées, de concepts, de visions philosophiques inspirées de l'utilitarisme, du marxisme et de l'utopisme, avant d'être animée par une quête concrète de changements. Si la tradition philosophique anglaise a toujours été frileuse envers les grandes théories, elle a nourri le socialisme de concepts et de visions sur la vie humaine, la solidarité collective, la politique, le travail. Mais aujourd'hui, ce n'est plus pareil. Voilà près d'un demi-siècle que les philosophes se sont repliés sur la tâche technique de l'analyse linguistique et « l'invention de ce qu'on pourrait appeler des "gadgets logiques" ». Le « flot d'idées philosophiques » qui nourrissait le mouvement socialiste s'est tari [112]. Les concepts dont a besoin le mouvement socialiste – égalité, travail, liberté – ne se sont pas renouvelés, coupés des visions philosophiques qui les alimentaient. Parallèlement, dans un contexte de plus en plus positiviste, l'économie pratique s'est technologisée et l'efficacité est devenue le critère de la réussite. Les experts qui possèdent une compétence technique se distinguent des autres. Or, sans vision socialiste, il n'y a pas de « maison de la théorie » pour servir de refuge face aux progrès de la bureaucratie et au culte de la performance. À la lutte pour l'égalité et l'éducation s'est substituée la lutte pour de meilleurs salaires. Sans vision socialiste, les travailleurs sont privés des moyens de s'orienter dans un monde qu'ils subissent au lieu d'y jouer un rôle. « Il y a un certain vide moral dans la vie de ce pays », s'alarmait encore Iris [113].

Elizabeth n'aurait pas renié ce raisonnement. L'année de la parution de « A House of Theory », elle se désolait à la radio : le « processus par lequel sont prises les décisions morales », tel qu'« enseigné à l'université », se retrouve dans le nouveau système d'aide social d'après-guerre [114]. Les objectifs de « justice » et de « bienfaisance » – qui exigent une réflexion métaphysique sur la bonté humaine – ont été écartés au profit d'idéaux métaphysiquement vides comme « l'équité », « l'efficacité », « le bien-être général ». Le *National Assistance Act* de 1948 oblige les autorités locales à fournir aux personnes âgées ou invalides un logement adapté si elles ne sont plus capables de vivre seules. Quel genre d'injustices ne risque-t-on pas de commettre, au nom d'une politique bien intentionnée d'amélioration du bien-être général ? « Un exemple fréquent [...] est celui des veuves âgées que l'on arrache à leur foyer, dont chacun peut voir qu'il n'est pas tenu selon les critères d'hygiène souhaitables pour leur fin de vie à elles et le bien-être général. » Peut-être Elizabeth songeait-elle ici à Miss Lawson, dont elle s'était autrefois occupée au 27 St John Street. « La gentillesse et la compassion des méchants est cruelle », ajoutait-elle pour conclure son récit [115].

Quelques mois après l'exposé d'Iris à la Joint Session, elle et Elizabeth faillirent se retrouver embarquées dans une attaque bien plus pratique et concrète contre les « économistes en goguette ». Tout commença lorsque Elizabeth téléphona à Iris : elle partait à Paris avec Georg Kreisel (qui, comme Iris et Lotte, est remercié dans la note du traducteur des *Recherches philosophiques*) et son ami Gabriel Dirac (le fils du physicien Paul Dirac). Iris pouvait-elle se joindre à eux ?

Elizabeth et Georg s'étaient attiré les foudres d'Iris récemment : à cause de leurs âneries, elle s'était retrouvée expulsée de son logement et forcée de se rabattre sur deux chambres non meublées, bien que centrales, situées au 13 King Edward Street (à 7 livres le mois, la propriétaire méritant « d'être abattue à coups de hachette [116] »). Georg étant bon cuisinier, lui et Elizabeth préparaient régulièrement des « banquets » à St John Street [117]. Elizabeth l'avait mis au défi de recréer un microcosme d'Europe centrale en préparant une soupe de harengs dans les règles de l'art. Iris était absente et, pour une raison inconnue, ils décidèrent de mettre leur projet à exécution sur sa gazinière, à Park Town, en utilisant comme écumoire son écharpe bleue en mousseline de soie (un cadeau d'anniversaire de sa mère [118]). La soupe fut une grande réussite, mais les deux compères n'ayant pas franchement rangé derrière eux, lorsqu'elle rentra chez elle à la fin du week-end, Iris fut accueillie par une odeur immonde et la rage de sa propriétaire. Son écharpe était fichue ; la propriétaire était persuadée que la soirée soupe était une partie fine ; et Iris se retrouva bientôt sur le trottoir avec sa valise. Elle leur en voulut terriblement, mais pardonna vite.

Ne voulant surtout pas manquer un voyage à Paris, Iris réorganisa ses cours et prit le train de 9 h 50 pour Londres afin d'aller chercher son passeport [119]. Elizabeth devait l'appeler le lendemain matin pour lui donner quelques instructions ; or, lorsque la sonnerie retentit, à 9 h 30, ce n'était pas Elizabeth au bout du fil, mais son étudiant Denis Paul : Elizabeth avait la grippe, elle ne pouvait pas partir. En creusant un peu, Iris découvrit qu'Elizabeth avait « reçu une lettre de K., qui disait : “Bien entendu, tu connais l'objectif de ce voyage ?” » Sur quoi, elle avait paniqué. Iris, interprétant le message de la même manière qu'Elizabeth, rentra à Oxford, outrée pour son amie. Elle interpella Kreisel : les conditions étaient-elles, comme elles avaient cru le comprendre, d'accepter de « coucher [120] » ? (Iris décrivit un jour Kreisel à un ami comme un « mathématicien totalement obsédé sexuellement [121] ».) Kreisel répliqua non sans mépris : « Rien de tel. Mais on vous demandera de transporter quelque chose [122]. »

Il apparut que depuis plusieurs années, Dirac, communiste engagé, faisait passer des souverains-or d'Angleterre au continent, où leur vente assurait une belle marge. La limite était fixée à une valeur de 50 livres par personne voyageant à l'étranger, mais Dirac payait des amis et des contacts pour en faire sortir des milliers. Quelques années plus tard, l'une de ses recrues, Anna Bernard, se ferait prendre au bout du troisième voyage de ce type, avec 1 653 livres attachées dans le dos (45 000 livres en valeur actuelle [123]). Elle fit un séjour à la prison de Holloway. En apprenant la vérité, Iris et Elizabeth furent stupéfaites, mais pas scandalisées. « Chez E. J'ai compris que la phrase obscure renvoie à ce que Dirac appelle le putain de transport de souverains. Fou-rire [124]. » Cette réaction, tout comme le fait que Dirac ait supposé qu'un tel chargement ne les dérangerait pas, montre assez que le qualificatif d'« intellectuel bourgeois » ne s'appliquait à aucune d'elles.

Mary soulève la « question des femmes » et Iris prend des leçons d'amour

Quant à Mary, dans son nouvel habitat et son nouveau rôle, elle s'interrogeait sur les femmes. Elle avait repéré une fuite dans la tuyauterie conceptuelle. Sans doute lui avait-il fallu se trouver là, loin d'Oxford, pour être frappée par l'étonnante absence des femmes, et de la pensée sur les femmes, dans la philosophie telle qu'on la lui avait enseignée. Les rares fois où une femme prenait la parole, c'était toujours pour parler d'un homme. Mary Glover : Aristote, Locke. Martha Kneale : Locke, Berkeley, Hume, Descartes, Spinoza, Leibniz. Lucy Sutherland : Edmund Burke. Et quand les hommes qui faisaient l'objet de ces *lectures* parlaient des « droits de l'homme », de la « nature de l'homme », de la « liberté de l'homme », la plupart du temps le mot « homme » désignait cette moitié de l'espèce qui évoluait dans la sphère publique de la politique, du droit, du commerce et de l'éducation. Les hommes, pas l'humanité. « On ne peut pas s'intéresser à tout », notera plus tard Mary. « En général, ce n'est pas très grave, car c'est justement le rôle du philosophe suivant de souligner ces manques. Mais la particularité de la question des femmes est que personne ne l'a jamais fait. La négligence s'est tout simplement poursuivie. Jusqu'à récemment, les intérêts personnels impliqués étaient trop importants pour permettre une véritable attention à la question [125]. »

En février 1952, quatre jours après qu'Elizabeth Windsor fut proclamée reine et quatre semaines après la naissance de Tom, le premier fils des Scrutton, Mary rédigea une lettre fictive à l'intention de son moi futur, dont elle fit lecture sur les ondes : « Ma chère Postérité, je suis ici pour te donner le point de vue de la Femme », commence-t-elle non sans grandiloquence. Elle se dit pleine d'espoir : le temps n'est plus où « les femmes avaient un langage différent de celui des hommes, des traditions distinctes, des histoires et des croyances distinctes, toute une culture à part développée en opposition muette à la culture officielle. » Aujourd'hui, les femmes « sont admises à mille et un mystères masculins, des humanités à l'ingénierie. Elles n'ont plus à se retirer de la conversation. Elles peuvent gagner leur vie honnêtement [126]. » Les femmes ne sont plus traitées comme « des hommes ayant malencontreusement pris la mauvaise forme » mais sont considérées comme une moitié de l'espèce à part entière, avec des façons de voir, de penser et d'écrire offrant un éclairage autre sur la vie humaine. Mary écrivait ses scripts entre les tétées, les courses et la (mauvaise) cuisine. Les livres s'empilaient au milieu des habits de bébé. « Je ne sais plus qui a comparé le flux de la prose de Virginia Woolf à une femme en train de raconter une histoire à ses enfants tout en tricotant, en gardant un œil sur le feu et en se gardant d'oublier les gâteaux qui sont au four [127]. »

Les méditations de Mary sur « la question des femmes » ne rencontraient pas toutes l'approbation d'Anna Kallin. Le script intitulé *Rings & Books* (Alliances & livres), tapé sur une vieille machine à écrire, s'ouvrait sur cette remarque : « Pratiquement tous les grands philosophes européens étaient célibataires [128]. » Ces hommes menaient une existence semi-monastique, coupée de la moitié de la population adulte de l'espèce et de la totalité de sa jeunesse. Mary demande : est-ce qu'une philosophie produite par des gens qui évoluent dans une communauté mixte, parmi des hommes, des femmes, des enfants, qui écrivent tandis que des bébés dorment à l'étage – des philosophes nocturnes, comme elle-même – une telle philosophie, donc, serait-elle un tant soit peu différente de celle qui prévaut actuellement dans la tradition européenne ? Car somme toute, que deux personnes puissent être au même endroit au même moment n'est pas du tout illogique du point de vue d'une femme enceinte. Et le problème des autres esprits ne se pose pas vraiment pour une mère allaitante, qui s'inquiète de savoir si ce n'est pas ce qu'elle a *mangé* qu'a mal digéré son bébé. L'obsession de la tradition européenne pour le solipsisme et la liberté n'est-elle pas un peu… immature ? Telles étaient les questions que posait Mary [129]. Kallin était horrifiée. Non pas à l'idée que la tradition philosophique européenne ait été presque entièrement faite par des célibataires ni que les poètes se marient avec n'importe qui n'importe comment, mais par « l'intrusion triviale et déplacée des affaires domestiques dans la vie intellectuelle [130] ». Le script ne fut jamais enregistré.

Si Iris avait jeté un œil à la longue liste de philosophes célibataires établie par Mary, peut-être aurait-elle relevé un schéma différent, moins radical que celui de Mary, mais peut-être plus conforme à l'origine profonde de l'irréalité que celle-ci déplorait. Elle n'avait pas manqué, de son côté, de noter comment l'homme des cafés qu'était Sartre « évitait l'engagement conjugal [131] ». Mais une vie sans personne à charge, voire vécue dans l'isolement, n'est pas nécessairement irréelle et déconnectée, songeait-elle ; pas si elle est vécue avec amour.

L'histoire d'amour philosophique et littéraire qu'Iris eut toute sa vie avec l'amour débuta pour de bon en 1951, lorsqu'elle accepta d'animer une série d'émissions de radio sur l'œuvre de la philosophe française Simone Weil, mystique chrétienne d'origine juive et militante politique, décédée en 1943 [132]. Issue d'une famille de la classe moyenne, formée à l'École normale supérieure, Simone décida après ses études de rejoindre la foule des femmes sans qualification qui se tuaient à la tâche dans les usines de Paris. Comme Mary Glover à Somerville, elle aussi voulait accéder à une compréhension vécue de la lutte prolétarienne, elle aussi fit l'expérience directe de la déshumanisation, de ce que signifie n'être qu'un rouage dans une machine au fonctionnement opaque [133]. Mais Simone Weil alla beaucoup plus loin que Mary Glover. Loin en effet de retourner à ses études pour méditer sur ce qu'elle avait appris, Weil s'immergea de plus en plus profondément dans la vie qu'elle cherchait à comprendre. Elle s'imposa les mêmes rations faméliques que ses collègues démunies, diminuant la quantité de nourriture qu'elle s'octroyait tout en augmentant la quantité de travail abattu, le tout jusqu'à littéralement s'effondrer [134]. « Presque toute la vie humaine s'est toujours passée loin des bains chauds », lit-on dans son essai sur l'*Iliade* [135]. Weil mourut à seulement trente-quatre ans. Quatre de ses livres parurent de façon posthume : *Attente de Dieu*, *La Pesanteur et la Grâce*, *L'Enracinement* et *La Connaissance surnaturelle* [136].

Si elle a écouté la première émission d'Iris, un jeudi soir d'octobre 1951 après dîner, Mary a peut-être reconnu des fragments de leurs conversations à Park Town. Les mots français de Simone Weil, repris dans l'anglais oxfordien d'Iris, faisaient écho aux difficultés auxquelles elle et ses amies s'étaient si souvent heurtées dans le salon de Philippa. « La contradiction suffit à nous prouver que nous ne sommes pas tout », écrit Simone Weil. Rencontrer une contradiction – un écart, un paradoxe – c'est se heurter à la réalité, à quelque chose d'autre. Le malheur produit le même effet, dit Weil. « L'expérience de la souffrance est l'expérience de la réalité. Car notre souffrance n'est pas une chose que l'on invente. Elle est vraie [137]. » Le malheur nous contraint à prêter attention à la réalité, son altérité désarmant nos stratégies habituelles de consolation par l'invention et le fantasme. L'expérience de la contradiction, du malheur, de l'opposition éclaire l'obstacle qu'il nous faut surmonter si nous voulons contempler le réel. La philosophie d'Iris, tout comme ses romans, montreront plus tard avec une finesse perspicace, spirituelle et tragique combien le « fantasme » – soit la part consolatrice, égoïste et mécanique de notre imagination – peut parfois masquer la réalité et nous empêcher d'approcher autrui et le bien [138]. Il est si facile de s'enfermer dans son univers personnel et fantasmé. Que faut-il alors pour nous tirer de notre rêverie ? Pour nous forcer à rouvrir les yeux ?

La première ébauche de ce qui deviendrait le premier roman publié d'Iris, *Under the Net* (Sous le filet), « une aventure philosophique [139] », était maintenant couchée sur le papier. Bientôt, elle entreprendrait la tâche minutieuse, soigneuse de réviser, modifier, supprimer, relire encore – sept cahiers en tout (où ses corrections apparaissent dans une encre bleue plus foncée, entre les lignes ou au dos de la page [140]). Iris s'efforçait de faire la même chose que John Clare avec son escargot : créer une forme esthétique propre à refléter la réalité, non pas de façon naturaliste, mais *via* un mélange complexe d'émotions et de caractérisation psychologique, d'humour et de réflexion, de parodie et de farce. Retour à la vie. À travers la focale du roman, le grand artiste est capable d'exprimer une vision morale qui soit profonde, juste, et empathique [141]. En s'attachant au monde sans fantasme ni espoir de consolation, il nous donne à voir la réalité plus clairement, dans toute sa contingence – et parfois nous amène à nous émerveiller, comme la beauté dans la nature. En cela réside, selon Iris Murdoch (s'inspirant indirectement des cours de Heinz Cassirer sur Kant), la grande humanité de l'artiste, et la continuité de l'art et de la morale. « L'essence de l'un comme l'autre est l'amour [142]. »

C'est ce jeu entre image et réalité, art et vérité, souvenir et reconnaissance qui, dans les écrits de Simone Weil, parlèrent tout d'abord à Iris. Surtout, ils lui révélèrent la signification de la philosophie platonicienne. Jeune communiste pendant la guerre, elle n'avait guère été impressionnée par les cours de E. R. Dodds (le futur directeur de thèse de Mary). Elle avait lu *La République* de Platon en 1940 tout en se préparant à une nouvelle révolution bolchévique avec les Oxford Reds, et avait été si écœurée par « ce vieux réactionnaire » que, dit-elle en plaisantant à un ami, elle se mit à vendre le *Daily Worker* [143]. Elle avait voulu se rapprocher des « foules amassées » dont l'existence, « dans les mines et les filatures », était un vivant reproche à la conception platonicienne d'une aristocratie juste. Avec Simone Weil, elle se trouvait face à une rouge qui gardait toujours un exemplaire du *Banquet* dans sa poche : embauchée pour les vendanges dans la France de Vichy, Simone emporta en effet le livre avec elle et l'enseigna aux autres ouvriers agricoles [144].

Dans le *Banquet*, Platon ne défend plus l'idée selon laquelle la connaissance est une forme de réminiscence par l'âme immortelle de ce qu'elle sait déjà, comme dans le *Ménon*. Par l'amour des belles choses – d'abord les corps et les âmes d'individus particuliers, hommes ou femmes, puis les corps et les âmes en général, puis les lois et les coutumes, puis la connaissance (la science, les belles idées et théories ; le philosophe n'étant, somme toute, qu'un amoureux de la sagesse) – l'âme s'élève, comme par les barreaux d'une échelle, jusqu'à contempler la Forme du Beau telle qu'elle se manifeste dans tous ces beaux objets, tout comme dans *La République* elle contemple la Forme du Bien. Pour Weil, le platonisme, le communisme et le christianisme partagent une même vérité fondamentale : l'âme humaine accède à la connaissance de la réalité grâce à l'amour [145]. Exactement comme l'affirmait Mary Glover [146]. « La Beauté est la seule réalité spirituelle que nous aimons d'instinct », écrira plus tard Iris Murdoch [147].

D'outre-tombe, la voix de Simone Weil flottait encore dans les salons anglais par l'entremise d'Iris, en ce mois d'octobre 1951. « C'est pourquoi le seul organe de contact avec l'existence est l'acceptation, l'amour. C'est pourquoi la beauté et la réalité sont une seule et même chose. C'est pourquoi la joie et le sens de la réalité sont une seule et même chose. » Iris dépassa le temps imparti à son émission de quelques secondes [148] – et de quelques mots, concluant : « C'était une intellectuelle très courageuse [149]. »

Ces leçons sur l'amour coïncidèrent dans la vie d'Iris avec une relation qui présentait tous les thèmes weiliens de souffrance et de malheur [150]. Franz Baermann Steiner était un anthropologue juif, réfugié, originaire de Prague. Son dernier souvenir de ses parents datait de juste avant l'invasion de la Tchécoslovaquie par les nazis et la proclamation par Chamberlain de « la paix pour notre temps ». Il les revoyait, assis sur un banc, dans un parc au soleil [151]. Il n'eut aucune nouvelle pendant toute la guerre ; puis, en juillet 1945, il reçut une lettre de son ami d'enfance Hans Gunther Adler, qui deviendrait aussi bientôt un ami d'Iris. Les parents de Franz étaient avec lui à Theresienstadt du mois de juillet à la mi-octobre 1942, et Hans lui écrivait pour lui apprendre qu'ils étaient morts à Treblinka. Adler consacra une étude de plus de mille pages au ghetto de Theresienstadt : *Theresienstadt 1941-1945. Das Antlitz einer Zwangsgemeinschaft*, achevé en 1947, analysait la mécanique du génocide nazi – transport, logement, nourriture, structures administratives [152].

Peu après avoir reçu la lettre d'Adler, Steiner déclara une dépression nerveuse. En 1948, il se mit à souffrir de graves douleurs dans la poitrine. Un an plus tard, à l'âge de quarante ans, il faisait une première attaque cardiaque [153].

Comme Iris, Franz tenait un journal :

11 mai 1951
Entrée en scène d'Iris Murdoch[154].

Cette année-là, Iris faisait cours sur F. H. Bradley, l'idéaliste dont la distinction entre existence et réalité avait été si cruciale pour Mary. C'était la première fois que la philosophie de Bradley faisait l'objet d'un enseignement depuis que Freddie Ayer avait déclaré la mort de la métaphysique. Parallèlement, Franz proposait des *lectures* sur « Les théories du tabou » et « L'étude de la parenté »[155]. Ils tombèrent amoureux en partageant quelques verres de mauvais vin au Golden Cross ou au Lamb and Flag. Leurs sujets de conversation étaient infinis[156] : le Prague de Kafka comparé au Dublin de Joyce ; l'exil ; l'intraductibilité de la valeur[157] ; Rilke ; Dieu. Le directeur du Warburg Institute décrira Steiner comme un véritable rat de bibliothèque – dévorant un rayon après l'autre au British Museum[158]. À demi mot, Iris comprit le passé de Franz. « Un passé dont on est coupé est en un sens plus facile à transmettre à quelqu'un que lorsque le fil est ininterrompu », lui dit-il[159]. Elle lui prit la main. Elle lui demanda s'il croyait en Dieu ; « Il *aimait* Dieu[160]. » Elle l'emmena au 27 St John Street pour le présenter à Elizabeth dans son « séjour en désordre », tandis que Barbara (qui avait maintenant neuf ans), dépenaillée et pieds nus, leur tournait autour. Le « beau visage [d'Elizabeth] » lui parut familier[161]. « La poésie et la philosophie sont proches en réalité – je m'en rends compte maintenant », commenta Iris dans son journal[162]. Elle lut les poèmes de Franz. Ils parlèrent de la magie, du tabou et des mythes ; Elias Canetti, qui était un ami de Steiner, dirait de lui plus tard qu'il considérait les mythes comme « les plus importantes et plus précieuses productions de l'humanité[163] ».

Pour l'anniversaire d'Iris, Franz lui offrit un poème et un cadeau.

Je t'offre ce verre de vin
Bois à son puits, bois au mien,
Garde le bel équilibre
Et ne nous brise l'un ni l'autre[164].

En retour, elle lui prêta ce qu'elle avait de plus précieux : le manuscrit de *Sous le filet*.

Le 18 octobre 1952, Franz rentrait à Oxford après une semaine de vacances en Espagne. Il aperçut les lumières de la ville tandis que son train approchait. Iris l'attendait sur le quai, vêtue d'un pantalon et d'une veste de laine grise, souriante, sérieuse et douce à la fois. Tenant à la main un bouquet de gentianes [165]. Un mois plus tard, il succombait à une seconde attaque cardiaque. C'est Iris qui déclara son décès ; ils avaient décidé de se marier. Elle appela Philippa ; elle ne pouvait pas rester seule.

« Malade, accablée de chagrin. Comme les yeux de F. brillaient derrière ses lunettes [166]. » Un message punaisé sur sa porte annonçait l'annulation de ses tutorats pour le restant du trimestre.

Retour à la vie

Philippa n'avait rien contre la « réflexion silencieuse » sur les vertus. Mais des quatre amies, c'est elle dont l'altruisme était le plus visible et dont la vie quotidienne était la plus manifestement pavée de bonnes actions. Ses « fragments de vie » au 17 Broad Street rejoignaient, discrètement et sans fanfare, un effort plus large pour soulager la souffrance humaine.

L'année 1951 fut une année de grands changements pour Oxfam. La valeur totale des vêtements, dons et donations atteignit cette année-là près de 80 000 livres (soit plus de 2,5 millions de livres actuelles). Cela représentait énormément de tri, de pliage, d'envois, de comptes-rendus, chaque fragment de vie participant d'une structure plus vaste porteuse d'actions de plus grande envergure : apposer sa signature *afin* de faire un chèque, *afin* de faire un don, *afin* de secourir des réfugiés palestiniens. Le nouveau secrétaire général, Leslie Kirkley (un quaker pacifiste originaire du Lancashire), ne croyait pas en l'avènement soudain de lendemains qui chantent mais participait volontiers, avec Philippa et les autres bénévoles, au tri des vêtements « usés mais pas rapiécés ». Le progrès se ferait lentement, avec l'aide des tortues comme des lièvres. Mais il se ferait. Très tôt sous la direction de Kirkley, le Comité vota pour intervenir en faveur des victimes de catastrophes « naturelles » aussi bien que des guerres ; si bien que dans l'année, une aide humanitaire fut envoyée au Bihar, en Inde, où sévissait une famine. Pour la première fois le Comité d'Oxford fut mentionné à la Chambre des communes [167].

En matière académique également, Philippa avait tendance à se voir comme une tortue. Dans une préface à ses œuvres complètes, elle insiste sur son manque de productivité pendant des années (remerciant au passage Somerville pour sa patience [168]). En réalité, elle travaillait comme Wittgenstein le recommandait. « Les gens n'ont pas pris la juste mesure de ce qu'il disait lorsqu'il disait que "la philosophie doit se pratiquer très, très lentement" », souligna-t-elle plus tard. « En philosophie, il est difficile de travailler suffisamment lentement [169]. » « Nous devons écrire ! » avait lancé Iris à ses amies une après-midi de 1948, dans le salon de Philippa [170]. Mais ce n'était qu'à présent que Philippa prenait goût à cette tâche. À l'été 1951, elle testa sa dernière attaque contre Richard Hare dans un séminaire intitulé « Ethical Terms and Ethical Statements » (« Termes et propositions éthiques »), et en 1952 elle publia son premier article, « The Philosopher's Defence of Morality » (« La défense philosophique de la morale »). Son deuxième, « When is a Principle a Moral Principle ? » (« Quand un principe est-il un principe moral ? ») suivit de près. Vers la fin 1953, Iris rendit compte d'une conversation avec son amie : « Ai parlé avec Philippa. Pourquoi la philosophie morale repose-t-elle sur la notion de "choix" ? Pourquoi toujours parler de choix – car après tout il ne s'agit pas vraiment de cela. Encore une fois, référons-nous à Witt : ne cherchez pas une logique trop profonde [171]. »

Dans sa critique de Hare et de Sartre, Iris avait noté que l'arrière-plan métaphysique une fois retiré, le sujet isolé est contraint de choisir. À présent, Philippa remarquait que la perte de cet arrière-plan entraînait aussi celle des concepts sur lesquels nous nous appuyons pour nous orienter dans nos relations éthiques avec les autres. Au cours du Trinity Term 1954, les deux amies revinrent à Keble College, théâtre de leurs tutorats avec Donald MacKinnon durant la guerre, pour expliquer cela ensemble à une classe de *graduates*. Leur ancien tuteur, qui les avait jadis averties du danger que le décapant Freddie Ayer représentait pour les animaux métaphysiques, n'aurait pas désapprouvé. Elles animèrent le cours avec Basil Mitchell, que nous avons vu plus haut siroter du fino de Chypre avec les Métaphysiques. « Nous avons passé un bon bout de temps sur l'étude des "mots mixtes" », se souviendra Basil [172]. Iris et Philippa expliquèrent à la classe que « bien », « mal », « bon » et « mauvais » sont des termes *généraux*. Quand une personne les emploie, cela nous renseigne très peu sur ses conceptions morales, en dehors du fait qu'elle émet un jugement positif ou négatif sur quelque chose. La signification de ces concepts est épuisée, comme le dirait Mary Glover, par leur contenu condamnatoire ou élogieux. C'est pourquoi Ayer a pu si aisément les transformer en *Bouh !* et *Hourra !*, et Hare les traduire en « Ne fais pas cela ! » ou « Fais cela ! ». En revanche, des mots comme « honnête », « sincère », « patient », « ostentatoire », « reconnaissant », « honteux », « fier », « humiliant » sont des termes *spécialisés* dotés d'une structure profonde, ramifiée, qui les relie à la variété des motifs qui forment l'arrière-plan de la vie humaine [173]. Iris, qui s'était vu récemment diagnostiquer une surdité partielle, suivait désormais des cours à la Radcliffe Infirmary pour apprendre à lire sur les lèvres [174] ; ce jour-là, elle fixa sans doute de ses grands yeux les mouvements des lèvres de ses interlocuteurs, Philippa, puis Basil et les étudiants. « Reconnaissant », « honteux », « fier », « humiliant ». Une description de la bonté humaine réclame une concentration et une attention autrement plus intenses qu'un *Bouh !* ou un *Hourra !*.

Depuis le retour de Mary chez les barbares, sa machine à écrire ne connaissait pas le repos. Des recensions pour le *New Statesman*, en majorité de romans nouvellement parus, s'envolaient littéralement des touches : *The Blessing* de Nancy Mitford ;

Night without Sleep d'Elick Moll ; *No Music for Generals* de Frederick Howard [175]. Au début des années 1950, elle lisait douze romans toutes les trois semaines ; les bibliothèques en métal de Geoff capitulaient face au flot incessant de nouveaux livres [176]. La nuit, quand Tom dormait, elle s'efforçait de rester concentrée.

Malgré la distance et le bébé, Mary continuait de rendre visite à Iris à Oxford, se présentant régulièrement à St Anne pour le thé. À l'occasion d'un de ces passages, vers la fin de l'année 1952, elle assista dans une librairie à une scène étonnante : une pleine rangée d'ouvrages à la couverture violette, littéralement prise d'assaut par une foule d'étudiants [177]. *The Language of Morals*, le manifeste du prescriptivisme moral de Richard Hare, venait de paraître et faisait un tabac. Comme ne le laisse pas présager son « prix dérisoire » (7 shillings et 6 pence), « l'admirable petit livre » de M. Hare mérite d'être médité par tout étudiant sérieux en philosophie morale, écrivit Richard Braithwaite dans la revue *Mind* [178]. À l'idée d'une nouvelle génération de philosophes biberonnés au subjectivisme moral de Hare, Mary se sentit « profondément abattue [179] ». Mais elle était en quête d'un nouvel ouvrage ce jour-là, d'une tout autre couleur. Son père, encore une fois bon guide, lui avait conseillé de lire *King Solomon's Ring : New Light on Animal Ways* [qui paraîtra en français sous le titre *Il parlait avec les mammifères, les oiseaux et les poissons*], de l'éthologue autrichien Konrad Lorenz, dont la traduction anglaise venait de paraître.

Le titre de l'ouvrage renvoyait au roi biblique qui avait le pouvoir de parler aux animaux. Il est plein de récits (et de dessins) mettant en scène les animaux en liberté qui peuplaient la ménagerie viennoise de Lorenz : choucas, oies cendrées, corbeaux, cacatoès, lémuriens, singes capucins [180]. Pour Mary, ce fut une révélation.

Auparavant, elle n'avait pas remarqué comme l'étrange et chimérique concept d'« animal » regroupait des créatures aussi différentes que les puces et les gorilles, les chiens et les poulpes, en un unique collectif abstrait, dans le seul but de les opposer à l'homme. Après la lecture du livre de Lorenz, le terme « animal » semblait désormais à Mary un outil absurde inventé par notre culture par simple souci de préserver une idée erronée de la dignité humaine [181].

L'idée que *nous ne sommes pas comme les Bêtes*. Pourtant, songea Mary, les humains appartiennent bien au monde animal, à la classe des bêtes terrestres ; et les escargots sont aussi différents des léopards des neiges que les hommes des baleines à bosse. Cette soudaine prise de conscience fit bouger les lignes dans la tête de Mary et, à la faveur de ces déplacements conceptuels, sa pensée se libéra. En supprimant l'opposition entre l'animal et l'humain, entre la Bête et l'Homme, Mary entrevit la possibilité de résoudre le paradoxe central de la représentation de l'homme par lui-même (« Je sais que je suis l'un des rois de la Nature »). Notre vie est une vie animale, sans rupture à bien des égards avec celle des puces, des gorilles, des chats et des choucas. Même le sentiment de notre dignité et de notre importance ne fait pas de nous des êtres à part ; tous les animaux s'estiment des petits « rois » dans leur domaine, se dit-elle encore. Elle écrirait plus tard : « Le chant de l'oiseau n'est pas qu'un signal mécanique annonçant la violence avec laquelle seraient repoussés d'éventuels intrus. » Mais plutôt, « Le chant est certainement expressif avant tout. Il dit ceci : "*Hourra, hourra*, c'est moi, c'est à moi, je l'ai eu, je suis le meilleur" [182]. » Souvenir, sans doute, des chats de la famille Scrutton, qu'on apercevait rarement, couvant le teckel de sa mère d'un regard de supériorité féline [183]. Le « frère vulnérable du matin », de John Clare, toutes cornes dehors.

Des pans entiers de sa vie, jusque-là restés désespérément hermétiques les uns aux autres (son amour des animaux, enfant ; ses conversations avec Charlotte Williams-Ellis au réfectoire de Somerville, son nouveau rôle de mère) s'ordonnaient à présent comme les diverses parties d'un tout. Elle posa son regard éthologique sur Tom, cet être vivant miniature. « Les petits enfants sont littéralement et indubitablement des êtres à la fois animaux et humains [184]. » Et elle passa en revue son passé. Les balades à vélo jusqu'à la réserve de Ruislip, où elle allait nager, enfant, avec son frère Hugh. Pourquoi alors n'avait-elle pas remarqué la parade du grèbe huppé tandis qu'elle patouillait parmi les oies, les cygnes et les canards [185] ? Le teckel et ses jappements, les chats, elle-même, Hugh, et toute la famille Scrutton ? Elle s'en rendait compte maintenant : tous faisaient partie d'une « communauté mixte [186] », un groupe interespèces tout ce qu'il y a de plus ordinaire, structuré par des liens sociaux de confiance, d'amitié et d'attention réciproque. Les chiens et les chevaux répondent à leur nom. Pendant la guerre : des notices nécrologiques dans le *Times*, des abris antiaériens pour animaux.

Considérant ensuite les différences entre les humains, Mary se demanda si deux individus d'une même espèce pouvaient être aussi différents qu'un caneton et un petit taureau. Les accès d'exubérance contagieuse de Geoff cachaient un côté dépressif. (« Tu vois, je suis vraiment maniaco-dépressif », lui avait-il dit très tôt) ; elle était au contraire « une sorte de Pollyanna », une indéfectible optimiste [187]. Lui, incapable de publier aucun de ses nombreux articles philosophiques à cause d'un perfectionnisme extrême mêlé à une horreur de la critique ; elle, produisant un texte après l'autre sans crainte de s'exprimer à la radio et à la

télévision. Dans des notes sur *Lady into Fox*, paru en 1922 (qui raconte l'histoire d'une femme soudainement transformée en renarde, dont le mari s'attache à prendre soin malgré tout), elle analyse ainsi le roman de David Garnett : si l'histoire nous touche, c'est parce que « les gens s'apparient effectivement avec d'autres dont les séparent pourtant des différences aussi profondes que la différence entre deux espèces ». Ils « rattrapent cela à grand renfort de vin, de liseuses bleues et autres rituels sociaux [188] ». Ou alors il leur faut toute une vie pour tâcher de voir l'autre comme il est vraiment.

À compter de ce moment-là, Mary écuma les bibliothèques de Newcastle, empruntant livres ou études consacrés à toutes sortes d'animaux : oryctéropes, zèbres, fourmis, cerfs élaphes, lemmings, babouins, etc. [189] Elle suivait en cela l'enseignement de son père : c'est « une chose tout à fait raisonnable… si jamais quelqu'un mentionne les hippopotames, tu te renseignes sur eux, tu vois… [190] »

Philippa aussi, de son côté, commençait à s'intéresser aux plantes et aux animaux. Au Trinity Term de l'année 1954, elle et Iris avaient expliqué à leurs étudiants que les termes désignant des vertus et des vices étaient des « descriptions spécialisées » reliées aux idées de bien humain et de nuisance pour l'homme. Mais, si l'on ne saurait « appliquer à tout et n'importe quoi les qualificatifs de bien ou de mal [191] », il n'est pas facile de voir où se situent les limites ni de comprendre clairement les raisons de cette impossibilité. Avoir des amis, un toit sur la tête, et être en bonne santé sont de bonnes choses ; être isolé, être à la rue ou être malade de mauvaises choses ; mais certaines personnes apprécient l'isolement, goûtent la liberté que procure l'errance et trouvent une forme de paix dans la souffrance. La vie de Wittgenstein fut une somme de souffrances, et pourtant elle fut bonne. L'enfance de Philippa, toute privilégiée qu'elle fut, n'en fut pas pour autant une enfance heureuse. Tout comme Elizabeth avait trouvé utile de mettre les humains dans le même panier que les chats et les navets, de même penser au bien et au mal pour d'autres créatures aidait Philippa à ancrer dans la réalité la réflexion sur le bien humain. Qui veut faire de la philosophie morale devrait commencer par s'intéresser aux plantes, argua-t-elle un jour devant un auditoire médusé [192].

Pour les créatures vivantes, martelait Philippa au cours des années 1950, il existe un critère du bien et du mal absolument indépendant du choix et du jugement humains. Dans son livre violet, Richard Hare affirmait que, lorsque les premiers cactus furent importés en Grande-Bretagne, il n'existait aucun critère de jugement, aucune notion permettant de dire si un cactus était bon ou mauvais, meilleur ou pire qu'un autre [193]. (La Seconde Guerre mondiale interrompit momentanément l'importation de cactus depuis l'Amérique, au grand dam de la communauté naissante des amateurs de cactus en Angleterre. En 1947, les importations reprirent, avec les applaudissements de la toute jeune National Cactus and Succulent Society [194].) Non sans faire écho à Sartre, Hare soutenait que c'est uniquement lorsque les gens se sont mis à choisir un cactus plutôt qu'un autre, à retenir certains critères (taille, couleur, degré de piquant) que les termes évaluatifs ont commencé à s'appliquer. Autrement dit, qu'un cactus soit « meilleur » qu'un autre n'était qu'une question de choix et de préférence humains. Mais, répliquait Philippa, un cactus est un organisme vivant, et en tant que tel sa forme de vie constitue un critère interne pour l'espèce [195]. The National Cactus and Succulent Society est certes libre d'imposer son propre cadre évaluatif pour les compétitions et les producteurs, mais qu'un cactus particulier soit en bonne ou mauvaise santé, épanoui ou abîmé demeure une question objective, indépendante de leurs décisions. La nature n'est pas inerte et informe, mais vivante et ordonnée ; elle est en elle-même une source de valeurs totalement indépendante des activités humaines. Quiconque s'y connaît suffisamment en matière de cactus, de passiflore ou d'hélianthème repérera si un spécimen est en bonne forme ou s'il est blessé ou soutenu artificiellement. Annie Rogers de St Hugh savait tout cela quand elle choisit un coin abrité pour ses passiflores et un coin ombragé pour ses fougères.

Bien que moins aisé à cerner, il existe de même un critère interne à l'espèce *Homme*, selon lequel une vie humaine se déroule bien ou mal, soutenait Philippa. Il ne s'agit pas de dire, avec Protagoras, que « l'homme est mesure de toute chose ».

Loin de l'idée que chaque homme, pris individuellement, soit la mesure de ce qui est doux ou amer, chaud ou froid, bon ou mauvais, Philippa affirmait qu'il existe quelque chose comme un bien naturel. Il ne nous revient pas de décider ce qui est bénéfique ou néfaste à l'homme ni même de choisir, *ex nihilo*, ce qui fait une vie humaine bonne. Philippa savait cela lorsqu'elle se tourmentait au sujet de son enfance. Leslie Kirkley et les bénévoles d'Oxfam le savaient en soutenant financièrement l'éducation des jeunes femmes en Grèce [196]. Wittgenstein le savait lorsqu'il estima avoir eu une vie heureuse. « Les gens qui mettent chez eux des plantes en pot », écrira Iris, « seraient sans doute bien surpris d'apprendre que ce geste n'est pas sans lien avec la vertu [197]. »

Si « The Philosopher's Defence of Morality » fut le premier article publié de Philippa, sa toute première publication, datant de 1951, était une recension critique de *The Philosophy of Ernst Cassirer*, un ouvrage collectif de plusieurs penseurs contemporains consacré à l'œuvre du grand philosophe warburgien. « La lecture de ces articles, déplorait-elle, ne m'évoque pas l'excellence propre à l'œuvre de Cassirer, qui pourtant me touche immédiatement si je reviens à l'original [198]. » Son dernier ouvrage de philosophie morale *Natural Goodness* (*Le Bien naturel*), révèle des traces d'influence warburgienne, mêlées à la trame de sa propre pensée philosophique. Pour Ernst Cassirer, chaque organisme évolue dans son environnement propre, son *Umwelt*. Le monde de l'oursin est plein de « choses d'oursin ». Le monde de la mouche est plein de « choses de mouche ». Le monde de l'humain est plein de « choses humaines ». Et parmi ces choses humaines, se trouve un système symbolique [199].

C'est la réalité qui détermine ce qui est pensable, comme le disait Elizabeth ; mais la réalité humaine est toute pleine de nos créations. Nous forgeons des structures qui créent de nouvelles façons d'agir et de voir. Nous écrivons des histoires qui, mêlant les fils du témoignage et de la fiction, tissent de nouveaux motifs récurrents. Nous créons des objets symboliques – *entia rationis* – pour nous indiquer la voie : poèmes, mots, cartes, histoires. Un artefact culturel comme un poème, un tableau ou un concerto – un « objet public dont chacun peut s'emparer » – fait autant partie de notre *Umwelt* qu'un navet ou un chat. (Un soir, au 27 St John Street, Elizabeth avait mis un disque de Schumann sur le gramophone pour Iris. « Nous étions assises, très paisibles. Le chat a grimpé d'abord sur ses genoux puis sur les miens. Deux fois nos regards se sont croisés. E. était totalement absorbée, elle était belle, l'air grave, très concentré. Elle dira plus tard : c'est une sorte de vice de vouloir écouter certaines choses encore et encore, indéfiniment [200]. »)

La prose de Philippa Foot dans *Le Bien naturel* est parsemée de citations tirées de la littérature : George Eliot, Gertrude Stein, Montaigne, Thomas Hardy, Dostoïevski, Conrad. Au bas des pages liminaires, sont reproduites trois pièces de monnaie syracusaine ou carthaginoise : la première représente une plante, la deuxième un animal, la troisième un humain. (« Creuser l'idée de l'homme comme créateur de symbole. La bonne piste est quelque part par là », notait Iris en 1947 [201].)

Réfléchissant à la tâche du philosophe, Wittgenstein avait écrit : « Ce que nous proposons, ce sont à proprement parler des remarques sur l'histoire naturelle des hommes[202]. » Une histoire naturelle des êtres humains doit comprendre des données factuelles sur la nature humaine telles qu'on en trouverait dans une histoire naturelle des cactus ou des chats. *Le cactus a besoin de chaleur pour survivre. Le bébé chat naît les yeux fermés. L'adulte humain a trente-deux dents.* Mais nous autres humains sommes des animaux métaphysiques. Nous investissons le passé autant que le présent. « Tu devrais avoir honte », « Nous sommes très fiers de toi », « Tu as agi courageusement », « Tu dois présenter tes excuses. » Des descriptions spécialisées – « humiliant », « courageux », « irrespectueux » – nous orientent vers le monde et les uns vers les autres. Nous faisons des promesses, imaginons notre avenir. Il est dans notre nature de poser des questions. En demandant « Pourquoi ? », l'enfant commence à établir des liens : à discerner les motifs plus larges, qui transcendent sa situation spatio-temporelle immédiate ; à relier la cause à l'effet, l'objectif visé et le but atteint. Il en vient à voir un même événement ici et maintenant sous différentes perspectives. Il apprend à le voir avec plus de recul. Un rectangle de papier déposé dans une boîte à Londres : *J'envoie une lettre* ; un manteau de fourrure que l'on plie : *Je contribue à un programme humanitaire* ; une poignée actionnée de bas en haut : *J'empoisonne les habitants.*

Les adultes aident l'enfant en nommant des sortes de choses, chacune renvoyant à la structure, aux modèles de pratique où le nom a sa place. Noms d'objets : ceci est un paon, un homme, une puce ; ceci est de la nourriture ; des vêtements ; ceci est un ami, ceci un parent. Noms d'actions : voici ce qu'est pomper, s'asseoir, écrire, payer. Noms de vertus : faire ceci est généreux ; cette action est courageuse ; cette réponse est vraie[203]. Les poèmes, les cartes, les histoires reflètent ces mots et ces actions, la manière dont ils se correspondent ou non, dans un monde vaste et changeant. La manière dont ils pourraient se correspondre. Théoriquement – et cela relève presque du miracle –, un enfant humain « saisit » la signification de ces descriptions et apprend à considérer ses actions et celles de son entourage sous ces descriptions. Mais l'enfant doit aller plus loin, « faire plus qu'il n'a reçu *via* les exemples enseignés ». Il doit voir comment poursuivre, comment continuer le motif lui-même, un pas après l'autre.

Richard Hare commençait à s'agacer. « Nous avons la chance, n'allait-il pas tarder à se plaindre, d'avoir à Oxford, dans les collèges de femmes, un certain nombre de philosophes qualifiées et remarquables ; or, pour la plupart, elles passent leur temps à s'en prendre aux conceptions de leurs collègues masculins. » Et de se poser en victime : « En ce qui me concerne, toutes m'accusent d'accorder *trop* d'attention aux principes généraux et *trop peu* aux particularités des cas individuels, lesquelles se doivent apprécier par une intuition féminine avant que de faire l'objet d'un jugement moral en bonne et due forme [204]. » Mais les philosophes qualifiées et remarquables des collèges de femmes n'en restèrent pas là : ce n'était pas une affaire d'intuition féminine, mais peut-être la réaffirmation d'une forme d'intuitionnisme réaliste, engendrée par une forme de métaphysique idéaliste.

Tous les samedis à midi, au cours des mois de janvier et février 1955, on pouvait voir Philippa Foot entrer dans le bâtiment dit Examination Schools. Les étudiants de philosophie étaient confrontés à un véritable dilemme le samedi à l'heure du déjeuner : il leur fallait choisir entre deux cours sur Platon, qui avaient lieu simultanément. À moins de faire l'impasse sur les deux, pour assister, à Oriel College, au séminaire sur Thomas d'Aquin délivré par Lorenzo Minio-Paluello. Ou encore, de se rendre à Christ Church pour écouter Michael Foster, des Métaphysiques (à l'époque plongé dans la rédaction de son livre *Mystery and Philosophy*) dérouler son attaque en règle contre « la philosophie de l'analyse ».

Ceux qui choisirent l'« Introduction à l'éthique » de Philippa l'accompagnèrent dans ce qu'elle-même vécut comme un avènement. Enfin, elle voyait clairement quelle était la tâche du philosophe moral. Dans « The Philosopher's Defence of Morality », paru en 1952, elle s'était gentiment moquée de ces philosophes drapés dans leur mission : « Défendre le monde contre les théories hostiles accusées de “saper les fondements de la morale” » – autrement dit, le subjectivisme moral de A. J. Ayer et Richard Hare [205]. » « Il serait ridicule », écrivait-elle, un peu à la façon de H. A. Prichard, « de croire que le philosophe a le pouvoir, d'un coup de baguette magique, de dissiper l'humeur sceptique de quiconque se demande pourquoi il devrait se préoccuper de ce qui est bien ou mal [206]. » Dès avant 1955, elle avait entrevu que la philosophie morale avait un autre rôle que celui de simplement fournir une défense de la morale. « La morale puise à la transcendance » avait pour sa part écrit Mary Glover à la veille de la guerre. Elle est reliée à « un critère objectif que nous pouvons découvrir petit à petit ». La tâche du philosophe, expliqua probablement Philippa à ses étudiants durant son cours, est de ranimer notre langage moral. À l'issue de son cours, elle sortit sur High Street et tourna à gauche en direction d'Oxfam, situé au 17 Broad Street.

Tandis que Philippa terminait sa série de cours sur l'éthique, Iris (dans son nouvel appartement, au dernier étage du 25, Beaumont Street) mettait la dernière main à la seconde version [207] d'un « roman anonyme » (on « me reconnaîtra sans doute comme son auteur à certains points de style », dira-t-elle à son éditeur, « si jamais j'oublie d'y inscrire mon nom [208] »). Il s'agissait de *The Flight from the Enchanter* (qui sera traduit en français sous le titre *Le Séducteur quitté*) : une histoire sombre, hypnotique, fantastique, dont les personnages sont manipulés, opprimés (et opprimant), aveuglés par leur inattention à la réalité des autres. Certains fragments de la biographie d'Iris apparaissaient dans ces pages sous un nouveau jour : l'UNRRA, Simone Weil, Franz, son ami d'enfance Elias Canetti, l'amant-sorcier vers qui elle s'était tournée après la mort de Franz. Ce trimestre-là, le lundi à 10 heures, elle donnait un cours intitulé « Moral Philosophy and the Ethics of Liberalism » (« La philosophie morale et l'éthique du libéralisme »). Passant la brosse sur le tableau noir, peut-être s'arrêta-t-elle sur la fine écriture de Philippa, intacte depuis le samedi précédent : « R.M. Hare », « prescriptivisme », « choix », « devoir ». Iris avait une nouvelle pensée à ajouter. « L'homme est un être qui produit des images de lui-même, auxquelles il finit par ressembler. » (Une phrase qui se retrouverait imprimée l'année suivante.) « C'est ce processus que la philosophie morale doit s'attacher à décrire et analyser[209]. »

Tom, le fils de Mary, venait d'avoir trois ans et avait désormais un petit frère, David. Un exemplaire du premier roman d'Iris, *Sous le filet*, avait traversé le pays jusqu'à Newcastle : Mary avait adoré. Comme Philippa, elle était ravie de découvrir en Iris une écrivaine aussi spirituelle[210] ; elle s'amusa notamment du personnage de Jake, le narrateur, qui « cherche inlassablement la personne dont il pense qu'elle résoudra ses problèmes alors qu'il ferait mieux de les résoudre lui-même[211] ». Peut-être est-ce à la lumière de l'échec désespéré de Jake à prendre en main son avenir qu'elle forgea timidement une nouvelle image d'elle-même comme romancière : « Si Iris le peut, alors pourquoi pas moi ? » Mary entreprit alors un roman de science-fiction, intitulé *Wintersault*, une histoire naturelle des humains à sa façon. Raconté par un historien en herbe, c'était une étude de la vie humaine pendant les années 1950, soit « avant que l'espèce humaine ne se mette à hiberner »[212]. Tandis que s'estompait le souvenir des jours sombres et froids de la guerre, des canalisations gelées, du chauffage défectueux de son studio à Oxford, elle se demandait : quel genre d'animal serait l'homme s'il hibernait au lieu d'affronter les mois d'hiver ? En quoi l'exposition de l'ensemble de l'espèce à l'hiver – au froid, à la faim, à la maladie – affecte-t-elle nos coutumes, notre sensibilité, notre caractère ? À quoi ressemblerait la vie humaine si elle ne se déroulait que dans la douceur printanière et estivale d'Oxford ?

Le 7 février, une température de 14 degrés Celsius fut enregistrée à certains endroits des Midlands. La fenêtre du bureau situé au premier étage au 27 St John Street était peut-être entrouverte, des rais de lumière jouant sur les microfilms où étaient reproduits les cahiers de la Première Guerre de Wittgenstein. Tibbles le chat rôdait parmi le *Nachlass*. Elizabeth les avait parcourus pour éclairer certains passages du *Tractatus*[213]. À présent, sa traduction des *Remarques sur les fondements des mathématiques* de Wittgenstein était bien avancée. « Comment sais-je que dans le cours de la série + 2, je dois écrire : “20 004, 20 006” et non pas “20 004, 20 008” [214] ? »

Tandis que le stylo d'Elizabeth courait sur la page (« Comment sais-je… »), à 800 mètres de St John Street, dans une vaste pièce du Clarendon Building, sur Broad Street, vingt-deux membres du Conseil hebdomadaire de l'université d'Oxford procédaient au vote d'une proposition émise par le vice-chancelier Alic Halford Smith : attribuer à Harry S. Truman un diplôme honorifique. Nulle autre salle n'est « si empreinte de solennelle expérience », a-t-on pu dire [215]. Du haut de leurs cimaises, les portraits de leurs augustes prédécesseurs les regardaient défiler un par un pour conclure l'affaire : près de la fenêtre, une ancienne machine de vote invitait chaque membre à déposer son jeton secret : à droite pour non, à gauche pour oui [216]. On compta les jetons : « Quasi-unanimité », nota le greffier, « 21 sur 22 votes possibles [217] ». En levant la séance et en traversant l'allée jusqu'à la Bodleian, Alic Halford Smith était assurément confiant : la mécanique séculaire des procédures et des traditions ferait le reste.

ÉPILOGUE

Le diplôme de Mr Truman, derechef

Oxford
mai 1956

En ce début de mois de juin 1956, les allées et venues sur le perron du 27 St John Street auraient pu attiser les suspicions – ses habitants mijotaient-ils un mauvais coup ? C'était un flux continu de visiteurs qui s'y succédaient, à pied, à bicyclette, parfois en voiture. Certains marchaient d'un pas assuré jusqu'à la porte où ils frappaient un coup bref, avant de tourner la poignée et d'entrer – il était clair qu'ils étaient déjà venus et savaient que la porte ne serait pas verrouillée. D'autres se montraient plus hésitants : ils se penchaient sur les chiffres de cuivre avant de frapper et d'attendre que la porte ne s'ouvre sur une femme à l'allure plutôt négligée, un bébé dans les bras, talonnée par quatre enfants crasseux, du bambin à l'ado, qui tendaient le cou pour jeter un œil au-dehors. Il venait des étudiants, des mères et leur poussette, des *dons*, des nonnes et de vieilles célibataires, des types débraillés et des femmes élégamment vêtues, des anarchistes, des communistes et des catholiques. Sur le perron, contre un shilling, le visiteur se voyait remettre une mince enveloppe. Parfois, on échangeait quelques mots ou une poignée de main. Le chat Tibbles se faufilait entre les jambes pour se glisser dehors. Les enveloppes contenaient des exemplaires du bref pamphlet autoédité d'Elizabeth Anscombe, *Mr Truman's Degree* [*Le diplôme de Mr Truman*]. Sur la page de garde : « Dédié avec respect, mais sans leur accord, à ceux qui ont également dit "*Non placet*" [1]. » Comme en 1939 lorsqu'elle avait dénoncé avec

Daniel Norman l'injustice de la guerre, elle pensait toujours qu'« être catholique, en un sens, est tout autant une affaire mondaine, sociale et politique qu'une affaire de rapport au surnaturel [2] ».

Peut-être avait-elle été encouragée à prendre la plume par les lettres qu'elle avait reçues : le 1er mai, à peine était-elle revenue de la Convocation pour ôter sa jupe et réenfiler ses habituels pantalons qu'elles avaient commencé à s'amasser sur son perron. « Bravo ! », clamait une note griffonnée de la main de la voisine de Philippa au 14 Park Town (la céramiste de Bloomsbury, Phyllis Keyes) : « Quiconque “ose être un Daniel et se dresser” au nom des principes dans notre société si complexe où seuls ceux qui se soumettent par opportunisme sont récompensés mérite d'être salué pour son courage moral. Je me suis donc sentie poussée à vous féliciter [3]. » Un courrier de la Women's International League for Peace and Freedom, arrivé le lendemain, l'invitait à donner une conférence [4]. Toutes ces lettres n'étaient pas élogieuses : « En tant qu'ancien prisonnier de guerre aux mains des “délicieux” Japonais, j'en sais probablement plus que vous sur leur véritable nature, et je trouve cela rageant, pour ne pas dire plus, que vous n'accordiez aucune importance à vos propres concitoyens [5]. » Ou encore : « Grincheuse [6]. »

Dans son casier à Somerville elle trouva une note manuscrite de Vera Farnell et une lettre de Donald MacKinnon. « Bien que je partage le point de vue défendu par le *Censor* [Alan Bullock] cet après-midi, je voudrais vous dire mon admiration pour la dignité avec laquelle vous avez exposé votre désaccord », écrivit la femme qui, il y a bien des années, avait averti Iris et Mary : « Il vous faut prendre garde à votre conduite [...] les femmes sont encore à l'épreuve dans cette université [7]. » En 1954, Donald MacKinnon s'était exprimé en ces termes sur les ondes de la BBC à propos du développement récent de la bombe à hydrogène : « Nous sommes en train de parler d'une chose que nous avons choisi de développer et d'utiliser. Nous sommes en train de parler de choix qui sont les nôtres, non pas d'événements dans lesquels nous nous sommes trouvés embarqués [...].

Nous voulons parler d'actions humaines. » Cette fois, il s'adressait à Elizabeth : « Je [...] voulais vous écrire afin de vous exprimer ma sincère admiration pour le courage et l'intégrité dont vous avez témoigné en agissant comme vous l'avez fait [8]. »

Un ou deux jours plus tard, les timbres devinrent plus exotiques : sa protestation avait été couverte par des journaux du monde entier. Plusieurs lettres arrivèrent des États-Unis. « Vous avez eu le courage de dire la vérité au sujet de Mr Truman », écrivait « une femme américaine [9] ». « Comme vous avez raison ! », disait une autre [10]. Un lecteur de Taipei lui exprima sa très profonde admiration : « Je suis navré que vous ayez échoué, mais un individu qui résiste seul contre la stupidité et l'hypocrisie humaines ne peut s'attendre à autre chose [11]. » Jessie Street, la militante australienne pour les droits des femmes, lui écrivit pour la féliciter de son courage. Elle joignit à sa lettre des témoignages qu'elle avait collectés au Japon en 1954.

> On avait repéré un avion isolé qui se dirigeait vers Hiroshima. La population s'était massée dans les rues pour l'observer. L'homme qui m'a raconté cette histoire m'a dit qu'il se trouvait dehors, dans la rue, et qu'il avait suivi l'avion des yeux, une main en visière. Soudain, l'avion avait largué un objet brillant, fait un brusque virage sur l'aile puis disparu au loin. L'homme, tout en scrutant l'avion, s'était demandé si l'objet brillant contenait un message de paix. Soudain, il avait été frappé par une explosion de chaleur gigantesque. Il ne portait que des pantalons ; sous l'effet de la chaleur, son corps, son visage, ses bras s'étaient boursouflés en d'énormes cloques. Tandis qu'il regardait ces brûlures, un vent terrible s'était levé et avait déchiré en lambeaux sa peau boursouflée [...]. Les gens s'étaient mis à courir en tous sens en hurlant de terreur. Les enfants ne reconnaissaient plus leurs parents ni les parents leurs enfants [12].

Il était important que le pamphlet soit publié avant le 20 juin, date de l'*Encaenia* (la cérémonie de remise du diplôme). Elizabeth voulait publier le plaidoyer qu'elle avait prononcé à la Convocation et souligner qu'il n'était pas encore trop tard pour prendre position : « Il est encore possible de prendre un minimum de distance avec ce scandale », écrivit-elle. Il est « possible de ne pas aller à l'*Encaenia* ; et si l'on trouve embarrassant de faire valoir d'autres occupations alors qu'on devrait s'y rendre, on peut toujours garder le lit. En ce qui me concerne, en tout cas, j'aurais peur d'y aller, car la patience de Dieu pourrait se trouver soudainement à bout [13]. »

Elle était parfaitement au clair sur sa position. Mais au moment d'écrire, elle se demandait encore avec perplexité ce qui s'était produit à la Convocation ce jour-là. La défense d'Alan Bullock avait été si lamentable – elle « n'aurait pas été bien reçue à Nüremberg », pensa-t-elle. Il était allé jusqu'à affirmer que « quelques massacres versés à l'actif d'un homme ne sont pas vraiment une raison de ne pas lui témoigner d'honneur ». Mais un tel argument était absurde. Peut-être parcourut-elle de nouveau les entretiens de Jessie Street avant d'écrire que les innocents furent massacrés « en grand nombre, tout d'un coup, sans aucun avertissement, sans se voir donner la moindre chance de fuir ou de se mettre à l'abri [14] ». Elle était stupéfaite que face à de tels faits, « tant de gens d'Oxford soient désireux de flatter un homme pareil ». Elle enquêta autour d'elle « pour voir s'il était possible de trouver des raisons qui expliquent [15] » tout cela.

Après quelques recherches, menées par des alliés dans les collèges d'hommes, elle découvrit que nombre d'hommes s'étaient présentés à la réunion résolus à s'opposer à elle avant même d'avoir entendu ses arguments, que l'on avait « attisé un vote d'honneur ». On avait peur que « les femmes préparent un coup » et, à la *high table* de Worcester, d'All Souls et de New College, « on avait activement exercé son sens moral, [jusqu'à] trouver une raison satisfaisante : “*On aurait tort de chercher à* PUNIR *Mr Truman* !” » Cet argument n'avait pourtant aucun sens : ce n'est pas être puni que de *ne pas* être honoré. Elle réfléchit de nouveau au discours de Bullock : bon nombre de gens se trouvaient impliqués dans la construction de la bombe et nous ne pouvons pas tenir seulement tel ou tel homme pour responsable, même si c'est sa signature qui se trouve au bas de l'ordre commandant de l'utiliser [16]. Mais *c'était lui qui avait signé l'ordre*, pensa-t-elle sans doute, imaginant de nouveau l'objet brillant qui tombait du ciel sur Hiroshima, tandis que les enfants protégeaient leurs yeux du soleil, espérant un message de paix. Puis les pièces du puzzle s'assemblèrent progressivement.

« Je commence à avoir une petite idée sur la question », écrivait-elle dans son pamphlet, « lorsque je vois ce que la philosophie morale d'Oxford a produit depuis la Première Guerre mondiale » – c'est-à-dire, depuis que les Réalistes, Prichard et Ross, avaient pris l'ascendant sur les Idéalistes qui les avaient précédés. Cette fois-ci, elle n'avait pas besoin de l'autorisation de l'archevêque ; elle n'était pas en train d'écrire en tant que catholique, mais en son nom propre : Miss Elizabeth Anscombe, philosophe. « Jusqu'à la Seconde Guerre mondiale », notait-elle, « la philosophie morale qui prédominait à Oxford enseignait qu'une action peut être "moralement bonne", aussi répréhensible que puisse être la chose faite. » Les Réalistes avaient affirmé que « le "caractère juste [*rightness*]" d'un acte est un trait objectif qui lui appartient et que l'on peut discerner par le sens moral » ; en outre, qu'« il pourrait être juste de tuer l'innocent pour le bien des gens [17] » – le devoir de sauver des vies pourrait l'emporter sur le devoir de ne pas tuer l'innocent. Ils avaient rompu tout lien entre le devoir et la vertu.

Après la guerre, poursuivait-elle, en lieu et place de cette philosophie, elle en trouve une autre, « dont le principe cardinal est que "bien" n'est pas un "terme descriptif" [18] ». Ici, elle a Ayer et Hare en ligne de mire. Une fois que les valeurs sont séparées des faits, un homme n'a plus qu'à choisir ses principes de vie et à les appliquer du mieux qu'il peut. Pour une telle philosophie, des lois morales telles que : « Tu ne tueras point » ne peuvent être que des principes personnels déguisés en impératifs kantiens. Cette philosophie, dit-elle, est « parfaitement dans l'esprit du temps et pourrait être désignée comme la philosophie qui flatte cet esprit ». Lorsqu'elle réaffirma ces thèses sur la philosophie morale d'Oxford au micro de la BBC quelques mois plus tard, ce fut un torrent de lettres critiques : « sarcasme alambiqué », « ricanements amers », « un affront aux règles de la profession et aux convenances de la controverse » [19]. Les lettres que reçut Hare à son propos prenaient moins de pincettes : « immonde vipère », « obscurantisme infernal » ; « quand elle attaque vos conceptions notamment, c'est d'une telle bouffonnerie qu'on ne sait même plus par quel bout le prendre[20] ».

Mais Elizabeth, Iris, Philippa et Mary, en s'intéressant aux débats du passé touchant la nature de la morale, avaient commencé à réunir les pièces du puzzle métaphysique : ces questions allaient pouvoir s'éclaircir. Elles devaient travailler à rendre compte de la vie humaine, de l'action et de la perception de manière à reconnecter la moralité à ce qui importe vraiment.

Nous décrivons des actions et nous appliquons des noms de vertu en un lieu et à un moment donnés. Nous apprenons ces descriptions et leur application au moyen *d'exemples concrets* : « Il poste une lettre », « Il actionne une pompe », « C'est gentil », « Elle est courageuse », « C'est humiliant ». Un enfant à qui l'on donne ces exemples doit faire plus que les recevoir : il doit voir comment les appliquer à d'autres situations. Grandir, c'est agir et voir les choses sous les descriptions que notre langage contient et que notre monde et nos formes de vie partagées rendent possibles. Voilà ce qu'est savoir s'orienter dans le monde. La réalité, la vie humaine, imposent des limites quant aux descriptions qui peuvent légitimement et intelligiblement s'appliquer à tel ou tel sujet ; mais quand le monde change rapidement ou violemment, il arrive que leur application cesse d'être une évidence. Les possibilités d'agir bien ou mal peuvent connaître des bouleversements surprenants tandis que de nouvelles possibilités d'action s'ouvrent et que d'anciennes disparaissent. Dans l'Oxford perturbée par la guerre, il était possible d'aller au cinéma pour trouver un refuge, d'aller à la bibliothèque dans l'intention de donner son sang, d'aider des gens qui mouraient de faim en Grèce en apportant un manteau de fourrure à un magasin sur Broad Street, ou encore de faire emprisonner son voisin en se plaignant de ses rideaux aux autorités. Dans un monde qui se disloque ou qui se transforme, il est facile de perdre de vue ce qui importe vraiment au bon déroulement de la vie humaine et quels genres de maux doivent être véritablement pris au sérieux.

Harry S. Truman a agi au sein d'une réalité plus vaste que lui. Ce « fragment de vie », un ordre écrit sur une feuille de papier, avait pour cadre un monde de faits naturels, d'institutions humaines, de conventions et de technologie ; un monde de présidents, de traités de paix, de redditions. L'arrière-plan en était le gigantesque appareil de la guerre, fait de noms de code et de comités, de réacteurs, de laboratoires ; de bombardiers B-29 modifiés, de navires chargés d'uranium traversant les océans. Harry S. Truman n'a pas construit ces structures lui-même, il est vrai. Il n'a pas créé les institutions au sein desquelles il a agi. Il n'a pas développé la technologie. Mais en tant que président des États-Unis, il occupait une place unique au sein de cette trame – et il le savait. La description « donner l'ordre de larguer la bombe » ne s'est appliquée aux mouvements d'Harry Truman qu'en vertu des circonstances dans lesquelles il a agi. Ces circonstances incluaient de nouvelles structures qui rendaient possibles des actions à grande échelle.

Harry S. Truman a déplacé sa main sur la page parce qu'il y apposait sa signature (A). En signant, il donnait l'ordre de larguer la bombe atomique (B). Il ordonnait le largage de la bombe atomique *afin* d'obtenir la reddition inconditionnelle du Japon. (D). Tuer les gens d'Hiroshima était le moyen d'atteindre cette fin (C). Il était essentiel à sa réalisation que des gens meurent à une telle échelle : sans cela, la reddition inconditionnelle avait peu de chance de se produire. Cette fin, un événement du monde, était une chose que seul Harry S. Truman, en tant que président des États-Unis, était à même de produire en déplaçant sa main sur la page, en apposant sa signature, en donnant cet ordre. Il est vrai que sans les scientifiques qui avaient enrichi l'uranium, sans les ingénieurs qui avaient modifié l'avion qui largua la bombe ou sans les pilotes qui en prirent les commandes, son action n'aurait pas été possible. Il est vrai que sans la Constitution qui instaure la fonction de président et ses prérogatives, lui, Harry S. Truman, n'aurait pas été à même de déterminer la fin.

Mais tels furent bien les faits et les circonstances dans lesquels son geste a pris place. Harry S. Truman n'a pas agi aveuglément, déclenchant à son insu des chaînes d'événements qu'il n'avait pas anticipées. Il n'était pas dans la position des quelque 200 000 personnes impliquées dans la production de la bombe atomique qui ne savaient pas ce qu'elles étaient en train de faire. Non : Truman a agi dans un monde qu'il pouvait voir. Il savait qu'il faudrait recourir aux « méthodes de guerre les plus féroces » pour obtenir la reddition inconditionnelle ; et malgré cela, c'est cette fin qu'il a choisie. Il savait que s'il signait le document, alors, quelque temps plus tard, très loin, à Hiroshima, un objet brillant tomberait du ciel. « Nous sommes en possession du plus destructeur des explosifs jamais conçus par l'homme. Une seule des bombes atomiques que nous avons nouvellement développées équivaut en effet en puissance de feu à ce que deux mille de nos gigantesques B-29 peuvent transporter en une seule mission. Ce terrible fait devrait vous faire réfléchir et nous pouvons solennellement vous assurer qu'il est sinistrement exact », pouvait-on lire sur les tracts que les pilotes américains larguaient au-dessus des villes japonaises. Truman avait annoncé une « pluie de ruines » à l'opinion publique américaine. Il savait que les cibles ne pourraient pas être purement militaires. « Il me vint à l'idée qu'un quart de million de la fleur de notre jeunesse valait bien deux villes japonaises », remarqua-t-il plus tard [21].

« Quand je dis que choisir de tuer l'innocent comme un moyen en vue d'une fin que l'on poursuit est un meurtre, je dis une chose que l'on tiendrait en général pour correcte », écrivit Elizabeth. Nous pouvons nous demander ce que signifie « innocent », mais une définition n'est pas nécessaire ici : « Avec Hiroshima et Nagasaki, nous ne nous trouvons pas face à un cas limite. En décidant de bombarder ces villes, il ne fait aucun doute que l'on a décidé de tuer l'innocent comme moyen en vue d'une fin [22]. »

Apposer son nom en bas d'un ordre *compte comme* accomplir un meurtre de masse sur le fond d'un certain arrière-plan ; mais ce dernier est si vaste, si complexe qu'il n'est pas étonnant que les *dons*, voire Truman lui-même, n'aient pas réussi à voir ces deux événements dans un seul et même cadre. L'échelle humaine (plier des pulls, tricoter, aller à la soupe populaire, aller voir le tableau du mois) en était purement et simplement absente. Les *dons*, qui cherchaient la malignité sur le front de Truman, ne pouvaient pas la trouver. Au contraire, ils voyaient un homme qui s'était trouvé aux prises avec une décision difficile à prendre, qui avait fait ce que, pensait-il, le devoir exigeait, et avait appliqué ses principes moraux du mieux qu'il pouvait. Mais comme l'écrirait Mary Midgley, la malfaisance [*wickedness*] n'est pas un trait de caractère, comme le courage ou l'agressivité ; le terme signifie « accomplir intentionnellement des actes qui sont injustes [*wrong*] [23] ». L'arrière-plan de nos vies, s'il est mal organisé, fait que des gens tout à fait ordinaires et sympathiques peuvent accomplir facilement des actes malfaisants. En fait, il peut les rendre si aisés à accomplir que personne ne le remarque, y compris celui qui en est l'auteur. Étant donné certaines circonstances, « une personne tout à fait médiocre peut faire des choses spectaculairement mauvaises [24] ».

« Nous pensions qu'une telle chose ne pourrait jamais se produire », dit Philippa Foot de retour à Oxford après la guerre, lorsque tombèrent les informations sur les camps de concentration.

« Les protestations de gens sans pouvoir sont une perte de temps », avait déclaré Elizabeth à l'assemblée réunie le 1er mai 1956. Elle n'était pas là, avait-elle souligné, pour faire un « geste de protestation » contre les bombes atomiques. Mais elle avait dit à la Convocation : « Je m'oppose catégoriquement à *notre* action de rendre honneur à Mr Truman [25]. »

Cet homme, Mr Truman, est célèbre pour un acte particulier – cet acte pour lequel il est connu partout est désormais associé à son nom. Distinguer cet homme comme symbole de ce qui est honorable, c'est distinguer *cette action* comme une action bonne et juste, comme une action courageuse – c'est l'inscrire dans les mémoires comme une boussole indiquant comment agir à l'avenir. En venir à voir *de telles actions* sous *les descriptions* « courageuse » et « juste » équivaut à perdre de vue le sens de ces concepts. Honorer le président Truman – « un homme [...] connu partout pour une action [26] » si horrible – revient à risquer de perdre de vue ce qui importe véritablement au déroulement, bon ou mauvais, de nos vies.

Donald MacKinnon avait dit un jour à Philippa que Platon avait écrit « sous l'impulsion directrice d'une conviction : que dans la vie et la mort de Socrate se trouvait la matérialisation [...] de la réalité ultime [27] ». Les actions d'un individu peuvent porter la réalité à notre attention, l'éclairer de leurs feux et nous indiquer de nouvelles façons de mener nos vies.

Et après...

Elizabeth, Iris, Mary et Philippa sont entrées en philosophie en même temps, peu après que Freddie Ayer eut déclaré la fin de la métaphysique. Sa propre marque d'« herbicide » semblait avoir réduit la vie des animaux humains au fonctionnement efficace de machines à calculer. « Je ne comprends pas ! » avait cessé d'être un appel à l'aide, un appel lancé à un autre animal métaphysique afin de parvenir à y voir plus clair, pour devenir un instrument de contrainte muselant la parole, écrasant la créativité et réduisant la spéculation au silence. Nous avons suivi ces quatre amies dans les réfectoires et les salles à manger, les salons de thé et les pubs, dans leurs échanges épistolaires aussi, alors qu'elles commençaient laborieusement à replanter l'éthique dans son terreau naturel tandis qu'elles-mêmes grandissaient et gagnaient en maturité, tout en s'interrogeant sur ce qui a véritablement de l'importance dans la vie humaine. La sombre réalité qui les entourait (la guerre, les meurtres, les déplacements, les traumatismes, la souffrance) n'avait fait qu'accentuer l'urgence de la tâche.

Par ce récit, nous avons essayé de faire surgir un motif différent dans la trame familière de l'histoire de la philosophie du XXe siècle, reliant différentes questions et différentes manières de réfléchir à ce qu'est la philosophie. Pour nos quatre amies, le plus important était de ramener la philosophie à la vie en la réinscrivant dans le contexte tumultueux de la réalité quotidienne vécue avec d'autres, en la réarrimant au lien profond que les philosophes de l'Antiquité voyaient entre la Vie humaine, la Bonté et la Forme, tout comme au fait que nous sommes des créatures vivantes, des animaux, dont la nature circonscrit les manières de vivre.

Chacune de ces quatre femmes trouva des manières différentes d'articuler notre animalité et le fait que nous sommes des créatures qui utilisent le langage, posent des questions et créent des images. En tant qu'*animaux métaphysiques*, nos inventions, nos symboles, nos œuvres d'art modifient notre *Umwelt*, notre monde environnant et, à un certain degré, notre nature même. La tâche qui consiste à répondre à la question : « Quel genre d'animal est un être humain ? » est, comme telle, d'une « difficulté épouvantable ». Or, les réponses que nous donnons en viennent elles-mêmes à faire partie de notre réalité : ce fait garantit qu'il ne saurait y avoir de réponse définitive. En philosophie, il est toujours vrai que l'« on doit repartir de zéro [28] ».

« Je suis convaincue de m'être engagée dans une voie fructueuse en philosophie morale », écrivait Philippa Foot à Janet Vaughan en 1957 [29]. Ce fut le cas. Entre 1952 et 1961, elle publia « The Philosopher's Defence of Morality [30] », « When is a Principle a Moral Principle [31] ? », « Free Will Involving Determinism [32] », « Moral Beliefs [33] », « Moral Arguments [34] », « Goodness and Choice [35] ». Ses premières conversations avec Elizabeth devant la cheminée à Somerville eurent une importance cruciale pour sa philosophie ; en 2000, elle écrirait : « Je me souviens, dès la fin des années 1940, avoir résolument évoqué "la différence entre un raisonnement descriptif et un raisonnement évaluatif" au cours de l'une des nombreuses discussions que nous commencions alors à mener. [Elizabeth], sincèrement perplexe, me demanda simplement : "Que veux-tu dire par-là [36] ?" » La perplexité d'Elizabeth, dit-elle, fut à l'origine de quarante ans d'efforts pour comprendre les liens entre bien raisonner et le bien.

En 1959, Michael mit un terme à leur mariage (« Il me tenait passionnément à cœur d'avoir des enfants ; il s'avéra qu'elle ne pouvait pas en avoir. Avec le sentiment d'être un horrible goujat, je l'ai quittée[37]. ») Philippa resta à Somerville jusqu'en 1969, date à laquelle elle démissionna de son poste afin de partager son temps entre Oxford et les États-Unis où elle occupa régulièrement des chaires de professeure invitée, en particulier à UCLA (Université de Californie à Los Angeles). En Amérique, son attention se détourna de la métaphysique de la morale pour se porter sur l'éthique appliquée, domaine où elle exprima par écrit son désaccord avec Elizabeth au sujet de l'avortement et où son nom devint associé au célèbre « problème du trolley » : sacrifieriez-vous de plein gré une vie humaine pour en sauver cinq ? Au moment où elle quitta l'enseignement (en 1991), elle avait repris sa dispute métaphysique avec le subjectivisme moral. Son chef-d'œuvre *Natural Goodness* (*Le Bien naturel*), écrit vers la fin de sa vie, déploie de façon détaillée et élégante une vision morale dont les graines furent initialement semées au cours des années 1940 : une analyse du bien naturel et de la vertu qui commence par une réflexion au sujet des plantes. « Chaque chose est neuve dans ce monde où elle n'est plus », peut-on lire dans le journal de Philippa au moment de la mort d'Elizabeth en 2001[38]. « Elle m'a tout appris[39]. » Parallèlement à son travail en philosophie, Philippa poursuivit son engagement à Oxfam, jusqu'à devenir membre du conseil d'administration. « Je crois vraiment que j'ai eu une vie très heureuse ; Oxfam en a sans aucun doute été l'un des fils rouges[40]. » Foot est tenue aujourd'hui pour l'une des voix les plus importantes de la philosophie morale analytique du XXe siècle.

*

Quant à Elizabeth Anscombe, qui a toujours signé « G. E. M. Anscombe », on lui attribue, ainsi qu'à Philippa Foot, le renouveau de l'éthique des vertus d'inspiration aristotélicienne au cours du XXe siècle. Son article « Modern Moral Philosophy », dans lequel elle soutient que la philosophie morale « devrait être laissée de côté, du moins jusqu'à ce que nous disposions d'une philosophie de la psychologie adéquate », est l'un des plus largement lus et cités en éthique aujourd'hui[41]. Son article « The First

Person » a transformé la façon dont les philosophes réfléchissent à la conscience de soi[42]. Elizabeth resta à Somerville jusqu'en 1970, date à laquelle elle obtint la chaire qu'avait occupée Wittgenstein à l'université de Cambridge. Peter et elle eurent sept enfants. C'est grâce à sa traduction anglaise que les *Recherches philosophiques* de Wittgenstein sont désormais reconnues comme un chef-d'œuvre non seulement philosophique, mais littéraire. Ses principaux articles sont publiés en trois volumes : *From Parmenides to Wittgenstein* ; *Metaphysics and the Philosophy of Mind* ; *Ethics, Religion and Politics*[43]. Sa monographie *L'Intention* fut à l'origine de la philosophie de l'action sous sa forme actuelle : beaucoup s'accordent à dire que *L'Intention* est « la réflexion sur l'action la plus importante depuis Aristote[44] ».

Lorsque les étudiantes à St Anne's College de « la brillante philosophe Iris Murdoch » apprirent qu'elle « "essayait" d'écrire un roman », elles trouvèrent cela amusant[45]. Dans les années 1950, on la considérait comme comptant parmi les philosophes britanniques les plus prometteurs. Au cours de cette décennie, elle publia nombre d'essais importants : « The Novelist as Metaphysician », « The Existentialist Hero », « Thinking and Language », « The Existentialist Political Myth », « Nostalgia for the Particular », « Vision and Choice in Morality », « Metaphysics and the Ethics », « A House of Theory », « The Sublime and the Good » et « The Sublime and the Beautiful Revisited ». En 1963, elle quitta son poste et Oxford pour rejoindre le Royal College of Arts. Mais elle n'abandonna pas la philosophie. À côté de ses vingt-six romans, elle publia trois autres ouvrages de philosophie : *The Sovereignty of Good* (*La Souveraineté du Bien*), *The Fire and the Sun : Why Plato Banished the Artists*[46] et *Metaphysics as a Guide to Morals*. Le dernier est dédié à Elizabeth Anscombe. En août 1956, elle épousa John Bayley, tuteur d'anglais à St Antony's College. Elle portait une robe de soie bleu vif et un imperméable. Leur mariage sera loin d'être conventionnel ; s'étant aménagée un foyer stable, Iris allait continuer à vivre plusieurs vies, avec de nombreuses personnes. En 1968, elle et Pip eurent une brève liaison [47]. C'est grâce à l'effort d'Iris Murdoch visant à replacer l'individu historique concret (et la vie réelle) au cœur de la philosophie morale que les concepts d'attention, d'amour et de psychologie morale ont fait leur retour dans la philosophie morale analytique.

*

Mary Midgley resta à Newcastle-upon-Tyne. En 1964, elle commença à enseigner à temps partiel à l'université, passant à temps plein une fois le dernier de ses enfants parti de la maison [48]. À l'université, Geoff et elle créèrent un département de philosophie d'une étoffe rare, où étudiants et enseignants se mêlaient et partageaient leurs vies et leurs idées. Leur maison était toujours ouverte et l'on y servait « du thé, de la bière faite maison et du bon whisky » ainsi que de « robustes discussions [49] » ; leurs enfants grandirent au milieu de cette communauté bigarrée. Quand Mary Midgley publia son premier livre, *Beast and Man* [*La Bête et l'Homme*], à cinquante-neuf ans, on pouvait lire en quatrième de couverture les mots d'Iris Murdoch : « C'est là un livre très important [50]. » Il fut suivi de dix-huit autres ouvrages. Son œuvre est le noyau dont provient une bonne partie de l'éthique animale et environnementale contemporaine. « Nous ne sommes pas seulement semblables aux animaux ; nous *sommes* des animaux », insistait-elle ; son œuvre découla de cette idée [51]. Elle ne craignait jamais de s'écrier « Foutaises ! » quand quelqu'un disait quelque chose de stupide ou de creux [52].

Dans les années 1980, à un moment où les départements de philosophie fermaient les uns après les autres sous le gouvernement conservateur dirigé par une ancienne de Somerville, Margaret Thatcher, Mary fit campagne pour défendre le sien. Malgré son échec, elle n'abandonna jamais sa mission de défendre la philosophie. Ce n'est pas un luxe, insistait-elle. La philosophie est une chose dont nous autres humains avons besoin pour que nos vies se déroulent bien. Elle s'éleva vigoureusement contre l'illusion selon laquelle la technologie et l'intelligence artificielle seraient à même d'assurer notre avenir. C'est un opium réconfortant, mais lorsqu'il s'agit de décider ce qu'il convient de faire – au sujet du climat, de la guerre, de l'environnement ou de l'éducation – il s'avère, au bout du compte, suicidaire. Son dernier livre, *What is Philosophy For ?* [*À quoi sert la philosophie ?*] se termine par un avertissement et une injonction :

> Dans les faits, ce qui nous arrive continuera vraisemblablement à être déterminé par des choix humains. Même les plus admirables des machines ne sauraient faire de meilleurs choix que les personnes censées les programmer.
>
> Et, si cela est correct, je présume que […] le raisonnement philosophique va désormais prendre beaucoup d'importance. Nous allons avoir besoin de réfléchir à la meilleure façon de réfléchir à ces questions nouvelles et difficiles – la façon de les imaginer, de les visualiser, de les insérer dans une image du monde convaincante. Et si nous ne le faisons pas nous-mêmes, on voit mal qui le ferait à notre place [53].

Elizabeth Anscombe
(1919-2001)

Philippa Foot (1920-2010)
Iris Murdoch (1919-1999)

Mary Midgley (1919-2018)

Abréviations

Ouvrages

AC : Sally Crawford *et al.* (dir.), *Ark of Civilization : Refugee Scholars and Oxford University, 1930-1945*
EM : Iris Murdoch, *Existentialists and Mystics*
ERP : G. E. M. Anscombe, *Ethics, Religion and Politics*
FPW : G. E. M. Anscombe, *From Parmenides to Wittgenstein*
HUOVIII : Brian Harrison, *The History of the University of Oxford, vol. VIII : The Twentieth Century*
IMAL : Peter Conradi, *Iris Murdoch : A Life*
IMJ : Iris Murdoch Journal (IMJ1, IMJ3, IMJ4, IMJ5, IMJ6, IMJ7)
LP : Avril Horner et Anne Rowe (dir.), *Living on Paper*
MPM : G. E. M. Anscombe, *Metaphysics and the Philosophy of Mind*
ODNB : *Oxford Dictionary of National Biography*
OM : Mary Midgley, *The Owl of Minerva : A Memoir*
PI : Ludwig Wittgenstein, *Philosophical Investigations*
SW : Paula Adams, *Somerville for Women*
WW : Peter Conradi, *Writer at War*

Fonds d'archives

CIAA : Collegium Institute Anscombe Archive, Philadelphie
IMC : Iris Murdoch Collections, Kingston School of Art, Kingston University, London
MGMP : Mary and Geoff Midgley Papers, Durham University Library Special Collections, Durham
NCA : Newnham College Archive, Newham College, Cambridge University

PCA : The Peter Conradi Archive, Kingston School of Art, Kingston University, London
RKA : Raymond Klibansky Archive, Deutsches Literatur Archiv, Marbach
SCA : Somerville College Archive, Somerville College, Oxford University
SHCA : St Hugh's College Archive, St Hugh's College, Oxford University

Notes

Introduction

1. M. Midgley, « Rings & Books » (années 1950), p. 1, *Mary & Geoff Midgley Papers*, Durham University Library Special Collections, Durham [*MGMP*], MID/C/3. **2.** M. Midgley, *The Owl of Minerva : A Memoir*, Londres, Routledge, 2005 [OM], p. 181. **3.** *Ibid.*, p. 83. **4.** I. Murdoch, *Sartre : Romantic Rationalist*, Glasgow, Fontana Collins, 1976, introduction. **5.** D. M. MacKinnon, « And the Son of Man that Thou Visitest Him », *Christendom* 8, septembre 1938 (partie 1), p. 186-192 et décembre 1938 (partie 2), p. 262-272, à la partie 2, p. 264. **6.** M. Midgley, « The Golden Age of Female Philosophy », *Guardian*, 28 novembre 2013. **7.** V. Mehta, *Fly and the Fly-Bottle : Encounters with British Intellectuals*, New York, Columbia University Press, 1962, p. 56. **8.** M. Midgley, « The Golden Age of Female Philosophy ». **9.** M. Midgley, *OM*, p. 104-105. **10.** I. Murdoch, *The Sovereignty of Good*, Londres, Routledge & Kegan Paul, 1970, p. 80. **11.** M. Midgley, *What is Philosophy For ?*, Londres, Bloomsbury Academic, 2018, p. 207-208. **12.** G. E. M. Anscombe, « Cover letter for application for a Sarah Smithson Studentship », 30 avril 1944, p. 1-2, NCA, AC/5/2. © M. C. Gormally.

Prologue. Le diplôme de Mr Truman

1. L. H. Dudley Buxton, *Oxford University Ceremonies*, Oxford, Clarendon Press, 1935, p. 57. **2.** G. E. M. Anscombe, *Mr Truman's Degree*, Oxford, 1956, p. 65. **3.** D. Buxton, Oxford University Ceremonies, p. 33. **4.** G. E. M. Anscombe, *Mr Truman's Degree*, p. 65. **5.** « Report of the Committee on Honorary Degrees », 7 et 11 février 1955, Central Administrative Correspondence File for the Committee on Honorary

Degrees, Oxford University Archives, UR 6/HD/7, file 3. **6.** G. E. M. Anscombe, *Mr Truman's Degree*, p. 65. **7.** P. Adams, *Somerville for Women : An Oxford College, 1879-1993*, Oxford, Oxford University Press, 1996 [*SW*], p. 233. **8.** G. E. M. Anscombe, *Mr Truman's Degree*, p. 65-66. **9.** *Ibid.*, p. 65. **10.** J. C. Masterman, *On the Chariot Wheel : An Autobiography*, Oxford, Oxford University Press, 1975, p. 304. **11.** « Report of the Committe on Honorary Degrees », 7 et 11 février 1955 ; J. Glover, *Humanity : A Moral History of the Twentieth Century*, New Haven, Yale University Press, 2001, p. 106-107. **12.** M. Geach, « Introduction », in G. E. M. Anscombe, M. Geach et L. Gormally (éds.), *Human Life, Action, and Ethics*, Exeter, Imprint Academic, 2005, p. xiv. **13.** J. C. Masterman, *On the Chariot Wheel*, p. 304. **14.** B. Mitchell, *Looking Back : On Faith, Philosophy and Friends in Oxford*, Durham, Memoir Club, 2009, p. 230. **15.** G. E. M. Anscombe, *Mr Truman's Degree*, p. 64 (Tous les mots prononcés par Anscombe sont tirés de ce pamphlet. Nous avons modifié le temps grammatical là où c'était nécessaire.) **16.** *Ibid.*, p. 64-65. **17.** « Solitary Opponent of Mr Truman's Honorary Degree », *Manchester Guardian*, 2 mai 1956, p. 3. **18.** J. C. Masterman, *On the Chariot Wheel*, p. 304. **19.** *Ibid.*, p. 304. **20.** G. E. M. Anscombe, *M. Truman's Degree*, p. 70. **21.** A. L. F. Beefston, lettre parue dans *Oxford Magazine*, Michaelmas Term, 1995 ; cité dans J. Glover, *Humanity*, p. 107. **22.** J. Glover, *Humanity*, p. 106. **23.** Tel que le rapporte Anscombe, *Mr Truman's Degree*, p. 66. **24.** A. Bullock, *Hitler : A Study in Tyranny*, Londres, Odhams Press, 1952. **25.** G. E. M. Anscombe, *M. Truman's Degree*, p. 66. **26.** *Ibid.*, p. 66. **27.** J. C. Masterman, *On the Chariot Wheel*, p. 304. **28.** G. E. M. Anscombe, *Mr Truman's Degree*, p. 64. **29.** J. C. Masterman, *On the Chariot Wheel*, p. 304. **30.** J. Teichmann, « Gertrude Elizabeth Margaret Anscombe 1919-2001 », *Proceedings of the British Academy*, vol. 115, 2002, p. 49. **31.** « Solitary Opponent of M. Truman's Honorary Degree », *Manchester Guardian*, 2 mai 1956, p. 3. **32.** M. R. S. Foot, « Degree for Mr Truman », *Manchester Guardian*, 7 mai 1956, p. 6. **33.** « Oxford Dons Fights Honor for Truman », *New York Times*, 19 juin 1956, p. 3. **34.** D. McCullough, *Truman*, New York, Simon & Schuster, 1992, p. 415. **35.** « Gaudy Menu 1956 », Christ Church Archives, Université d'Oxford, sxxiv.c.1/5. [Les noms des plats sont donnés en français dans le texte, *NdT.*] **36.** *Ibid.* Segonzac Fine Champagne 1924 est un cognac, non un champagne. **37.** D. McCullough, *Truman*, p. 957. **38.** M. Dummett, « Address for the Somerville Philippa Foot Memorial », Somerville College Archives, Université d'Oxford [SCA], SC/AO/AA/FW/Foot, p. 3. **39.** « Lettre de Philippa Foot à Janet Vaughan », 3 novembre 1957, SCA, SC/AO/AA/FW/Anscombe. **40.** D. McCullough, *Truman*, p. 348. **41.** R. Doll, « Vaughan [nom d'épouse Gourlay], Dame Janet Maria (1899-1993) », *Oxford Dictionary of National Biography*, Oxford, Oxford

University Press, 2010 [*ODNB*]. **42.** *Ibid.* **43.** « Lettre de Philippa Foot à Janet Vaughan ». **44.** Discours de Truman, http://news.bbc.co.uk/onthisday/hi/dates/stories/august/6/newsid_3602000/3602189.stm, consulté le 1er août 2021. **45.** « Iris Murdoch Journal 4 » [IMJ4], Iris Murdoch Collection, Kingston University [IMC], KUAS202/1/4, 25 juillet 1947, p. 25.

1. À l'épreuve

1. M. Midgley, *OM*, p. 60. **2.** *Ibid.*, p. 2. **3.** *Ibid.*, p. 21. **4.** *Ibid.*, p. 77. **5.** *Ibid.*, p. 3. **6.** *Ibid.*, p. 93. **7.** « Mary Midgley interviewed by Paul Merchant », *Science and Religion : Exploring the Spectrum. Life Stories Interviews*, British Library C1672/05, piste 2, p. 21. **8.** M. Scrutton, « On Being Reformed », *Listener*, 1428 (1956), p. 196. **9.** « Letter from Rev. Tom Scrutton to Mary Scrutton », 26 mai 1936, lettres des membres de la famille proche, MGMP MID/F. **10.** M. Midgley, *OM*, p. 81-82. **11.** « Jean Wilhelma Rowntree » (Histoire orale), archive sonore de l'*Imperial War Museum*, https://www.iwm.org.uk/collections/item/object/80014585, consulté le 21 juin 2021. **12.** M. Midgley, *OM*, p. 83. **13.** « Letter from Rev. Tom Scrutton », 24 avril 1939, MGMP MID/F. **14.** Rapport et Calendrier de Somerville College, 1938-1939, SCA SC/GB/AR/RC 1938-39. **15.** A. Ridler, *Olive Willis and Downe House : An Adventure in Education*, Londres, Murray, 1967, p. 81-82. **16.** J. Dewey, *Experience and Education*, New York, Kappa Delta Pi, 1938, p. 28 [trad. fr. M.-A. Carroi, *Expérience et éducation*, Paris, Bourrelier, 1947, p. 43, trad. modifiée]. **17.** *Ibid.*, p. 74 [trad. fr. p. 81]. **18.** *Ibid.*, p. 49. **19.** J. Hart, *Ask Me No More*, Londres, Peter Halban, 1998, p. 14. **20.** M. Scrutton, « On Being Reformed », p. 196. **21.** P. Smith, *The Morning Light : A South African Childhood Revalued*, David Philip, 2000, p. 221 ; SCA, conversation avec les auteurs. **22.** P. Smith, *The Morning Light*, p. 221. **23.** M. Midgley, *OM*, p. 77. **24.** P. Conradi, *Iris Murdoch : A Life*, Londres, Harper & Collins, 2001 [*IMAL*], p. 59. **25.** *Ibid.*, p. 28. **26.** *Ibid.*, p. 59. **27.** J. Storry, *At Badminton with B. M. B. by Those Who Were There*, Badminton School, Bristol, 1982, p. 7-8. **28.** D. J. McKenzie, *Steps to the Bar*, Itchenor, Greengate Press, 1998, p. 31-32. **29.** « Letter to M. W. D. Howarth », 10 janvier [?], PCA, KUAS6/10/1/7. **30.** D. J. McKenzie, *Steps to the Bar*, p. 32. **31.** « Letter from Leila Eveleigh to Peter Conradi », 27 juin [1998], PCA KUAS6/10/1/1/1. **32.** D. J. McKenzie, *Steps to the Bar*, p. 32. **33.** « Letter from Pat Trenaman to John Bayley », 28 février 1999, PCA KUAS6/10/1/10. **34.** « Letter to Peter Conradi from Mary Jeffery », 22 février 1981, PCA KUAS6/10/1/3. **35.** M. Midgley, *OM*, p. 86. **36.** P. Conradi, *IMAL*, p. 97. **37.** *Ibid.*, p. 396. **38.** *Ibid.*, p. 83. **39.** D'après Peter Conradi, Iris avait d'abord été acceptée à Somerville pour faire des études d'anglais, mais elle se tourna vers les *Mods and Greats* au cours du premier trimestre : *ibid.*, p. 85. **40.** Pour davantage d'informations, voir R. Currie, « The Arts and Social Studies, 1914-1939 », in B. Harrison (dir.), *The History of the University of Oxford, Vol. VIII : The Twentieth Century*, Oxford, Clarendon Press, 1994 [*HUOVIII*], p. 109-138. **41.** P. Adams, *SW*, p. 224. Voir également *IMAL*, p. 83. **42.** M. Midgley, *OM*, p. 86. Le bâtiment « Est » s'appelle désormais « Darbishire », d'après Helen Darbishire, la principale de Somerville entre 1930 et 1945. **43.** J. Reynolds, conversation avec les auteurs, 2 juillet 2020. **44.** P. Conradi, *IMAL*, p. 84. **45.** P. Conradi, *IMAL*, p. 82. Voir également M. Midgley, *OM*, p. 86. **46.** D. Buxton, Oxford University Ceremonies, p. 42-43. **47.** « Carte postale de la doyenne de Somerville College, Oxford (Vera Farnell) au sujet de la tenue académique correcte des femmes », MGMP MID/E/36. **48.** P. Adams, *SW*, p. 121. **49.** C. Seymour-Ure, « Bathurst [née Borthwick], Lilias Margaret Frances, Countess Bathurst (1871-1965) », *ODNB*. **50.** J. Howarth, « Women », in *HOUVIII*, p. 81-108, à la p. 101. **51.** J. Robinson, *Bluestockings*, Londres, Viking, 2009, p. 78-79. **52.** B. Harrison, « College Life, 1918-1939 », in *HOUVIII*, p. 81-108, à la p. 101. **53.** P. Adams, *SW*, p. 164 – « On disait que Cambridge tirait profit de l'image d'Oxford comme étant une université "socialiste, faible en athlétisme et s'efféminant". » **54.** V. Farnell, *A Somervillian Looks Back*, imprimé à titre privé chez Oxford University Press, 1948, p. 1. **55.** J. Howarth, « Women », p. 362. **56.** E. Healey, *Part of the Pattern : Memoirs of a Wife at Westminster*, Londres, Headline, 2007, p. 36. **57.** M. Midgley, *OM*, p. 88. **58.** *Ibid.*, p. 88 ; voir également « Friday Train to Reading », n.d., MGMP MID/F. **59.** M. Midgley, *OM*, p. 131. L'inversion de l'expression usuelle est celle de Mary Midgley. **60.** P. Conradi, *IMAL*, p. 95. **61.** P. Adams, *SW*, p. 233. **62.** J. Morris, *Oxford*, Oxford, Oxford University Press, 2001, p. 65. **63.** *Ibid.*, p. 119. **64.** Calcul basé sur J. Morris, *Oxford*, p. 67 (St John est environ deux fois plus riche qu'All Souls, et All Souls environ cinquante fois plus riche que Somerville). **65.** P. Adams, *SW*, p. 163-165. **66.** J. D. Mabbott, *Oxford Memories*, Oxford, Thorntons, 1986, p. 81-82. **67.** P. Adams, *SW*, p. 163-165. **68.** M. Rowe, *J. L. Austin : Philosopher and D-Day Intelligence Officer*, manuscrit non publié (Oxford, Oxford University Press, à paraître), chapitre 9. Nos remerciements vont à Fanny Mitchell pour nous avoir permis de reproduire cette note. **69.** M. Midgley, *OM*, p. 23. **70.** P. Conradi, *IMAL*, p. 69. **71.** J. Storry, *At Badminton with B. M. B. by Those who Were there*, p. 11. **72.** « Debating Society Report », *Badminton School Magazine* LX, Trimestre d'été 1936, Archive du lycée de Badminton. **73.** P. Conradi, *IMAL*, p. 69. **74.** J. Storry, *At Badminton with B. M. B. by Those who Were there*, p. 8, cité dans P. Conradi, *IMAL*, p. 68. **75.** « Christmas Holidy

Lectures », *Headway*, mars 1937, p. 48, in PCA KUAS6/10/2/8. Voir également P. Conradi, *IMAL*, p. 78. **76.** I. Murdoch, « If I were Foreign Secretary », *Badminton School Magazine*, LXXV, Trimestre d'automne 1937, p. 16, Archives de Badminton School. Voir également P. Conradi, *IMAL*, p. 78. **77.** Pour en savoir davantage, voir Colin Carritt, « The Oxford Carritts », histoire familialie non publiée, 2006. **78.** I. Murdoch, « Badmintonians at Oxford », in *Badminton School Magazine*, LXXIX, Trimestres de printemps et d'été 1939, p. 27-28, Archives de Badminton School ; cité dans P. Conradi, *IMAL*, p. 83. **79.** P. Conradi, *IMAL*, p. 202. **80.** *Ibid.*, p. 83. **81.** P. Adams, *SW*, p. 220. **82.** P. Griffin, *St Hugh's : One Hundred Years of Women's Education in Oxford*, Londres, Palgrave Macmillan, 1986, p. 107. **83.** M. Midgley, *OM*, p. 88. **84.** P. Conradi, *IMAL*, p. 84-85. **85.** *Ibid.*, p. 82-83. **86.** *Ibid.*, p. 89-90. **87.** M. Midgley, *OM*, p. 87. **88.** P. Conradi, *IMAL*, p. 84. **89.** A. Williams-Ellis, *All Stracheys Are Cousins*, Londres, Weidenfeld & Nicolson, 1983, p. 128. **90.** M. Midgley, *OM*, p. 94. **91.** « Mary Midgley interviewed by Paul Merchant », piste 2, p. 22. **92.** St Hugh's College Chronicle : 1938-1939, n° 11, p. 31. **93.** D. Quare, « Mordan, Clara Evelyn (1844-1915) », *ODNB*. **94.** « Report by D. H. Gray, Hilary Term 1938 », Fichier de l'étudiante Elizabeth Anscombe, Archives de St Hugh's College, St Hugh's College, Université d'Oxford [SHCA], SHG/J/3/2. **95.** « Photocopied documentation on GEMA's record as a pupil at Syndenham High School », Archives du Collegium Institute Anscombe à l'Université de Pennsylvanie, Kislak Centre for Special Collections, Rare Books and Manuscripts [CIAA], Boîte 14, Fichier 562. **96.** *Ibid.* **97.** M. Geach, correspondance avec les auteurs, 28 septembre 2020. **98.** *Ibid.* **99.** A. Keene, « Gwyer, Barbara Elizabeth (1881-1974) », *ODNB*. **100.** J. Howarth, « Anglican Perspectives on Gender : Some Reflections on the Centenary of St Hugh's College, Oxford », *Oxford Review of Education*, 12 : 3, 1986, p. 299. **101.** P. Griffin, *St Hugh's*, p. 20. **102.** A. M. A. H. Rogers et C. F. Rogers, *Degrees by Degrees : The Story of the Admission of Oxford Women Students to Membership of the University*, Oxford, Oxford University Press, 1938. **103.** J. Howarth, « Rogers, Annie Mary Anne Henley (1856-1937) », *ODNB*. **104.** Voir https://www.st-annes.ox.ac.uk/this-is-st-annes/history/founding-fellows/annie-rogers/, consulté le 26 juillet 2021. **105.** P. Griffin, *St Hugh's*, p. 304-316. **106.** M. Geach, « Introduction », in G. E. M. Anscombe, *Faith in a Hard Ground : Essays on Religion, Philosophy, and Ethics*, éds. Mary Geach et Luke Gormally, Exeter, Imprint Academic, 2008, p. i-xxvi, à la p. xxii. **107.** G. E. M. Anscombe, « Introduction », in *Metaphysics and the Philosophy of Mind : Collected Papers Volume II*, Oxford, Blackwell, 1981 [*MPM*], p. vii-x, à la p. vii. **108.** *Ibid.* **109.** G. E. M. Anscombe, *MPM*, p. vii. **110.** M. Midgley, conversation avec les auteurs, septembre 2016.

111. G. E. M. Anscombe fit sa confirmation un an plus tard, en juillet 1939, en France. « GEMA's Certificate of Confirmation », CIAA Boîte 10, Fichier 373. **112.** En réalité, Eleonora était née à Essen et, comme ses parents, elle était citoyenne allemande. Il est très probable que ses grands-parents firent partie des nombreux Polonais qui émigrèrent là au début des années 1870, depuis la Prusse orientale. Voir M. Bachem-Rehm, « A Forgotten Chapter of Regional Social History : The Polish Immigrants to the Ruhr 1870-1939 », in D. Reuschke, M. Salzbrunn et K. Schönhärl (dir.), *The Economies of Urban Diversity : The Ruhr Area and Istanbul*, New York, Palgrave Macmillan, 2013. **113.** E. F. A. Geach et D. Wallace, *--esques*, Oxford, Blackwell, 1918. Pour une brève biography d'Eleonora Geach, voir http://desturmobed.blogspot.com/2012/10/efa-geach.html, consulté le 1er août 2021. **114.** P. Geach, « A Philosophical Autobiography », in H. A. Lewis (dir.), *Peter Geach : Philosophical Encounters*, Dordrecht, Springer, 1991, p. 1-25, à la p. 2, 3 et 5. **115.** P. Geach, « A Philosophical Autobiography », p. 4. **116.** A. Kenny, « Peter Thomas Geach, 1916-2013 », *Biographical Memoirs of Fellows of the British Academy* 14, 2015, p. 185-203, à la p. 186. **117.** P. Geach, « A Philosophical Autobiography », p. 10. **118.** https://www.bioethics.org.uk/page/about_us/about_elizabeth_anscombe, consulté le 1er août 2021. **119.** A. Kenny, « Peter Thomas Geach, 1916-2013 », p. 187. **120.** P. Geach, « A Philosophical Autobiography », p. 11. **121.** M. Midgley, *OM*, p. 94. **122.** *Ibid.*, p. 94. **123.** « PC's Interviews in Oxford, Hilary 1999 », carnet, IMC, KUA26/4/1/1. **124.** P. Conradi, *IMAL*, p. 86. **125.** B. Walsh, « Mildred Hartley : A Wartime Recollection », *Somerville College Annual Report 1996*, SCA, p. 134-137, à la p. 134. **126.** *Ibid.*, p. 134. **127.** D. Scott, *A. D. Lindsay : A Biography*, Oxford, Basil Blackwell, 1971, p. 245. **128.** P. Conrad *IMAL*, p. 89. **129.** M. Midgley, *OM*, p. 85. **130.** S. Humphreys, « Obituary : Mary Isobel Henderson », p. 30. **131.** P. Adams, *SW*, p. 232. **132.** S. Humphreys, « Obituary : Mary Isobel Henderson », p. 30. **133.** A. Cameron, « Past Masters », *Times Higher Education Supplement*, 27 octobre 1994. **134.** « Marriages », *Times*, 20 juin 1933. **135.** A. L. Rowse, « M. Charles Henderson », *Times*, 2 octobre 1933. **136.** D. Scott, *A. D. Lindsay*, p. 250. **137.** D. Healey, *The Time of my Life*, Londres, Michael Joseph, 1989, p. 28. **138.** D. Scott, *A. D. Lindsay*, p. 250. **139.** R. Eatwell, « Munich, Public Opinion, and Popular Front », *Journal of Contemporary History* 6, 4, 1971, p. 122-139, à la p. 128. **140.** E. Healey, *Part of the Pattern*, p. 42. **141.** P. Conradi, *IMAL*, p. 89. **142.** *Ibid.*, p. 631-632 (note 73) ; voir « Letter from Margaret Stanier to Peter Conradi », 29 octobre 1998, IMA, KUAS6/3/143/3. **143.** A. Horner et A. Rowe, *Living on Paper : Letters from Iris Murdoch, 1934-1995*, Londres, Chatto, 2015 [*LP*], p. 10-11. **144.** A. Horner et A. Rowe, *LP*, p. 10-11. **145.** T. Snyder, *Bloodlands : Europe between Hitler and Staline*, Londres,

Vintage, 2011, p. 74. **146.** J. Dewey *et al.*, *Not Guilty : Report of the Commission of Inquiry into the Charges Made Against Leon Trotsky in the Moscow Trials*, New York, Harper and Brothers Publishers, 1938. **147.** M. Midgley, *OM*, p. 111. **148.** *Ibid.*, p. 111. **149.** M. Ignatieff, *Isaiah Berlin : A Life*, Londres, Chatto & Windus, 1998, p. 73. **150.** L. Mitchell, *Maurice Bowra : A Life*, Oxford, Oxford University Press, 2010, p. 200. **151.** E. R. Dodds, *Missing Persons : An Autobiography*, Oxford, Clarendon Press, 1977, p. 131. **152.** Voir C. Birks, « From Pacifism to Popular Front : The Changing Views of the Left and the Liberal Intelligentsia in Oxford, 1933-1938 », mémoire de Master, Université d'Oxford, 2020. **153.** E. Waugh, *Brideshead Revisited : The Sacred and Profane Memories of Captain Charles Ryder*, Londres, Penguin, 2012, p. 22. **154.** P. Conradi, *A Very English Hero : The Making of Frank Thompson*, Londres, Bloomsbury, 2013, p. 46. **155.** Voir C. Carritt, « The Oxford Carritts », p. 2. **156.** S. Brown & H. T. Bredin, *Dictionary of Twentieth-Century British Philosophers*, Londres, Bloomsbury Academic, 2005, p. 157. **157.** P. Conradi, *A Very English Hero*, p. 113. **158.** D. Emmet, *Philosophers and Friends : Reminiscences of Seventy Years in Philosophy*, avant-propos de Bryan Magee, Basingstoke, Macmillan, 1996, p. 33. **159.** D. Scott, *A. D. Lindsay*, p. 120. **160.** *Ibid.*, p. 160. **161.** M. Grimley, *Citizenship, Community and the Church of England : Liberal Anglican Theories of the State Between the Wars*, Oxford, Oxford University Press, 2004. **162.** D. Scott, *A. D. Lindsay*, p. 106. **163.** Voir J. Savage, *Teenage : The Creation of Youth Culture*, Londres, Pimlico, 2008. **164.** D. Healey, *The Time of my Life*, p. 27. **165.** L. Mitchell, *Maurice Bowra*, p. 160-162. **166.** *Ibid.*, p. 249. **167.** P. Smith, *The Morning Light*, p. 235. **168.** S. Crawford, K. Ulmschneider & J. Elsner (dir.), *Ark of Civilization : Refugee Scholars and Oxford University, 1930-1945*, Oxford, Oxford University Press, 2017 [*AC*], p. 14. Voir également B. Williams, *Shame and Necessity*, Berkeley, University of California Press, 1993, p. x-xi. **169.** S. Crawford *et al.* (dir.), *AC*, p. 1. **170.** J. Elsner, « Pfeiffer, Fraenkel, and Refugee Scholarship in Oxford during and after the Second World War », in S. Crawford *et al.* (dir.), *AC*, p. 25-49, à la p. 31. **171.** S. Crawford *et al.* (dir.), *AC*, p. 1. **172.** S. Humphreys, « Obituary : Mary Isobel Henderson », p. 30. **173.** M. Midgley, *OM*, p. 98. **174.** E. Fraenkel, *Aeschylus : Agamemnon, Vol. 1*, Oxford, Oxford University Press, 1950, p. 95 [trad. fr. Pierre Judet de la Combe, *Agamemnon*, Paris, Les Belles Lettres, coll. « Classiques en poche », 2015, p. 9] **175.** Voir C. Stray, « A Teutonic Monster in Oxford : The Making of Fraenkel's Agamemnon », in S. Christina & Christopher Stray Kraus (dir.), *Classical Commentaries : Explorations in a Scholarly Genre*, Oxford, Oxford University Press, 2015, p. 39-57. **176.** Voir J. G. Darwin, « A World University », in *HUOVIII*, p. 607-638, à la p. 609. **177.** M. Midgley, *OM*, p. 97. **178.** *Ibid.*, p. 96-97. **179.** E. Fraenkel, *Aeschylus :*

Agamemnon, Vol. 3, Oxford, Oxford University Press, 1950, p. 485, cité dans Crawford *et al.* (dir.), *AC*, p. 42. **180.** G. R. Burton & J. F. Toland, « Ludwig Edward Fraenkel. 28 May 1927-27 April 2019 », *Biographical Memorials of Fellows of the Royal Society* 69, 2020, p. 175-201. **181.** W. Webster, *Mixing It : Diversity in the World War Two Britain*, Oxford, Oxford University Press, 2018, p. 168. **182.** E. Fraenkel, *Aeschylus : Agamemnon, Vol. 1*, p. 95, p. 11. **183.** M. Umachandran, « "The aftermath experienced before" : Aeschylean Untimeliness and Iris Murdoch's Defence of Art », *Ramus* 48, 2, 2019, p. 225 *et passim*. **184.** P. Conradi, *IMAL*, p. 121-122. **185.** *Ibid.*, p. 97. **186.** *Ibid.*, p. 93. **187.** S. Summers, « The Lost Loves of Iris Murdoch », *Mail on Sunday*, 5 juin 1988, p. 17, cité dans P. Conradi, *IMAL*, p. 96. **188.** P. Conradi, *IMAL*, p. 93. **189.** Pour une présentation générale, voir W. J. Mander, *Idealist Ethics*, Oxford, Oxford University Press UK, 2016. Voir également J. H. Muirhead, « How Hegel came to England », *Mind* 36, 144, 1927, p. 423-447 ; T. H. Green, *Prolegomena to Ethics*, Oxford, Oxford University Press, 2003 ; Bernard Bosanquet, *Some Suggestions in Ethics*, Londres, Macmillan, 1918 ; A. D. Lindsay, « The Idealism of Caird and Jones », *Journal of Philosophical Studies* 1, 2, 1926, p. 171-182. **190.** G. E. Moore, « The Refutation of Idealism », *Mind* 12, 48, 1903, p. 433-453. **191.** G. E. Moore, *Principia Ethica*, Cambridge, Cambridge University Press, 1922, chap. 2, en particulier p. 40. **192.** H. A. Prichard, « Does Moral Philosophy Rest on a Mistake ? », *Mind* 21, 81, 1912, p. 21-37, à la p. 37. **193.** D. Emmet, *Role of the Unrealisable : Study in Regulative Ideals*, Londres, Palgrave Macmillan, 1993, p. 64. **194.** P. Conradi, *Iris Murdoch, A Writer at War : Letters and Diaries, 1939-1945*, Oxford, Oxford University Press, 2011 [*WW*], p. 251. Voir également, si vous le souhaitez, *IMAL*, p. 216. **195.** E. Nagel, « Impressions and Appraisals of Analytic Philosophy in Europe. I », *Journal of Philosophy* 33, n° 1, 1936, p. 5-24, à la p. 9. Voir également Ben Rogers, *A. J Ayer : A Life*, New York, Grove Press, 1999, p. 104. **196.** B. Rogers, *A. J. Ayer*, p. 114. **197.** *Ibid.*, p. 58. **198.** Voir F. Stadler, *The Vienna Circle : Studies in the Origins, Development, and Influence of Logical Empiricism*, Vienne/New York, Springer, 2001. **199.** Voir https://www.psy.ox.ac.uk/about-us/120-years-of-psychology-at-oxford, consulté le 1er août 2021. **200.** M. Midgley, *OM*, p. 84. **201.** L. S. Stebbing, « Moore's Influence », in Paul Arthur Schilpp (dir.), *The Philosophy of G. E. Moore : The Library of Living Philosophers*, La Salle (Illinois), Open Court, 1942, p. 517-532, à la p. 530. **202.** E. Nagel, « Impressions and Appraisals of Analytic Philosophy in Europe. I », p. 6. **203.** *Ibid.*, p. 13. **204.** J. Wisdom, « L. Susan Stebbing, 1885-1943 », *Mind* 53, 211, 1944, p. 283-285, à la p. 283. **205.** L. S. Stebbing, *A Modern Introduction to Logic*, Londres, Methuen, 1930-1948, p. 1. **206.** L. S. Stebbing, *Thinking to Some Purpose*, Harmondsworth,

Penguin Books, 1939, p. 63. **207.** *Ibid.*, p. 70-71. **208.** S. Chapman, *Susan Stebbing and the Language of Common Sense*, Londres, Palgrave Macmillan, 2013, p. 126. **209.** B. Rogers, *A. J. Ayer*, p. 55. **210.** A. J. Ayer, *A Part of My Life : The Memoirs of A Philosopher*, Oxford, Oxford University Press, 1978, p. 122. **211.** L. Wittgenstein, *Tractatus Logico-Philosophicus*, Londres, Routledge, 1921. Première publication en allemand en 1921, puis dans une traduction anglaise par Ogden et Ramsey en 1922. [L. Wittgenstein, *Tractatus Logico-philosophicus*, trad. fr. G.-G. Granger, Paris, Gallimard, coll. « Tel », 1993.] **212.** *Ibid.*, § 4 116 [trad. fr. modifiée] et § 7. **213.** « Letter from A. J. Ayer to Ryle, 9 February 1933 », Collection Gilbert Ryle, Linacre College, Université d'Oxford. **214.** *Ibid.* **215.** F. Ayer, *Language, Truth and Logic*, p. 86. **216.** *Ibid.*, p. 85. **217.** F. Ayer, *A Part of My Life*, p. 144. **218.** F. Ayer, *Language, Truth and Logic*, p. 49 (Ayer a pris cette proposition dans l'ouvrage de F. H. Bradley, *Appearance and Reality : A Metaphysical Essay*, 2de edition, Londres, Swan Sonnenschein, 1908). **219.** F. Ayer, *A Part of My Life*, p. 144. **220.** I. Murdoch, « Metaphysics and Ethics » (1957), in Iris Murdoch, *Existentialists and Mystics : Writings on Philosophy and Literature*, édité par P. J. Conradi, Londres, Chatto & Windus, 1997 [*EM*], p. 99-123, à la p. 60. **221.** M. Midgley, *OM*, p. 120. **222.** M. Midgley, *The Myths We Live By*, Londres, Routledge, 2011, p. 59. **223.** H. H. Price, Hume's Theory of the External World, p. 8. **224.** F. Ayer, *A Part of My Life*, p. 154. **225.** F. Ayer, *Language, Truth and Logic*, p. 137. **226.** B. Rogers, *A. J. Ayer*, p. 123. **227.** Voir M. Ignatieff, *Isaiah Berlin : A Life*, p. 85. **228.** D. Mac Kinnon, « And The Son of Man that Thou Visitest Him », 2e partie, p. 269. **229.** *Ibid.*, p. 266. **230.** B. Rogers, *A. J. Ayer*, p. 124. **231.** M. Midgley, *OM*, p. 118. **232.** F. Ayer, *A Part of My Life*, p. 166. **233.** « H. H. Price Référence for A. J. Ayer », 8 février 1935, Archives A. J. Ayer, Trinity College, Université d'Oxford, cite dans Rogers, *A. J. Ayer*, p. 106. **234.** F. Ayer, *A Part of My Life*, p. 145. **235.** « D'Arcy, Martin Cyril, SJ (1888-1976) », in T. Worcester, S J (dir.), *The Cambridge Encyclopedia of the Jesuits*, Cambridge, Cambridge University Press, 2017, p. 219. **236.** Cité dans C. Wilks, *Emotion, Truth and Meaning : In Defense of Ayer and Stevenson*, Dordrecht, Kluwer Academic Publishers, 2002, p. 38. **237.** R. M. Hare, « A Philosophical Autobiography », *Utilitas* 14, 3, 2002, p. 269-305, à la p. 288. **238.** G. R. G. Mure, *Retreat from Truth*, Londres, Blackwell, 1958, p. vii. **239.** B. Rogers, *A. J. Ayer*, p. 124. **240.** R. G. Collingwood, *An Essay on Metaphysics (1940)*, Oxford, Clarendon Press, 1957, p. viii. **241.** R. G. Collingwood, *An Essay on Metaphysics*, p. 162-163, p. 166. **242.** *Ibid.*, p. 21. **243.** A. D. Lindsay, « What Does the Mind Construct ? », *Proceedings of the Aristotelian Society* 25, 1924, p. 1-18, à la p. 11. Voir également Emmet, *Philosophers and Friends*, p. 16. **244.** F. Inglis, *History Man : The Life of R. G. Collingwood*, Princeton, Princeton University Press, 2011, p. 249.

2. Apprendre en temps de guerre

1. Voir P. Conradi, *IMAL*, p. 105-108. **2.** M. Midgley, *OM*, p. 102. Les mots que prononça vraiment Chamberlain à la radio le 27 septembre 1938, lors de l'annexion du territoire des Sudètes par l'Allemagne, furent les suivants : « Il est horrible, fantastique et incroyable qu'ici nous creusions des tranchées et essayions des masques à gaz, à cause d'une querelle dans un pays lointain entre des gens dont nous ne savons rien. » **3.** W. Webster, *Mixing It*, p. 42. **4.** IMJ1, non daté, p. 103, IMC, KUAS202/1/1 ; voir également P. Conradi, *IMAL*, p. 107. **5.** M. Midgley, *OM*, p. 103. **6.** P. Addison, « Oxford and the Second World War », *HOUVIII*, p. 167-188, à la p. 169. **7.** *Ibid.*, p. 167. **8.** M. R. D. Foot, *Memories of an S.O.E. Historian*, Barnsley, Pen & Sword Books, 2009, p. 52. **9.** « Photocopie d'une lettre de Noel Eldridge à sa mère » [novembre 1939], p. 2-3, PCA, KAUS6/11/1/16/3 (cette lettre est citée dans Conradi, *IMAL*, p. 156). **10.** P. Conradi, *IMAL*, p. 106. **11.** P. Warner, *Phantom : Uncovering the Secrets of the WW2 Special Forces Unit*, Barnsley, Pen & Sword Books, 1990, p. 325-326. **12.** P. Conradi, *WW*, p. 111. **13.** P. Conradi, *IMAL*, p. 100. **14.** *Ibid.* **15.** P. Conradi, *WW*, p. 121 et p. 118. **16.** « Lettre de Nick Crosbie à Mary Scrutton », non datée, MGMP, MID/F. **17.** I. Murdoch, « More about Wartime Oxford », in *Badminton School Magazine*, LXXXII, 1941-2, p. 23, Badminton School Archive. **18.** C. S. Lewis, « Learning in War-Time » (22 octobre 1939), in C. S. Lewis, *The Weight of Glory : A Collection of Lewis's Most Moving Addresses*, London, William Collins, 2013, p. 49-50. **19.** « Lettre d'Iris Murdoch à Mary Scrutton », non datée, postée de Somerville, MGMP MID/F. **20.** M. Midgley, *OM*, p. 106. **21.** A. Prochaska, « Patricia Margaret Norman », https://principal2010.files.wordpress.com/2013/09/patricia-margaret-norman.pdf, 2013, consulté le 1er août 2021. **22.** P. Adams, *SW*, p. 242. **23.** A. Horneret A. Rowe, *LP*, p. 14. **24.** P. Conradi, *WW*, p. 186. **25.** *Ibid.*, p. 190. **26.** « Lettre d'Iris Murdoch à Patrick O'Regan, Blackpool », non datée [juillet 1940], PCA, KUAS6/1/42/12. **27.** « Lettre d'Iris Murdoch à Patrick O'Regan, Blackpool », non datée [probablement mars 1941], PCA, KUAS6/1/42/10. **28.** Les fans des œuvres littéraires d'Iris Murdoch la reconnaîtront dans le personnage de Paula, dans *The Nice and The Good* [*Les Demi-Justes*, trad. fr. L. Tranec, Paris, Gallimard, coll. « Du monde entier », 1970]. **29.** « Philippa Foot (1920-2010) – An Oxfam Tribute », p. 3, SCA, SC/AO/AA/FW/Foot. **30.** M. Gornall, « Philippa Foot and Thoughts about Oxfam », tapuscrit, SCA Philippa Foot Papers, Boîte 10 Oxfam Material, p. 1 **31.** Parmi eux, le jeune philosophe et *proctor* H. J. Paton. Voir Robert Currie, « The Arts and Social Studies, 1914-1939 ». **32.** M. Gornall, « Philippa Foot and Thoughts about Oxfam », p. 1. **33.** R. Hursthouse, « Philippa Foot 1920-2010 », *Biographical Memoirs of Fellows of the British Academy*, 11, 2012, p. 179-196, à la p. 181. **34.** R. Currie, « The Arts and Social Studies, 1914-1939 », p. 116. **35.** Lettre à l'Éditeur, *Times*, 26 mai 1936. **36.** « Esther Cleveland Weds Capt. Bosanquet : Late President's Daughter Marries Coldstream Guards Officer in Westminster Abbey », *New York Times*, 15 mars 1918. **37.** « Old Hall, sales particulars. Sanderson Townend & Gilbert », in SCA, Philippa Foot Papers, Boîte 1, Family Material, 1/2. **38.** J. O'Grady, « Philippa Foot : Obituary », *Guardian*, 5 octobre 2010. **39.** « Commonplace book [carnet de références] », 4 janvier 1998, SCA, Philippa Foot Papers, Boîte 3, Notebooks & Commonplace books. **40.** P. Conradi, *Family Business : A Memoir*, Bridgend, Seren, 2019, p. 177. **41.** P. Coles, « Memories of Philippa Foot, 2020 », correspondance avec les autrices, p. 3. **42.** « Commonplace book », 4 janvier 1988. **43.** P. Conradi, *Family Business*, p. 178. **44.** M. R. S. Foot, *Memories of an S.O.E. Historian*, p. 16-17. **45.** M. Gornall, « Philippa Foot and Thoughts about Oxfam », p. 1. **46.** M. Pugh, *We Danced All Night : A Social History of Britain Between the Wars*, London, Random House, 2013, p. 129. **47.** P. Conradi, *Family Business*, p. 177. **48.** M. Gornall, « Philippa Foot and Thoughts about Oxfam », p. 1. **49.** P. Conradi, « The Guises of Love : The Friendship of Professor Philippa Foot and Dame Iris Murdoch », *The Iris Murdoch Review*, 5, 2014, p. 17-28, p. 27. **50.** « Notebook [carnet] 4 (relié rouge) », août 2001, SCA, Philippa Foot Papers, Boîte 3, Notebooks and Commonplace books. **51.** P. Conradi et G. Lawrence, « Professor Philippa Foot : Philosopher regarded as being among the finest moral thinkers of the age », *Independent*, 23 octobre 2011. **52.** « Philippa Foot (1920-2010) – An Oxfam Tribute », p. 2. **53.** J. Rée, « Philosophical Lives : Philippa Foot interview », transcription, 19 septembre 2000, SCA, Philippa Foot Papers, Boîte 11 : SC/LY/SP/PF/11, p. 5. **54.** M. Gornall, « Philippa Foot and Thoughts about Oxfam », p. 1. **55.** P. Foot, « Mildred Hartley », *Somerville College Annual Report 1996*, SCA, p. 130-131. **56.** P. Foot, « Mildred Hartley », p. 130. **57.** R. Hursthouse, « Philippa Ruth Foot 1920-2010 », p. 181. **58.** R. Currie, « The Arts and Social Studies, 1914-1939 », p. 120. **59.** *Oxford Magazine*, 5 juin 1941, p. 338. **60.** *Ibid.*, 21 novembre, 1940, p. 1. **61.** A. Horner et A. Rowe, *LP*, p. 14 ; Farnell, *A Somervillian Looks Back*, p. 74. **62.** P. Addison, « Oxford and the Second World War », p. 170. **63.** P. Adams, *SW*, p. 239. **64.** V. Farnell, *A Somervillian Looks Back*, p. 73. **65.** M. Midgley, *OM*, p. 109. **66.** K. M. Lea, « Elisabeth Blochmann Obituary 1892-1972 », *The Brown Book : Lady Margaret Hall Magazine*, 1972. **67.** L. Brockliss, « Welcoming and Supporting Refugee Scholars : the Role of Oxford's Colleges », in Crawford *et al.* (eds.), *AC*, p. 62-76, à la p. 72. **68.** V. Purton, *An Iris Murdoch Chronology*, Basingstoke, Palgrave Macmillan, 2007, p. 16. **69.** J. Gardiner, *Wartime Britain 1939-1945*, London, Headline, 2016, p. 166-167. **70.** J. Gardiner, *Wartime Britain*

1939-1945, p. 59. **71.** V. Lynn et V. Lewis-Jones, *Keep Smiling Through : My Wartime Story*, London, Random House, 2017, p. 115. **72.** P. Addison, « Oxford and the Second World War », p. 171. **73.** Voir D. Scott, *A. D. Lindsay*, p. 257-287. **74.** M. Midgley, *OM*, p. 105. **75.** « TS transcript of RMH personal interview with (now Sir) Brian Harrison », 17 juin 1989, p. 10, Balliol College Archive, Université d'Oxford, R. M. Papers. **76.** R. M. Hare, « A Philosophical Autobiography », p. 276. **77.** J. Haldane, « Anscombe : Life, Action and Ethics in Context », *Philosophical News*, 18, 2019, p. 45-75, à la p. 65. **78.** G. E. M. Anscombe, *The Justice of the Present War Examined*, p. 72. **79.** *Ibid.*, p. 75. **80.** *Ibid.*, p. 81. **81.** « The Parish of Beguildy », p. 6. **82.** G. E. M. Anscombe, *Collected Philosophical Papers : Ethics, Religion and Politics*, vol. 3 [ERP], p. vii. **83.** « Oxford Student Begs for Revolt in Stuart "Plot" : "Party" is Serious », *New York Herald Tribune*, 7 mars 1937. Voir également : « Rupprecht called "King of England" », *New York Times*, 31 janvier 1937, p. 26 ; « Student made "Prince" by Oxford Jacobites », *Washington Post*, 31 janvier 1937 ; « Prince Rupprecht : Jacobite Ceremony at Oxford », *Scotsman*, 1er février 1937 ; « Anti-Coronation Stunt Suppressed at Oxford », *St Louis Post*, 8 mai 1937 ; « Jacobite Leader », *Vancouver Sun*, 8 juin 1937. Nous remercions Roger Teichmann d'avoir porté ces articles à notre attention. **84.** « Oxford Clique Aims at Revolt : Backs Stuart Pretender Against Reigning », *Daily Boston Globe*, 7 mars 1937. **85.** P. Geach, « A Philosophical Autobiography », p. 11-12 ; Kenny, « Peter Thomas Geach, 1916-2013 », p. 188. **86.** https://www.theweatheroutlook.com/twoother/twocontent.aspx?type=tystat&id=1180&title=January +1940, consulté le 1er août 2021. **87.** M. Midgley, *OM*, p. 97. **88.** *Ibid.*, p. 100. **89.** *Ibid.* **90.** « Mary Midgley interviewed by Paul Merchant », piste 2, p. 26. **91.** A. Rowe, *J. L. Austin*, chap. 9. **92.** C. E. M. Joad, « Appeal to Philosophers », *Philosophy*, 15, 60, 1940, p. 400-416, à la p. 405. **93.** D. Emmet, *The Nature of Metaphysical Thinking*, London, Macmillan, 1961. **94.** H. H. Price, « The Inaugural Address : Clarity is Not Enough », *Proceedings of the Aristotelian Society, Supplementary Vol.* 19, 1945, p. 1-31, aux p. 24 et 31. **95.** C. Stray, « Eduard Fraenkel (1888-1970) », in Crawford *et al.* (éds.), *AC*, p. 180-200, à la p. 184. **96.** P. Conradi, *IMAL*, p. 118. **97.** J. Elsner, « Pfeiffer, Fraenkel, and Refugee Scholarship in Oxford during and after the Second World War », p. 29. **98.** K. Lowe, « "I shall snuffle about and make relations" : Nicolai Rubinstein, the Historian of Renaissance Florence, in Oxford during the war », in Crawford *et al.*, *AC*, p. 220-233, à la p. 222. **99.** P. Conradi, *WW*, p. 187. **100.** C. Stray, « Eduard Fraenkel (1888-1970) », p. 184. Voir également « Super Tastes at a Pioneering Shop », *Oxford Mail*, 30 mars 2011. **101.** *Oxford Gazette* (1939-1940), p. 536. **102.** M. Midgley, *OM*, p. 114 ; Rowe, *J. L. Austin*, chapitre 9.

103. M. Midgley, *OM*, p. 114-115. **104.** *Ibid.* **105.** M. Midgley, conversation avec les autrices, septembre 2016. **106.** P. Conradi, *IMAL*, p. 112. **107.** M. Midgley, *OM*, p. 110. Voir également Nina Bawden, *In My Own Time*, London, Virago, 1994, p. 109. **108.** M. Midgley, conversation avec les autrices, septembre 2016. **109.** M. Midgley, « Park Town » (manuscrit non publié), 2016, p. 8. **110.** *Ibid.* **111.** M. Midgley, *OM*, p. 125. **112.** *Ibid.* **113.** P. Foot, « The Grammar of Goodness », *Harvard Review of Philosophy*, 11, 1, 2003, p. 33. **114.** M. Midgley, *OM*, p. 36. **115.** P. Foot, *Natural Goodness*, Oxford, Oxford University Press, 2001, p. 1, n. 1. **116.** « Photocopy of a letter from Iris Murdoch to Rosalind Hursthouse » (non datée) [fin de l'année 1993], PCA, KUAS6/3/65/3. Voir également Hursthouse, « Philippa Ruth Foot 1920-2010 », p. 181. **117.** P. Conradi, *IMAL*, p. 127. **118.** H. Mytum, « Networks of Association : The Social and Intellectual Lives of Academics in Manx Internment Camps during the Second World War », in Crawford *et al.*, *AC*, p. 96-118, à la p. 109 ; Anna Teicher, « Jacob Leib Teicher between Florence and Cambridge : Arabic and Jewish Philosophy in Wartime Oxford », également dans Crawford *et al.*, *AC*, p. 327-340, à la p. 335. Voir également Beatrix Walsh, « From Outer Darkness : Oxford and her Refugees », *Oxford Magazine*, 1992, p. 5-10. **119.** « Wartime Diaries of H. W. B. Joseph », 23 septembre 1940, p. 72, Bodleian Archives & Manuscripts, MSS. Top. Oxon. E. 289. **120.** P. Addison, « Oxford and the Second World War », p. 171. **121.** « Wartime Diaries of H. W. B. Joseph », 23 septembre 1940, p. 72. **122.** E. R. Dodds, *Missing Persons*, p. 138-139. **123.** I. Murdoch, « News from Oxford », *Badminton School Magazine*, LXXXI, Spring & Summer Terms 1941, p. 19, Badminton School Archive. **124.** « Lettre de IM à Patrick O'Regan, Somerville », non datée [probablement juin 1940], PCA, KUAS6/1/42/7. **125.** V. Brittain, *England's Hour*, London, Macmillan, 1941, p. 209-210, cité dans Addison, « Oxford and the Second World War », p. 174. **126.** M. Warnock, *Mary Warnock : A Memoir : People and Places*, London, Duckworth, 2000, p. 56. **127.** J. Harrison, « Henry Habberley Price, 1899-1984 », *Proceedings of the British Academy*, 80, p. 473-491, à la p. 476. **128.** G. E. M. Anscombe, « Introduction », *MPM*, p. viii. **129.** F. Ayer, *The Central Questions of Philosophy*, London, Weidenfeld, 1977, p. 23. **130.** G. E. M. Anscombe, « Introduction », *MPM*, p. viii. **131.** H. H. Price, *Hume's Theory of the External World*, Oxford, Clarendon Press, 1940-1963, p. 11-12. **132.** *Ibid.*, p. 50-51. **133.** *Ibid.*, p. 52. **134.** D. Hume, *A Treatise of Human Nature*, London, Penguin, 1985, Partie IV, Section II, p. 249 ; voir Price, *Hume's Theory of the External World*, p. 65, note 1. **135.** H. H. Price, *Hume's Theory of the External World*, p. 81. **136.** G. E. M. Anscombe, « Introduction », *MPM*, p. viii. **137.** *Ibid.* **138.** Voir G. E. M. Anscombe, « Substance » (1964), *MPM*, p. 37-43, à la

p. 39. **139.** H. H. Price, « A Mescaline Experience », *Journal of the American Society for Psychical Research*, 58, 1, 1963, p. 3-20, à la p. 4. **140.** *Ibid.*, p. 18-19. **141.** M. Midgley, *OM*, p. 60. **142.** « Lettre d'Iris Murdoch à Frank Thompson », début d'été 1940, in P. Conradi, *WW*, p. 95-96. **143.** H. H. Price, « Animals and the Supernatural », *Listener*, 29 avril 1936, p. 838-8. **144.** « Lettre d'Iris Murdoch à Mary Scrutton, Blackpool », non datée, MGMP, MID/F. **145.** V. Purton, *An Iris Murdoch Chronology*, p. 19. **146.** « Lettre d'Iris Murdoch à Patrick O'Regan, Blackpool », non datée [juillet 1940], PCA, KUAS6/1/42/12. **147.** B. Walsh, « From Outer Darkness », p. 7. **148.** *Ibid.*, p. 10. **149.** R. Weber, *Lotte Labowsky (1905-1991)*, Schülerin Aby Warburgs, Kollegin Raymond Klibansky, Berlin/Hamburg, Dietrich Reimer Verlag, 2012, p. 65. **150.** V. Farnell, *A Somervillian Looks Back*, p. 70. **151.** R. Weber, *Lotte Labowsky*, p. 70. **152.** M. Hartley, « A Wartime Recollection », *Somerville College Annual Report 1996*, SCA, p. 134-137, à la p. 136. **153.** R. Webster, *Mixing It*, p. 62. **154.** Mary suivit également le cours donné par Cassirer au trimestre de Trinity 1940, « General Problems in Moral Philosophy » [Problèmes généraux de philosophie morale], Midgley, *OM*, p. 114. **155.** *Ibid.* **156.** I. Kant, *Prolegomena to Any Future Metaphysics That Will Be Able to Come Forward as Science : With Selections from the* Critique of Pure Reason, éd. Gary Hatfield, 2e édition, Cambridge, Cambridge University Press, 2004, p. 10 (4 : 260). **157.** I. Kant, *Prolegomena to Any Future Metaphysics*, p. 7 **158.** G. E. M. Anscombe, « Causality and Determinism » (1971), *MPM*, p. 133-148, à la p. 135. **159.** Voir H. J. Paton, *The Categorical Imperative : A Study in Kant's Moral Philosophy*, London, Hutchinson's University Library, 1946, p. 133. **160.** M. Midgley, *OM*, p. 114. **161.** « Lettre d'Iris Murdoch à Philippa Foot », 10 octobre 1946, IMC, KUAS100/1/2. **162.** Emmanuel Kant, *Critique de la faculté de juger*, trad. fr. A. Delamarre *et al.*, Paris, Gallimard, coll. « Folio », 1985, § 29, p. 212-213. **163.** I. Cassirer, correspondance avec les autrices, 27 août 2021. **164.** « Lettre de Lotte Labowsky à Raymond Klibansky », février 1951, Raymond Klibansky Archive, Deutsches Literatur Archiv, Marbach [RKA]. **165.** I. Cassirer, correspondance avec les autrices, 12 novembre 2020. **166.** IMJ4, 8 octobre 1947, p. 90. **167.** « Lettre d'A. D. Lindsay à Mrs Gwyer », non datée [circa. 1927], SHCA, Mary Glover Papers, [SHCA]. **168.** Correspondance avec les autrices, 18 octobre 2020. **169.** C. H., « Mary Reaveley Glover », *St Hugh's College Chronicle*, 55, 1982-1983, p. 44. **170.** K. Price, correspondance avec les autrices, 14 octobre 2020. **171.** « Report from Victor White to Miss Glover, 9 June 1939 [9 juin 1939] », Elizabeth Anscombe Student File, SHCA, SHG/J/3/2. Pour une discussion, voir John Berkman, « The Influence of Victor White and the Blackfriars Dominicans on a young Elizabeth Anscombe », *New Blackfriars*, 2021. **172.** L. Brown, « Anscombe at Somerville », souvenirs présentés lors de l'*Anscombe Centenary Conference* à Somerville College, 11 septembre 2019. **173.** M. Glover, « Obligation and Value », *Ethics*, 49, 1, 1938, p. 68-80. **174.** *Ibid.*, p. 68. **175.** *Ibid.*, p. 69. Voir H. W. B. Joseph, *Some Problems in Ethics*, Oxford, Oxford University Press, 1931, p. 94. **176.** H. W.B. Joseph, *Some Problems in Ethics*, p. 45. **177.** *Ibid.* **178.** H. W. B. Joseph, « Purposive Action », *Hibbert Journal*, 32, 1933, p. 197. **179.** H. W. B. Joseph, *Some Problems in Ethics*, p. 102-103. **180.** M. Glover, « Obligation and Value », p. 71. **181.** *Ibid.*, p. 76. **182.** V. Mehta, *Fly and the Fly-Bottle*, p. 52. Pour une discussion de Glover et Murdoch, voir R. Audi, « On Mary Glover's "Obligation and Value" », *Ethics*, 125, 2, 2015, p. 525-529. **183.** « Report on Miss Anscombe, Michaelmas Term 1939 », Elizabeth Anscombe Student File, SHCA SHG/J/3/2. **184.** « Report from William G. de Burgh to Miss Glover, Michaelmas Term 1940 », Elizabeth Anscombe Student File, SHCA, SHG/J/3/2. **185.** *Ibid.* **186.** « Report from MacKinnon, Hilary Term 1940 and Trinity Term [1940 ?] », Elizabeth Anscombe Student File, SHCA, SHG/J/3/2. **187.** « Report from Isobel Henderson to Miss Glover, Hilary Term 1941 », Elizabeth Anscombe Student File, SHCA, SHG/J/3/2. **188.** « Report by Miss Glover, Trinity Term 1940 », Elizabeth Anscombe Student File, SHCA, SHG/J/3/2. **189.** M. Midgley, *OM*, p. 113. **190.** J. Teichman, « Gertrude Elizabeth Margaret Anscombe », p. 38 ; Michael Dummett, « Obituary (G. E. M. Anscombe) », *Tablet*, 13 janvier 2001, p. 31. **191.** « Mrs. Gertrude Elizabeth Margaret (née) Anscombe », *CV*, [NCA], AC/5/2. © M. C. Gormally. **192.** J. Teichman, « Gertrude Elizabeth Margaret Anscombe », p. 33. **193.** « Peter Conradi's notes taken from a conversation with Polly Smythies » [Notes prises par P. Conradi au cours d'une conversation avec Polly Smythies], 3 février 1998, PCA, KUAS6/1/50/1. **194.** J. A. Crang, « "Come into the Army, Maud" : Women, Military Conscription, and the Markham Inquiry », *Defence Studies*, 8, 3, 2008, p. 381-395, à la p. 386. **195.** Étant donné que sa mère et ses grands-parents « polonais » étaient des citoyens allemands, Peter Geach n'avait aucune chance de réussir, quels qu'aient pu être ses efforts. **196.** « Lettre d'Isobel Henderson à Mary Midgley », non datée [1942], MGMP, MID/F. **197.** P. Conradi, *IMAL*, p. 186. **198.** M. Midgley, *OM*, p. 105. **199.** P. Addison, « Oxford and the Second World War », p. 170. **200.** « Lettre de Donald MacKinnon à M. B. Reckitt », 3 juillet 1940, citée dans Muller, « Donald M. MacKinnon », p. 189. **201.** M. Midgley, *OM*, p. 117. **202.** « Lettre de Donald MacKinnon à Maurice Reckitt », 3 août 1940, Maurice Reckitt Papers, University of Sussex Special Collections, SxMs44/2/2/2/8. **203.** « Lettre de Lois MacKinnon à Peter Conradi », 24 septembre 1999, PCA KUAS6/1/31/2. **204.** « Lettre de Donald MacKinnon à Maurice Reckitt », 3 août 1940. Il y a des discussions au sujet du mot « dérapé » [*raked*] - l'écriture de MacKinnon est notoirement difficile à déchiffrer. Nous comprenons qu'il signifie quelque chose comme « dévié du droit chemin ». **205.** A. Muller, « Donald M. MacKinnon », thèse de doctorat, 2010, p. 206. **206.** « Lettre de H. H. Price à B. J. Kidd », 26 novembre 1936, citée dans A. Muller, « Donald M. MacKinnon », p. 76 et p. 94 (Price note une exception chez A. E. Taylor à Édimbourg). **207.** « Report by Miss Glover, Michaelmas Term 1939 », Elizabeth Anscombe Student File, SHCA, SHG/J/3/2. **208.** P. Conradi, *IMAL*, p. 123. **209.** M. Midgley, *OM*, p. 116. **210.** « Mary Midgley interviewed by Paul Merchant », piste 2, p. 24. **211.** B. Rogers, *A. J. Ayer*, p. 164. **212.** « Mary Midgley interviewed by Paul Merchant », piste 2, p. 24. **213.** P. Conradi, *IMAL*, p. 123. **214.** *Ibid.*, p. 127. **215.** *Ibid.*, p. 123 ; John Jones, « Iris, Hegel and Me », *London Review of Books*, vol. 25, n° 4, 18 décembre 2003. **216.** « Lettre d'Iris Murdoch à Philippa Foot », non datée [*c.* janvier 1947], IMC, KUAS100/1/9. **217.** « Lettre de Vera Crane à Peter Conradi », 8 octobre 1998, PCA, KUAS6/11/1/12. **218.** P. Conradi, *IMAL*, p. 124. Voir également « Lettre de Vera Crane à Peter Conradi », PCA, KUAS6/11/1/12/1. **219.** D. MacKinnon, « And the Son of Man that Thou Visitest Him », *Christendom*, 8, septembre et décembre 1938, 2e partie, p. 264. Voir également MacKinnon, *A Study in Ethical Theory*, London, A. & C. Black, 1957, p. 15. **220.** D. MacKinnon, « And the Son of Man that Thou Visitest Him », 2e partie, p. 264. **221.** D. MacKinnon, « Revelation and Social Justice » (1941), *Philosophy and the Burden of Theological Honesty*, ed. John McDowell, London, T & T Clark, 2011, p. 145. **222.** A. Bowyer, *Donald MacKinnon's Moral Realism : To Perceive Tragedy Without the Loss of Hope*, Edinburgh, T & T Clark, 2015, p. 185, n. 770. **223.** D. MacKinnon, « And the Son of Man that Thou Visitest Him », 1[re] partie, p. 187, n. 2. **224.** D. MacKinnon, « The Function of Philosophy in Education » (1941), in *Philosophy and the Burden of Theological Honesty*, p. 11. **225.** *Ibid.*, p. 14. **226.** Voir par exemple E. L. Mascall, « The Doctrine of Analogy », *Cross Currents*, 1, 4, 1951. Pour une discussion, voir également D. Emmet, *The Nature of Metaphysical Thinking*. **227.** D. MacKinnon, « Metaphysical and Religious Language », *Proceedings of the Aristotelian Society*, 54, 1953-1954, p. 115-130, à la p. 122. **228.** *Ibid.*, p. 118. **229.** D. Mac Kinnon, *The Problem of Metaphysics*, Cambridge, Cambridge University Press, 1974. **230.** D. MacKinnon, *A Study in Ethical Theory*, p. 6. **231.** *Ibid.*, p. 11-12. **232.** P. Conradi, *IMAL*, p. 125. **233.** M. Midgley, *OM*, p. 103. **234.** « Lettre de Donald MacKinnon », 9 mai 1942 et « Lettre d'Isobel Henderson », non datée [Trinity Term 1942], MGMP, MID/F. **235.** P. Conradi, *IMAL*, p. 127-128. **236.** *Ibid.*, p. 127-128. **237.** P. Foot, « Iris at Home in London », *Iris Murdoch Newsletter*, 13, automne 1999, p. 3. **238.** P. Conradi, *IMAL*, p. 37-38. **239.** J. Howarth, « Women », p. 348.

240. P. Conradi, *WW*, p. 191. **241.** M. Midgley, *OM*, p. 113. **242.** « Lettre d'Isobel Henderson », non datée [été 1942], MGMP, MID/F. **243.** « Lettre de Donald MacKinnon », 14 juillet 1942, MGMP, MID/F. **244.** « Carte postale de Donald MacKinnon », 10 juillet 1942, MGMP, MID/F. **245.** « Lettre de Donald MacKinnon », 14 juillet 1942, MGMP, MID/F. **246.** « Lettre d'Isobel Henderson », non datée [été 1942], MGMP, MID/F. **247.** « Lettre d'Iris Murdoch à Philippa Foot », non datée [fin de l'été 1942], IMC, KUAS100/1/1. **248.** « Lettre à Miss Plumer d'Isabelle Henderson », vi. 1948, Iris Murdoch Staff File, St Anne's College Archive, Université d'Oxford. **249.** « Lettre d'Isobel Henderson », non datée [juillet 1942], MGMP, MID/F. **250.** Le poète Matthew Arnold décrit les environs dans son œuvre de 1853, « The Scholar Gipsy ». **251.** M. Midgley, *OM*, p. 126. **252.** *Ibid.*, p. 125-126.

3. Dans la tourmente

1. M. Midgley, *OM*, p. 125. **2.** J. Haffenden, « Interview with Iris Murdoch », *Literary Review*, 58, avril 1983, p. 31-35. **3.** M. Midgley, *OM*, p. 130. **4.** *Animal & Zoo Magazine*, novembre 1940, 5, 6, p. 12. **5.** J. Gardiner, *Wartime Britain 1939-1945*, p. 375. **6.** *Ibid.*, p. 383. **7.** A. Feeney-Hart, « The Little-Told Story of the Massive WWII Pet Cull », *BBC News Magazine*, 12 octobre 2013. **8.** A. Sylph, « Whipsnade during the Second World War » (6 novembre 2019), *Zoological Society of London* website https://www.zsl.org/blogs/artefact-of-the-month/whipsnade-during-the-second-world-war, consulté le 1er août 2021. **9.** *Animal & Zoo Magazine*, 5, 4, septembre 1940, p. 12. **10.** *Ibid.*, 5, 7, décembre 1940, p. 25. **11.** « Letter from Myra Curtis to Barbara Gwyer », 24 juin 1942, SHCA, SHG/J/3/2. **12.** « Letter from Barbara Gwyer to Myra Curtis », 25 juin 1942, SHCA, SHG/J/3/2. **13.** A. Keene, « Gwyer, Barbara Elizabeth (1881-1974) ». **14.** « Letter from Barbara Gwyer to Myra Curtis », 25 juin 1942, *op. cit.* **15.** A. Phillips, *A Newnham Anthology*, Cambridge, Cambridge University Press, 1979, p. 208. **16.** Pour en savoir plus sur les chemins de fer pendant la guerre, voir D. Wragg, *Wartime on the Railways*, Cheltenham, History Press, 2012. **17.** J. Gardiner, *Wartime Britain 1939-1945*, p. 233 et *passim*. **18.** R. Monk, *Ludwig Wittgenstein : The Duty of Genius*, London, Penguin, 1991, p. 425 [Trad. fr. A. Gerschenfeld, *Wittgenstein : le devoir de génie*, Paris, Flammarion, 2009, p. 427]. **19.** *Ibid.*, p. 445 [Wittgenstein : le devoir de génie, *op. cit.*, p. 442]. **20.** W. Mays, « Recollections of Wittgenstein », in F. A. Flowers III & Ian Ground (éds.), *Portraits of Wittgenstein*, édition abrégée, London, Bloomsbury Academic, 2018, p. 337-342, à la p. 339. **21.** B. Russell, « Philosophers and Idiots », in Flowers & Ground (éds.), *Portraits of Wittgenstein*, p. 69-71, à la p. 71. **22.** R. Monk,

Ludwig Wittgenstein, p. 472 [*Wittgenstein*, p. 467]. **23.** Livre des minutes du Cambridge Moral Sciences Club, trimestre d'automne (Michaelmas) 1942, Archives de l'université de Cambridge, Min. IX. 42. **24.** D. Emmet, *Philosophers and Friends*, p. 100. **25.** Voir *England and Wales Census Register* 1939 ; ainsi que D. MacKinnon, « Philosophers in Exile », *The Oxford Magazine*, trimestre d'automne, Michaelmas 1992, p. 15-16, à la p. 15. **26.** G. Baker, « Waismann, Friedrich (1896-1959) », *ODNB*. **27.** R. Monk, *Ludwig Wittgenstein*, p. 413 [*Wittgenstein*, p. 408-409]. **28.** G. Baker, « Waismann, Friedrich (1896-1959) ». **29.** A. Ambrose, « Ludwig Wittgenstein : A Portrait », in Flowers & Ground (éds.), *Portraits of Wittgenstein*, p. 245-255. **30.** E. Dezurick-Badran, « "It is a person's privilege to go to hell" : how Ludwig Wittgenstein and Alice Ambrose fell out », 5 août 2013, https://specialcollections-blog.lib.cam.ac.uk/?p=5219, consulté le 1er août 2021 [Les extraits de la correspondance sont repris de : Ludwig Wittgenstein, *Correspondance philosophique*, éditée et traduite par Elisabeth Rigal, Paris, Gallimard, « *NRF* », lettre 378 : Ambrose à Wittgenstein, p. 524. *NdT*]. **31.** A. Ambrose publia l'article et retourna aux États-Unis. Depuis Smith College, un collège d'arts libéraux pour les femmes dans le Massachusetts, elle continuera à publier beaucoup d'articles importants en philosophie du langage (même si bon nombre de ses idées les plus intéressantes allaient être attribuées, à tort, à son mari, le philosophe Morris Lazerowitz. Voir Sophia Connell, « Alice Ambrose and Early Analytic Philosophy », *British Journal for the History of Philosophy* (à paraître)). **32.** A. Ambrose, « Ludwig Wittgenstein : a Portrait », p. 252-253. **33.** G. E. M. Anscombe, « Cover letter for application for a Sarah Smithson Studentship », 30 avril 1944, p. 1-2, NCA, AC/5/2. © M. C. Gormally. **34.** *Ibid.* **35.** G. E. M. Anscombe, « Rough Scheme for Proposed Work for a Sarah Smithson Studentship », n.d. [30 avril 1944], © M. C. Gormally. **36.** R. Descartes, *Philosophical Writings*, G. E. M. Anscombe & P. T. Geach (éds.), London, Nelson, 1970, « Seconde méditation », p. 69 [Descartes, *Méditations métaphysiques*, présentées par J.-M. & M. Beyssade, Paris, GF-Flammarion, 1979, p. 79]. **37.** G. E. M. Anscombe, « The Principle of Individuation », *Proceedings of the Aristotelian Society, Supplementary volume XXVII*, 1953, p. 83-96, à la p. 94. **38.** R. Descartes, Philosophical Writings, p. 67 [Descartes, *Méditations métaphysiques*, *op. cit.*, p. 73]. **39.** *Ibid.*, p. 76 [*Ibid.*, p. 81]. **40.** G. E. M. Anscombe, « Events in the Mind » (1963), *MPM*, p. 57-63, à la p. 60. **41.** Aristote, *The Complete Works of Aristotle : Two Volumes*, ed. Jonathan Barnes, Princeton, Princeton University Press, 2014. **42.** Voir M. Thompson, « Apprehending Human Form », *Royal Institute of Philosophy Supplement* 54, 2004, p. 47-74. **43.** Voir E. L. Mascall, « The Doctrine of Analogy », *Cross Currents*, 1, 4, 1951, p. 38-57, à la p. 45. **44.** G. E. M. Anscombe, « Rough Scheme for Proposed Work for a Sarah Smithson Studentship », n.d. [30 avril 1944], © M. C. Gormally. **45.** M. Midgley, *OM*, p. 133. **46.** M. Jones, « Ackroyd, Dame Dorothy Elizabeth », *ODNB*. **47.** M. Midgley, *OM*, p. 132-133. **48.** *Ibid.*, p. 133. **49.** « Mary Midgley interviewed by Paul Merchant », piste 1, p. 14. **50.** « Letter from Iris Murdoch to Philippa Foot », n.d. [fin de l'été 1942], IMC, KUAS100/1/1. **51.** *Ibid.* **52.** P. Conradi, *IMAL*, p. 139. **53.** « Letter from Iris Murdoch to Philippa Foot », n.d. [fin de l'été 1942], IMC, KUAS100/1/1. **54.** P. Conradi, *WW*, p. 123. **55.** I. Murdoch, « A Woman's Don Delight », in *Occasional Essays by Iris Murdoch*, Paul Hullah & Yozo Muroya (éds.), Okayam, University Education Press, 1998, p. 17. Voir aussi Dorothy Sheridan (éd.), *Wartime Women : A Mass-Observation Anthology 1937-45*, London, Phoenix, 2002, p. 196-205. **56.** P. Conradi, *WW*, p. 97 et 101. **57.** P. Conradi, *IMAL*, p. 175. **58.** M. R. S. Foot, *Memories of an S.O.E. Historian*, p. 70. **59.** *Ibid.*, p. 72-73. **60.** J. Gardiner, *Wartime Britain 1939-1945*, p. 466. **61.** C. Wheeler, lettre au *Times* ; fichier d'information « Picture of the Month » [« Tableau du mois »], National Gallery Research Center. **62.** Fichier d'information « Picture of the Month ». **63.** M. R. S. Foot, *Memories of an S.O.E. Historian*, p. 72. **64.** Fichier d'information « Picture of the Month ». **65.** J. Gardiner, *Wartime Britain 1939-1945*, p. 466. **66.** P. Conradi, *WW*, p. 256. **67.** P. Conradi, *IMAL*, p. 174. **68.** P. Conradi, *Family Business*, p. 176. **69.** M. Midgley, *OM*, p. 133. **70.** Lettre d'Iris Murdoch à Marjorie Boulton, 16 août 1942, in A. Horner et A. Rowe, *LP*, p. 26-27. **71.** Lettre d'Iris Murdoch à Philippa Foot, juillet 1942, in A. Horner et A. Rowe, *LP*, p. 25 **72.** P. Conradi, *IMAL*, p. 142. **73.** Lettre à Marjorie Boulton, 16 août 1942, in A. Horner et A. Rowe, *LP*, p. 27. **74.** Lettre à Frank Thompson, 24 novembre 1942, *ibid.*, p. 28-30. **75.** *Ibid.*, p. 30. **76.** Lettre à Marjorie Boulton, 16 août 1942, *ibid.*, p. 27. **77.** M. Midgley, *OM*, p. 134. **78.** Lettre à Frank Thompson, 22 janvier 1943, in Conradi, *WW*, p. 124-125. **79.** *Ibid.*, p. 112. **80.** Contribution à la série documentaire *The World at War*, Thames Television Ltd (1973-1974), épisode 8. **81.** *Ibid.* **82.** J. Gardiner, *Wartime Britain 1939-1945*, p. 87. **83.** Lettre à Frank Thompson, 19 octobre 1942, in P. Conradi, *WW*, p. 119. **84.** Lettre à Frank Thompson, 24 novembre 1942, in A. Horner et A. Rowe, *LP*, p. 29. **85.** P. Conradi, *WW*, p. 122-123. **86.** *Ibid.*, p. 123. **87.** P. Conradi, *WW*, p. 243 et P. Conradi, *IMAL*, p. 169. **88.** M. Luke, *David Tennant and the Gargoyle Years*, London, Weidenfeld & Nicolson, 1991 ; P. Conradi, *IMAL*, p. 169. **89.** P. Conradi, « The Guises of Love », p. 18. **90.** « Philippa Bosanquet Letter to Mother » [Lettre de P. B. à sa mère], n.d., SCA, PF 1/6/k. **91.** « Photocopy of a letter from Iris Murdoch to Rosalind Hursthouse » [photocopie d'une lettre d'I.M. à R. H.], PCA, KUAS6/3/65/3. **92.** « Philippa Bosanquet Letter to Mother », n.d., SCA, PF 1/6/k. **93.** J. Morris, *The Life and Times of Thomas Balogh*, p. 34.

94. « PC's interviews in Oxford, Hilary 1999 », PCA KUAS6/4/1/1. **95.** « Philippa Bosanquet Letter to Mother », n.d., SCA, PF 1/6/k. **96.** *Ibid.* **97.** J. Morris, *The Life and Times of Thomas Balogh*, Sussex Academy Press, 2007, p. 166. **98.** I. W. Busbridge, « Anne Philippa Cobbe », *Bulletin of the London Mathematical Society*, 5, 3, novembre 1973, p. 358-360. **99.** « Photocopy of a letter from Iris Murdoch to Rosalind Hursthouse » [photocopie d'une lettre d'I.M. à R. H.], PCA, KUAS6/3/65/3, p. 3. **100.** J. Morris, *The Life and Times of Thomas Balogh*, p. 166. **101.** M. Gornall, « Philippa Foot and Thoughts about Oxfam », p. 2. **102.** « Philippa Bosanquet letter to Mother », n.d., SCA, PF 1/6/c. **103.** M. Mead, « The Factor of Food Habits », *Annals of the American Academy of Political and Social Science*, 225, 1943, p. 136-141. **104.** B. Bracey, « Europe's Displaced Persons and the Problems of Relocation », *International Affairs*, 20, 1944, p. 225-243. **105.** *Ibid.*, p. 225-226. **106.** *Ibid.*, p. 227. **107.** R. Greenslade, « Daily Telegraph's Holocaust Article in 1942 that Went Unheralded », *Guardian*, 27 janvier 2015. **108.** « Philippa Bosanquet Letter to Mother », n.d., SCA, PF 1/6/f. **109.** J. J. O'Conner & E. F. Robinson, « Anne Philippa Cobbe », avril 2015, http://mathshistory.st-andrews.ac.uk/Biographies/Cobbe.html, consulté le 27 janvier 2021. **110.** P. Foot, « Obituary : A Personal Memoir », p. 12-14 ; voir également P. Conradi, *IMAL*, p. 166. **111.** T. Harding, Legacy : One Family, a Cup of Tea and the Company that Took On the World, London, Random House, 2019, p. xii. **112.** P. Foot, « Obituary : A Personal Memoir », p. 12-14. **113.** P. Conradi, *IMAL*, p. 168-169. **114.** « Photocopy of a letter from Iris Murdoch to Rosalind Hursthouse », PCA, KUAS6/3/65/3. **115.** P. Foot, « Iris at Home in London », p. 3. **116.** P. Conradi, *IMAL*, p. 123. **117.** *Ibid.*, p. 169. **118.** Livre des minutes du *Cambridge Moral Sciences Club*, trimestre d'hiver (Lent) 1944, Archives de l'université de Cambridge, Min. IV. 44 ; David Archibald, *Charles Darwin : A Reference Guide to His Life and Works*, Maryland, Rowman & Littlefield, 2018, p. 46. **119.** D. MacKinnon, « Revelation and Social Justice » (1941), in McDowell, *Philosophy and the Burden of Theological Honesty*, p. 145. **120.** G. E. M. Anscombe, « Rough Scheme for Proposed Work », p. 2. **121.** *Ibid.* **122.** *Ibid.*, p. 1. **123.** Voir G. E. M. Anscombe, « Modern Moral Philosophy », *Philosophy*, 33, n° 124, 1958, p. 14. **124.** *Ibid.* **125.** G. E. M. Anscombe, « Rough Scheme for Proposed Work », p. 2. **126.** C. Lucy, « A Memorial to Fallen », [créé par le gardien des archives], Dulwich College, p. 23. **127.** A. Foss & K. Trick, *St Andrews Hospital, Northampton : The First One Hundred and Fifty Years (1838-1988)*, Cambridge, Granta Editions, 1989, p. 260. **128.** « The Parish of Beguildy », p. 6. **129.** J. Wisdom, « Report to the Fellowship Electors Newnham College on Mrs Geach's (Miss Anscombe) dissertation 1944 », NCA, AC/5/

2. **130.** « Letter from Friedrich Waismann to Miss Curtis in support of G. E. M. Anscombe's fellowship application », 15 mai 1944, NCA, AC/5/2. **131.** D. MacKinnon, « Philosophers in Exile », p. 15. **132.** P. Conradi, *IMAL*, p. 170. **133.** « Philippa Bosanquet Letter to Mother », n.d., SCA, PF 1/6/f. **134.** « Letter to David Hicks », 6 novembre 1945, Conradi, *WW*, p. 254. **135.** *Ibid.*, p. 255. **136.** P. Conradi, *IMAL*, p. 178. **137.** M. R. S. Foot, *Memories of an S.O.E. Historian*, p. 84. **138.** *Ibid.* **139.** *Ibid.*, p. 84. **140.** « Letter to David Hicks », 6 novembre 1945, Conradi, *WW*, p. 255. **141.** M. Midgley, *OM*, p. 133. **142.** *Ibid.*, p. 19. **143.** *Ibid.*, p. 134. **144.** *Ibid.*, p. 55. **145.** A. Ridler, *Olive Willis and Downe House*, p. 158-161. **146.** M. Midgley, *OM*, p. 136. **147.** St Hilda's College Archives, Oxford University Matriculation Lists (Margaret Elizabeth Rhoda Torrance fut enregistrée en 1941). **148.** M. Midgley, *OM*, p. 136. **149.** M. Midgley, conversation avec les auteurs, janvier 2017. **150.** M. Midgley, *OM*, p. 136. **151.** K. T. Fann, et L. Wittgenstein, *Ludwig Wittgenstein, The Man and His Philosophy*, Humanities Press, 1967, p. 54. **152.** D. Lee, « Wittgenstein 1929-31 », in Flowers & Ground (éds.), *Portraits of Wittgenstein*, p. 178-187, à la p. 179. **153.** T. Redpath, « A Student's Memoir », *ibid.*, p. 258-272, à la p. 259. **154.** I. A. Richards, « The Strayed Poet », publié dans Monk, *Ludwig Wittgenstein*, p. 289-290 [voir *Wittgenstein*, p. 287-288 ; nous retraduisons le poème]. **155.** L. Wittgenstein, *On Certainty*, édité par Anscombe et von Wright, London, Blackwell, 1969, p. 61e [Wittgenstein, *De la certitude*, trad. fr. J. Fauve, Paris, Gallimard, coll. « Tel », 1976, p. 113-114.] **156.** T. Redpath, « A Student's Memoir », p. 259. **157.** G. Deutsch Arnold, « Recollections of Wittgenstein », in Flowers & Ground (éds.), *Portraits of Wittgenstein*, p. 398-399, à la p. 398. **158.** G. E. M. Anscombe, « Anecdotes about Wittgenstein », CIAA Boîte 1, File 259. © M. C. Gormally. **159.** Dialogue reconstruit à partir de L. Wittgenstein *et al.*, *Wittgenstein's Lectures on Philosophical Psychology, 1946-47* [Ludwig Wittgenstein, *Les Cours de Cambridge 1946-1947*, édités par Peter Geach, d'après les notes de P. T. Geach, K. J. Shah et A. C. Jackson, trad. fr. É. Rigal, Mauvezin, T.E.R., 2001, p. 24. Les coupures et modifications du texte original faites par les autrices sont signalées entre crochets, *NdT.*] **160.** L. Wittgenstein, *Philosophical Investigations*, Oxford, Blackwell, 1953, § 23 [Wittgenstein, *Recherches philosophiques*, trad. fr. E. Rigal, F. Dastur *et al.*, Paris, Gallimard, coll. « Bibliothèque de philosophie », 2004, § 23]. **161.** « Philippa Bosanquet letter to Mother », n.d., SCA PF 1/6/e. **162.** « Margaret Stanier's typed memories of Iris Murdoch » [souvenirs écrits d'Iris Murdoch, par M. Stanier], octobre 1998, PCA, KUAS6/11/1/31. **163.** Foot, « Photocopy of a letter from Iris Murdoch to Rosalind Hursthouse ». **164.** P. Conradi, *IMAL*, p. 628, n. 58 ; et dans « Picture of the Month Information File ». **165.** P. Foot, « Obituary :

A Personal Memoir », p. 12-14. **166.** P. Conradi, *A Very English Hero*, p. 318, 345 (Thompson entra en Bulgarie le 27 mai 1944 et fut assassiné le 10 juin). **167.** *Ibid.*, p. 328. **168.** P. Conradi, *IMAL*, p. 231. **169.** « Letter from Iris Murdoch to Leo Pliatzky », 30 octobre 1945, IMC, KUAS134. **170.** P. Conradi, *IMAL*, p. 231. **171.** « Philippa Bosanquet Letter to Mother », n.d., SCA, PF 1/6/h. **172.** « Philippa Bosanquet Letter to Mother », octobre 1944, SCA, PF 1/6/a. **173.** *Ibid.* **174.** A. G. Hodges et D. George, *Behind Nazi Lines : My Father's Heroic Quest to Save 149 World War II POWs*, New York, Berkley Caliber, 2015, p. 185. **175.** « Philippa Bosanquet Letter to Mother », n.d., SCA, PF 1/6/h. **176.** M. R. S. Foot, *Memories of an S.O.E. Historian*, p. 97. **177.** *Ibid.*, p. 99. **178.** G. E. M. Anscombe, « Cover letter for Research Fellowship Application », 5 mai 1945, NCA AC/5/2. © M. C. Gormally. **179.** *Ibid.* **180.** G. E. M. Anscombe, « Anecdotes about Wittgenstein ». **181.** G. E. M. Anscombe, « Rough Scheme for Proposed Work », p. 2. **182.** B. Russell, « Référence for Elizabeth Anscombe », 20 mai 1945, NCA, AC/5/2. **183.** L. Wittgenstein, « Reference for Elizabeth Anscombe », 18 mai 1945, NCA, AC/5/2 [Ludwig Wittgenstein, *Correspondance philosophique*, éd. et trad. É. Rigal, Paris, Gallimard, « *NRF* », lettre 594 : Wittgenstein à Mlle Curtis, p. 855]. **184.** J. Schwenkler, « Untempted by the Consequences : G. E. M. Anscombe's Life of "Doing the Truth" », 2 décembre 2019, *Commonweal*, https://www.commonwealmagazine.org/untempted-consequences, consulté le 1er août 2021. **185.** J. Teichmann, « Gertrude Elizabeth Margaret Anscombe », p. 37 ; voir également la préface de Geach à *Wittgenstein's Lectures on Philosophical Psychology, 1946-47 : Notes by P. T. Geach, K. J. Shah, and A. C. Jackson*, Chicago, University of Chicago Press, 1989, p. xi [Ludwig Wittgenstein, *Les Cours de Cambridge 1946-1947*, édités par Peter Geach, d'après les notes de P. T. Geach, K. J. Shah et A. C. Jackson, trad. fr. É. Rigal, Mauvezin, T.E.R., 2001, p. ix]. **186.** M. Alvey Thomas, « Curtis, Dame Myra (1886-1971) », *ODNB*. **187.** « Mrs. Gertrude Elizabeth Margaret (née) Anscombe, *CV* », NCA AC/5/2. © M. C. Gormally. **188.** P. Geach, *Wittgenstein's Lectures on Philosophical Psychology*, p. xi [Wittgenstein, *Les Cours de Cambridge 1946-47*, p. ix]. **189.** J. Gardiner, *Wartime Britain 1939-1945*, p. 668. **190.** M. R. S. Foot, *Memories of an S.O.E. Historian*, p. 100. **191.** M. Midgley, *OM*, p. 139. **192.** V. Purton, *An Iris Murdoch Chronology*, p. 36. **193.** « Jean Wilhelma Rowntree » (Histoire orale), archive sonore de l'Imperial War Museum, https://www.iwm.org.uk/collections/item/object/80014585, consulté le 1er août 2021. **194.** M. Midgley, *OM*, p. 96. **195.** « Letter from Isobel Henderson », 18 mars 1944, MGMP, MID/F. **196.** M. R. S. Foot, *Memories of an S.O.E. Historian*, p. 102. **197.** P. Conradi, *WW*, p. 254. **198.** A. D. Lindsay, « Référence for Philippa Foot », 24 mai 1945, SCA, Boîte 5 Appointements and Appreciations. **199.** D. MacKinnon, « Reference for Philippa

Foot », 24 mai 1945, SCA, Box 5 Appointments and Appreciations. **200.** H. Cassirer, « Référence for Philippa Foot », 28 mai 1945, SCA Boîte 5, Appointements and Appreciations. **201.** I. Berlin, *Personal Impressions*, London, Hogarth Press, 1980, p. 103. **202.** J. Morris, *The Life and Times of Thomas Balogh*, p. 34. **203.** P. Conradi, *WW*, p. 203. **204.** *Ibid.*, p. 227. **205.** P. Conradi, *IMAL*, p. 206. **206.** « Letter from Iris Murdoch to Leo Pliatzky », 30 octobre 1945, IMC, KUAS134. **207.** IMJ3, 5 août 1945, p. 20, IMA, KUAS202/1/3. **208.** B. Sweetman, « Introduction », *A Gabriel Marcel Reader*, South Bend (Indiana), St Augustine's Press, 2011, p. 5. **209.** M. R. S. Foot, *Memories of an S.O.E. Historian*, p. 100.

4. Park Town

1. Directeur du New College, cité in N. Lacey, *A Life of H.L.A. Hart : The Nightmare and the Noble* Dream, Oxford, Oxford University Press, 2004, p. 126. Voir aussi P. Addison, « Oxford and the Second World War », p. 187. **2.** E. L. Mascall, *Saraband : The Memoirs of E. L. Mascall*, Leominster, Gracewing, 1992, p. 246. **3.** V. Mehta, *Fly and the Fly-Bottle*, p. 27. **4.** P. Adams, *SW*, p. 254. **5.** M. R. S. Foot, *Memories of an S.O.E. Historian*, p. 50. **6.** M. Warnock, *People and Places*, p. 44. **7.** P. Adams, *SW*, p. 255. **8.** H. H. Price, « Clarity Is Not Enough », p. 1. **9.** B. Rogers, *A. J. Ayer*, p. 182. **10.** *Ibid.*, p. 196-197. **11.** *Ibid.*, p. 138. **12.** *Ibid.*, p. 228. **13.** G. J. Warnock, « Gilbert Ryle's Editorship », *Mind*, 85 :337, 1976, p. 47-56, p. 48. **14.** G. J. Warnock, « Gilbert Ryle's Editorship », p. 48. **15.** A. Rowe, *J. L. Austin*, chap. 7. **16.** *Ibid.*, chap. 23. **17.** Mary Midgley, conversation avec les autrices, septembre 2016. **18.** M. Rowe, *J. L. Austin*, chap. 9. **19.** *Ibid.*, chap. 21. **20.** J. Austin, « Pleasure and Happiness », *Philosophy* 43, nº 163, 1968, p. 51-62. **21.** A. Biletzki et A. Matar, *The Story of Analytic Philosophy : Plot and Heroes*, New York, Routledge, 1998, p. 22. **22.** C. Reaveley (Glover) et J. Winnington, *Democracy and Industry*, London, Chatto & Windus, 1947, p. vii. Mary Glover cosigna un livre, et écrivit un certain nombre d'articles de journaux, sous le nom de plume de « Constance Reaveley ». **23.** C. Reaveley et J. Winnington, *Democracy and Industry*, p. 78. **24.** *Ibid.*, p. 141. **25.** D. Scott, *A. D. Lindsay*, p. 293. **26.** Voir C. H., « Mary Reaveley Glover » ; ou encore D. Scott, *A. D. Lindsay*, chap. 1 et 19. Le University College of North Staffordshire (fondé en 1949) prit le nom en 1962 de University of Keele. **27.** C. Reaveley (Glover), « Wrong Things to Teach », *Spectator*, 2 février 1945, p. 101. **28.** « Letter from Donald MacKinnon to Christopher Cox », 11 septembre 1958, New College Archives, Oxford, Papers of H.W.B. Joseph, PAJOS Box 23 janvier-2. **29.** « Letter from Kenneth Sisam to the

Warden, Alic Smith », 11 juillet 1947, Papers of H.W.B. Joseph, New College Archives, University of Oxford, PAJOS Boîte 23/1-2. **30.** « Letter from Donald MacKinnon to Christopher Cox », 11 septembre 1958, *ibid.* En 1949, les conférences sur Leibniz de Joseph furent publiées, éditées par J. L. Austin. **31.** Cité in M. Midgley, *OM*, p. 143. Sur la pierre tombale de Murray, dans le Coin des poètes, à l'abbaye de Westminster, on peut lire : « Tant qu'il vivait, la littérature grecque ancienne revivait. » **32.** G. Murray, *Gilbert Murray : An Unfinished Autobiography*, Oxford, Oxford University Press, 1960, p. 166. **33.** A. Voorhoeve, *Conversations on Ethics*, Oxford, Oxford University Press, 2011, p. 91. **34.** M. Gornall, « Philippa Foot and Thoughts about Oxfam », p. 2. **35.** C. Reaveley (Glover), « Could We Go Nazi », *Spectator*, 5 octobre 1945, p. 307-308, p. 307. **36.** G. R. Mure, *Retreat From Truth*, Oxford, Blackwell, 1958, p. 4. **37.** R. Doll, « Vaughan [married name Gourlay], Dame Janet Maria (1899-1993) ». **38.** P. Smith, *The Morning Light*, p. 234. **39.** A. Voorhoeve, *Conversations on Ethics*, p. 91. **40.** *Ibid.*, p. 92. **41.** M. R. S. Foot, *Memories of an S.O.E. Historian*, p. 102. **42.** S. Crawford *et al.* (dir.), *AC*, p. 3. **43.** I. Jacoby, *My Darling Diary*, vol. 1, *The Girl In and Out of Love* : *Oxford 1944-1950*, Penzance, United Writers, 2006. Cité in A. Grenville, « Academic Refugees in Wartime Oxford : An Overview », in Crawford *et al.* (dir.), p. 50-61, p. 60. **44.** A. Grenville, « Academic Refugees in Wartime Oxford », p. 60. **45.** M. Midgley, *OM*, p. 148. **46.** M. R. S. Foot, *Memories of an S.O.E. Historian*, p. 102-103. **47.** M. Midgley, *Wickedness : A Philosophical Essay*, London, Routledge, 1984/2001, p. 4. **48.** M. Midgley, *Wickedness*, p. 7. **49.** H. Gollwitzer *et al.*, *Dying We Live : The Final Messages and Records of the German Resistance*, Eugene, Oregon, Wipf & Stock Publishers, 2009, p. 51. **50.** P. Foot, « Rationality and Goodness », *Royal Institute of Philosophy Supplement* 54, 2004. **51.** B. Harvey, « Address Given in Commemoration of Philippa Foot in Somerville Hall », 19 mars 2011, SCA, SC/AO/AA/FW/Foot. **52.** G. Charing, « Memorial Address », 19 mars 2011, SCA, SC/AO/AA/FW/Foot. **53.** Dans une lettre non datée envoyée à Philippa de Chiswick, Iris Murdoch dit l'envier car elle assiste aux conférences de MacKinnon (IMC, KUAS100/1/9). **54.** « Mary Midgley interviewed by Paul Merchant », piste 5, p. 64. **55.** P. Conradi, *WW*, p. 237. **56.** « Letter from Iris Murdoch to Leo Pliatzky », 30 octobre 1945, IMC, KUAS134. **57.** P. Conradi, *WW*, p. 237. **58.** « Letter from Iris Murdoch to Philippa Foot », 11 novembre 1946, IMC, KUAS100/1/7. **59.** Voir « Letter from Iris Murdoch to Leo Pliatzky », 30 octobre 1945, *op. cit.* **60.** I. Murdoch, *Sartre, Romantic Rationalist*, avec une introduction nouvelle d'Iris Murdoch, London, Penguin, 1987/1989, p. 10. **61.** C. Lanneau, *L'Inconnue française. La France et les Belges francophones, 1944-1945*, Bruxelles, P.I.E. Peter Lang, 2008, p. 259-260. **62.** Soit environ 14 euros aujourd'hui. F. White,

Becoming Iris Murdoch, London, Kingston University Press, 2014, p. 32. Le cahier est conservé à l'IMA : « Notes on a lecture given by Jean Paul Sartre », IMA, IML 682. **63.** J. -P. Sartre, *L'existentialisme est un humanisme*, Gallimard, « Folio-essais », 1996, p. 29. **64.** *Ibid.*, p. 30. **65.** *Ibid.*, p. 361. **66.** *Ibid.*, p. 29. **67.** P. Conradi, *WW*, p. 251. **68.** J. Morris, *The Life and Times of Thomas Balogh*, p. 34. **69.** J.-P. Sartre, *L'existentialisme est un humanisme*, *op. cit.*, p. 30. **70.** *Ibid.*, p. 32. **71.** *Ibid.*, p. 39. **72.** C. Lanneau, *L'Inconnue française*, p. 259-261, p. 261. **73.** IMJ6, 12 déc. 1948, p. J. **74.** « Notes on a lecture given by Jean-Paul Sartre », IMA, IML 682. **75.** P. Conradi, *WW*, p. 251. **76.** « Letter to Leo Pliatzky from Iris Murdoch », 30 octobre 1945, IMC, KUAS0134. **77.** « Letter to David Hicks from Iris Murdoch », 3 décembre 1945, in P. Conradi, *WW*, p. 264. **78.** P. Conradi, *IMAL*, p. 203. **79.** « Letter from Iris Murdoch to Hal Lidderdale », 28 février 1946, IMC,KUAS78/65 ; voir aussi Conradi, *IMAL*, p. 216. **80.** P. Conradi, *WW*, p. 269. **81.** Un rapport de l'UNRRA datant de septembre 1946 et émanant de la zone britannique recense 1 049 enfants réfugiés, dont 830 avec des familles autrichiennes, mais ajoute : « Il est hautement probable que pour chaque enfant listé comme étant rattaché à une famille autrichienne, il y en ait un ou deux de plus encore à découvrir. » Voir « Staff Bulletin October 1946 », p. 22, UN Archives, (https://archives.un.org/), United Nations Relief and Rehabilitation Administration (1943-48), Austria Mission/Monthly Narrative Reports, item ref. S-1494-0000-0106- 00001. **82.** P. Conradi, *WW*, p. 273. **83.** P. Conradi, *IMAL*, p. 235. **84.** M. Gornall, « Philippa Foot and Thoughts about Oxfam », p. 9. **85.** https://www.iwm.org.uk/collections/item/object/80014585, consulté le 1er août 2021. **86.** P. Conradi, *WW*, p. 288. **87.** *Ibid.*, p. 303. **88.** A. Horner et A. Rowe, *LP*, p. 58-59. **89.** P. Conradi, *WW*, p. 298. **90.** P. Conradi, *IMAL*, p. 247. **91.** « Letter from Iris Murdoch to Hal Lidderdale », 17 April 1946, IMC, KUAS78/66. **92.** V. Purton, *An Iris Murdoch Chronology*, p. 45. **93.** H. C. Fey, *A History of the Ecumenical Movement*, vol. 2 : 1948-1968, Eugene, Oregon, Wipf & Stock Publishers, 2009. **94.** M. Metod Milač, *Resistance, Imprisonment & Forced Labor : A Slovene Student in World War II*, New York, Peter Lang, 2002. **95.** A. Horner et A. Rowe, *LP*, p. 71. **96.** Voir http://www.dpcamps.org/graz.html, consulté le 1er août 2021. **97.** A. Horner et A. Rowe, *LP*, p. 71. **98.** *Ibid.*, p. 68-69. **99.** « Letter from Iris Murdoch to Leo Pliatzky », 4 avril 1945, IMC KUAS134. **100.** « Letter from IM to "Madam" (Miss Myra Curtis, Principal of Newnham College) re. Sarah Smithson Studentship », from UNRRA, Vienna, 9 avril 1946, NCA AC/5/2/1, p. 1-2. **101.** *Ibid.*, p. 1. **102.** « Letter from Iris Murdoch to David Hicks », 5 janvier 1946, in P. Conradi, *WW*, p. 280. **103.** Martin Buber, *I and Thou*, trad. R. Gregor-Smith, Edinburgh, T & T Clark, 1958, p. 25. [*Je et Tu*, trad. fr. G. Bianquis,

Aubier, 2012 [1923], p. 44.] **104.** « Letter from IM to "Madam" re Sarah Smithson Studentship », *op. cit.*, p. 2. **105.** « Letter to Principal from Donald MacKinnon », 27 avril 1946, NCA, AC/5/2/3. **106.** Dossier Mildred Hartley (sous son nom d'épouse), SCA SC/AO/AA/FW/Taylor. **107.** « Letter to Principal from Mildred Hartley », 6 juin 1946, NCA AC/5/2/4. **108.** Voir J. Searle, « Oxford Philosophy in the 1950s », *Philosophy*, 90 (2), 2015. **109.** C. Erbacher, « Wittgenstein and His Literary Executors », *Journal for the History of Analytical Philosophy*, 4, 3 (2016), p. 29. **110.** « John Campbell memorial address », 19 mars 2011, p. 1, SCA, SC/AO/AA/FW/Foot. **111.** Ree, « IMJ6, 12 dec. 1948 », p. 2. **112.** Anscombe donne de cette formule la traduction suivante : « *I am thinking, therefore I exist* », in Descartes, *Philosophical Writings*, ed. G. E. M. Anscombe et P.T. Geach, Nelson, 1970, p. 31. **113.** G. E. M. Anscombe, « Mary Somerville Research Fellow Report, May 1947 », SC/AO/FS/MSRF/Fellows' Reports. © M. C. Gormally. **114.** G. E. M. Anscombe, « Rough Scheme for Proposed Work ». **115.** L. Wittgenstein, *PI*, § 244. [*Recherches philosophiques*, trad. fr. sous la direction d'É. Rigal, Paris, Gallimard, coll. « NRF », 2004, § 244, p. 136]. **116.** G. E. M. Anscombe, « Mary Somerville Research Fellow Report, May 1948 », SC/AO/FS/MSRF/Fellows' Reports. © M. C. Gormally. **117.** L. Wittgenstein, *PI*, part II, p. 174. [*Recherches philosophiques*, *op. cit.*, II, i, p. 247.] **118.** L. Wittgenstein *et al.*, *Last Writings on the Philosophy of Psychology*, vol. 1, Chicago, University of Chicago Press, 1982, §§ 966. [Wittgenstein, *Études préparatoires à la seconde partie des* Recherches philosophiques, trad. fr. G. Granel, Mauvezin, TER, 1985, § 966, p. 324.] **119.** J. Rée, « Philosophical Lives : Philippa Foot interview », p. 2. **120.** « Letter from Philippa Foot to GEMA », Boston, 19 février 1964, CIAA, Boîte 14, 580. **121.** P. Foot, *Virtues and Vices : and Other Essays in Moral Philosophy*, Oxford, Basil Blackwell, 1978, p. 2. **122.** P. Foot, *Virtues and Vices*, p. xi. **123.** IMJ4, 25 octobre 1947, p. 145. **124.** P. Conradi, *IMAL*, p. 246. **125.** « Letter from Iris Murdoch to Mary Scrutton », n.d. [circa.1941], MGMP, MID/F. **126.** M. Midgley, *OM*, p. 125. **127.** « Copy of letter to Principal [MC] from Donald MacKinnon », Balliol, 3 juin 1947, NCA, AC/5/2/10. **128.** V. Purton, *An Iris Murdoch Chronology*, p. 47. **129.** P. Conradi, *IMAL*, p. 247. **130.** *Ibid.*, p. 248. **131.** « Letter from Iris Murdoch to Philippa Foot », Chiswick, 10 octobre 1946, IMC, KUAS100/1/2. **132.** « Letter from Iris Murdoch to Philippa Foot », Chiswick, n.d., IMC, KUAS100/1/4. **133.** « Letter from Iris Murdoch to Philippa Foot », Chiswick, 11 novembre 1946, IMC, KUAS100/1/7. **134.** IMJ3, 17 mars 1947, p. 84. **135.** A. Rowe, *J. L. Austin*, chap. 9. **136.** G. J. Warnock, « John Langshaw Austin : A Biographical Sketch (1963) », in K. T. Fann (dir.), *Symposium on J. L. Austin*, London, Routledge & Kegan Paul, 1969, p. 3-21, p. 9. **137.** A. Rowe,

J. L. Austin, chap. 10. **138.** G. J. Warnock, *J. L. Austin*, London : Routledge, 1989, p. 6-7. **139.** J. O. Urmson, « Austin's Philosophy », Fann (dir.), *Symposium on J. L. Austin*, p. 22-32, p. 24. **140.** G. J. Warnock, « Saturday Mornings », I. Berlin (dir.), *Essays on J. L. Austin : By I. Berlin [And Others]*, Oxford, Clarendon Press, 1973, p. 31-32. **141.** J. Rée, « Philosophical Lives : Philippa Foot interview », p. 2. Par la suite, Austin ferait une exception pour Mary Wilson – mais seulement après son mariage avec Geoffrey Warnock, l'élève favori d'Austin. Warnock, *People and Places*, p. 17). **142.** J. O. Urmson, « Austin's Philosophy », p. 24. **143.** *Ibid.* **144.** J. L. Austin, « A Plea for Excuses », *Proceedings of the Aristotelian Society*, 57, 1956-1957, p. 1-30, p. 24. [J. L. Austin, « Plaidoyer pour les excuses », in *Écrits philosophiques*, trad. fr. Lou Aubert et Anne-Lise Hacker, Paris, Le Seuil, coll. « La couleur des idées », 1994, p. 162.] **145.** J. O. Urmson, « Austin's Philosophy », p. 24-25. **146.** B. Magee et A. Quinton, *Modern British Philosophy*, Oxford, Oxford University Press, 1971, p. 95. **147.** J. L. Austin, *Sense and Sensibilia* (reconstitué d'après les notes manuscrites de G. J. Warnock, Oxford, Oxford University Press, 1962, p. 16. **148.** J. L. Austin, *Sense and Sensibilia*, p. 50-52. **149.** B. Magee et A. Quinton, *Modern British Philosophy*, p. 116. **150.** Conversation avec les autrices, janvier 2016. **151.** S. Chapman, *Susan Stebbing and the Language of Common Sense*, p. 177. **152.** M. Warnock, *People and Places*, p. 65. **153.** M. Warnock, *People and Places*, p. 65. **154.** G. J. Warnock, « John Langshaw Austin : A Biographical Sketch », p. 11. **155.** D. W. Harris et E. Unnsteinsson, « Wittgenstein's Influence on Austin's Philosophy of Language », *British Journal for the History of Philosophy* 26 :2, 2018, p. 371-395. **156.** J. L. Austin, « The Meaning of a Word » (manuscrit de 1940), *Philosophical Papers*, 3e ed., J. O. Urmson et G. J. Warnock éd., Oxford, Oxford University Press, 1979, p. 55-75. **157.** M. Warnock, *People and Places*, p. 65. **158.** IMJ3, 21 février 1947, p. 54. **159.** G. E. M. Anscombe, « Mary Somerville Research Fellow Report, May 1947 ». **160.** G. E. M. Anscombe, « Mary Somerville Research Fellow Report, May 1948 ». **161.** G. E. M. Anscombe, « Mary Somerville Research Fellow Report, May 1949 », SCA, SC/AO/FS/MSRF/Fellows' Reports. c M. C. Gormally. **162.** I. Berlin, « I'm Going to Tamper with Your Beliefs a Little » (2006), transcription, The Isaiah Berlin Virtual Library, (https://berlin.wolf.ox.ac.uk/), p. 19-20. **163.** « Letter from Wittgenstein to Rush Rhees », 13 juillet 1938, *Wittgenstein in Cambridge : Letters and Documents 1911-1951*, Oxford, Wiley, 2012, p. 279. [« Wittgenstein à Rhees », 13 juillet 1938, in Wittgenstein, *Correspondance philosophique*, trad. fr. É. Rigal, Paris, Gallimard, « NRF », 2015, p. 533.] **164.** « Letters regarding Oscar Wood's appointment », Worcester College Archive, University of Oxford, WOR/PRO 10/1/54. **165.** R. Monk, *Ludwig Wittgenstein*, p. 496.

166. « Mary Midgley interviewed by Paul Merchant », piste 3, p. 36. **167.** R. Monk, *Ludwig Wittgenstein*, p. 496. **168.** M. Warnock, *People and Places*, p. 52. **169.** « Transcript of RMH personal interview with (now Sir) Brian Harrison », p. 10. **170.** M. Midgley, *OM*, p. 159-60. **171.** P. Foot, *Natural Goodness*, p. 1. [*Le Bien naturel*, trad. fr. J. E. Jackson et J.-M. Tetaz, Genève, Labor et Fides, 2014, p. 32.] **172.** M. Midgley, *OM*, p. 160. **173.** J. Rée, « Philosophical Lives : Philippa Foot interview », p. 3. **174.** M. Warnock, « A Tremendous Coup », in *Portraits of Wittgenstein*, éd. Flowers and Ground, p. 395-397, p. 396. **175.** H. A. Prichard, « H. W. B. Joseph », *Mind*, avril 1944, 53 : 210, p. 189-91. **176.** D. Emmet, *Philosophers and Friends*, p. 4. **177.** M. Warnock, *People and Places*, p. 57. **178.** Pour un récit légèrement différent de cet échange – mais à l'issue similaire –, voir N. Lacey, *A Life of H. L. A Hart*, p. 140. **179.** « Transcript of RMH personal interview with (now Sir) Brian Harrison », p. 16. **180.** M. Warnock, « A Tremendous Coup », p. 395. **181.** J. D. Mabbott, *Oxford Memories*, p. 147. **182.** M. Midgley, *OM*, p. 156-157. **183.** N. Lacey, *A Life of H. L. A. Hart*, p. 128. **184.** D. MacKinnon, « And the Son of Man that Thou Visitest Him », partie 2, p. 264. **185.** M. Midgley, *OM*, p. 156. **186.** M. Scrutton, « Untitled paper on theories about perception in the philosophy of Plotinus », n.d. [1948/9], MGMP, MID/E/69. **187.** « Mary Midgley interviewed by Paul Merchant », piste 2, p. 19. **188.** F. H. Bradley, *Appearance and Reality : A Metaphysical Essay*, 2e édition, London : S. Sonnenschein, 1908, p. 206. **189.** M. Scrutton, « Individuation in Plotinus », n.d. [1948/9], MGMP MID/C/22, MID/E/71, p. 27. **190.** D. M. Emmet, « On the Idea of Importance », Philosophy, 21 :80, 1946, p. 234-244. **191.** Cette idée resurgira des années plus tard, dans Mary Midgley, « Is "Moral" a Dirty Word ? », *Philosophy* 47 :181, 1972, p. 206-228. **192.** M. Scrutton, « Self and Not-Self in Plotinus », 1er décembre 1948, p. 18, MGMP, MID/C/22, MID/E/68. **193.** *Ibid.*, p. 18. **194.** E. R. Dodds, *Missing Persons*, p. 180. **195.** IMJ3, 17 mars 1946, p. 86. **196.** « Letter from Iris Murdoch to Philippa Foot », n.d. [probablement hiver 1946-1947], IMC, KUAS100/1/9. **197.** « Letter to Principal from Donald MacKinnon », 3 juin 1947, *op. cit.* **198.** I. Murdoch, « Scheme of Work for Sarah Smithson Studentship », n.d. [mai 1947], p. 4, NCA, AC/5/2/20. **199.** *Ibid.*, p. 3. **200.** *Ibid.*, p. 3. **201.** I. Murdoch, « A House of Theory » (1956), EM, p. 174. **202.** IMJ3, 27 février 1947, p. 64. **203.** « Letter to Principal from Donald MacKinnon », 3 juin 1947, *op. cit.* **204.** « Letter from Lois MacKinnon to Peter Conradi », 24 septembre 1999, IMC, KUAS6/1/31/2. **205.** IMJ4, 23 sept. 1947, p. 53. **206.** P. Conradi, *IMAL*, p. 254 ; voir aussi Midgley, *OM*, p. 151.

5. Un rejet commun

1. P. Adams, *SW,* p. 259. **2.** J. Teichman, « Elizabeth Anscombe », p. 34. **3.** IMJ6, 12 juin 1948, p. 103. **4.** M. Midgley, *OM*, p. 147. **5.** M. Midgley, « Then and Now » (2016), transcription, https://www.womenin parenthesis.co.uk/then-and-now/, consulté le 1er août 2021. **6.** IMJ4, 8 octobre 1947, p. 90. **7.** G. E. M. Anscombe, « Mary Somerville Research Fellow Report, 1948 ». **8.** J. Rée, « Philosophical Lives : Philippa Foot interview », p. 1. **9.** M. Midgley, *OM*, p. 170. **10.** IMJ6, 12 juin 1948, p. 103. **11.** M. Midgley, « Sorting Out the Zeitgeist », *Changing English* 7, n° 1, 2000, pp 89-92, p. 89. **12.** M. Midgley, « Then and Now », art. cit. **13.** R. M. Hare, « A Philosophical Autobiography », p. 283. **14.** « TS transcript of RMH personal interview with (now Sir) Brian Harrison », p. 8. **15.** R. M. Hare, « A Philosophical Autobiography », p. 285. **16.** *Ibid.* **17.** « TS transcript of RMH personal interview with (now Sir) Brian Harrison », p. 4. **18.** *Ibid.*, p. 2. **19.** *Ibid.*, p. 8. **20.** R. M. Hare, « A Philosophical Autobiography », p. 285. **21.** *Ibid.*, p. 281. **22.** R. M. Hare, « Moral Objectivity », n.d. MS, p. 7-8, R. M. Hare papers. **23.** R. M. Hare, « AUTOB2 », 31 mai 1994, MS, p. 4, R. M. Hare papers. **24.** R. M. Hare, « A Philosophical Autobiography », p. 285. **25.** *Ibid.*, p. 288. **26.** *Ibid.*, p. 269. **27.** R. M. Hare, *The Language of Morals*, Oxford, Clarendon Press, 1952, notamment chap. 2 et 3. **28.** Hare papers, archives du Balliol College. **29.** R. M. Hare, « Imperative Sentences », *Mind* 58, n° 229, 1949, p. 21-39 ; et Hare, *The Language of Morals.* **30.** R. M. Hare, « Moral Objectivity », p. 10. **31.** I. Murdoch, « Metaphysics and Ethics », *EM,* p. 63. **32.** P. Conradi, *IMAL,* p. 263. **33.** R. Monk, *Ludwig Wittgenstein,* p. 528. **34.** P. Conradi, *IMAL*, p. 270. **35.** « Letter from Iris Murdoch to Philippa Foot », Newnham, 16 novembre 1947, KUAS100/1/28. **36.** IMJ4, 25 juillet 1947, p. 25. **37.** « Letter from Iris Murdoch to Philippa Foot », Cambridge, 17 octobre [1947],KUAS100/1/8. **38.** Voir D. Edmonds et J. Eidenow, *Wittgenstein's Poker,* New York, Ecco, Harper Collins, 2001. **39.** G. E. M. Anscombe, « The Reality of the Past » (1950), *MPM,* p. 103-119, p. 114 (note 3) ; tous les propos d'Anscombe sont des citations (ou des citations légèrement adaptées) de cet article. **40.** G. E. M. Anscombe, « The Reality of the Past », p. 103. **41.** *Ibid.* **42.** *Ibid.*, p. 112, 113. **43.** *Ibid.* **44.** G. E. M. Anscombe, *Intention*, Oxford, Blackwell, 1957, § 1. [*L'Intention*, tr. fr. citée, p. 42.] **45.** G. E. M. Anscombe, « The Reality of the Past », p. 103-104. **46.** G. E. M. Anscombe, « Hume and Julius Caesar » (1973), dans son *From Parmenides to Wittgenstein : Collected Philosophical Papers Vol. I*, Oxford, Basil Blackwell, 1981 [*FPW*], p. 86-92, p. 89. **47.** IMJ4, 17 octobre 1947, p. 129. **48.** G. Marcel, *The Mystery of Being*, vol. 1 : *Reflection & Mystery,* London, Harvill, 1951. [Gabriel Marcel, *Le Mystère de l'Être*, Paris, Présence de Gabriel Marcel, 1997.] **49.** IMJ4, 8 octobre 1947, p. 89. **50.** G. Marcel, *Being and Having*, trad. K. Farrer, Westminster, London, Dacre Press, 1949, p. 19. [Gabriel Marcel, *Être et Avoir*, Paris, Aubier-Montaigne, 1935.] **51.** IMJ4, 17 octobre 1947, p. 128. **52.** IMJ4, 2 novembre 1947, p. 158. **53.** IMJ4, 8 octobre 1947, p. 89. **54.** Voir B. Sweetman, « Introduction ». **55.** IMJ4, 7 novembre 1947, p. 166. **56.** « Letter from Iris Murdoch to Philippa Foot », Cambridge, 8 novembre 1947, IMC, KUAS100/1/11. **57.** « Letter from Iris Murdoch to Philippa Foot », n.d., cachet de la poste du 30 mai 1947, IMC, KUAS100/1/22. **58.** « Letter from Iris Murdoch to Philippa Foot », Cambridge, 15 novembre 1947, IMC, KUAS100/1/12. **59.** P. Conradi, *IMAL*, p. 261. **60.** A. Horner et A. Rowe, *LP*, p. 108. **61.** R. Monk, *Ludwig Wittgenstein*, p. 497. **62.** L. Wittgenstein, *Wittgenstein : Lectures and Conversations on Aesthetics, Psychology and Religious Belief*, éd. par C. Barrett, Oxford, Basil Blackwell, 1966, p. 56 [L. Wittgenstein, *Leçons et conversations*, trad. fr. J. Fauve, Paris, Gallimard, coll. « Folio », 1992, p. 111]. **63.** D. Edmonds et J. Eidenow, *Wittgenstein's Poker*, p. 9. **64.** IMJ4, 4 avril 1948, p. 55. **65.** L. Wittgenstein *et al.*, *Wittgenstein's Lectures on Philosophical Psychology*, 1946-1947 [L. Wittgenstein, *Les Cours de Cambridge 1946-1947*, trad. fr. É. Rigal, Mauvezin, TER, 2001.] **66.** « Letter from Iris Murdoch to Philippa Foot », Cambridge, 24 avril 1948, IMC, KUAS100/1/16. **67.** V. Mehta, *Fly and the Fly-Bottle*, p. 55. **68.** IMJ4, 23 octobre 1947, p. 143. **69.** P. Coles, correspondance avec les autrices, 13 octobre 2020. **70.** M. Midgley, *OM*, p. 115 (et conversation avec les autrices, septembre 2016). **71.** T. Harding, *Legacy*, p. 386. **72.** Dans cette scène, les propos de Philippa sont extraits et légèrement adaptés de ses articles publiés. Voir Philippa Foot, « Moral Beliefs », *Proceedings of the Aristotelian Society* 59, 1958, p. 83-104, p. 83. **73.** Voir P. Foot, « Moral Arguments », *Mind* 67, n° 268, 1958, p. 502-13, p. 508. **74.** *Ibid.* **75.** M. Midgley, *OM*, p. 115. **76.** *Ibid.* **77.** IMJ4, 25 juillet 1947, p. 25. **78.** M. Midgley, *OM*, p. 115-116. **79.** M. Glover, « Obligation and Value », p. 76. **80.** J. D. Heck (dir.), *Socratic Digest 1943-1952*, Austin, Texas, Concordia University Press, 2012, p. 102. **81.** I. Murdoch, dans son avant-propos à S. Aldwinckle, *Christ's Shadow in Plato's Cave : A Meditation on the Substance of Love*, Oxford, Amate Press, 1990, p. 7. **82.** « Letter to Jim Stockton of Boise State University, Idaho, Department of Philosophy », 2012, MID/E/48. **83.** Jim Stockton, « Chaplain Stella Aldwinckle : A Biographical Sketch of the Spiritual Foundation of the Oxford University Socratic Club », Inklings Forever, *Published Colloquium Proceedings 1997-2016*, vol. 8, article 26, 2012, p. 1-8, p. 6. **84.** S. Aldwinckle, « Memories of the Socratic Club », in R. White, J. Wolfe et B. N. Wolfe (dir.), *C. S. Lewis and His Circle : Essays and Memoirs from the Oxford C. S. Lewis Society*, Oxford, Oxford University Press, 2015, p. 192-196, p. 192. **85.** M. Ward, « Afterword : A Brief History of the Oxford »,

Ibid., p. 249-256, p. 252. **86.** G. E. M. Anscombe, « A Reply to M. C. S. Lewis's Argument that "Naturalism" is Self-Refuting », 1948, dans son *MPM*, p. 224-233, p. 224. **87.** *Ibid*, p. 224-226. **88.** *Ibid.*, p. 227-228. **89.** G. E. M. Anscombe, *Intention*, § 23 [*L'Intention*, trad. fr. C. Michon et M. Maurice, Gallimard, « Folio », 2002, § 23, p. 103.] **90.** *Ibid.* **91.** *Ibid.*, § 48. **92.** « Letter from GEMA to Wittgenstein », 3 février [1948], p. 1, CIAA boîte 13, dossier 537. **93.** « Letter from Peter Daniel to Peter Conradi », 17 mars 1998, PCA KUAS6/1/51/3. **94.** « Letter from GEMA to Wittgenstein », *op. cit.* **95.** http://www.lewisiana.nl/anscombe/, consulté le 1er août 2021. **96.** G. E. M. Anscombe, *MPM*, p. x. **97.** G. E. M. Anscombe, « On Transubstantiation » (1974), in G. E. M. Anscombe, *Ethics, Religion and Politics : Collected Philosophical Papers*, vol. III, Oxford, Basil Blackwell, 1981, [ERP], p. 107-112, p. 107-108. Mary Geach identifie l'enfant en question comme étant Barbara dans son introduction à Anscombe, *Faith in a Hard Ground*, p. xxii. **98.** M. Midgley, *OM*, p. 131. **99.** M. O'Connor Drury, *The Selected Writings of Maurice O'Connor Drury : On Wittgenstein, Philosophy, Religion and Psychiatry*, London, Bloomsbury, 2017, p. 65. **100.** M. Midgley, *OM*, p. 159. **101.** G. E. M. Anscombe, *Intention*, § 42. **102.** G. E. M. Anscombe, *From Plato to Wittgenstein*, M. Geach et L. Gormally (éd.), St Andrews Studies in Philosophy and Public Affairs, Exeter, Imprint Academic, 2011, p. xiii. **103.** C. Erbacher, « Wittgenstein and His Literary Executors », p. 29. **104.** « Self and not-self in Plotinus », 1er décembre 1948, p. 5, MGMA MID/E/68. **105.** IMJ4, 17 octobre 1947, p. 126-127. **106.** IMJ4, 30 octobre 1948, p. 154. **107.** IMJ4, 17 octobre 1948, p. 129. **108.** IMJ4, 3 novembre 1947, p. 161. **109.** IMJ4, 18 octobre 1947, p. 133. **110.** IMJ4, 9 novembre 1947, p. 180. **111.** IMJ6, 24 février 1948, p. 23. **112.** IMJ6, 5 mars 1948, p. 39. **113.** IMJ6, 24 février 1948, p. 23. **114.** « Letter from Iris Murdoch to Lucy Klatschko », n.d. [1989 ?], PCA KUAS/18/2/16. **115.** « Scheme of work », n.d., p. 1. NCA AC/5/2/20. **116.** « Letter from Iris Murdoch to Miss Curtis reapplying for Smithson Studentship », 28 mai 1948. AC/5/2/27. **117.** IMJ6, 24 février 1948, p. 23. **118.** IMJ6, 18 février 1948, p. 12. Le 1er mars Iris écrit : « (cf. mon désaccord avec Elizabeth à propos de la recherche d'un système de pensée !) » **119.** IMJ6, 12 juin 1948, p. 106. **120.** IMJ6, 4 avril 1948, p. 55. **121.** J. Hart, *Ask Me No More*, p. 135. **122.** P. Conradi, *IMAL*, p. 291. **123.** « Letter from Iris Murdoch to Philippa Foot », Cambridge, 24 avril 1948,KUAS100/1/16. **124.** « Letter to Miss Plumer from Donald Mac Kinnon », 1er juin 1948, et « Letter to Miss Plumer from Isobel Henderson », vi.1948, Iris Murdoch staff file, St Anne's College Archive, University of Oxford. **125.** P. Conradi, *IMAL*, p. 288. **126.** A. Horner et A. Rowe, *LP*, p. 112.

6. Retour à la vie

1. « Bursar to Anscombe », 6 mai 1949, correspondance entre le notaire, l'intendant et G. E. M. Anscombe au sujet du 27 St John Street, St John's College Archive, University of Oxford. **2.** M. C. Gormally, correspondance avec les autrices, 25 septembre 2020. **3.** « Bursar to Anscombe », 6 mai 1949, *op. cit.* **4.** G. E. M. Anscombe, « Anecdotes about Wittgenstein ». **5.** « Note from bursar to "gentlemen" », 6 mai 1949, correspondance entre le notaire, l'intendant et G. E. M. Anscombe au sujet du 27 St John Street, p. 1. **6.** « Bursar to Anscombe », 6 mai 1949, *op. cit.* **7.** « Anscombe to M. Chick », 14 juin 1949, *op. cit.* **8.** « Note from bursar to "gentlemen" », 6 mai 1949, *op. cit.* **9.** R. Monk, *Ludwig Wittgenstein*, *op. cit.*, p. 567 [trad. fr. p. 554]. **10.** A. Kenny, « Peter Thomas Geach, 1916-2013 », p. 188. **11.** G. E. M. Anscombe, « Anecdotes about Wittgenstein ». **12.** M. Warnock, conversation avec les autrices, 13 janvier 2016. **13.** G. E. M. Anscombe, « Anecdotes about Wittgenstein ». **14.** M. Warnock, conversation avec les autrices, 13 janvier 2016. **15.** C. Erbacher, « Wittgenstein and His Literary Executors », p. 26. **16.** M. Warnock, *People and Places*, p. 59. **17.** « Letter from Iris Murdoch to Philippa Foot », Chiswick, 10 juillet 1943, IMAKUAS100/1/43 ; voir aussi P. Conradi, *IMAL*, p. 288. **18.** N. Pevsner et J. Sherwood, *Oxfordshire*, Harmondsworth, Penguin, 1974, p. 266. **19.** Jane O'Grady, « Elizabeth Anscombe », *Guardian*, 11 janvier 2001. **20.** J. Teichman, « Gertrude Elizabeth Margaret Anscombe », p. 35. **21.** A. Moore, conversation avec les autrices, 31 mai 2021. **22.** G. E. M. Anscombe, « Mary Somerville Research Fellow Report, mai 1948 ». **23.** T. Chappell (depuis 2014 Sophia Grace Chappell), *Reading Plato's Theaetetus*, Cambridge, Hackett, 2004, p. 103. [*Théétète*, trad. fr. M. Narcy, Paris, GF-Flammarion, 1994, p. 191.] **24.** *Ibid.*, p. 83. [*Ibid.*, p. 176.] **25.** IMJ6, 9 juin 1948, p. 101. **26.** T. Chappell (depuis 2014 Sophia Grace Chappell), *Reading Plato's Theaetetus*, *op. cit.*, p. 56-57. **27.** *Ibid.*, p. 130. [*Ibid.*, p. 214.] **28.** *Ibid.* **29.** G. E. M. Anscombe, « The Subjectivity of Sensation » (1976), in *MPM*, p. 44-56, p. 44. **30.** L. Wittgenstein, *PI*, § 258 [*Recherches philosophiques*, trad. fr. É. Rigal *et al.*, Paris, Gallimard, coll. « Bibliothèque de philosophie », 2004, p. 141)]. **31.** IMJ6, 15 octobre 1948, p. 133. **32.** G. E. M. Anscombe, *Intention*, § 46. **33.** « Letter from G. H. White to the Senior Proctor », 14 octobre 1948, Oxford University Archives, Pr 1/12/4. **34.** IMJ7, 31 octobre 1949, IMJ, KUAS202/1/7, p. 40. **35.** P. Adams, *SW*, p. 318. **36.** A. Horner et A. Rowe, *LP*, p. 105. **37.** M. R. S. Foot, *Memories of an S.O.E. Historian*, p. 119. **38.** « Iris Murdoch Letter to Hal Lidderdale », 29 décembre [?], IMC, KUAS78/13. **39.** « Mary Scrutton to Geoff Midgley », s.d. [fin 1949], MGMP, MID/F. **40.** IMJ7, 1er mars 1949, p. 7 ; voir aussi P. Conradi, *IMAL*, p. 297. **41.** P. Conradi, *IMAL*, p. 285.

42. IMJ6, 12 novembre 1948, p. E. **43.** IMJ6, 30 juin 1948, p. 106. **44.** IMJ7, 15 juin 1949, p. 22. **45.** IMJ7, 17 novembre 1949, p. 42. **46.** IMJ6 et IMJ7, *passim*. **47.** IMJ6, 14 mai 1948, p. 84. **48.** Voir C. Erbacher, « Wittgenstein and His Literary Executors », p. 25 ; et IMJ4, *passim*. **49.** IMJ7, 15 juin 1949, p. 22. **50.** IMJ6 et IMJ7, *passim*. **51.** « Peter Conradi's notes taken from a conversation with Polly Smythies », 3 février 1998, PCA KUAS6/1/50/1, cité in P. Conradi, *IMAL*, p. 635, n. 79. **52.** IMJ6, 9 novembre 1948, p. 150/ C – D. **53.** IMJ6, 11 octobre 1948, p. 132. **54.** G. E. M. Anscombe, « Anecdotes about Wittgenstein », CIAA, boîte 6, dossier 212, p. 1. **55.** IMJ6, 27 octobre 1948, p. 150/B. **56.** IMJ6, 4 novembre 1948, p. C. **57.** IMJ6, 14 décembre 1948, p. P. **58.** IMJ7, 30 janvier 1949, p. 2. **59.** IMJ6, 14 décembre 1948, p. O. **60.** IMJ9, 14 février 1959, p. 38. **61.** IMJ6, 14 décembre 1948, p. Q. **62.** IMJ6, 15 novembre 1948, p. G. **63.** IMJ6, 23 novembre 1948, p. H. **64.** *Ibid.* **65.** IMJ6, 12 décembre 1948, p. I. **66.** IMJ6, 14 décembre 1948, p. Q. **67.** IMJ6, 12 décembre 1948, p. J. **68.** *Ibid.*, p. I. **69.** *Ibid.* **70.** *Ibid.*, p. L. **71.** *Ibid.*, p. I-K. **72.** IMJ6, 13 décembre 1948, p. M. **73.** R. Monk, *Ludwig Wittgenstein*, p. 518-519 [trad. fr. p. 508-509]. **74.** *Ibid.*, p. 535. **75.** G. E. M. Anscombe, « Anecdotes about Wittgenstein », CIAA, boîte 12, dossier 212, p. 1. **76.** C. Erbacher, « Wittgenstein and His Literary Executors », p. 25-26. Voir aussi G. E. M. Anscombe, « Anecdotes about Wittgenstein », p. 3. **77.** L. Wittgenstein, *Last Writings on the Philosophy of Psychology*, Oxford, Blackwell, 1982, § 165. [L. Wittgenstein, *Études préparatoires à la seconde partie des* Recherches philosophiques, trad. fr. G. Granel, Mauvezin, T.E.R., 1985, § 165, p. 72).] **78.** G. E. M. Anscombe, « Mary Somerville Research Fellow Reports, May 1948 ». **79.** G. E. M. Anscombe, « Anecdotes about Wittgenstein », CIAA, boîte 12, dossier 212, p. 1. **80.** G. E. M. Anscombe, *Intention*, § 46. **81.** *Ibid.*, § 4. **82.** G. E. M. Anscombe, « Intentionality of Sensation » (1965), dans son *MPM*, p. 3-20. **83.** Mascall, *Saraband*, p. 247. **84.** Cité in *ibid.*, p. 254. **85.** P. Conradi, *IMAL*, p. 305. **86.** E. L. Mascall, *Saraband*, p. 234. **87.** D. MacKinnon, « Preface », in Gabriel Marcel, *Being and Having*, p. 3. **88.** B. Mitchell, *Looking Back*, p. 254. **89.** E. L. Mascall, *Saraband*, p. 248. **90.** B. Rogers, *A. J. Ayer*, p. 66-67. **91.** *Ibid.*, p. 114-115. **92.** V. A. Demant, « Michael Beresford Foster : Died October 15, 1959 », in C. Scholar, 43, 1 (mars 1960), p. 3-7, p. 5. **93.** « Peter Conradi notes from conversation with Dennis Nineham », 1er avril 1998, p. 1, PCA, KUAS6/13/16/1. **94.** B. Mitchell, *Looking Back*, p. 136. **95.** « Peter Conradi notes from conversation with Dennis Nineham », p. 2, *op. cit.* **96.** R. M. Hare, « A Philosophical Autobiography », p. 296. **97.** R. M. Hare, « A Chapter of Gulfs », s.d. manuscrit non publié, p. 4, R. M. Hare papers. **98.** M. Scrutton, « Individuation in Plotinus », p. 11-12. **99.** *Ibid.*, p. 5. **100.** *Ibid.*, p. 19. **101.** *Ibid.*, p. 29-30. **102.** *Ibid.*,

p. 37. **103.** M. Midgley, *OM*, p. 160-161. **104.** *Ibid.*, p. 139. **105.** B. Russell, *Human Knowledge, Its Scope and Limits*, London, Allen & Unwin, 1948. **106.** F. H. Bradley, *Appearance and Reality*, p. 206. **107.** IMJ6, 12 décembre 1948, p. K. **108.** IMJ7, 3 février 1949, p. 4. **109.** IMJ7, 26 février 1949, p. 6. **110.** G. E. M. Anscombe, « Mary Somerville Research Fellow Reports, May 1951 », SCA. © M. C. Gormally. **111.** G. E. M. Anscombe, « Mary Somerville Research Fellow Reports, May 1949 », SCA, p. 1. © M. C. Gormally. **112.** G. E. M. Anscombe, « Mary Somerville Research Fellow Reports, May 1948 », SCA. © M. C. Gormally. **113.** IMJ7, 1er mars 1949, p. 7. **114.** IMJ7, 26 février-1er mars 1949, p. 6. **115.** IMJ7, 1er mars 1949, p. 8. **116.** https://www.gifford lectures.org/lecturers/ herbert-arthur-hodges, consulté le 1er août 2021. **117.** M. Midgley, *OM*, p. 167. **118.** R. Makkreel, « Wilhelm Dilthey », *The Stanford Encyclopedia of Philosophy*, édition du printemps 2021 edition. **119.** A. D. Lindsay, « Wilhelm Dilthey », *Nature* 156, 3964, 1945, p. 461. **120.** M. Armstrong, « Critic on the Hearth », *Listener* 42, 1078, 1949, p. 507. **121.** « Letters between Mary Scrutton and Geoff Midgley », MGMA, MID/F, *passim*. **122.** M. Midgley, *OM*, p. 170. Cité avec l'autorisation de Mirjam Foot. **123.** S. Broadie, « On Philippa Foot », 18 juin 2013, *LSE Podcast* avec Alex Voorhoeve, https://soundcloud.com/lsepodcasts/on-philippa-foot-audio, consulté le 1er août 2021. **124.** « Letter from Michael Foot to Peter Conradi », 17 décembre 2000, PCA,KUAS6/3/40/8. Cité avec l'autorisation de Mirjam Foot. **125.** IMJ6, 9 juin 1948, p. 102. [Nous avons modifié le texte du journal pour le présenter sous forme de dialogue.]. **126.** IMJ7, 10 août 1949, p. 31. **127.** IMJ7, 1er juin 1949, p. 13. **128.** IMJ7, 4 juin 1949, p. 14-17. **129.** IMJ7, 4 juin 1949, p. 14. **130.** IMJ7, 10 novembre 1949, p. 41-42. **131.** IMJ7, 17 novembre 1949, p. 42. **132.** L. Wittgenstein, *Tractatus logico-philosophicus*, §§6. 41-6.421. [L. Wittgenstein, *Tractatus logico-philosophicus*, trad. fr. G.-G. Granger, Paris, Galimard, coll. « Tel », 1993.] **133.** IMJ7, 7 décembre 1949, p. 44. **134.** *Ibid.* **135.** G. E. M. Anscombe, « Mary Somerville Research Fellow Report, May 1950 », © M. C. Gormally. **136.** IMJ7, 16 janvier 1950, p. 45. **137.** « This we thought was a particularly uninspiring kind of child psychology », in P. Feyerabend, *Killing Time : The Autobiography of Paul* Feyerabend, Chicago, University of Chicago Press, 1996, p. 75. **138.** G. E. M. Anscombe, « Mary Somerville Research Fellow Reports, 1950 ». **139.** R. Monk, *Ludwig Wittgenstein*, p. 563 [trad. fr. p. 550]. **140.** Radio Times, « Third Programme », Issue 1376, 26 février 1950, p. 19. **141.** P. Conradi, *IMAL*, p. 289-290. **142.** I. Murdoch, « The Novelist as Metaphysician », (1950), in *EM*, p. 101-107. **143.** *Ibid.*, p. 104-105. **144.** *Ibid.*, p. 105. **145.** *Ibid.*, p. 106-107. **146.** I. Murdoch, « The Existentialist Hero », p. 111-112. **147.** R. M. Hare, transcription « Off the record », 6 septembre 1982, R. M.

Hare papers. **148.** I. Murdoch, « The Novelist as Metaphysician », p. 105. **149.** I. Murdoch, « The Sublime and The Good », *Chicago Review* 13, 3, 1959, p. 42-55, p. 51. **150.** P. Foot, « Moral Arguments », p. 512. **151.** P. Foot, « When is a Principle a Moral Principle ? », Aristotelian Society, Supplément 28,1, 1954, p. 95-110, p. 105 et 106. **152.** P. Foot, « When is a Principle a Moral Principle ? », p. 108. **153.** P. Foot, « Moral Beliefs », p. 94. **154.** M. Warnock (née Wilson), conversation avec les autrices, 13 janvier 2016. **155.** H. H Price, « The Inaugural Address : Clarity is Not Enough », p. 31. **156.** G. E. M. Anscombe, « Anecdotes about Wittgenstein ». **157.** L. Wittgenstein, *Remarques mêlées*, trad. fr. G. Granel (modifiée), Mauvezin, T.E.R., 2e édition, 1990, p. 106. **158.** *Ibid.*, p. 105. **159.** R. Monk, *Ludwig Wittgenstein, op. cit.*, p. 573. [tr. fr., p. 559.] **160.** « Last Will and Testament of Ludwig Wittgenstein » [copy], CIAA. **161.** G. E. M. Anscombe, « Anecdotes about Wittgenstein ».

7. Animaux métaphysiques

1. M. Midgley, *OM*, p. 171-172. **2.** *Ibid.*, p. 171. **3.** « Letter from Mary Scrutton to Geoff Midgley », n.d. [début des années 1950], MGMP, MID/F. **4.** « Letter from Mary Scrutton to Geoff Midgley », n.d. [fin 1949] MGMP, MID/F. **5.** M. Midgley, *OM*, p. 161. **6.** « Letter from Mary Scrutton to Geoff Midgley », n.d. [fin 1949], MGMP, MID/F. **7.** M. Midgley, *OM*, p. 172. **8.** *Ibid.*, p. 34. **9.** *Ibid.*, p. 171. **10.** *Ibid.*, p. 162. **11.** J. P. Trevelyan, *The Life of Mrs Humphrey Ward*, London, Constable & Co, 1923 ; Mrs Humphrey Ward, *A Writer's Recollections* ; *Times*, 25 March 1920. **12.** Conversation avec les autrices, 13 janvier 2016. **13.** *Ibid.* (L'événement, tel que rapporté, eut lieu au 19 Fitzwilliam Street, à Cambridge.) **14.** Voir M. Wimmer, « The Afterlives of Scholarship : Warburg and Cassirer », *History of Humanities*, 2:1, 2017, p. 245-270. **15.** E. Cassirer, *An Essay on Man : An Introduction to a Philosophy of Human Culture*, Yale, Yale University Press, 1944, p. 26. **16.** IMJ4, 13 juin 1947, p. 5. **17.** D. MacKinnon, « Philosophers in Exile », p. 16. **18.** R. Weber, *Lotte Labowsky (1905-1991) Schulerin Aby Warburgs, Kollegin Raymond Klibanskys*, Dietrich Reimer Verlag, 2012, p. 48. **19.** J. McMahon, « Beauty as harmony of the soul : the aesthetic of the Stoics », in *Greek Research in Australia : Proceedings of the Eighth Biennial International Conference of Greek Studies*, éd. M. Rossetto *et al.*, 2009, p. 54-63. **20.** R. Weber, *Lotte Labowsky*, p. 57. **21.** Voir C. Gibson-Wood, « Raymond Klibansky and the Warburg Institute », *Canadian Art Review*, 27 :1/2, 2000, p. 137-139. **22.** L. Noble, « Burning Books », https://www.lib.cam.ac.uk/collections/departments/germanic-collections/about-collections/spotlight-archive/burning-books, consulté le 1er août 2021. **23.** A. Teicher, « Jacob Teicher between Florence and Cambridge », p. 329. **24.** G. E. M. Anscombe, « Anecdotes about Wittgenstein » ; [Les Ry Vita sont une marque de crackers allégés et riches en fibres (*NdT*)]. **25.** « Letter from Lotte Labowsky to Raymond Klibansky », 8 mars 1951, A : RKA. **26.** « Letter from Lotte Labowsky to Raymond Klibansky », 28 octobre 1950, A : RKA. **27.** « Letter from Lotte Labowsky to Raymond Klibansky », 8 mars 1951, A : RKA. **28.** R. Weber, *Lotte Labowsky*, p. 95. **29.** P. O. Kristeller, « Reviewed Work(s) : *Plato Latinus* by Corpus Platonicum Medii Aevi and Raymundus Klibansky ; *Volumen II : Phaedo* by Henrico Aristippo, Laurentius Minio-Paluello and H. J. Drossaart-Lulofs ; *Volumen III : Parmenides usque ad finem Primae Hypothesis nec non Procli Commentarium in Parmenidem* by Guillelmo de Moerbeka, Raymundus Klibansky and Carlotta Labowsky », *Journal of Philosophy*, 53 :5, 1956, p. 196-199. **30.** R. Weber, *Lotte Labowsky*, p. 89. **31.** R. Klibansky, « Report on Elizabeth Anscombe for Miss Glover », Hilary Term 1941, SHCA, SHG/J/3/2. **32.** Voir J. M. E. Moravcsik, « Review : Plato's *The Sophist* and *the Statesman* by A. E. Taylor, Raymond Klibansky and Elizabeth Anscombe », *Philosophical Review*, 1963, p. 122-124. **33.** R. Weber, *Lotte Labowsky*, p. 95. **34.** « Letter from Lotte Labowsky to Raymond Klibansky », 14 mai 1951, A : RKA. **35.** G. E. M. Anscombe, « Cambridge Philosophers II : Ludwig Wittgenstein », *Philosophy*, 70 :273, 1995, p. 395-407, p. 399 (« *icon* » tel qu'orthographié dans l'article publié). **36.** G. E. M. Anscombe, « Grammar, Structure, and Essence », *Arete. Revista de* Filosofia, 12, n° 2, 2000, p. 113-120, p. 113. **37.** G. E. M. Anscombe, « Grammar, Structure and Essence », p. 113-114. **38.** G. E. M. Anscombe, *FPW*, Oxford, Basil Blackwell, 1981, p. xi. [Trad. fr. de l'extrait du *Tractatus* : G.-G. Granger, Paris, Gallimard, coll. « Tel », 1993, 5.61, p. 93.] **39.** L. Wittgenstein, *PI*, § 31. **40.** *Ibid.*, § 30. [*Recherches philosophiques*, trad. fr. É. Rigal *et al.*, Paris, Gallimard, coll. « Bibliothèque de philosophie », 2004, § 30, p. 43.] **41.** G. E. M. Anscombe, « Cambridge Philosophers II : Ludwig Wittgenstein », p. 399. **42.** G. E. M. Anscombe, « Grammar, Structure, and Essence », p. 118. **43.** R. Monk, *Ludwig Wittgenstein*, p. 579 [trad. fr. p. 566]. **44.** P. Foot, *Natural Goodness*, p. 85. [Tr. fr. J. E. Jackson, *Le Bien naturel*, Labor et Fides, 2001, p. 157-158.] **45.** R. Weber, *Lotte Labowsky*, p. 98. **46.** « Letter from Lotte Labowsky to Raymond Klibansky », 2 juin 1951, A : RKA. **47.** C. Erbacher, *Wittgenstein's Heirs and Editors*, Cambridge, Cambridge University Press, 2020, p. 3. **48.** « Letter from Lotte Labowsky to Raymond Klibansky », 28 octobre 1951, A : RKA. **49.** « Letter from Lotte Labowsky to Raymond Klibansky », 14 mai 1951, A : RKA. **50.** Rapporté par Lesley Brown, correspondance avec les autrices, 1er juillet 2019. **51.** « Letter from Lotte Labowsky to Raymond Klibansky », 14 mai 1951, A : RKA. **52.** G. E. M. Anscombe, « Mary Somerville Research Fellow Reports, May 1949 ». **53.** IMJ7, 1er mars 1951., p. 64.

54. L. Wittgenstein, *PI*, § 185. [*Recherches philosophiques*, *op. cit.*, § 185, p. 118-119]. **55.** *Ibid.*, § 198. **56.** IMJ7, 1er mars 1951, p. 64. **57.** L. Wittgenstein, *PI*, § 211 et *passim*, § 185. [*Recherches philosophiques*, *op. cit.*, § 211, p. 130 et suivantes, § 185, p. 118.] **58.** C. Erbacher, *Wittgenstein's Heirs and Editors*, p. 2. **59.** L. Wittgenstein, *PI*, p. 197. [*Recherches philosophiques*, *op. cit.*, IIe partie, xi, p. 280.] **60.** « Letter from Iris Murdoch to Wallace Robson », 16 décembre 1951, in Horner et Rowe, *LP*, p. 131. **61.** G. E. M. Anscombe, « Typed Transcript of BBC Third Programme broadcast of 23 April 1953 on Ludwig Wittgenstein », p. 2 et 5, CIAA boîte 22, dossier W1. © M. C. Gormally. **62.** J. Haldane, « Anscombe : Life, Action and Ethics in Context », p. 55. **63.** *Ibid.*, p. 50-51. **64.** C. Coope, correspondance avec les autrices, 3 avril 2020. **65.** J. Teichman, « Gertrude Elizabeth Margaret Anscombe », p. 34. **66.** G. E. M. Anscombe, « Typed Transcript of BBC Third Programme broadcast of 23 April 1953 on Ludwig Wittgenstein ». **67.** Voir A. Horner et A. Rowe, *LP*, *passim*. **68.** IMJ7, 1er novembre 1950, p. 60. **69.** A. Horner et A. Rowe, *LP*, p. 131. **70.** P. Conradi, *IMAL*, p. 313-314. **71.** V. Purton, *An Iris Murdoch Chronology*, p. 63. **72.** P. Conradi, *IMAL*, p. 294. **73.** R. Sorabji, « Tony Lloyd », *Proceedings of the British Academy*, 97, 1998, p. 347-355. **74.** A. Horner et A. Rowe, *LP*, p. 128-129. **75.** I. Murdoch, « Interview for Radio New Zealand », 1978, version imprimée dans *The Iris Murdoch Review*, 1:3, p. 8. **76.** IMJ6 IMA 24 février 1948, p. 23. **77.** I. Murdoch, « Symposium : Thinking and Language », *Proceedings of the Aristotelian Society*, 25, 1951, p. 25-34. **78.** *Ibid.*, p. 32. **79.** *Ibid.*, p. 29. **80.** J. Clare, « Summer Images ». **81.** I. Murdoch, « Symposium : Thinking and Language », *Proceedings of the Aristotelian Society*, 25, 1951, p. 29. **82.** A. C. Lloyd, « Symposium : Thinking and Language », p. 35-65, p. 63. **83.** Charlotte Vrijen, « The Philosophical Development of Gilbert Ryle : A Study of his Published and Unpublished Writings », PhD dissertation, Groningen, 2007, p. 25. **84.** Exemplaire conservé aujourd'hui dans les Archives Ryle, Linacre College, Oxford. **85.** I. Murdoch, « Thinking and Language », p. 29. **86.** G. Ryle, « Symposium : Thinking and Language », p. 65-82, p. 75. **87.** H. H. Price, « Symposium on Thinking and Language. Remarks by the Chairman », *Proceedings of the Aristotelian Society*, 51, 1951, p. 334-335. **88.** A. Horner et A. Rowe, *LP*, p. 134. **89.** M. Midgley (Scrutton), « The Natural History of Contradictions », p. 589. **90.** *Ibid.* **91.** *Ibid.* **92.** M. Midgley, *OM*, p. 148. **93.** M. Midgley, *What is Philosophy For ?*, p. 64 ; voir aussi Mary Midgley, « Philosophical Plumbing », *Royal Institute of Philosophy Supplement*, 33, 1992, p. 139-151. **94.** J. Rée, « Philosophical Lives : Philippa Foot interview », p. 4. **95.** M. Midgley, *OM*, p. xii. **96.** M. Midgley (Scrutton), « The Natural History of Contradictions », p. 590. **97.** IMJ7, 13 mars 1951, p. 66. **98.** IMJ3, 21 février 1947, p. 54.

99. M. Midgley (Scrutton), « The Natural History of Contradictions », p. 590. **100.** IMJ7, 11 août 1951, p. 67. **101.** « Labour Party Women's Organisation, Annual Conference Report, April 1952 », p. 12, cité in M. Pugh, *Women and the Women's Movement in Britain, 1914-1959*, London, Macmillan, 1992, p. 291. **102.** Ina Zweiniger-Bargielowska, « Rationing, Austerity and the Conservative Party Recovery after 1945 », *Historical Journal*, 37 :1, 1994, p. 173-197, p. 186. **103.** « Letter from Iris Murdoch to Hal Lidderdale », 29 juin 1951, in Horner et Rowe, *LP*, p. 128. **104.** Murdoch, *Sartre* (1953/1976), p. 7. **105.** I. Murdoch, « The Existentialist Political Myth », *Socratic Digest*, 5, 1952, p. 52-63 ; *EM*, p. 236. **106.** I. Murdoch, « The Existentialist Political Myth », *EM*, p. 239. **107.** P. Conradi, *IMAL*, p. 294. **108.** I. Murdoch, « The Existentialist Political Myth », p. 239. **109.** I. Murdoch, « A House of Theory », p. 171. **110.** Justin Broackes, *Iris Murdoch, Philosopher*, Oxford, Oxford University Press, 2012, p. 30. **111.** I. Murdoch, « A House of Theory », p. 172 et 182. **112.** *Ibid.*, p. 171-174. **113.** *Ibid.*, p. 171. **114.** G. E. M. Anscombe, « Does Oxford Moral Philosophy Corrupt the Youth ? », *Listener*, 14 février 1957, p. 226-271, p. 267. **115.** *Ibid.* **116.** P. Conradi, *IMAL*, p. 317. **117.** « Notes de Peter Conradi prises d'après une conversation avec Polly Smythies ». **118.** Kenny, *Brief Encounters*, p. 176. **119.** IMJ7, 5 mars 1952, p. 104. **120.** *Ibid.*, p. 104-105 (voir aussi P. Conradi, *IMAL*, p. 315). **121.** « Letter from Iris Murdoch to Hal Lidderdale », n.d., IMC KUAS78/17. **122.** IMJ7, 5 mars 1952, p. 105. **123.** Voir Graham Lord, *Just the One : The Wives and Times of Jeffrey Bernand (1932-1997)*, London, Headline, 1997 ; voir aussi P. Conradi, *IMAL*, p. 316. **124.** IMJ7, 5 mars 1952, p. 104-105. **125.** Coécrit avec Judith Hughes in Mary Midgley et Judith Hughes, *Women's Choices : Philosophical Problems Facing Feminism*, London, Weidenfeld & Nicolson, 1983, p. 41. **126.** M. Midgley (Scrutton), « Letter to Posterity », *Listener*, 27 mars 1952, p. 510-511. **127.** *Ibid.*, p. 511. **128.** M. Midgley (Scrutton), « Rings & Books », n.d. [195 ?], p. 1, MGMP, MID/C/3. **129.** *Ibid.*, p. 3. **130.** M. Midgley, *OM*, p. 181. **131.** Iris Murdoch, « The Image of Mind » (1951), in *EM*, p. 125-129, p. 129. **132.** Justin Broackes, « Iris Murdoch's First Encounters with Simone Weil », *Iris Murdoch Review*, 8, p. 17-20. **133.** Simone Weil, *Oppression and Liberty*, trad. A. Wills et J. Petrie, London, Routledge Classics, 2001, p. 9-10 [Simone Weil, *Oppression et liberté*, Paris, Gallimard, 1955] **134.** Voir Lawrence A. Blum et Victor J. Seidler, *A Truer Liberty : Simone Weil and Marxism*, London, Routledge, 2009. **135.** Simone Weil et James P. Holoka, *Simone Weil's The Iliad, Or, The Poem of Force : A Critical Edition*, Oxford, Peter Lang, 2003, p. 3. **136.** Iris Murdoch, « "Waiting on God" : A Radio Talk on Simone Weil » (1951), *Iris Murdoch Review*, 8, 2017, éd. Justin Broackes, p. 9-16, p. 10. Voir note 1. Voir aussi Justin Broackes, « "Waiting on God" : Prefatory note on the text » dans *Iris Murdoch Review*, 2017. **137.** I. Murdoch, « "Waiting on God" », p. 11. **138.** Voir I. Murdoch, *The Sovereignty of Good*, London, Routledge Classics, 2001, p. 52 et *passim* [I. Murdoch, *La Souveraineté du Bien*, trad. fr. C. Pichevin, Combas, Éditions de l'Éclat, 1994, p. 76 et *passim*]. **139.** Conradi, *IMAL*, p. 384. **140.** Billie Batchelor, « Revisions in Iris Murdoch's *Under the Net* », Books at Iowa, 8, 1968, p. 30-36, p. 30. **141.** S. B. Sagare et I. Murdoch, « An Interview with Iris Murdoch », *Modern Fiction Studies*, 47 :3, 2001, p. 696-714, p. 697. **142.** I. Murdoch, « The Sublime and the Good », p. 51. **143.** Purton, *An Iris Murdoch Chronology*, p. 40. **144.** Voir A. R. Rozelle-Stone et B. P. Davis, « Simone Weil », *Stanford Encyclopedia of Philosophy*, automne 2020. **145.** Voir *ibid.* **146.** M. Glover, « Obligation and Value », p. 75. **147.** I. Murdoch, *The Sovereignty of Good*, p. 85 [trad. fr. C. Pichevin, *op. cit.*, p. 104]. **148.** Justin Broackes, « Prefatory note », p. 9. **149.** I. Murdoch, « "Waiting on God", A Radio Talk on Simone Weil », 1951, p. 15 et 16. **150.** Sur Steiner et Iris, voir aussi J. Adler et R. Fardon, *Franz Baermann Steiner : A Stranger in the World*, New York, Berghahn, 2022. **151.** P. Conradi, *IMAL*, p. 319. **152.** Voir Peter Filkins, *H. G. Adler : A Life in Many Worlds*, Oxford, OxfordUniversity Press, 2019. **153.** J. Adler et R. Fardon (dir.), *Taboo, Truth and Religion : Franz Baermann Steiner Selected Writings*, vol. 1, Oxford, Berghahn Books, 1999, p. 88. **154.** P. Conradi, *IMAL*, p. 317. **155.** J. Adler et R. Fardon, *Taboo, Truth and Religion*, p. 92-93. **156.** P. Conradi, *IMAL*, p. 317. **157.** Adler et Fardon, *Taboo, Truth and Religion*, p. 89. **158.** *Ibid.*, p. 18. **159.** P. Conradi, *IMAL*, p. 318. **160.** J. Adler et R. Fardon, *Taboo, Truth and Religion*, p. 89. **161.** Journal de Franz Steiner, 31 octobre 1952, *Deutsches Literaturarchiv Marbach*, Zugangsnummer HS.1996.0151.00892, Mediennummer HS001523034. **162.** P. Conradi, *IMAL*, p. 325. **163.** Elias Canetti, « Franz Steiner », *Akzente*, 3, juin 1995, p. 205, cité in Adler et Fardon, *Taboo, Truth and Religion*, p. 80. **164.** F. B. Steiner et J. D. Adler, *Am Sturzenden Pfad : Gesammelte Gedichte*, Göttingen, Wallstein, 2000). p. 326 (le *w* et le *g* sont en bas de casse dans l'original). **165.** Cité in Adler et Fardon, *Taboo, Truth and Religion*, p. 97. **166.** P. Conradi, *IMAL*, p. 337. **167.** M. Black, *A Cause for Our Time : Oxfam, the First Fifty Years*, Oxford, Oxford University Press, 1992, p. 37-40. **168.** Voir par exemple la préface de 1977 à son livre *Virtues and Vices*. **169.** J. Rée, « Philosophical Lives : Philippa Foot interview », p. 3. **170.** M. Midgley, conversation avec les autrices, septembre 2016. **171.** IMJ8, 12 novembre 1953. **172.** B. Mitchell, *Looking Back*, p. 257. **173.** I. Murdoch, *Sovereignty of Good*, p. 22. Bernard Williams, qui a assisté à ce cours, utilise les termes « *thin* » (mince) et « *thick* » (épais) au lieu des termes « *general* » (général) et « *specialized* » (spécialisé) employés par Iris Murdoch ; voir B. Williams, *Ethics and the*

Limits of Philosophy, Cambridge, MA, Harvard University Press, 1985, p. 217-218, note 7. **174.** V. Purton, *An Iris Murdoch Chronology*, p. 67. **175.** M. Scrutton, « Review », *New Statesman and Nation*, 1951. **176.** M. Midgley, *OM*, p. 182. **177.** « Mary Midgley interviewed by Paul Merchant », piste 2, p. 28. **178.** R. B. Braithwaite, « Hare, R. M. – The Language of Morals », *Mind* 63, 1954, p. 249-262. **179.** M. Midgley, conversation avec les autrices, septembre 2016. **180.** Voir Konrad Lorenz, *King Solomon's Ring : New Light on Animal Ways*, London, Routledge Classics, 2002. **181.** M. Midgley, *OM*, p. 6. **182.** M. Midgley, *Beast and Man : The Roots of Human Nature*, London, Routledge, 2002, p. 235. **183.** M. Midgley, *OM*, p. 30. **184.** *Ibid.*, p. 189. **185.** *Ibid.*, p. 31. **186.** M. Midgley, *Animals and Why They Matter*, Athens, Georgia, University of Georgia Press, 1998, p. 112-124. **187.** M. Midgley, *OM*, p. 202 et 208. **188.** M. Midgley (Scrutton), « Untitled Essay », [n.d.], MGMP, article non catalogué, p. 9. **189.** M. Midgley, *OM*, p. 188. **190.** « Mary Midgley interviewed by Paul Merchant », piste 1, p. 8. **191.** P. Foot, « Moral Beliefs », p. 94. **192.** P. Foot, « Interview with Rick Lewis », in *Philosophy Now*, 41, mai/juin 2003. **193.** R. Hare, *The Language of Morals*, p. 96-97. **194.** « Editorial », *Cactus and Succulent Journal of Great Britain* 8, n° 3, 1946. **195.** P. Foot, « Goodness and Choice », *Aristotelian Society Supplementary*, vol 35, n° 1, 1961, p. 45-60, à la p. 55. **196.** M. Black, *A Cause for Our Time : Oxfam, the First Fifty Years*, p. 36-37. **197.** I. Murdoch, *The Sovereignty of Good*, p. 85. **198.** P. Foot, « Review : *The Philosophy of Ernst Cassirer, The Library of Living Philosophers*, vol. VI, éd. « Paul Arthur Schilpp », *Philosophy* 26, 98, 1951, p. 273-274. Citation à la p. 27 4. **199.** E. Cassirer, *An Essay on Man*, p. 23-26. **200.** IMJ8, 12 mars 1953. **201.** IMJ4, 13 juin 1947, p. 5. **202.** L. Wittgenstein, *PI*, § 415. [*Recherches philosophiques*, trad. fr. E. Rigal *et al.*, § 415, p. 182]. **203.** G. E. M. Anscombe, « The Moral Environment of the Child », n.d., manuscript, in Mary Geach and Luke Gormally (éd.), *Faith in a Hard Ground : Essays on Religion, Philosophy and Politics by G. E. M. Anscombe*, Exeter, Imprint Academic, 2008, p. 224-233, à la p. 230. **204.** R. M. Hare, « An Apology for Being a Philosopher », tapuscrit n.d., R. M. Hare papers, Archives du Balliol College, p. 2. **205.** P. Foot, « The Philosopher's Defence of Morality », *Philosophy* 27 : 103, 1952, p. 311-328, à la p. 311. **206.** *Ibid.*, p. 319. **207.** V. Purton, *An Iris Murdoch Chronology*, p. 70. **208.** « Letter from Iris Murdoch to Mrs Smallwood », 2 mai 1955, in Horner et Rowe, *LP*, p. 170-171. **209.** I. Murdoch, « Metaphysics and Ethics », p. 75. **210.** P. Conradi, *IMAL*, p. 385. **211.** M. Midgley, *OM*, p. 183. **212.** M. Midgley (Scrutton), *Wintersault*, manuscrit n.d., MGMP MID/C/22. **213.** C. Erbacher, *Wittgenstein's Heirs and Editors*, p. 13. **214.** L. Wittgenstein, *Remarks on the Foundations of Mathematics*, London,

Blackwell, 1956), part 1, section 3. [*Remarques sur les fondements des mathématiques*, trad. fr. M.-A. Lescourret, Paris, Gallimard, coll. « Bibliothèque de philosophie », 1983, partie 1, § 3, p. 32]. **215.** J. Morris, *Oxford*, p. 42. **216.** *Ibid.* **217.** « Report of 11 February 1955 », Central University Administrative Correspondence File for the Committee on Honorary Degrees, Archives de l'université d'Oxford, UR6/HD/7/3.

Épilogue. Le diplôme de Mr Truman, derechef

1. G. E. M. Anscombe, *Mr Truman's Degree*, pamphlet, publié par l'auteur (1956), CIAA, Boîte 531. **2.** G. E. M. Anscombe, « I am Sadly Theoretical », *Catholic Herald*, 8 juillet 1938, p. 7 ; voir John Berkman, « Justice and Murder : The Backstory to Anscombe's "Modern Moral Philosophy" », in Roger Teichmann (dir.), *The Oxford Handbook of Elizabeth Anscombe*, Oxford, Oxford University Press, 2022. **3.** « Letter from 14 Park Town », 2 mai 1956, CIAA, Boîte 394. **4.** « Letter from Women's International League for Peace and Freedom », 4 mai 1956, *ibid.* **5.** « Letter from General E. C. O. Murphy », 2 mai 1956, *ibid.* **6.** « Letter from General E. C. O. Murphy », 8 mai 1956, *ibid.* **7.** « Letter from Vera Farnell », n.d., *ibid.* **8.** Donald MacKinnon, « Reflections on the Hydrogen Bomb », *The Listener* 52, 13 (1954), p. 239 ; « Letter from Donald MacKinnon », 2 mai 1956, *ibid.* **9.** « Letter from an American Woman », 4 mai 1956, *ibid.* **10.** « Letter from Carrie Packinton[?] », 4 mai 1956, *ibid.* **11.** « Letter from Ordonance Research Institute, Taipei », 3 mai 1956, *ibid.* **12.** « Letter from Jessie Street », 5 mai 1956, *ibid.* **13.** G. E. M. Anscombe, *Mr Truman's Degree*, p. 71. **14.** *Ibid.*, p. 64-65. **15.** *Ibid.*, p. 70. **16.** *Ibid.*, p. 65-66. **17.** *Ibid.*, p. 70-71. **18.** *Ibid.*, p. 71. **19.** G. E. M. Anscombe, « Does Oxford Moral Philosophy Corrupt the Youth ? », p. 266-267 et p. 271 ; lettres de R. M. Hare et de P. H. Nowell-Smith dans le numéro 1456 ; lettre d'Anthony Flew dans le numéro 1458 ; lettre de P. H. Nowell-Smith dans le numéro 1459 ; lettre d'Anthony Flew dans le numéro 1460 ; lettre de R. M. Hare dans le numéro 1461. **20.** Lettre de R. M. Hare à Bernard Williams, 26 janvier 1957, R. M. Hare Archive, Hare 2018, Boîte des lettres. Citée avec l'autorisation de Patricia Williams. Voir également les lettres de Patrick Nowell-Smith et d'Anthony Flew. **21.** D. McCullough, *Truman*, p. 439. **22.** G. E. M. Anscombe, *Mr Truman's Degree*, p. 64. **23.** M. Midgley, *Wickedness*, p. vii. **24.** G. E. M. Anscombe, *Mr Truman's Degree*, p. 64. **25.** *Ibid.*, p. 70. **26.** *Ibid.*, p. 64. **27.** D. MacKinnon, *The Problem of Metaphysics*, p. 110. **28.** IMJ4, 25 juillet 1947, p. 25. **29.** Somerville College Archive, Oxford, lettre de Philippa Foot à Janet Vaughan, 3 novembre 1957. **30.** P. Foot, « The Philosopher's Defence of Morality ». **31.** P. Foot, « When is a Principle a Moral Principle ? »

32. P. Foot, « Free Will Involving Determinism », *Philosophical Review* 66, nº 4, 1957, p. 439-450. **33.** P. Foot, « Moral Beliefs ». **34.** P. Foot, « Moral Arguments ». **35.** P. Foot, « Goodness and Choice ». **36.** P. Foot, « Does Moral Subjectivism Rest on a Mistake ? », *Royal Institute of Philosophy Supplement*, 46, nº 107, 2000, p. 107-123, à la p. 107. **37.** M. R. D. Foot, *Memories of an S.O.E. Historian*, p. 130. **38.** « Green hardback notebook, with diary entries from August 1996 » [« Cahier vert à la couverture rigide, comprenant des entrées de journal depuis août 1996 »], entrée du 15 janvier 2001, SCA, Philippa Foot papers, Boîte 3. **39.** J. Rée, « Philosophical Lives : Philippa Foot », p. 2. **40.** M. Gornall, « Philippa Foot and Thoughts about Oxfam », p. 10. **41.** G. E. M. Anscombe, « Modern Moral Philosophy », p. 1. **42.** G. E. M. Anscombe, « The First Person », in S. D. Guttenplan (dir.), *Mind and Language*, Oxford, Oxford University Press, 1975. **43.** G. E. M. Anscombe, *FPW* ; G. E. M. Anscombe, *MPM* ; G. E. M. Anscombe, *ERP.* **44.** D. Davidson, cité sur la couverture de G. E. M. Anscombe, *Intention*, Harvard, Harvard University Press, 2000. **45.** P. Smith, *The Morning Light*, p. 240. **46.** I. Murdoch, *The Fire and the Sun : Why Plato Banished the Artists*, Londres, Chatto & Windus, 1977. **47.** A. Horneret A. Rowe, *LP,* p. 357. **48.** M. Midgley, *OM*, p. 183. **49.** J. Heal, « Mary Midgley Obituary », *Guardian*, 12 octobre 2018. **50.** M. Midgley, *Beast and Man*. **51.** M. Midgley, *Beast and Man*, introduction à la première édition. **52.** M. Midgley, « The Objection to Systematic Humbug », *Philosophy* 53, nº 204, 1978, p. 147-169. **53.** M. Midgley, *What is Philosophy For ?*, p. 207-208.

Glossaire

B. Phil. (bachelor of philosophy) : nouveau diplôme de premier cycle instauré par Gilbert Ryle et John Mabbott à Oxford en 1946. Prévu en deux ans, il proposait aux étudiants d'étudier un ou deux auteurs canoniques de l'histoire de la philosophie ainsi qu'un ou deux domaines larges de la discipline (philosophie morale, théorie de la connaissance, périodes supplémentaires de l'histoire de la philosophie, logique, etc.). Les examens terminaux se composaient de trois essais et d'un mémoire de recherche. Le *B. Phil.* est rapidement devenu un diplôme prestigieux en philosophie, ouvrant à des carrières académiques.

Censor : membre (junior ou senior) d'un collège assurant des tâches de supervision de la vie académique et de la vie sociale du collège. Les *censors* occupent leur fonction pour un mandat limité dans le temps.

Clerk of the schools : secrétaire ayant une fonction de soutien et d'encadrement administratif de la scolarité à Oxford.

Don : enseignant (*lecturer* ou *professor*), membre senior d'un collège. Le terme n'est d'usage courant qu'au sein des universités d'Oxford et de Cambridge.

Dean : le *dean* (ou « doyen ») est une personne qui se trouve à la tête d'un collège ou d'un département d'études. À Oxford ou Cambridge, le terme peut également désigner le membre senior d'un collège responsable de la discipline des étudiants. (Voir également *Master* et *Warden*.)

Fellow/Fellowship : le titre de *fellow* correspond de façon générale à une position académique. En un premier sens, on appelle *fellow* le membre senior d'un collège qui détient un poste permanent d'enseignement et/ou de recherche (on parle parfois de *teaching fellow* ou de *research fellow*) et qui peut prendre part aux décisions concernant la vie du collège. *Lecturer* est souvent un équivalent de *fellow* en ce premier sens. En un second sens, un *fellow* est le récipiendaire sur une période limitée d'une bourse ou d'une aide financière (*fellowship* ou *scholarship*), assortie parfois d'avantages matériels (logement, etc.) et éventuellement couplée à un service d'enseignement, lui permettant de poursuivre des recherches de niveau doctoral ou postdoctoral. Il est courant de nommer ces bourses du nom du programme, du fonds ou de l'organisation qui les octroient.

***Graduate* (ou *postgraduate*)** : le niveau d'études supérieures *graduate* comprend des formations de deuxième et troisième cycles (master et doctorat), qui font suite à l'obtention du premier grade universitaire. Par extension, on appelle *graduates* les étudiants de ces cycles.

Head girl : rôle particulier dévolu, dans les établissements secondaires, à une élève en fin de scolarité qui a pour mission de représenter l'ensemble des élèves. Le *head boy* et la *head girl* sont souvent à la tête d'un ensemble d'élèves qui se voient confier des responsabilités particulières, que l'on appelle des *prefects* (ou « préfets »).

High Table : les grands réfectoires (ou *dining halls*) des collèges d'Oxford rassemblent pour les repas les étudiants et leurs professeurs (ou *dons*). La *high table* (littéralement, « table haute ») est la table qui accueille les *fellows* (membres seniors du collège) et leurs invités. Elle se situe en général en bout de réfectoire, sur une estrade, et se trouve placée perpendiculairement aux tables destinées aux étudiants.

Hilary Term : deuxième trimestre de l'année académique à Oxford, de janvier à mars ; parfois traduit par « trimestre d'hiver ».

***Honour Moderations* (ou *Mods*)** : le terme désigne, à Oxford, un ensemble d'examens qui viennent clore la première partie de certains cursus tels que *Greats* ou *Literae Humaniores.* À l'époque où se situent les événements relatés dans cet ouvrage, les examens intermédiaires de *Literae Humaniores* exigeaient une parfaite aisance dans la lecture de textes grecs et latins.

House : dans certains établissements d'enseignement secondaire britanniques, on appelle *house* (ou « maison ») un regroupement organisé d'élèves de différents âges qui participent en équipe à des manifestations telles que des compétitions sportives, voire sont logés ensemble dans un même internat.

Junior Common Room / Senior Common Room : au sein de chaque collège, les membres junior (les étudiants) comme les membres senior (les professeurs) disposent d'une grande salle de convivialité, meublée de fauteuils ou de banquettes, où l'on peut également trouver des rafraîchissements, la presse, etc. Ces salles jouent un grand rôle dans la vie académique du fait que les étudiants d'Oxford ont une obligation de résidence dans les collèges. Par extension, les termes de Junior Common Room ou Senior Common Room peuvent désigner l'ensemble des personnes qui y ont accès.

Lecture hall : amphithéâtre de conférences pouvant accueillir un grand nombre d'auditeurs.

Lecturer/Lectureship : voir *Fellow/Fellowship*. Sur la différence entre *lecture* et *tutorial*, voir *Tutorial/tutorat.*

Master : titre désignant le membre senior à la tête d'un collège, qui le représente dans les instances de l'Université. (Voir également *Dean* et *Warden.*)

Master of Arts : grade universitaire ; dans les universités d'Oxford et de Cambridge, il correspond à un diplôme de premier cycle. Le titre est traditionnellement associé avec un certain nombre de droits et privilèges, dont l'un des principaux est le fait de siéger à la Convocation, traditionnellement l'un des principaux organes de décision de l'Université.

Michaelmas Term : premier trimestre de l'année académique à Oxford, de septembre ou octobre jusqu'à Noël ; parfois traduit par « trimestre d'automne ».

Proctor/Senior Proctor : les *proctors* sont des membres des collèges ou des administrateurs qui ont pour rôle de veiller à la bonne application des statuts et des règlements intérieurs, avec un pouvoir de sanction. Les *proctors* sont choisis parmi les membres pour un mandat limité dans le temps.

Senior Common Room : voir *Junior Common Room*

***Tutorial*/tutorat** : forme d'enseignement typique d'Oxford et de Cambridge. Une séance réunit quelques étudiants (deux ou trois, parfois un seul, en fonction de la discipline) en présence d'un enseignant assumant le rôle de tuteur. À la différence des *lectures*, des cours magistraux où les étudiants écoutent le professeur exposer une leçon ou un raisonnement, une séance de tutorat suppose que chaque étudiant présente l'essai sur lequel il travaille (et qu'il rendra à la fin du semestre) et en discute avec le tuteur, qui vise par ses remarques critiques et ses conseils à lui permettre d'approfondir sa réflexion.

Trinity Term : troisième et dernier trimestre d'enseignement de l'année académique à Oxford, de mi-avril à fin juin ; parfois traduit par « trimestre de printemps ».

Undergraduate : au Royaume-Uni comme dans d'autres pays anglo-saxons, le niveau *undergraduate* est le premier cycle d'études supérieures qui fait suite au lycée (*high school*). S'étendant sur trois ou quatre ans, il permet de préparer un *Bachelor Degree*, diplôme équivalent à une licence. Par extension, on appelle *undergraduates* les étudiants de ce premier cycle.

Warden : titre désignant le directeur de certains collèges d'Oxford (par exemple, Merton College ou Wadham College). Il correspond au latin *custos*, « gardien ». (Voir également *Master* et *Dean*.)

Waynflete Professor : les *Waynflete professorships* sont des chaires de professeur pérennes de l'université d'Oxford, explicitement rattachées par son règlement au collège Magdalen et baptisées d'après le nom de son fondateur, William of Waynflete. La plus ancienne de ces chaires est celle de *Waynflete Professor of Metaphysics*.

Regius Professor : un *Regius professorship* est une chaire professorale fondée par décret royal ; le titulaire est rémunéré par la monarchie. On en trouve dans plusieurs universités du Royaume-Uni. Ces chaires, établies dans des disciplines fondamentales, sont très prestigieuses.

Bibliographie

Œuvres du Quartet citées

Anscombe, G. E. M. , « I Am Sadly Theoretical », *Catholic Herald*, 8 juillet 1938, p. 7.

— (avec Norman Daniel), *The Justice of the Present War Examined*, Oxford, 1939.

— « A Reply to M. C. S. Lewis's Argument That "Naturalism" is Self-Refuting », *Socratic Digest* 4, n° 2, 1948, p. 7-16.

— « The Reality of the Past », in *Philosophical Analysis*, éd. Max Black, Ithaca, NY, Cornell University Press, 1950, p. 36-56.

— « The Principle of Individuation », *Proceedings of the Aristotelian Society*, Supplementary volumes XXVII, 1953, p. 83-96.

— « Mr Truman's Degree », autopublication, 1956.

— « Does Oxford Moral Philosophy Corrupt the Youth ? », *Listener*, 14 février 1957, p. 266-271.

— *Intention*, Cambridge, MA, Harvard University Press, 1957-2000. [Trad. fr. Cyrille Michon et Mathieu Maurice, *L'Intention*, Gallimard, Folio, 2002.]

— « Modern Moral Philosophy », *Philosophy* 33, n° 124, 1958, p. 1-19.

— « Hume and Julius Caesar », *Analysis* 34, n° 1, 1973, p. 1-7.

— *Causality and Determinism*, Cambridge, Cambridge University Press, 1971.

— « The First Person », in *Mind and Language*, éd. S. Guttenplan, Oxford, Oxford University Press, 1975, p. 45-65.

— *From Parmenides to Wittgenstein : Collected Philosophical Papers volume I*, Oxford, Basil Blackwell, 1981.

— *Metaphysics and the Philosophy of Mind : Collected Philosophical Papers volume II*, Oxford, Basil Blackwell, 1981.
— *Ethics, Religion and Politics : Collected Philosophical Papers volume III*, Oxford, Basil Blackwell, 1981.
— « The Intentionality of Sensation : A Grammatical Feature », in *MPM*, Oxford, Basil Blackwell, 1965/1981, p. 3-20.
— « The Subjectivity of Sensation », in *MPM*, Oxford, Basil Blackwell, 1976/1981, p. 44-56.
— « Events in Mind », in *MPM*, Oxford, Basil Blackwell, 1963/1981, p. 57-63.
— « On Transubstantiation », in *ERP*, Oxford : Basil Blackwell, 1974/1981, p. 107-12.
— « Cambridge Philosophers II : Ludwig Wittgenstein », *Philosophy* 70, n° 273, 1995, p. 395-407.
— *Human Life, Action, and Ethics : Essays by G. E. M Anscombe*, éd. M. Geach et L. Gormally, St Andrews Studies in Philosophy and Public Affairs, Exeter, Imprint Academic, 2005.
— *Faith in a Hard Ground : Essays on Religion, Philosophy, and Ethics*, éd. M. Geach et L. Gormally, Exeter, Imprint Academic, 2008.
— « The Moral Environment of the Child », in *Faith in a Hard Ground : Essays on Religion, Philosophy and Politics by G. E. M. Anscombe*, éd. M. Geach et Luke Gormally, Exeter, Imprint Academic, sans date, 2008.
— *From Plato to Wittgenstein : Essays by G. E. M. Anscombe*, éd. M. Geach et L. Gormally, Exeter, Imprint Academic, 2011.
— « Grammar, Structure and Essence », *Arete. Revista de Filosofía* 12, n° 2, 2000, p. 113-120.

Foot, P., *Review of The Philosophy of Ernst Cassirer*, éd. Paul Arthur Schlipp, volume VI in *The Library of Living Philosophers*, *Philosophy*, 26, n° 98, 1951, p. 273-274.
— « The Philosopher's Defence of Morality », *Philosophy* 27, n° 103, 1952, p. 311-328.
— « When is a Principle a Moral Principle ? », *Aristotelian Society Supplementary* volume 28, n° 1, 1954, p. 95-110.
— « Moral Arguments », *Mind* 67, n° 268, 1958, p. 502-513.
— « Free Will Involving Determinism », *The Philosophical Review* 66, n° 4, 1957, p. 439-350.
— « Moral Beliefs », *Proceedings of the Aristotelian Society* 59, 1958, p. 83-104.

— « Goodness and Choice », *Aristotelian Society Supplementary* volume 35, n° 1, 1961, p. 45-60.
— *Virtues and Vices. And Other Essays in Moral Philosophy*, Oxford, Basil Blackwell, 1978.
— « Does Moral Subjectivism Rest on a Mistake ? », *Royal Institute of Philosophy Supplement* 46, 2000, p. 107-123.
— *Natural Goodness*, Oxford, Oxford University Press, 2001. [Trad. fr. John E. Jackson et Jean-Marc Tetaz, *Le Bien naturel*, Genève, Labor et Fides, 2014.]
— « Rationality and Goodness », *Royal Institute of Philosophy Supplement* 54, 2004, p. 1-13.

Midgley (Scrutton), M., « Letter to Posterity », *Listener*, 27 mars 1952, p. 510-511.
— « The Natural History of Contradictions »,, *Listener*, 11 octobre 1951, p. 489-490.
— « On Being Reformed », *Listener*, 9 août 1956, p. 196-197.
— « The Objection to Systematic Humbug », *Philosophy* 53, n° 204, 1978, p. 147-169.
— « Philosophical Plumbing », *Royal Institute of Philosophy Supplement* 33, 1992, p. 139-151.
— *Animals and Why They Matter*, Athens, GA, University of Georgia Press, 1983/1998.
— *Beast and Man : The Roots of Human Nature*, London, Routledge, 1978/2002.
— *Wickedness : A Philosophical Essay*, London, Routledge, 1984/2001.
— *Heart and Mind. The Varieties of Moral Experience*, London, Routledge, 1981/2003.
— *The Myths We Live By*, London, Routledge, 2011.
— *The Owl of Minerva : A Memoir*, London, Routledge, 2005.
— « Park Town », 2016. MGMP.
— « Rings & Books », années 1950, MGMP.
— « Sorting out the Zeitgeist », *Changing English* 7, n° 1, 2000, p. 89-92.
— « Then and Now », 2016. MGMP.
— « What Is Philosophy For ? », London, Bloomsbury Academic, 2018.
— (avec J. Hughes), *Women's Choices : Philosophical Problems Facing Feminism*, London, Weidenfeld & Nicolson, 1983.

Murdoch, I., « Thinking and Language », *Proceedings of the Aristotelian Society* 25, 1951, p. 25-34.
— « The Existentialist Political Myth », *Socratic Digest* 5, 1952, p. 52-63.
— *Sartre : Romantic Rationalist*, Glasgow, Fontana Collins, 1953/1976.
— *Sartre : Romantic Rationalist*, London, Penguin Books, 1987/1989.
— « Metaphysics and Ethics », in *The Nature of Metaphysics*, éd. D. F. Pears, p. 99-123, London, Macmillan, 1957.
— « The Sublime and the Good », *Chicago Review* 13, 3, 1959, p. 42-55.
— *The Sovereignty of Good*, London, Routledge & Kegan Paul, 1970. [Trad. fr. Claude Pichevin, *La Souveraineté du Bien*, Combas, Éditions de l'Éclat, 1994.]
— *Existentialists and Mystics : Writings on Philosophy and Literature*, éd. P. J. Conradi, avant-propos de G. Steiner, London, Chatto & Windus, 1997.
— « The Novelist as Metaphysician », in *EM*, London, Chatto & Windus, 1950/1997, p. 101-107.
— « The Existentialist Hero », in *EM*, London, Chatto & Windus, 1950/1997, p. 108-115.
— « The Image of Mind », in *EM*, London, Chatto & Windus, 1951/1997, p. 125-129.
— « A House of Theory », in *EM*, London, Chatto & Windus, 1956/1997, p. 171-186.
— « Salvation by Words », in *EM*, London, Chatto & Windus, 1972/1997, p. 235- 342.
— *The Fire and the Sun : Why Plato Banished the Artists*, London, Chatto & Windus, 1977.
— « A Woman Don's Delight », in *Occasional Essays by Iris Murdoch*, éd. P. Hullah et Y. Muroya, Okayam, University Education Press, 1998, p. 193- 196.
— *Metaphysics as a Guide to Morals*, London, Chatto & Windus, 1992.
— « "Waiting on God" : A Radio Talk on Simone Weil (1951) », *Iris Murdoch Review* 8, 2017, p. 9-16.

Bibliographie sélective

Les références précises des ouvrages cités qui ne figurent pas ici sont indiquées dans les notes.

Adams, P., *Somerville for Women : An Oxford College, 1879-1993*, Oxford University Press, 1996.

Addison, P., « Oxford and the Second World War », in *The History of the University of Oxford volume VIII*, éd. B. Harrison, Oxford, Clarendon Press, 1994, p. 167-188.

Adler, J., et Fardon, R., (dir.), Taboo, *Truth and Religion : Franz Baermann Steiner, Selected Writings vol. 1.*, New York et Oxford, Berghahn Books, 1999.

Aldwinckle, S., et Murdoch, I., *Christ's Shadow in Plato's Cave : A Meditation on the Substance of Love*, Oxford, Oxford University Press, 1990.

Audi, R., « On Mary Glover's "Obligation and Value" », *Ethics* 125, n° 2, 2015, p. 525-529.

Austin, J. L., « The Meaning of a Word », in *Philosophical Papers*, éd. J. O. Urmson et G. J. Warnock, Oxford, Oxford University Press, 1979, p. 55-75. [J. L. Austin, *Écrits philosophiques*, trad. fr. Lou Aubert et Anne-Lise Hacker, Paris, Le Seuil, coll. « La couleur des idées », 1994.]

— *Sense and Sensibilia* (reconstitué d'après les notes manuscrites de G. J. Warnock), Oxford, Oxford University Press, 1962.

Austin, Jean, « Pleasure and Happiness », *Philosophy* 43, n° 163, 1968, p. 51-62.

Ayer, A. J., *Language, Truth and Logic*, Harmondsworth, Penguin Books, 1936/1972.

— *A Part of My Life : The Memoirs of a Philosopher*, Oxford, Oxford University Press, 1978.

Beaney, M., *The Oxford Handbook of the History of Analytic Philosophy*, Oxford, Oxford University Press, 2013.

Beaney, M., et Chapman, S., « Susan Stebbing », in *The Stanford Encyclopedia of Philosophy*, éd. Edward N. Zalta, 2017.

Berkman, J., « Justice and Murder : The Backstory to Anscombe's "Modern Moral Philosophy" », in *The Oxford Handbook of Elizabeth Anscombe*, éd. Roger Teichmann, Oxford University Press, 2021.

— « The Influence of Victor White and the Blackfriars Dominicans on a young Elizabeth Anscombe. An Essay accompanying the

Republication of Elizabeth Anscombe's "I am Sadly Theoretical : It is the Effect of Being at Oxford" (1938) », *New Blackfriars*, septembre 2021.
Berlin, I. (dir.), *Essays on J. L. Austin*, Oxford, Clarendon Press, 1973.
Berlin, I., *Personal Impressions*, London, Hogarth Press, 1980.
Biletzki, A. et Matar, A., *The Story of Analytic Philosophy : Plot and Heroes*, New York, Taylor & Routledge, 1998.
Birks, C., « From Pacifism to Popular Front : The Changing Views of the Left and the Liberal Intelligentsia in Oxford, 1933-1938 », Master of Studies in Historical Studies dissertation, University of Oxford, 2020.
Black, M., *A Cause for Our Time : Oxfam, the First Fifty Years*, Oxford, Oxford University Press, 1992.
Blum, L. A. et Seidler, V. J., *A Truer Liberty : Simone Weil and Marxism*, London, Routledge, 2009.
Bowyer, A., *Donald MacKinnon's Moral Realism : To Perceive Tragedy Without the Loss of Hope*, Edinburgh, T & T Clark, 2015.
Broackes, J. (dir.)., *Iris Murdoch, Philosopher*, Oxford, Oxford University Press, 2011.
— « Introduction », in J. Broackes (dir.), *Iris Murdoch, Philosopher*, Oxford, Oxford University Press, 2012, p. 1-92.
— « Iris Murdoch's First Encounters with Simone Weil », *The Iris Murdoch Review*, nº 8, 2017, p. 17-20.
— « Waiting on God » : Prefatory Note on the Text, *The Iris Murdoch Review*, nº 9, 2017, p. 9.
— *Sovereignty of Good : A Philosophical Commentary*, Oxford, Oxford University Press, 2022.
Brown, S. et Bredin, H. T., *Dictionary of Twentieth-Century British Philosophers*, London, Bloomsbury Academic, 2005.
Browning, G., *Why Iris Murdoch Matters*, London, Bloomsbury, 2018.
Buber, M., *I and Thou*, trad. Ronald Gregor-Smith, Edinburgh, T & T Clark, 1958. [Trad. fr. Geneviève Bianquis, *Je et Tu* [1923], Aubier, 2012.]
Bullock, A., *Hitler : A Study in Tyranny*, London, Odhams Press, 1952.
Cassirer, E., *An Essay on Man : An Introduction to a Philosophy of Human Culture*, New Haven, Yale University Press, 1944.
Chapman, S., *Susan Stebbing and the Language of Common Sense*, London, Palgrave Macmillan UK, 2013.
Collingwood, R. G., *An Essay on Metaphysics* (1940), Oxford, Clarendon Press, 1957.

Connell, S. M. et Janssen-Lauret, F., « Lost Voices : Women in Philosophy 1880-1970 », *British Journal for the History of Philosophy*, 2022.

Conradi, P. J., *Iris Murdoch : A Life*, London, HarperCollins, 2001.

— *Family Business : A Memoir*, Brigend, Seren, 2019.

— « "The Guises of Love" : The Friendship of Professor Philippa Foot and Dame Iris Murdoch », *The Iris Murdoch Review*, n° 5, 2014, p. 17-29.

— *Iris Murdoch, a Writer at War : Letters and Diaries, 1939-1945*, Oxford, Oxford University Press, 2011.

— *A Very English Hero : The Making of Frank Thompson*, London, Bloomsbury, 2013.

Crawford, S., Ulmschneider, K. et Elsner, J., *Ark of Civilization : Refugee Scholars and Oxford University, 1930-1945*, Oxford, Oxford University Press, 2017.

Currie, R., « The Arts and Social Studies, 1914-1939 », in : B. Harrison (dir.), *The History of the University of Oxford Volume VIII : The Twentieth Century*, Oxford, Clarendon Press, 1994, p. 109-138.

Darwin, J. G., « A World University », in B. Harrison (dir.), *The History of the University of Oxford Volume VIII : The Twentieth Century*, Oxford, Clarendon Press, 1994, p. 607-638.

Descartes, R., Anscombe, G. E. M., Geach, P. T. et Koyre, A., *Philosophical Writings*, Middlesex, Nelson, 1954/1970.

Dewey, J., *Experience and Education* [1938], New York, Touchstone, 1997. [Trad. fr Marie-Anne Carroi, *Expérience et éducation*, Paris, Bourrelier, 1947.]

Dodds, E. R., *Missing Persons : An Autobiography*, Oxford, Clarendon Press, 1977.

Dudley Buxton, L. H., *Oxford University Ceremonies*, Oxford, Clarendon Press, 1935.

Edmonds, D., *The Murder of Professor Schlick : The Rise and Fall of the Vienna Circle*, Princeton, Princeton University Press, 2020.

Edmonds, D. et Eidenow, J., *Wittgenstein's Poker*, New York, Ecco, Harper Collins, 2001.

Emmet, D., « On the Idea of Importance », *Philosophy* 21, n° 80, 1946, p. 234-244.

— *The Nature of Metaphysical Thinking*, London, Macmillan, 1945/1966.

— *Philosophers and Friends : Reminiscences of Seventy Years in Philosophy*, avant-propos de Bryan Magee, Basingstoke, Macmillan, 1996.
— *Role of the Unrealisable : Study in Regulative Ideals*, London, Macmillan, 1993.
Erbacher, C., « Wittgenstein and His Literary Executors », *Journal for the History of Analytical Philosophy* 4, 3, 2016, p. 1- 40.
— *Wittgenstein's Heirs and Editors*, Cambridge, Cambridge University Press, 2020.
Fann, K. T. et Wittgenstein, L., *Ludwig Wittgenstein : The Man and His Philosophy*, Atlantic Highlands, NJ, Humanities Press, 1967.
Farnell, V. A, *Somervillian Looks Back*, impression à titre privée, University Press, 1948.
Feyerabend, P., *Killing Time : The Autobiography of Paul Feyerabend*, Chicago, University of Chicago Press, 1996.
Filkins, P., *H. G. Adler : A Life in Many Worlds*, Oxford, Oxford University Press, 2019.
Flowers III, F. A. et Ground, I., *Portraits of Wittgenstein*, London, Bloomsbury Academic, 1999/2018.
Foot, M. R. D., *Memories of an S.O.E. Historian*, Barnsley, Pen & Sword Books, 2008.
Fraenkel, Eduard, *Aeschylus : Agamemnon, vol. 1 : Prolegomena, Text, Translation*, Oxford, Oxford University Press, 1950. [Trad. fr. Pierre Judet de la Combe, *Agamemnon*, Paris, Les Belles Lettres, coll. « Classiques en poche », 2015.]
Gardiner, J., *Wartime Britain 1939- 1945*, London, Headline, 2016.
Geach, P., « A Philosophical Autobiography », in Harry A. Lewis (dir.), *Peter Geach : Philosophical Encounters*, Dordrecht, Springer Netherlands, 1991, p. 1-25.
Gibson-Wood, C., « Raymond Klibanksy and the Warburg Institute », *Canadian Art Review* 27, n° 1/2, 2000, p. 137-139.
Glover, J., *Humanity, A Moral History of the Twentieth Century*, New Haven, Yale University Press, 2001.
Glover, M., « Obligation and Value », *Ethics* 49, n° 1, 1938, p. 68-80.
— C. Reaveley et J. Winnington, *Democracy and Industry*, London, Chatto & Windus, 1947.
— et C. Reaveley, « Wrong Things to Teach », *Spectator*, 2 février 1945, p. 101-102.
— et C. Reaveley, « Could We Go Nazi », *Spectator*, 5 octobre 1945, p. 175.

Griffin, P., *St Hugh's : One Hundred Years of Women's Education in Oxford*, London, Palgrave Macmillan, 1986.

Grimley, M., *Citizenship, Community and the Church of England : Liberal Anglican Theories of the State between the Wars*, Oxford, Oxford University Press, 2004.

Hacker-Wright, J., *Philippa Foot on Goodness and Virtue*, Cham, Springer International Publishing, 2018.

— *Philippa Foot's Moral Thought*, London, Bloomsbury, 2013.

Haddock, A. et Wiseman, R., *The Anscombean Mind*, London, Routledge, 2022.

Haldane, J., « Anscombe : Life, Action and Ethics in Context », *Philosophical News* 18, 2019, p. 45-75.

Hamalainen, N. et Dooley, G., *Reading Iris Murdoch's Metaphysics as a Guide to Morals*, Cham, Springer International Publishing, 2019.

Hare, R. M., « Imperative Sentences », *Mind* 58, n° 229, 1949, p. 21-39.

—, « A Philosophical Autobiography : R. M. Hare », *Utilitas* 14, n° 3, 2002, p. 269-305.

—, *The Language of Morals*, Oxford, Clarendon Press, 1952.

Harris, D. et Unnsteisson, E., « Wittgenstein's Influence on Austin's Philosophy of Language », *British Journal for the History of Philosophy* 26, no 2, 2018, p. 371-395.

Harrison, B., « College Life, 1918-1939 », in B. Harrison (dir.), *The History of the University of Oxford Volume VIII : The Twentieth Century*, Oxford, Oxford University Press, 1994, p. 81-108.

— *The History of the University of Oxford : Volume VIII : The Twentieth Century*, Oxford, Clarendon Press, 1994.

Heck, J. D. (dir.), *Socratic Digest 1943-1952*, Austin, Texas, Concordia University Press, 2012.

Hopwood, M. et Panizza., S., *The Murdochian Mind*, London, Routledge, 2022.

Horner, A. et Rowe, A. (dir.), *Living on Paper : Letters from Iris Murdoch*, London, Chatto & Windus, 2015.

Howarth, J., « Anglican Perspectives on Gender : Some Reflections on the Centenary of St Hugh's College, Oxford », *Oxford Review of Education 12*, n° 3, 1986, p. 299-304.

— « Women », in B. Harrison (dir.), *The History of the University of Oxford, volume VIII : The Twentieth Century*, Oxford, Clarendon Press, 1994, p. 345-376.

Ignatieff, M., *Isaiah Berlin : A Life*, London, Chatto & Windus, 1998.
Inglis, F. *History Man : The Life of R. G. Collingwood*, Princeton, Princeton University Press, 2011.
Joad, C. E. M., « Appeal to Philosophers », *Proceedings of the Aristotelian Society* 40, n° 1, 1940, p. 27-48.
Joseph, H.W.B., « Purposive Action », *Hibbert Journal* 32 :2, 1933, p. 213–226.
— *Some Problems in Ethics*, Oxford, Oxford University Press, 1933.
Kenny, A., « Peter Thomas Geach 1916-2003 », *Biographical Memoirs of Fellows of the British Academy*, XIV, 2015, p. 185-203.
Kidd, I. J. et McKinnell, L., *Science and the Self : Animals, Evolution, and Ethics. Essays in Honour of Mary Midgley*, London, Routledge, 2015.
Lanneau, C., *L'Inconnue francaise : La France et les Belges francophones, 1944-1945*, Bruxelles, Peter Lang, 2008.
Leeson, M., *Iris Murdoch : Philosophical Novelist*, London, Bloomsbury, 2011.
Levine, E. J., « The Other Weimar : The Warburg Circle as Hamburg School », *Journal of the History of Ideas* 74, n° 2, 2013, p. 307-330.
Lindsay, A. D., « What Does the Mind Construct ? », *Proceedings of the Aristotelian Society* 25, 1924, p. 1-18.
— « The Idealism of Caird and Jones », *Journal of Philosophical Studies* 1, n° 2, 1926, p. 171-182.
— « Wilhelm Dilthey », *Nature* 156, n° 3964, 1945, p. 461 et suiv.
Lipscomb, B., *The Women Are Up to Something : How Elizabeth Anscombe, Philippa Foot, Mary Midgley, and Iris Murdoch Revolutionized Ethics*, Oxford, Oxford University Press, 2021.
Loner, J. D., « Wittgenstein and his Students, 1912-1968 », thèse de doctorat, University of Cambridge, 2018.
Lorenz, K., *King Solomon's Ring : New Light on Animal Ways*, London, Routledge, 2002.
Lynn, V. et Lewis-Jones, V., *Keep Smiling Through : My Wartime Story*, London, Random House, 2017.
Mabbott, J. D., *Oxford Memories*, Oxford, Thorntons of Oxford, 1986.
MacKinnon, D. M., « And the Son of Man That Thou Visitest Him », *Christendom* 8, septembre 1938 et décembre 1938, 1938, p. 186-192 et 260-272.

— « The Function of Philosophy in Education (1941) », in John McDowell (dir.), *Philosophy and the Burden of Theological Honesty*, London, T & T Clark, 2011, p. 11-14.
— « Revelation and Social Justice (1941) », in John McDowell (dir.), *Philosophy and the Burden of Theological Honesty*, London, T & T Clark, 2011.
— « Preface », in *Being and Having* (de Gabriel Marcel, trad. Katharine Farrer), London, Westminster, Dacre, 1949, p. 1-3.
— « Metaphysical and Religious Language », *Proceedings of the Aristotelian Society* 5, 1954, p. 115-130.
— « Reflections on the Hydrogen Bomb », *The Listener* 52, n° 13, 1954, p. 239-240.
— *A Study in Ethical Theory*, London, A & C Black, 1957.
— « Philosophers in Exile », *The Oxford Magazine*, 1992, p. 15-16.
— *The Problem of Metaphysics*, Cambridge, Cambridge University Press, 1974.
Magee, B. et Quinton, A., *Modern British Philosophy*, Oxford, Oxford University Press, 1971.
Mander, W. J., *Idealist Ethics*, Oxford University Press UK, 2016.
—, *British Idealism : A History*, Oxford, Oxford University Press, 2014.
Marcel, G., *Being and Having*, trad. Katharine Farrer, Westminster, London, Dacre Press, 1949. [Original en français : *Être et Avoir*, Paris, Aubier-Montaigne, 1935.]
— *The Mystery of Being vol. 1 : Reflection &* Mystery, London, Harvill, 1951.
Mascall, E. L., « The Doctrine of Analogy », *Cross Currents* 1, n° 4, 1951, p. 38-57.
— *Saraband : The Memoirs of E. L. Mascall*, Leominster, Gracewing, 1992.
Masterman, J. C., *On the Chariot Wheel : An Autobiography*, Oxford, Oxford University Press, 1975.
Matherne, S., *Cassirer*, London, Routledge, 2021.
McCullough, *D. Truman*, New York, Simon & Schuster, 1992.
McElwain, G., *Mary Midgley : An Introduction*, London, Bloomsbury, 2019.
McGuinness, B. (dir.), *Wittgenstein in Cambridge : Letters and Documents 1911-1951*, Oxford, Wiley-Blackwell, 2012. [Trad. fr. Élisabeth Rigal, *Correspondance philosophique*, Paris, Gallimard, « NRF », 2015.]

Mehta, Ved., *Fly and the Fly-Bottle : Encounters with British Intellectuals*, New York, Columbia University Press, 1962.
Mitchell, B., *Looking Back : On Faith, Philosophy and Friends in Oxford*, Durham, Memoir Club, 2009.
Mitchell, L., *Maurice Bowra : A Life*, Oxford, Oxford University Press, 2010.
Monk, R., *Ludwig Wittgenstein : The Duty of Genius*, London, Vintage, 1992. [Trad. fr. A. Gerschenfeld, *Wittgenstein : le devoir de génie*, Paris, Flammarion, 2009.]
Moore, A. W., *The Evolution of Modern Metaphysics : Making Sense of Things*, Cambridge, Cambridge University Press, 2012.
Moore, G. E., « The Refutation of Idealism », *Mind* 12, n° 48, 1903, p. 433-453.
— *Principia Ethica*, Cambridge, Cambridge University Press, 1922.
Morris, Jan, *Oxford*, Oxford, Oxford University Press, 2001.
Morris, June, *The Life and Times of Thomas Balogh : A Macaw among Mandarins*, Eastbourne, Sussex Academic Press, 2007.
Muirhead, J. H., « How Hegel Came to England », *Mind* 36, n° 144, 1927, p. 423-447.
Muller, A., « Donald M. MacKinnon : The True Service of the Particular, 1913-1959 », thèse de doctorat, University of Otago, 2010.
Mure, G.R.G., *Retreat from Truth*, Oxford, Blackwell, 1958.
Murray, G., *Gilbert Murray : An Unfinished Autobiography*, Oxford, Oxford University Press, 1960.
Nagel, E., « Impressions and Appraisals of Analytic Philosophy in Europe. I », *The Journal of Philosophy* 33, n° 1, 1936, p. 5-24.
Paton, H. J., *The Categorical Imperative : A Study in Kant's Moral Philosophy*, London, Hutchinson's University Library, 1946.
Pevsner, N. et Sherwood, J., *Oxfordshire*, Harmondsworth, Penguin, 1974.
Phillips, A., *A Newnham Anthology*, Cambridge, Cambridge University Press, 1979.
Price, H. H., « The Inaugural Address : Clarity is Not Enough », *Proceedings of the Aristotelian Society*, Supplementary Volumes 19, 1945, p. 1-31.
— « The Permanent Significance of Hume's Philosophy », *Philosophy* 15, n° 57, 1940, p. 7-37.
— *Hume's Theory of the External World*, Oxford, Clarendon Press, 1963.

Prichard, H. A., « Does Moral Philosophy Rest on a Mistake ? », *Mind* 21, n° 81, 1912, p. 21-37.

— *Moral Obligation : Essays and Lectures*, Oxford, Clarendon Press, 1949.

Pugh, M., *We Danced All Night : A Social History of Britain between the Wars*, London, Random House, 2013.

— *Women and the Women's Movement in Britain, 1914-1959*, Basingstoke, Palgrave Macmillan, 1992.

Purton, V., *An Iris Murdoch Chronology*, Basingstoke, Palgrave Macmillan, 2007.

Ridler, A., *Olive Willis and Downe House : An Adventure in Education*, London, Murray, 1967.

Robinson, J., *Bluestockings*, London, Viking, 2009.

Rogers, A. M. A. H. et Rogers, C. F., *Degrees by Degrees : The Story of the Admission of Oxford Women Students to Membership of the University*, Oxford, Oxford University Press, 1938.

Rogers, Ben., *A. J. Ayer : A Life*, New York, Grove Press, 1999.

Ross, W. D., *The Right and The Good*, éd. Philip Stratton-Lake, Oxford Clarendon Press, 1930/2002.

Rowe, Mark., *J. L. Austin : Philosopher and D-Day Intelligence Officer*, à paraître, Oxford University Press.

Rozelle-Stone, A. R. et Davis, B. P., « Simone Weil », *The Stanford Encyclopedia of Philosophy* (édition automne 2020), ed. Edward N. Zalta, <https://plato.stanford.edu/archives/fall2020/entries/ simone-weil/>.

Russell, B., *Human Knowledge, Its Scope and Limits*, New York, Simon & Schuster, 1948.

— « On Denoting », *Mind* 14, n° 56, 1905, p. 479-493.

Sagare, S. B. et Murdoch, I., « An Interview with Iris Murdoch », *Modern Fiction Studies* 47, 3, 2001, p. 696-714.

Sartre, J-P, « Existentialism is a Humanism » (1946), trad. Philip Mairet, in *Existentialism from Dostoyevsky to Sartre*, éd. Walter Kaufman, London, Penguin, 1991, p. 345 – 369. [Original en français : *L'existentialisme est un humanisme*, Gallimard, « Folio-essais », 1996.]

Savage, J., *Teenage : The Creation of Youth Culture*, London, Pimlico, 2008.

Schwenkler, J., *Anscombe's Intention : A Guide*, Oxford, Oxford University Press, 2019.

Scott, D. *A. D. Lindsay : A Biography*, Oxford, Basil Blackwell, 1971.

Searle, J., « Oxford Philosophy in the 1950s », *Philosophy* 90, n° 2, 2015, p. 173-193.

Sheridan, D. (dir.), *Wartime Women : A Mass-Observation Anthology 1937-45*, London, Phoenix, 2002.

Smith, P., *The Morning Light : A South African Childhood Revalued*, Cape Town, David Philip, 2000.

Stadler, F., *The Vienna Circle : Studies in the Origins, Development, and Influence of Logical Empiricism*, Vienne-New York, Springer, 2001.

Stebbing, S. L., *Thinking to Some Purpose*, Harmondsworth, Penguin Books, 1939.

Stray, C., « A Teutonic Monster in Oxford : The Making of Fraenkel's Agamemnon », in Christina S. Kraus et Christopher Stray (dir.), *Classical Commentaries : Explorations in a Scholarly Genre*, Oxford, Oxford University Press, 2015.

Teichman, J., « Gertrude Elizabeth Margaret Anscombe 1919-2001 », *Proceedings of the British Academy* 115, 2002, p. 31-50.

Teichmann, R., *The Oxford Handbook of Elizabeth Anscombe*, Oxford, Oxford University Press, 2022.

— *The Philosophy of Elizabeth Anscombe*, Oxford, Oxford University Press, 2008.

Thompson, M., « Apprehending Human Form », *Royal Institute of Philosophy Supplement* 54, 2004, p. 47-74.

Umachandran, M., « "The Aftermath Experienced Before" : Aeschylean Untimeliness and Iris Murdoch's Defence of Art », *Ramus* 48, n° 2, 2019, p. 223-247.

Urmson, J. O, « Austin's Philosophy », in K. T. Fann (dir.), *Symposium on J. L. Austin*, London, Routledge & Kegan Paul, 1969.

Voorhoeve, A., *Conversations on Ethics*, Oxford, Oxford University Press, 2011.

Vrijen, C., « The Philosophical Development of Gilbert Ryle : A Study of His Published and Unpublished Writings », thèse de doctorat, Groningen, 2007.

Walsh, B., « From Outer Darkness : Oxford and Her Refugees », *Oxford Magazine*, 1992, p. 5-7.

Warnock, G. J., « Gilbert Ryle's Editorship », *Mind* 85, n° 337, 1976, p. 47-56.

— « John Langshaw Austin : A Biographical Sketch (1963) », in K. T. Fann (dir.), *Symposium on J. L. Austin*, London, Routledge & Kegan Paul, 1969.

Warnock, M., *A Memoir : People and Places*, London, Duckworth, 2000.

Weber, R., *Lotte Labowsky (1905-1991) : Schulerin Aby Warburgs, Kollegin Raymond Klibanskys*, Berlin et Hambourg, Dietrich Reimer Verlag, 2012.

Webster, W., *Mixing It : Diversity in World War Two Britain*, Oxford, Oxford University Press, 2018.

Weil, S. et Holoka, J. P., *Simone Weil's the Iliad, or, the Poem of Force : A Critical Edition*. London, Peter Lang, 2003.

— *Oppression and Liberty*, trad. A. Wills et J. Petrie, London, Routledge, 2001.

White, F., *Becoming Iris Murdoch*, London, Kingston University Press, 2014.

White, R., Wolfe, J. E. et Wolfe, B. N., *C. S. Lewis and His Circle : Essays and Memoirs from the Oxford C. S. Lewis Society*, Oxford, Oxford University Press, 2015.

Williams, B., *Ethics and the Limits of Philosophy*, Cambridge, MA, Harvard University Press, 1985.

— *Shame and Necessity*, Berkeley, CA, University of California Press, 1993.

Wimmer, M., « The Afterlives of Scholarship : Warburg and Cassirer », *History of Humanities* 2, 1, 2017, p. 245-270.

Winch, P., *Simone Weil : « The Just Balance »*, Cambridge, Cambridge University Press, 1989.

Wiseman, R., *Routledge Philosophy Guidebook to Anscombe's Intention*, London, Routledge, 2016.

Wittgenstein, L. et Anscombe, G. E. M., *Philosophical Investigations : The German Text, with a Revised English Translation*, Oxford, Blackwell, 2001. [Trad. fr. É. Rigal, F. Dastur *et al.*, *Recherches philosophiques*, Paris, Gallimard, coll. « Bibliothèque de philosophie », 2004.]

Wittgenstein, L., *Wittgenstein : Lectures and Conversations on Aesthetics, Psychology and Religious Belief*, éd. C. Barrett, Oxford, Basil Blackwell, 1966. [Trad. fr. J. Fauve, *Leçons et conversations*, Paris, Gallimard, « Folio », 1992, p. 111.]

— *On Certainty* (ed. Anscombe et Von Wright), New York Harper Torchbooks, 1969/1972. [Trad. fr. Jacques Fauve, *De la certitude*, Paris, Gallimard, coll. « Tel », 1976.]

— P. T. Geach, K. J. Shah et A. C. Jackson, *Wittgenstein's Lectures on Philosophical Psychology, 1946-47*, University of Chicago Press,

1989. [Ludwig Wittgenstein, *Les Cours de Cambridge 1946-1947*, édités par Peter Geach, d'après les notes de P. T. Geach, K. J. Shah et A. C. Jackson, trad. fr. É. Rigal, Mauvezin, T.E.R., 2001.]
— C. G. Luckhardt, G. H. von Wright et H. Nyman, *Last Writings on the Philosophy of Psychology*, volume 1, Chicago : University of Chicago Press, 1982. [Trad. fr. Gérard Granel, *Études préparatoires à la seconde partie des* Recherches philosophiques, Mauvezin, TER, 1985.]
— et C. K. Ogden, *Tractatus Logico-Philosophicus*, London, Routledge, 1921. [Trad. fr. G.-G. Granger, *Tractatus logico-philosophicus*, Paris, Gallimard, coll. « Tel », 1993.]
— G. H. Wright, G. E. M. Anscombe et R. Rhees, *Remarks on the Foundations of Mathematics*, London, Blackwell, 1956. [Trad. fr. Marie-Anne Lescourret, *Remarques sur les fondements des mathématiques*, Paris, Gallimard, coll. « Bibliothèque de philosophie », 1983.]
Wragg, D., *Wartime on the Railways*, Stroud, The History Press, 2012.

Pour aller plus loin

Sur la philosophie d'Elizabeth Anscombe, Philippa Foot, Mary Midgley et Iris Murdoch, il existe une littérature riche et en expansion. Voici quelques suggestions de lecture dont nous avons nous-mêmes bénéficié en travaillant à cet ouvrage.

Pour un aperçu général de la vie et de l'œuvre de chacune, nous recommandons Teichmann, *The Philosophy of Elizabeth Anscombe* ; Hacker-Wright, *Philippa Foot's Moral Thought* ; McElwain, *Mary Midgley : An Introduction* ; Broackes, *Iris Murdoch, Philosopher*. Pour une introduction accessible à leurs textes-clés, voir Schwenkler, *Anscombe's* Intention *: A Guide* ; Wiseman, *Routledge Philosophy Guidebook to Anscombe's* Intention ; Broackes, *Sovereignty of Good : A Philosophical Commentary* ; Hämäläleinen et Dooley, *Reading Iris Murdoch's Metaphysics as a Guide to Morals*. La *Stanford Encyclopedia of Philosophy* est aussi une ressource en ligne utile dont la consultation est gratuite.

On trouve d'excellents recueils publiés récemment, notamment Teichmann, *The Oxford Handbook of Elizabeth Anscombe* ; Haddock et Wiseman, *The Anscombean Mind* ; Hacker-Wright, *Philippa Foot on Goodness and Virtue* ; Kidd et McKinnell, *Science and the Self : Animals, Evolution and Ethics. Essays in Honour of Mary Midgley* ; Broackes, *Iris Murdoch, Philosopher* ; Hopwood et Panizza, *The Murdochian Mind*.

Pour des compléments biographiques, voir Warnock, *A Memoir : People and Places* ; Kenny, *Brief Encounters : Notes from a Philosopher's Diary* ; Lipscomb, *The Women are Up to Something : How Elizabeth Anscombe, Philippa Foot, Mary Midgley, and Iris Murdoch Revolutionized Ethics* ; Haldane, « Anscombe : Life, Action and Ethics in Context » ; Teichman, « Gertrude Elizabeth Margaret Anscombe 1919-2001 » ; Midgley, *Owl of Minerva : A Memoir* ; Conradi, *Iris Murdoch : A Life* ; White, *Becoming Iris Murdoch*. Pour une lecture philosophique des romans d'Iris Murdoch, voir Browning, *Why Iris Murdoch Matters*, et Leeson, *Iris Murdoch : Philosophical Novelist*.

Pour un tableau plus vaste de la philosophie du XXe siècle et de ses principaux penseurs, on consultera utilement : Beaney, *The Oxford Handbook of the History of Analytical Philosophy* ; Blum et Seidler, *A*

Truer Liberty : Simone Weil and Marxism ; Chapman, *Susan Stebbing and the Language of Common Sense* ; Connell et Janssen-Lauret, « Lost Voices. Women in Philosophy 1900-1970 » ; Edmonds, *The Murder of Professor Schlick : The Rise and Fall of the Vienna Circle* ; Loner, *Wittgenstein and His Students, 1912-1968* ; Mander, *British Idealism : A History*, ainsi que son *Idealist Ethics* ; Monk, *Ludwig Wittgenstein : The Duty of Genius* ; Moore, *The Evolution of Modern Metaphysics : Making Sense of Things* ; Sweetman, *A Gabriel Marcel Reader* ; Matherne, *Cassirer* ; Rogers, *A. J. Ayer : A Life* ; Muller, *Donald M. MacKinnon : The True Service of the Particular, 1913-1959* ; Rowe, *J. L. Austin : Philosopher and D-Day Intelligence Officer* ; Stadler, *The Vienna Circle : Studies in the Origins, Development, and Influence of Logical Empiricism* ; Weber, *Lotte Labowsky (1905-1991) : Schülerin Aby Warburgs, Kollegin Raymond Klibanskys* ; Winch, *Simone Weil : The « Just Balance »*.

Parmi les travaux des exégètes et spécialistes contemporains, certains nous ont semblé particulièrement éclairants, notamment ceux de Hannah Altdorf (Murdoch), David Bakhurst (Murdoch), Paul Bloomfield (Anscombe, Foot, Murdoch), Justin Broackes (Murdoch), Sophie Grace Chappell (Anscombe et Murdoch), Sophia Connell (Anscombe et Midgley), Alice Crary (Murdoch), Anton Ford (Anscombe), Jennifer Frey (Anscombe et Foot), Anil Gomes (Murdoch), Mark Hopwood (Murdoch), Nikhil Krishnan (Foot), Katherine Nieswandt (Foot et Anscombe), Evgenia Mylonaki (Anscombe et Murdoch), Gavin Lawrence (Foot), Kieran Setiya (Anscombe et Murdoch), Roger Teichmann (Anscombe).

Citons pour finir des philosophes de premier plan dont les travaux s'inscrivent dans la lignée des quatre femmes qui font l'objet de ce livre, qu'ils ont en général côtoyées durant leurs études : Lawrence Blum (Murdoch), Cora Diamond (Anscombe et Murdoch), Rosalind Hursthouse (Foot), Anthony Kenny (Anscombe), Sabina Lovibond (Murdoch), Alasdair MacIntyre (Anscombe), John McDowell (Anscombe et Murdoch), Martha Nussbaum (Murdoch), Charles Taylor (Murdoch), Michael Thompson (Anscombe et Foot), Candace Vogler (Anscombe).

Liste des illustrations

p. 19 : Carte d'Oxford et de ses collèges, 1948 (*collection particulière*).
p. 41 : Iris Murdoch et Mary Scrutton sur la photo de rentrée à Somerville College, 1938 : SCA, C/IA/P4/19 (0163) (*The Fellows and Principal of Somerville College, © Sommerville College*).
p. 52 : Réfectoire de Somerville College, années 1930 : SCA, SC/IA/P21/1 (0036) (*The Fellows and Principal of Somerville College, © Sommerville College*).
p. 55 : Miss Anscombe dans le jardin de St Hugh's College, 1938 : SHCA, SHG/M/2/7/12 (*avec l'aimable autorisation du principal et des membres du St Hugh's College d'Oxford*).
p. 100 : Philippa Bosanquet à cheval, vers 1938 : SCA, Philippa Foot Papers, Box 14 (*The Fellows and Principal of Somerville College © Lesley Brown*).
p. 107 : Pamphlet Elizabeth Anscombe, *The Justice of the Present War* : CIAA, No. 535, Boîte 13 (*The Collegium Institute Anscombe Archive at the University of Pennsylvania, Kislak Center for Special Collections, Rare Books and Manuscripts*).
p. 117 : Évacuation de Dunkerque, juin 1940 (*photo : collection particulière*).
p. 148 : Éléphant labourant, revue *Animal & Zoo*, septembre 1940, vol. 5, n° 4, p. 12.
p. 161 : Abbaye de Westminster endommagée par les bombes (*photo : collection particulière*).
p. 163 : « Noli me tangere » du Titien, National Gallery, Londres (*photo : collection particulière*).
p. 166 : Intérieur du 5, Seaforth Place, Londres (*photo : collection particulière*).

p. 186 : La Tour, Whewell's Court, Cambridge (*photographie prise par les autrices, © Clare Mac Cumhaill, Rachael Wiseman*)
p. 213 : 16, Park Town, Oxford (*photographie prise par les autrices, © Clare Mac Cumhaill, Rachael Wiseman*).
p. 222 : Hôtel Mariabrunn, vers 1950 (*photo : collection particulière*).
p. 230 : *Senior Common Room* de Sommerville (*JT Interiors*).
p. 298 : Façade du 27, St John Street, Oxford (*photographie prise par les autrices, © Clare Mac Cumhaill, Rachael Wiseman*).
p. 305 : Peinture rupestre, Lascaux (*photo : collection particulière*).
p. 311 : Canard-lapin (*John Wiley and Sons Limited*).
p. 343 : Lotte Labowsky (*photo : collection particulière*).
p. 352 : Preuve géométrique (*illustration des autrices, © Clare Mac Cumhaill, Rachael Wiseman*)
p. 382 : Illustration tirée du livre de David Garnett, *Lady into fox* (Chatto & Windus).
p. 385 : La combe du jardin de St Hugh's College : SHCA, SHG/M/4/3 (9-3) (*avec l'aimable autorisation du principal et des membres du St Hugh's College d'Oxford*).
p. 410 : Elizabeth Anscombe (© *The Anscombe Bioethics Centre, Oxford*) ; Philippa Foot et Iris Murdoch (© *Peter Conradi et Jim O'Neill*) ; Mary Midgley (© *Ian Ground*).

Nous avons fait tout notre possible pour retrouver et contacter les ayants droit des illustrations reproduites. Si, malgré nos efforts, il s'avérait que des omissions ou des erreurs ont été commises, l'éditeur est disposé à les réparer au plus tôt.

Remerciements

Nous avons écrit ce livre durant la pandémie de Covid-19. Lorsqu'en février 2020, nous avons dit au revoir aux formidables archivistes de Somerville College, Anne Manuel et Kate O'Donnell, nous pensions que cette première visite était le prélude à bien d'autres. Ce n'est que deux ans (et un manuscrit) plus tard que nous avons eu la possibilité de revenir. Pour cette raison, c'est à tous les archivistes que nous adressons nos premiers remerciements, et les plus vifs. Tout au long de la pandémie, dans des conditions de travail inédites, inquiétantes et imprévisibles, ils ont répondu à nos questions étranges, à nos investigations spéculatives et à nos innombrables demandes de scans et de photocopies avec gentillesse et enthousiasme. Nous n'aurions réellement pas pu écrire ce livre sans eux. À Oxford : Amanda Ingram (St Hugh's), Oliver Mahony (Lady Margaret Hall et St Hilda's), Bethany Hamblen et Amy Boylan (Balliol), Fiona Richardson (Linacre), Peter Monteith (Keble), Judith Curthoys (Christ Church), Jennifer Thorp (New College), Emma Goodrum (Worcester), Michael Riordan (Queen's), Alice Millea, Anne Petre, Nicola O'Toole et bien d'autres (Archives de l'université d'Oxford). À Cambridge : Frieda Midgley (Newnham) et Jonathan Smith (Trinity). Kate O'Donnell et Anne Manuel (à Somerville), Andrew Gray (aux Archives Mary et Geoff Midgley, à Durham) et Dayna Miller (aux Archives Iris Murdoch, à Kingston) ont été héroïques dans leurs efforts pour nous aider, tout comme Janet Dilger (aux Archives Klibansky et Steiner, à Marbach). Daniel Cheely et Terrence et Jessica Sweeney (aux Archives Anscombe du Collegium Institute, à l'université de Pennsylvanie) sont venus nous prêter main-forte lorsque la Covid nous a contraintes d'annuler notre voyage aux États-Unis. Ce voyage avorté et surtout le congé sabbatique au cours duquel nous avons écrit le livre ont été financés par une bourse de l'Arts and Humanities Research Council. Nous sommes également très reconnaissantes pour les fonds que nous avons reçus du Collegium Institute, de la British Academy, du Royal Institute of Philosophy, de la British Society of Aesthetics, et des universités de Durham et de Liverpool, ainsi qu'envers les chercheurs qui ont soutenu nos candidatures, notamment Nancy Cartwright, Jenny Saul et Matthew Soteriou.

Notre dette à l'égard de nos collègues est immense. David Bakhurst, Ana Barandalla, Justin Broackes, Lesley Brown, Gary Browning, Siobhan Chapman, Alix Cohen, Peter Conradi, Andy Hamilton, Miles Leeson, André Müller, Mark Rowe et Robert Stern ont lu le manuscrit dans son ensemble et nous ont évité d'innombrables erreurs. John Berkman, Chris Birks, Colin Carritt, John Haldane, André Müller, Mark Rowe et Ron Tacelli ont bien voulu partager avec nous des recherches non publiées et n'ont pas hésité à se lancer dans de longs mois de correspondance avec nous sur divers sujets. Paul Bryers nous a généreusement envoyé le script de son brillant documentaire de 1988, *A Vote for Hitler*, et nous a résolument transmis le film par petits bouts *via* notre réseau internet instable. Nous avons bénéficié des idées, de l'inspiration et de l'aide matérielle de tous les membres du réseau Women in Parenthesis : nos remerciements vont en particulier à la brillante Rachel Bollen, à Ana Barandalla (dont le travail de révision et de correction impeccable et impitoyable est véritablement miraculeux), à Mara-Daria Cojocaru (qui a traduit en anglais le poème de Franz Steiner dans le chapitre 7), Amber Donovan, Eva-Maria Düringer, Sasha Lawson-Frost, David Loner, Annie MacCallion, Amber Perera, Sally Pilkington, Ellie Robson, Anne Sterle et Amy Ward. Hannah Altorf, Luna Dolezal, Liza Thompson et Dawn Wilson, de Women in Parenthesis, ont été des amies de la première heure. Absolument tous nos collègues de Durham et de Liverpool nous ont soutenues et encouragées d'innombrables façons ; mention spéciale à Chiara Brozzo, Simon Hailwood, Michael Hauskeller, Daniel Hill, Ian James Kidd, Liz McKinnell, Joe Saunders, Vid Simoniti, Ben Smith, Richard Stopford, Sara Uckelman, Yiota Vassilopoulou ; et à l'University College Dublin, Áine Mahon et Danielle Petheridge. Nous avons bénéficié de l'expertise et du soutien de bien d'autres, trop nombreux pour être nommés (ils se reconnaîtront !), aussi nous limiterons-nous à citer quelques-unes des femmes qui ont été nos mentors ou inspiratrices : Maria Baghramian, Nancy Cartwright, Cora Diamond, Susan Frenk, Jane Heal, Jennifer Hornsby, Marie McGinn, Sarah Richmond, Christine Sypnowich, Gabrielle Taylor, Mary Warnock et Alison Wiley.

En écrivant ce livre, l'une de nos grandes joies a été de rencontrer des personnes qui ont connu et aimé les personnages qui apparaissent dans ces pages. La famille, les amis et les exécuteurs littéraires d'Elizabeth Anscombe, de Philippa Foot, de Mary Midgley et d'Iris Murdoch nous ont généreusement accordé du temps, des autorisations et offert leur témoignage. Audi Bayley nous a donné l'autorisation d'utiliser les lettres d'Iris à Mary, maintenant déposées à Durham. Mary et Luke Gormally ont partagé avec nous des anecdotes, des photos et l'histoire de la famille Anscombe, et nous ont gracieusement autorisées à reproduire et à citer de nombreuses sources inédites. Francis et Penelope Warner nous ont laissé entrer dans leur maison (au 27 St John Street). Lesley Brown nous a aidées à dessiner un portrait de (la très secrète) Philippa Foot et nous a donné l'autorisation d'utiliser des documents inédits tirés des archives de Somerville. Lawrence Blum, John Campbell, Prophesy Coles et Martin Gornall nous ont rapporté des anecdotes cruciales. Joyce Reynolds nous a aidées à reconstruire l'atmosphère du Somerville des années 1930. Mary et sa famille – ses trois enfants, ses petits-enfants, ainsi que d'innombrables amis et anciens collègues – sont tous devenus des amis au cours de cette aventure : Gillian Allnutt, Mike Bavidge, Jessica et Sheridan Few, Ian Ground, Tenzin Haarhaus, Judith Hughes et David, Martin et Tom Midgley. Miles Leeson, Anne Rowe et Francis White ont été de très précieuses sources d'information sur Iris Murdoch. Nous sommes également reconnaissantes envers les amis et les familles de Heinz Cassirer (et Iona Hine), Michael Foot, Mary Glover, R. M. Hare, Lotte Labowsky, Donald MacKinnon, H. H. Price, Franz Steiner, Jessie Street, Frank Thompson, Victor White et Bernard Williams (ainsi qu'envers Adrian Moore). Le livre de Peter Conradi, *Iris Murdoch : A Life*, a été une ressource inestimable pour notre travail et Peter est devenu un ami et un mentor. Nous lui savons gré non seulement de son aide sur ce livre et ses nombreuses anecdotes sur Iris et Philippa, mais aussi d'une baignade et un sauna (hautement nécessaires après la soumission du manuscrit) dans leur merveilleuse maison, à Jim et lui.

Nous avons eu la grande chance de travailler sur ce livre aux côtés d'une équipe de femmes extraordinaires. Notre agente Zoë Waldie (de

RCW) est purement et simplement exceptionnelle. C'est grâce à son enthousiasme, à ses encouragements et à son cadrage rigoureux que nous avons réussi à rester sur les rails (à peu près) ces trois dernières années. Clara Farmer (de Chatto & Windus, au Royaume-Uni) et Kris Puopolo (de Doubleday, aux États-Unis) ont aimé nos quatre héroïnes autant que nous, ont fait des interventions éditoriales parfaitement judicieuses et sont restés calmes quand nous partions en vrille. Toutes trois sont secondées par des équipes incroyables, en particulier Mary Chamberlain, Tom Atkins, Ryan Bowes, Becky Hardie et Natasia Patel.

Nous avons l'une et l'autre reçu le soutien de toute notre famille – en particulier Joseph, Rob, Penelope et Ursula. Leur amour, leur patience et leur gentillesse ont été une force inestimable pour venir à bout de ce livre dans le contexte que l'on sait : une série de confinements, avec leur lot de rebondissements, d'épisodes d'école à la maison, de deuils et de drames. Ils ont lu des brouillons, joué les assistants de recherche, chanté des chansons, fait des dessins, préparé des dîners et nous ont forcées à faire des pauses ! Nous les aimons et nous sommes heureuses de déclarer que le livre est terminé (pour de bon, cette fois-ci).

Index

Animal, 9, 12-13, 50, 53, 62, 87, 128, 134, 138, 148-149, 155-156, 176-177, 189, 209, 212, 247, 305, 344, 380-381, 386, 390, 404-405, 408.
Aquin, Thomas d', 15, 59, 107-108, 133, 139, 178, 229, 233, 266, 287, 332, 345, 388.
Aristote, 23, 42, 47, 73, 76, 90, 112, 124, 130, 132, 133, 150-151, 156-158, 176, 178, 194-195, 205, 229, 232, 244, 266, 287-288, 291, 333, 339, 345, 347, 370, 406-407.
Austin, John Langshaw, IX-XII, 9, 11, 14, 18, 47, 65-67, 86, 111, 207, 237-242, 244, 246, 252, 289, 299, 312, 314, 317, 322, 342, 351, 355, 361.
Ayer, Alfred Jules, IX-XII, 9-11, 14, 18, 73, 78-79, 82-89, 94, 111-112, 119-120, 129, 133, 137-140, 152, 199, 205-207, 211-212, 216, 237, 242, 247-248, 251, 259-260, 264-267, 269, 277, 299, 312, 314, 316-317, 333, 361, 376, 379, 389, 399, 404.

Balliol College, 46, 55, 58-59, 61, 63, 68-69, 104, 109, 170-171, 208-209, 238, 245, 250, 261, 264, 316, 322, 481.
Beauvoir, Simone, X-XII, 221, 328.
Bloomsbury, 75, 169, 174, 199, 221.

Cambridge, XI, 44, 58-59, 74, 78-80, 82-83, 115, 150-154, 168, 176, 179, 185, 195, 216, 229, 231, 233-234, 241, 244, 259, 265-268, 273, 275-276, 288, 291-292, 298-299, 307, 311, 327, 335, 349, 351, 407, 481.
Cassirer, Heinz, IX, 18, 113, 117, 124-128, 136, 147,

152, 170, 173, 198, 219, 266, 324, 344, 374, 385-386, 476, 483.

Éthique, X, 31, 75, 86, 88, 113, 131, 138, 216, 221, 260, 265, 279, 333, 339.
Existentialisme/existentialiste, 18, 200, 206, 212-213, 217-218, 227-228, 235-236, 259, 274, 321, 328-330, 345, 354-355.

Fraenkel, Eduard, 9, 18, 69-72, 105, 110, 112, 187-188, 198, 246, 261, 272, 345.
Frege, Gottlob, 15, 59.
Freud, Sigmung, 345.

Geach, Peter, 17, 58, 106, 109, 129, 134, 178, 195, 230, 245, 275, 287, 342, 347, 351, 355-356.
Glover, Mary, 14, 17, 128-132, 208-209, 211, 266, 280, 283, 301, 347, 370, 372, 375, 379, 389, 483.

Hare, Richard Mervyn, IX-XII, 11, 14, 18, 106, 204, 246, 249, 259, 261-266, 277, 280, 317, 329-331, 361, 364-365, 378-380, 384, 388-389, 399.
Hartley, Mildred, 17, 50, 60-61, 69, 102, 111, 124-125, 128, 228-229, 233-234, 345.
Henderson, Isabel, 17, 50, 62, 67, 69-70, 88, 115, 132, 134, 141-142, 198, 231, 249, 260, 293-294.

Idéalisme/Idéaliste, 14, 17, 64, 67, 74, 78, 80, 84-85, 87-88, 90, 112, 137, 208, 211, 242, 252, 265, 319-320, 366, 399.

Imagination, 67, 121, 126, 131, 138, 164, 179, 209, 215, 279, 348, 373.

Joseph, Horace William Brindley, 11, 14, 17, 67, 88, 118, 130-131, 199, 206-207, 209-210, 213, 248, 266, 283.

Kant, Emmanuel, 42, 61, 78, 119, 124, 126-128, 137, 147, 170, 216, 229, 234, 236, 266,-267, 316, 324, 331, 344, 374.

Labowsky, Lotte, 14, 17, 125, 142, 214, 231, 342-345, 347-348, 483.
Lindsay, Sandie, 17, 61-63, 65-69, 88, 90, 106, 109, 112, 128, 136, 147, 158, 170, 198, 208-209, 227, 234, 261, 264, 266, 322-323.
Logique, X, 8, 42, 53, 59, 79, 80-81, 83-84, 89, 102, 111, 113, 133, 138-140, 158, 176, 185, 195, 205-206, 229, 237, 240, 245, 250, 253-254, 265, 281, 291,

299, 301,312, 322, 327, 333, 339, 342, 347-349, 358-359, 367, 378.

MacKinnon, Donald, 14, 17, 86-87, 132, 134-142, 163, 170, 173, 175-176, 180, 185, 195, 198, 209, 216, 227-228, 235, 251, 254-255, 261-262, 264, 266, 293, 315-316, 318, 324, 331, 344, 379, 396, 404, 483.
Magdalen College, 46, 237, 241, 245, 250.
Moore, George Edward, X, 15, 17, 30, 74-76, 79-80, 82, 84-85, 110, 153-154, 178, 252, 264, 328, 361, 476, 483.

Oxford, IX, XI-XII, 9, 25-26, 30, 35, 44, 48, 53, 56-59, 62-63, 65, 67-68, 70, 73-74, 77-78, 81, 86, 88, 93-98, 102-103, 105, 107, 110, 113, 116, 118, 120, 125, 132, 136, 150-151, 154-155, 160, 164, 169, 171, 173, 179, 187, 190, 196, 198, 200, 203, 205, 207, 211, 213, 224, 227, 229, 234, 236-237, 239, 241, 243-244, 255, 259, 277, 279-280, 288, 292-294, 297, 304, 306-307, 3012, 322-323, 326, 339-340, 344, 356, 358, 365-366, 369, 377, 380, 388, 390, 399, 403, 406-407.

Perception, 158, 205, 238, 240, 243, 302, 314, 355.
Price, Henry Habberley, 11, 14, 17, 88, 112, 119-123, 126, 136, 155, 187, 195, 205, 237, 240, 243, 251, 253, 266, 311, 314, 316, 333, 358, 360, 483.
Prichard, Harold Arthur, 17, 73, 75-77, 85-86, 88, 106, 129-130, 246, 248, 263-264, 266, 389, 399.

Réalisme, 89-90, 206
Réfugiés, 9, 13, 15, 18, 61, 71, 87, 93-94, 98, 110, 112, 114, 118, 124-125, 140, 153, 164, 169, 172-173, 204, 207, 214, 223, 345, 377.Ross, William David 17, 73, 75-77, 85, 106, 124, 221, 260, 262-264, 266, 287, 311, 345, 399.
Ryle, Gilbert,, 9, 18, 82-83, 111, 152, 206-207, 209, 246, 249-250, 339-340, 358, 360, 363.

Sartre, Jean-Paul, 364-365, 372, 378, 384.

Thompson, Franck, 17-18, 67, 73, 95, 123, 137, 161, 191, 204, 211, 246, 261, 482-483.
Trinity College Cambridge, 151, 155, 178, 186, 244, 275, 317.
Trinity College Oxford, 110.

Waismann, Friedriech, 9, 18, 79, 82, 111, 113, 117, 124, 133, 136, 152,-154, 179, 214, 250.
Warnock, Geoffrey, 250, 322, 342, 345.
Waugh, Evelyn, 66.
Webb, Beatrice, 64, 167.
Winifred, Carritt, 17, 66.
Wittgenstein, Ludwig, X-XI, 11, 15, 18, 59, 82-83, 133, 137, 152-155, 178-179, 184-189, 194-196, 216, 229-232, 237, 241-242, 244-249, 261, 266-268, 270-271, 275-276, 278-279, 285, 287-292, 299-300, 302-303, 306-307, 309-312, 315, 319, 326-329, 331, 333-335, 339, 346, 348-358, 361, 378, 383, 385-386, 390, 407.
Woolf, Virginia, 142, 371.

TABLE

Préface par Manon Garcia IX

Introduction 7
Personnages 17
Prologue. Le diplôme de Mr Truman 21
Chapitre premier. À l'épreuve 33
Chapitre 2. Apprendre en temps de guerre 91
Chapitre 3. Dans la tourmente 145
Chapitre 4. Park Town 201
Chapitre 5. Un rejet commun 257
Chapitre 6. Retour à la vie 295
Chapitre 7. Animaux métaphysiques 337
Épilogue. Le diplôme de Mr Truman, derechef 393

Abréviations 411
Notes 413
Glossaire 455
Bibliographie 459
Pour aller plus loin 475
Liste des illustrations 477
Remerciements 479
Index 483

Cet ouvrage a été mis en pages par

<pixellence>

Achevé d'imprimer en août 2024
par Normandie Roto Impression s.a.s.
61250 Lonrai
N° d'impression : 2403662
N° d'édition : 436506-0
Dépôt légal : septembre 2024

Imprimé en France